**EZIO GUAITAMACCHI
LEONARDO FOLLIERI
GIULIO CROTTI**

# Rock & Arte

## CARÁTULAS, PÓSTERES, PELÍCULAS, FOTOGRAFÍAS, MODA, OBJETOS

Traducción de Josep Maria Pinto

Descubre a través de este código QR
todos nuestros libros de música.

© 2018, Ulrico Hoepli Editore S.p.A., Milano,
bajo licencia de Ulrico Hoepli Editore S.p.A., Milano

© 2021, Redbook Ediciones, s. l., Barcelona

Compaginación: Amanda Martínez

ISBN: 978-84-18703-22-5

Depósito legal: B-17.553-2021

Impreso por Sagrafic, Passatge Carsi 6, 08025 Barcelona

Impreso en España - Printed in Spain

«Este libro ha sido traducido gracias a una subvención del Ministerio de Asuntos Exteriores y de la Cooperación Internacional italiano.» («Questo libro è stato tradotto grazie a un contributo del Ministero degli Affari Esteri e della Cooperazione Internazionale italiano.»)

«Cualquier forma de reproducción, distribución, comunicación pública o transformación de esta obra solo puede ser realizada con la autorización de sus titulares, salvo excepción prevista por la ley. Diríjase a CEDRO (Centro Español de Derechos Reprográficos, www.cedro.org) si necesita fotocopiar o escanear algún fragmento de esta obra.»

# Agradecimientos

Quiero dar las gracias a Marco Sbrozi, Andrea Sparacino y Maurizio Vedovati por sus valiosas sugerencias y por su apoyo en este proyecto.

**Ezio Guaitamacchi**

Doy las gracias a mi madre y a mi padre, a mi abuela, Adelia y Alfredo, Anna, a mis «pequeños preferidos» Vittoria, Pietro, Giorgio y Leone, y a mis amigos de siempre Danila, Erica, Laura y Riccardo.
También quiero agradecer a Mariagrazia y Antonio, a Filippo y Pierluigi, a Sarah y Alberto, «a los del veraneo» (en versión más que extensa), y estoy muy agradecido a Jessica, Alex y JAM TV.
Mi pensamiento está con el abuelo Armando y con todos los que me habría gustado que estuvieran aquí, pero que, sin duda, «desde otro lugar», leerán este libro.
Gracias por todo a todos, ya sabéis por qué.

**Leonardo Follieri**

Gracias a Monica por sus continuos ánimos. Y gracias sobre todo a Rosie por su presencia, a veces apasionada, a veces discreta, pero siempre valiosa. Su franqueza (que a menudo me desarma) y su poco común sentido práctico me resultan indispensables para mantener el equilibrio justo entre sueño y realidad.

**Giulio Crotti**

# SUMARIO

## 01. MÚSICA PARA MIRAR
### Un siglo de carátulas

1. El misterio de la hoja en blanco    4
2. La carátula como un lienzo    18
3. Desnudos artísticos (si la censura lo permite)    28
4. Disparos artísticos    38
5. Grafismo de autor    46

## 02. EL OCTAVO ARTE
### El rock flirtea con poesía, pintura, teatro, danza

1. El mentor y la musa    56
2. This is England    76
3. Art rock    88

## 03. ROCK POSTER ART
### La epopeya de los carteles

1. Paint it black (and white)    106
2. La semilla de un nuevo arte    114
3. Otras visiones psicodélicas    124
4. Los carteles punk y new wave    134
5. Retromanía, ¡apasionante!    140

## 04. EL ROCK EN UNA FOTO
### Las imágenes que han marcado la historia del rock

1. Los artesanos de la fotografía    154
2. Cuando la foto se convierte en arte    168
3. Todo lo que las mujeres fotografían    186

## 05. GUITARRAS, CADILLACS, ETC.
### *Cuando logos, instrumentos, automóviles, motos y memorabilia se convierten en obras de arte*

**1.** Basta la palabra     200
**2.** Guitar Town     212
**3.** Born To Be Wild     222

---

## 06. EL ROCK EN LA PANTALLA
### *Las gestas de las estrellas del rock en el cine y en la televisión*

**1.** Documentar una emoción     236
**2.** Historias de rock'n'roll     250
**3.** El arte del videoclip     268

---

## 07. BLUE SUEDE SHOES
### *Cuando la moda es rock*

**1.** Long Live The King!     284
**2.** Carnaby Street, la calle de la moda     294
**3.** Mellow Yellow, tintes psicodélicos     306
**4.** Es rock todo lo que reluce     314
**5.** Punk, cuando la transgresión es moda     324
**6.** Reyes, reinas y principios de los años ochenta     332
**7.** Vintage, retorno al pasado     340

---

## 08. NO SOLO MÚSICA
### *Las estrellas del rock se dedican al arte*

**1.** Una nota de color     350
**2.** La palabra desnuda     360
**3.** Al otro lado (del objetivo)     368
**4.** Hollywood calling     376

# ARTISTAS (CASI) POR CASUALIDAD

### por Ezio Guaitamacchi

Hay quien ha dicho que, en sus mejores expresiones, el rock es «una forma de arte suprema», y la atribución del premio Nobel a Bob Dylan constituyen un testimonio concreto de este hecho. Pero a pesar de ello, el rock no nació para esto. Se trata de una forma de arte popular, es decir, no culta, cuyas raíces se hunden hasta principios del siglo XX en los Estados Unidos y que, aunque de forma inconsciente, se desarrolló a partir de la primera mitad de la década de 1950 con una función socio-cultural precisa. Es decir, la de entretener, informar y «formar» a una nueva generación de jóvenes estadounidenses.

## «HACER ARTE SIEMPRE FUE MI ÚNICO OBJETIVO»
### David Bowie

No existe un solo músico de blues, folk, country, jazz o rock que haya pensado jamás en «inventar un nuevo tipo de arte», como sí ha sucedido en cambio con diferentes artistas de otros campos expresivos. Y sin embargo, muy pronto, el mundo se dio cuenta de la fuerza revolucionaria de esta nueva realidad, de su extraordinario poder de integración, de su capacidad única para fascinar las mentes más vivas, geniales y creativas del planeta. Que, no por casualidad, vieron en la música y en la cultura rock un nuevo canal para difundir sus obras.

## «GRACIAS A BOB DYLAN, NUESTRA POESÍA ESTÁ EN LAS JUKE BOX DE LOS ESTADOS UNIDOS»
### Allen Ginsberg

Porque una cosa que ha distinguido siempre el ambiente del rock ha sido la de buscar alianzas sin crear nunca diferencias de ningún tipo (social, económico, cultural, racial). Por otra parte, desde el principio atrajo a personajes creativos, excéntricos y transgresores, con los que dio vida a diálogos artísticos formidables. Porque, aun habiendo comenzado desde abajo, el rock ha sido capaz de alcanzar cumbres excelsas, en parte gracias a la contribución de aquellos que, sin prejuicio alguno, se han acercado a la que, a todos los efectos, se ha demostrado que es la revolución artístico-social más fenomenal del pasado siglo.

## «LOS VERDADEROS ARTISTAS SON PROFETAS»
### Yoko Ono

¿Qué habría sido de Elvis sin su tupé, el estilo y la actitud de teddy boy? ¿Y los Beatles sin el corte de pelo o sus uniformes de escena antes de cambiar y zambullirse en la cultura psicodélica? ¿Qué importancia tuvo la beat generation en la poética de Bob Dylan? ¿Y los *maudits* franceses en la de Jim Morrison? ¿Podemos escindir a los Rolling Stones, a los Who o a los Kinks de las atmósferas del Swinging London? ¿Habrían existido los Velvet Underground sin el talento creativo de Andy Warhol? ¿Y los Pink Floyd sin las obras visionarias de Storm Thorgerson? Por no hablar de las escenas en las que el rock y otras formas de arte se han mezclado hasta crear algo único e irrepetible, como en la San Francisco hippie, el Londres punk o el Seattle grunge.

## «EL ARTE NUNCA ES UNA COSA ÚNICA»
### Marilyn Manson

En este libro hemos intentado crear un recorrido, lo más completo posible, de los cruces entre rock y arte, concentrándonos en los centenares de episodios que ilustran este diálogo. Encontraremos las historias más apasionantes (desde el punto de vista artístico) referentes a las carátulas de los discos o a los pósteres de conciertos. Pero también las fantasías de diseñadores y creadores de objetos, de estilistas y creadores de imagen. O bien las obras de arte y de ingenio de fotógrafos y cineastas apasionados por el rock, capaces de modelar su vena artística justamente gracias a la música. Finalmente, en la última sección hemos querido dedicar un espacio a las estrellas del rock que, no siempre bajo las luces de los focos, han encontrado otras modalidades expresivas en formas de arte distintas a la música.

## «HE VIVIDO COMO POETA Y MORIRÉ COMO POETA»
### Bob Dylan

Quería dar las gracias a Leonardo Follieri y a Giulio Crotti, ambos ex alumnos míos del máster de Periodismo y Crítica Musical, sin los cuales este volumen no habría nacido nunca. Leonardo por el hecho de haber desarrollado conmigo el concepto del libro y haber invertido dos años en intensas investigaciones sobre el tema. Giulio por haber sido de grandísima ayuda en la fase de realización de la obra, brindando su pasión y competencia por el rock aplicada al arte, el cine y la fotografía.

Finalmente, gracias a seis grandes artistas italianos como Vincenzo Costantino «Cinaski», Andy Fluon, Matteo Guarnaccia, Guido Harari, Marco Lodola y Carlo Montana, por cuyas extraordinarias obras fluye sangre rock, y cuya contribución ha embellecido nuestro trabajo.

## «EL ROCK ME SALVÓ LA VIDA»
### Wim Wenders

# VINCENZO COSTANTINO «CINASKI»
## *Poeta rock*

La complementariedad entre música y poesía siempre ha existido. De hecho, se dice que Homero cantaba acompañándose con una cítara.

### EL ROCK SE HA UNIDO A LA POESÍA, EN UN VÍNCULO MUY ESTRECHO DE DEPENDENCIA MUTUA

Imposible no pensar en Bob Dylan, por cuando sus fuentes de inspiración fueron Pete Seeger o Woody Guthrie, es decir, más folk que rock, porque aquel era el vestido ideal para la canción de protesta. Se puede decir que Dylan inventó el «rock de protesta». En cuanto al hecho de que se le haya concedido el Nobel, no es necesario rasgarse las vestiduras. Leonard Cohen dijo algo muy adecuado: «Chicos, es como ir a la cumbre del Everest, plantar una banderita y honrarlo porque es el más alto de todos».

Más bien sería interesante reflexionar acerca de por qué todos los momentos históricos deben tener una banda sonora.

### PARA QUE LA POESÍA FUNCIONE, DEBE TENER UN LENGUAJE ALTAMENTE MUSICAL

O bien tener una música que los acompañe.

La alianza entre música y poesía ha producido gigantes: Jim Morrison nació escritor y luego se encontró en medio del rock. Leonard Cohen tenía una manera de escribir totalmente rock: hablaba de calles, aceras, actos sexuales, gozo... emociones musicadas en tiempos y modos diferentes, experimentando e influyendo a nuevos artistas como Nick Cave, una de las máximas expresiones de nuestra contemporaneidad. En efecto, si tengo que indicar a alguien que haya influido en buena parte del post-rock de los años sesenta, sin duda es Leonard Cohen.

Y luego hay una mujer a la que amé visceralmente, Janis Joplin. Ella no escribía lo que cantaba, pero tenía el don de apropiárselo. Y lo hacía tan bien que querías que no solo la pieza acabara siendo tuya, sino también ella.

Entre sus canciones, hay dos que me gustaría haber escrito para ella: «Try (Just a Little Bit Harder)», que durante muchos años, mientras he podido, usé como banda sonora perfecta de mis aventuras sexuales: tiene la métrica, el tempo y el clímax adecuado. La otra, que por su parte cantaba bajo la ducha, es «Me and Bobby McGee», que escribió Kris Kristofferson para ella, y que ha sido mi paseo mental.

## ANDY FLUON
### Artista fluorescente

En la década de 1980 frecuenté el Instituto de Arte que en aquellos tiempos se llamaba ISA, y estaba situado en el interior de la Villa Reale de Monza. No era una institución académica, como los institutos Clásico o Científico, sino que favorecía las relaciones personales con los profesores que, a veces, al salir de la escuela, te llevaban al taller y te hacían estudiar otras cosas que te interesaban. La escuela de arte favoreció ciertamente mi creatividad e influyó en mis elecciones futuras: me dio flexibilidad, libertad de acción y, sobre todo, me permitió entender mejor qué era lo que me encendía y qué lo que me apagaba. Durante los estudios había conocido a Morgan y formado el primer grupo con él. A partir de ahí comencé a mezclar mis grandes pasiones: la música y las artes visuales. Al principio ideé carátulas de discos para luego ampliar cada vez más estos diálogos.

Ahora lo vivo todo de modo complementario, porque una actividad creativa alimenta a la otra de manera equilibrada.

**MÚSICA Y PINTURA TIENEN VARIOS ELEMENTOS EN COMÚN, Y TAMBIÉN EN MI CASO ES ASÍ**

Si de un lado me encuentro grabando la música disponiendo los instrumentos sobre el espectro sonoro con la batería detrás, la voz delante y así sucesivamente, del otro sitúo los diferentes elementos sobre el lienzo, los coloreo, les añado efectos. Por este motivo pienso que la realización de un tema es muy similar a la realización de una pintura. Existen diferentes cantantes italianos que son brillantes pintando. Pienso en Augusto Daolio, que no era uno de mis preferidos a nivel musical, pero que resulta que ha sido un pintor excepcional. O bien Andrea Mingardi, que realiza hermosísimas obras de madera.

**ENTRE LAS ESTRELLAS DE ROCK EXTRANJERAS, ENCUENTRO FANTÁSTICAS LAS POLAROID DE PATTI SMITH O LOS DIBUJOS CON SANGRE DE PETE DOHERTY**

Pero la maestra entre todos, en la relación entre música y arte, para mí es Laurie Anderson, mi preferida, absolutamente. Aunque la obra que he envidiado más es la guitarra con el bucle de Prince, por cómo fue pensada y realizada, pero también por cómo la tocaba él. En fin, siempre he soñado con poderla concebir y poderla decorar a mi manera.

## **MATTEO GUARNACCIA**
### *Psiconauta creativo*

En las décadas de 1950 y 1960, los chicos y chicas de las clases menos favorecidas se dirigían hacia las llamadas escuelas de arte. Estas escuelas tenían docentes extraordinarios, artistas antes que profesores, que supieron inocular a aquellas jóvenes mentes la pasión por el arte y la consciencia de poder contar su mundo empapado de cultura pop, transformándolo en algo formalmente elevado. David Bowie, Freddie Mercury y Pete Townshend, entre otros, procedían de estas escuelas. Muchas cosas ahora consideradas «normales», como destruir una guitarra o improvisar un *happening* sobre un escenario, fueron el fruto de esta reelaboración de la realidad. El propio Lennon, que escribía poesías y dibujaba caricaturas, encarnó más que todos el sueño de la *working class* inglesa: afirmar el propio derecho a ser considerado un intelectual.

En el mismo período, en los Estados Unidos, los chavales menos afortunados, que no podían frecuentar los institutos prestigiosos y las universidades de la Ivy League, gozaron del haz de luz del pop art, gracias al cual la denominada baja cultura quedaba santificada y celebrada en las galerías y en los cines. Estos jóvenes fueron literalmente enrolados por el pop art. En Inglaterra, en cambio, esta liberación fue fuertemente deseada por los jóvenes: no es casual que el blues estadounidense se transformara en Gran Bretaña en una forma de arte elevada, mientras que en su país de origen fue durante mucho tiempo una música étnica.

### ROCK Y ARTE ALCANZARON UNA CUMBRE MUY ELEVADA EN EL CURSO DEL SUMMER OF LOVE DE SAN FRANCISCO

En la California de la década de 1960, pintores, diseñadores, dibujantes de cómics, poetas y músicos se encontraron en una relación cotidiana y viva que produjo reflejos inmediatos y duraderos sobre las artes, así como sobre las costumbres. Una decena de años más tarde, en el curso de la revolución punk, cuando los jóvenes ingleses dieron vida a una escena en la que la moda estaba total e indisolublemente vinculada a las sonoridades, la relación entre rock y arte alcanzó una cima nueva y muy alta. En aquellos días, la camiseta rota evocaba el riff desgarrador de la guitarra, el imperdible traducía el golpeo nervioso de los pies en el escenario.

### ME GUSTARÍA HABER HECHO AL MENOS UNA CARÁTULA PARA LOS GRATEFUL DEAD

Los Dead encarnaron la sinergia creativa y el espíritu de una época que creía en un mundo nuevo, en el que todo era posible.

Foto Camilla Aisa

## GUIDO HARARI
### *Fotógrafo de la música*

Fotografía y arte encontraron desde el principio un punto de encuentro en la música rock: no puedes escuchar a Jimi Hendrix tocando «Purple Haze» sin verlo, negro, con los cabellos afro y vestido como un dandy inglés incendiando la guitarra. Estas imágenes y estas sonoridades ya están mezcladas indisolublemente en nuestro cerebro.

### LA FOTOGRAFÍA FORMA PARTE INTEGRANTE DEL RELATO DE LA MÚSICA

En mi panteón personal recuerdo sobre todo, por su sensibilidad artística, a Jim Marshall, Art Kane, Jerry Schatzberg y a todos aquellos que establecieron una relación privilegiada con los artistas, como Stefanko con Springsteen o Elliott Landy con Dylan. Luego, muchos, como Anton Corbijn, comenzaron a contar ya no a la persona que había detrás del artista, sino al personaje.

### ALGUNAS FOTOS ROCK HAN ENTRADO POR DERECHO PROPIO EN LOS MUSEOS Y EN LAS GALERÍAS DE ARTE

Entre las nuevas hornadas se está haciendo un gran nombre Cristina Arrigoni, que no sigue a los grandes nombres, sino que prefiere descubrir a artistas blues y rock, fotografiándolos con un ojo nuevo y diferente, evitando las citas. Si pienso en músicos fotógrafos, no puedo dejar de citar a Lou Reed. Era un apasionado por la tecnología y coleccionaba todas las máquinas fotográficas posibles. Quién sabe si luego las usaba. Se acercaba a la fotografía de manera meditativa, casi zen, nada que ver con el rock. Era serio, pero carecía de arrogancia, y exponía porque se lo pedían. El suyo era un proceso creativo continuo y de salidas inesperadas. En definitiva, Lou era un artista que no hablaba una sola lengua, y que necesitaba de varias formas para expresarse.

Las imágenes que me habría gustado capturar a mí son muchas: el primer plano de Muddy Waters realizado por Giuseppe Pino, un fotógrafo italiano de gran clase y estilo; Lennon desnudo abrazado a Yoko en la cubierta de *Rolling Stone*, retratado por Annie Leibovitz; la foto de Daniel Kramer con Bob Dylan y Joan Baez de espaldas en el escenario; Hendrix incendiando la guitarra; Freddie Mercury en pose plástica de Neal Preston; cualquier foto de Bowie hecha por Sukita; Janis en el diván con la botella de Southern Comfort... Y luego me habría gustado fotografiar a Amy Winehouse.

Foto Marcella Milani

## MARCO LODOLA
### *Escultor luminoso*

Comencé, siendo un niño, con los Beatles, y he vuelto, siendo adulto, a los Beatles. Si tuviera que llevar a alguien a la Luna, como memoria de la humanidad, los llevaría a ellos. Aquellos cuatro chicos realmente lo inventaron y anticiparon todo, desde la experimentación hasta el heavy metal, desde la moda hasta lo social. Nadie fue como ellos. También he sentido una sincera pasión por los Rolling Stones, sobre todo por la vida temeraria de Keith Richards. Y luego por los Led Zeppelin y los Clash. He apreciado a Liam Gallagher, con quien he trabajado, así como a varios artistas italianos con los que he colaborado y cuyas cubiertas he ideado. Pero al final, es como en *Highlander*, sólo queda uno. Y para mí, este uno son los Beatles.

### ENTRE LOS ARTISTAS, EL MÁS ROCK DE TODOS ES ANDY WARHOL

Me considero una especie de nieto de Warhol. He encontrado mi camino personal, enjaulando la luz en mis esculturas, pero quien me ha influido más que todos es Warhol. El artista italiano más rock es Fortunato Depero. Fue el primero en trabajar con la publicidad, antes que Warhol. Obtuvo el éxito en los Estados Unidos, donde vivió las experiencias más dispares, desde el teatro hasta las cazadoras, pasando por el logo de Campari, que todavía existe. Un Andy Warhol *avant la lettre* que, si hubiera nacido en los Estados Unidos, habría gozado de mucha más resonancia.

De los Beatles, obviamente, me gustó la cubierta de *Sgt. Pepper's* (que me habría encantado hacer a mí), pero todavía más me encantó su paso sucesivo a algo extraordinariamente minimalista, como el *White Album*. Citadme un solo artista capaz de tanto...

### *YELLOW SUBMARINE* ES LA PELÍCULA QUE ME HABRÍA GUSTADO HACER

Me cambió literalmente la vida: un viaje ácido todavía actualísimo y nunca igualado. *The Wall* y *Tommy* son muy buenas, no lo discuto, pero nada es comparable a la potencia de *Yellow Submarine*. Al final, los que me han cambiado la perspectiva y me han abierto la mente han sido, una vez más, ellos, los Beatles.

Foto Paolo Manaconda

## **CARLO MONTANA**
### *Retratista de estrellas del rock*

El período que ilustra mejor la alianza entre música y pintura es, a mi parecer, el del rock progresivo, tanto italiano como extranjero. Aquella época nos regaló una infinidad de hermosas cubiertas: pienso en los discos de los Genesis, de los Yes, de los Gentle Giant, de los Pink Floyd, pero también de los Osanna y del Banco del Mutuo Soccorso, o en *Nuda*, de los Garybaldi, que se sirvieron de la colaboración de Guido Crepax. Estos álbumes se abrían, como justamente la hucha del Banco, y te ofrecían todo un mundo. Realmente fue un período extremadamente fértil y creativo.

### RECUERDO QUE COMPRABA LOS DISCOS SIN CONOCER EN ABSOLUTO AL ARTISTA, PERO SÓLO PORQUE ME FASCINABA LA CARÁTULA

La mayor parte de las veces, aquellos ilustradores eran desconocidos, con la única excepción de Andy Warhol. Sus cubiertas no se podían definir como cuadros, pero eran algo potente, de gran impacto. A menudo, técnicamente, eran obras excelentes.

También técnicas menos tradicionales, como el grafismo y los cómics, han producido cosas interesantes, pero mi preferencia se orienta hacia las cubiertas surrealistas, como la de *In the Court of the Crimson King*, de los King Crimson, una carátula sugestiva y absolutamente en sintonía con la música y el mundo de aquella banda. También es significativa la aportación de los artistas que, en la década de 1960, se deleitaron reelaborando objetos-símbolo, icónicos, diríamos hoy, despojándolos de su estatus y desacralizándolos, como hicieron por ejemplo con los coches. Se trató de una operación no sólo ideológica, sino también exquisitamente artística, porque expresó un enfoque tridimensional, cubista, portador de una nueva visión y más libre de todo vínculo.

### ME HABRÍA GUSTADO COLOREAR EL ROLLS DE LENNON O EL PORSCHE DE JANIS

Me habría encantado crear una cubierta del período progresivo o, por qué no, la de «Ob-La-Di, Ob-La-Da», de los Beatles.

Lo que me interesa es la novedad, la innovación. Y aquella época fue realmente fantástica: arte visual y música vivieron el período de oro de su integración.

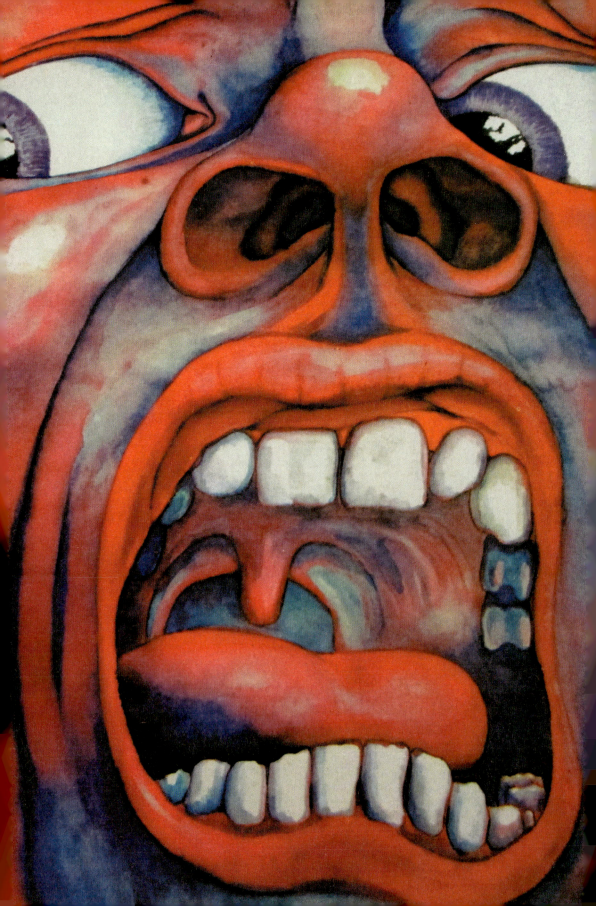

# MÚSICA PARA MIRAR

## *Un siglo de carátulas*

---

Incluso en la era digital, el disco como objeto sigue siendo un tótem precioso que veneran especialmente los amantes de la música. La carátula es su atuendo, a menudo emperifollado y cuidado hasta los mínimos detalles por auténticos expertos del sector. Por otra parte, a lo largo de los años, algunas carátulas se han transformado en objetos artísticos de valor absoluto, indudable originalidad y extraordinario gusto estético. Y, justamente como las obras de arte que se conservan en los museos, a menudo han suscitado el escándalo.

# El misterio de la hoja en blanco

**EN LITERATURA TAMBIÉN SE SUELE DECIR** «el bloqueo del escritor», justamente para subrayar el momento dramático en el que la vena creativa deja de fluir. Por el contrario, para grafistas, pintores, ilustradores y diseñadores, «la hoja en blanco» representa un estímulo para combinar su fantasía con las notas musicales.

Y sin embargo, al principio, las carátulas de los discos distaban mucho de ser atractivas: en las décadas de 1920 y 1930, los vinilos iban revestidos de simples sobres de cartón con un orificio circular en el centro que permitía, como máximo, leer en la etiqueta el título del tema y el nombre del artista. Ni dibujos ni ilustraciones; como máximo el logo de la compañía. En definitiva, nada que estimulara a la adquisición de los 78 rpm, primero, o de los 45 y los 33 rpm más tarde.

A principios de la década de 1940, gracias a **Alex Steinweiss**, que no por casualidad se define como el inventor de las carátulas modernas, algo comenzó a cambiar. Nacido en Brooklyn en 1917 de padre polaco, diseñador de zapatos para mujer, y madre letona, modista, Steinweiss comenzó a trabajar como director de arte en Columbia Records, para luego convertirse en director comercial en 1939. Fue él

Primeros ejemplos de carátulas

quien tuvo la idea de acompañar las carátulas con ilustraciones o imágenes que describieran el contenido del álbum. La primera fue *Smash Song Hits by Rodgers & Hart*, recopilación de temas escritos por el pianista Richard Rodgers y el letrista Lorenz Hart.

Al principio, en Columbia no estaban convencidos. ¿Por qué gastar más por algo que, decían, no añadía valor al disco? Pero los datos de venta dieron la razón a Steinweiss, que a continuación realizó la carátula de *Rhapsody in Blue*, de Gershwin y del *Concierto para piano y orquesta nº 5* de Beethoven. Es más, también introdujo carátulas rígidas, gracias a las cuales era posible conservar (y preservar) los long plays, los nuevos discos de 33 rpm.

Alex Steinweiss, inventor de las carátulas

> «QUERÍA IR MÁS ALLÁ DE AQUELLO POR LO QUE ME PAGABAN. QUERÍA QUE LAS PERSONAS MIRASEN LA ILUSTRACIÓN Y ESCUCHARAN LA MÚSICA»
>
> **Alex Steinweiss**

Los LP significaban más música. Y más música quería decir álbumes que no fueran tan solo simples recopilaciones de singles, contenidos ya en los 45 rpm. La creatividad comenzó pues a alimentar más creatividad, que comenzó

Carátula del *Concierto para piano y orquesta nº 5* de Beethoven y *Rhapsody in Blue* de George Gershwin

*Smash Song Hits by Rodgers & Hart*, la primera carátula de la historia

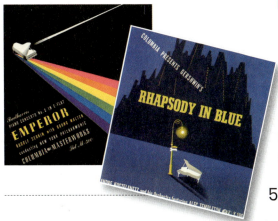

a reflejarse también en las carátulas, dando vida a un nuevo tipo de arte y de artistas, casi tan importantes y revolucionarios como los propios músicos.

Las primeras carátulas artísticas nacieron a partir de la colaboración entre diseñadores y músicos, porque todos

## ROCK & ARTE

Klaus Voormann, Eric Clapton, John Lennon y Yoko Ono; a la derecha, la carátula de *Revolver*, de los Beatles

estaban de acuerdo en el hecho de que una carátula tenía que tener una conexión con el álbum, convirtiéndose en parte integrante de un mensaje vehiculado por la música. En este sentido resultaba emblemática la historia de **Klaus Voormann**. Su encuentro con los **Beatles** se remontaba a 1960, a los tiempos de Hamburgo, cuando Klaus, tras entrar en el Kaiserkeller Club, se quedó fulminado por el sonido de los futuros Fab Four. Unos años más tarde, ya en Londres, contaba: «George (Harrison) me llamó para que me reuniera con él.»

> «BUSCABA TRABAJO COMO ARTISTA COMERCIAL, Y AL FINAL LO ENCONTRÉ COMO DISEÑADOR GRÁFICO»
> **Klaus Voormann**

Corría el año 1966, y el músico/ilustrador alemán se trasladó a un apartamento con George Harrison y Ringo Starr; ambos eran ya ricos y famosos, y vivían blindados. Pero John Lennon fue el primero de los cuatro que requirió las cualidades artísticas de Klaus para realizar la carátula del nuevo álbum, *Revolver*. Para Voormann fue una sorpresa pero, al mismo tiempo, una gran oportunidad, y de este modo se dirigió a los estudios de Abbey Road.

«John me pidió que me reuniera con él para escuchar lo que habían grabado –recordaba–, la música era arrolladora: "Taxman", "Eleanor Rigby", "Tomorrow Never Knows", ¡magníficas!». Justamente el texto de «Tomorrow Never Knows», inspirado por las experiencias lisérgicas de Timothy Leary, influyó a Voormann para la realización de la carátula. «Aquel tema era muy diferente respecto de los primeros Beatles –explicaba–, hasta el punto de que, en la época, pensaba: un típico fan de los Fab Four no comprará nunca este disco. Evidentemente, me equivocaba». Para el artwork, Klaus utilizó pluma y tinta negra reproduciendo los rostros de John, Paul, George y Ringo de manera asimétrica respecto a los ángulos de la carátula. Los dibujos se unían

 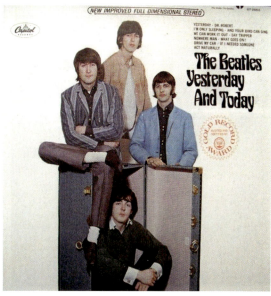

Las dos carátulas de *Yesterday and Today*

mediante algunos recortes de periódicos (que retrataban a los cuatro) y fotos varias, también en blanco y negro, realizadas por **Bob Whitaker**. Este último había trabajado ya con los Beatles para la carátula de *Yesterday and Today* (una recopilación destinada al mercado estadounidense), rebautizada «The Butcher Cover», en la que se veía a los Fab Four con batas de carnicero, pedazos de carne y muñecas hechas pedazos; la imagen se consideró demasiado fuerte y se reemplazó por una foto más convencional.

En el artwork de *Revolver*, Voorman se permitió incluso una autocita: suyos eran el rostro y la firma que aparecen a la derecha, entre los cabellos de George Harrison y bajo los labios de John Lennon.

Sus honorarios apenas ascendieron a 50 libras esterlinas, pero este «detalle» no enfrió su amistad con los cuatro de Liverpool, que lo invitaron a tocar el bajo en las grabaciones de sus posteriores trabajos como solista.

Bob Whitaker también fue el autor de la fotografía reelaborada por **Martin Sharp** para la carátula de *Disraeli Gears*, de los **Cream**. «Mi carátula más conocida es la de *Disraeli Gears* –recordaba el artista australiano–, me la encargó Eric Clapton cuando ambos frecuentábamos la escena artística del Pheasantry en King's Road. Es un collage de colores fluorescentes».

El carácter psicodélico del artwork, potenciado por las tonalidades llamativas utilizadas por Sharp, se reflejaba en una tipografía fluyente, irregular y asimétrica, así como en la utilización de flores, relojes y otros objetos que enmarcaban los rostros de los Cream. En la parte trasera del booklet se podían ver las fotos de los miembros del grupo, personajes de cómics y figuras de aire oriental.

## «QUERÍA REPRODUCIR VISUALMENTE EL CÁLIDO SONIDO ELÉCTRICO DE LOS CREAM»
### Martin Sharp

Esta carátula, que indudablemente embellecía el trabajo de Clapton, Baker y Bruce, se convirtió en una de las obras más conocidas de Sharp, diseñador, compositor, director de cine y art director de la revista underground

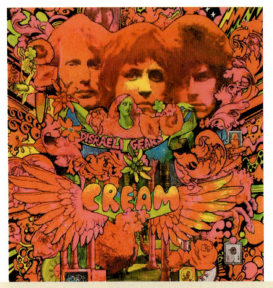
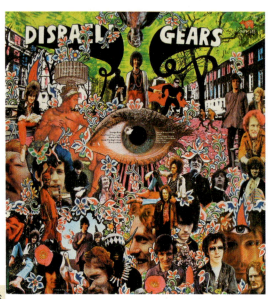

Cubierta y contracubierta de la carátula de *Disraeli Gears* de los Cream

*Oz*, fundada junto a **Richard Walsh**. Fue justamente Walsh quien, al morir Sharp, en 2013, le homenajeó con una necrológica publicada en *The Australian*, en la que recordaba la aportación fundamental de su amigo, las condenas por obscenidad y su pasión por De Chirico, Van Gogh y Hokusai.

También se deben a Martin Sharp pósteres conmemorativos de **Bob Dylan** y **Jimi Hendrix**, además de otra carátula para los Cream, la plateada y negra del doble *Wheels of Fire* (1968).

Cuando apareció *Disraeli Gears*, en el ápice del Summer of Love, se publicó asimismo *Axis: Bold as Love*, de Jimi Hendrix Experience. La foto de la carátula era de **Karl Ferris** (la versión original estaba presente en el interior del álbum), pero el ilustrador **Roger Law** y el grafista **David King** reelaboraron a su manera la foto, situando a Hendrix en el centro, entre los perfiles de Mitch Mitchell y Noel Redding, y adornando a los tres con abundancia de colores y decoraciones. En la portada de *Axis*, Mitchell, Redding y Hendrix aparecían retratados como divinidades hindúes y rodeados de otros iconos religiosos indios, con semblanzas aparentemente femeninas. Arriba, un sol de rayos psicodélicos rojos y amarillos envolvía el nombre del grupo y el título del álbum, escrito con una tipografía que recordaba la tradición sánscrita. Abajo, siete cabezas de cobra completaban una carátula inspirada en un póster titulado *Viraat Purushan – Vishnuroopam*.

Law fue un caricaturista e ilustrador inglés que, entre las décadas de 1980 y 1990 se había hecho famoso por

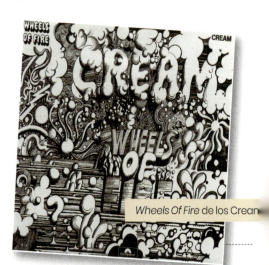

*Wheels Of Fire* de los Cream

## EL MISTERIO DE LA HOJA EN BLANCO

The Jimi Hendrix Experiencie – *Axis: Bold as Love*

Spitting Image, show satírico de marionetas que se emitió en el Reino Unido en la cadena ITV. Junto con el diseñador David King había trabajado en 1966 como ilustrador para el *Sunday Times*, y además de Axis había diseñado la carátula de *The Who Sell Out*, de los Who, en la que Pete Townshend anunciaba el desodorante «Odorono» y Roger Daltrey las alubias en lata «Heinz». Tanto Hendrix como los Who eran las estrellas del Monterey International Pop, el festival que había encumbrado el talento de Janis Joplin a nivel mundial.

> «OS ESTÁIS EQUIVOCANDO: EN LA CARÁTULA NO TENÉIS QUE PONER A INDIOS DE LA INDIA, SINO A INDIOS PIEL ROJA»
> **Jimi Hendrix**

El artwork de *Cheap Thrills*, segundo álbum de Big Brother & The Holding Company, publicado en 1968, fue obra de **Robert Crumb**, dibujante de cómics underground originario de Filadelfia, que luego se trasladó a San Francisco. El dibujante era conocido por haber colaborado con los mayores autores de cómics y grafistas independientes (como **Rick Griffin**, conocido ya por sus trabajos con los Grateful Dead), por haber fundado la revista contracultural estadounidense *Zap Comix* y, sobre todo, por haber creado el afortunado personaje de cómics Fritz the Cat. Crumb era amigo de **Janis Joplin**, y fue precisamente ella quien le encargó la carátula de *Cheap Thrills*.

La idea original constaba de una foto de los componentes del grupo desnudos en la cama, pero fue descartada por la casa discográfica, que también rechazó la segunda opción, con tan solo Janis en la cubierta. La cantante pensó entonces en algunas ilustraciones con connotaciones psicodélicas, y llamó a su amigo Robert Crumb, a quien consideró capaz de realizar, en unas pocas horas, un auténtico cómic: en cada viñeta tenía que ilustrar los temas del disco y retra-

El póster *Viraat Purushan – Vishnuroopam*, fuente de inspiración para la carátula de *Axis: Bold as Love*

## ROCK & ARTE

tar a los miembros de la banda. En el círculo central, por ejemplo, Janis Joplin arrastra bajo el sol ardiente un grillete («Ball and Chain»), mientras que justo encima, la misma cantante echada en actitud inequívoca («I Need a Man to Love»). Abajo, un homenaje al público del Fillmore, histórico local de San Francisco, donde se había grabado justamente «Ball and Chain». Arriba, a la derecha, un hombre con cuchillo y tenedor se apresta a comerse un corazón («Piece of my Heart»), mientras que abajo a la izquierda, el guitarrista James Gurley aparece retratado (con tan solo un ojo) visiblemente aturdido por alguna sustancia psicotrópica. En la esquina inferior derecha, incluso hubo espacio para el logo de los Hell's Angels de San Francisco, por voluntad expresa de Joplin, amiga de algunos de ellos.

Big Brother & The Holding Company – *Cheap Thrills*

Janis Joplin y Robert Crumb

### «¡JANIS QUERÍA LA CARÁTULA DE *CHEAP THRILLS* PARA EL DÍA SIGUIENTE! ME TOMÉ ALGUNA PASTILLA Y TRABAJÉ TODA LA NOCHE. CUANDO TERMINÉ, EL SOL YA HABÍA SALIDO»

#### Robert Crumb

El título del álbum tenía que ser *Sex, Dope and Cheap Thrills*, pero la compañía discográfica optó por un inocente *Cheap Thrills*. Aunque el disco vendió millones de copias a lo largo de los años, la carátula sólo reportó a Crumb 600 dólares. El dibujante contaba que había entregado el dibujo a Columbia y que nunca se lo habían devuelto. Luego, un día del año 2000, durante una subasta en Sotheby's, el original volvió a aparecer para ser vendido (por una cifra enorme) a un coleccionista desconocido. Naturalmente sin que lo supiera Crumb.

«En un primer momento, George pensaba que estaba bromeando. Entre otras cosas porque el suyo no había sido un gesto violento: por desgracia, me había impactado en un punto delicado.»

George Underwood y David Bowie

Eran palabras de **David Bowie**. George era **George Underwood**, músico, pintor y amigo de Bowie, con quien se había peleado a causa de una chica. Underwood le había asestado un puñetazo en el ojo izquierdo, provocándole la parálisis de los músculos que contraen el iris. Pero la solidez del vínculo entre ambos no se vio afectada por aquel episodio; es más, todo el mundo sentía curiosidad por aquellos ojos de David, aparentemente de color diferente el uno del otro. Ambos se conocieron a los diez años, cuando frecuentaban la Bromley Technical High School, en la misma clase que Peter Frampton, y habían comenzado a hacer música juntos, en los Konrads. David tocaba el saxo, George cantaba. En 1964 habían grabado el tema «Lazy Jane» como Davie Jones with The King Bees; Davie, obviamente, todavía no era David Bowie.

## «AL FIN Y AL CABO, QUIZÁS GEORGE ME HIZO UN FAVOR»
### David Bowie

En 1965, con el nombre de Calvin James, Underwood publicó el sencillo «Some Things You Never Get Used» / «Remember», producido por Mickie Most (Jeff Beck, Moody Blues, Animals, Donovan). Luego llegó el salto: Underwood entendió que no tenía suficiente talento para la música y regresó a sus estudios artísticos. Sus primeras pinturas de la década de 1970 eran óleos, influidos por la escuela vienesa del realismo fantástico (que comprendía a artistas como Ernst Fuchs, Rudolf Hausner y Erich Brauer), pero bien pronto se especializó como ilustrador de cubiertas de libros y carátulas de discos. Su primera carátula fue *Shine on Brightly*, de los Procol Harum (1968); también era suya la de *Electric Warrior* (1971) para los T.Rex de Marc Bolan. El camino ya estaba abierto y para George se concretó en trabajos importantes. El primero de estos fue sin duda el artwork de debut de una banda británica: los **Gentle Giant**. El rostro del gigante de la cubierta se utilizó más tarde como logo del grupo, en la contracubierta del artwork estadounidense de *Octopus*, convirtiéndose en un auténtico símbolo de la banda. A partir de una fotografía de **Brian Ward**, Underwood realizó más tarde la primera carátula para su amigo David Bowie, la del álbum *Hunky Dory* (1971). Después de algunos experimentos la elección

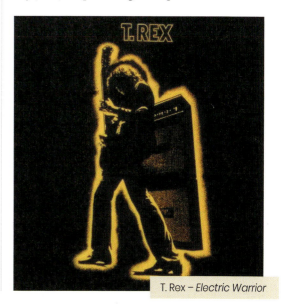
T. Rex – *Electric Warrior*

## ROCK & ARTE

Carátula del primer álbum de los Gentle Giant

recayó sobre un blanco y negro que retrataba a Bowie en una pose a lo Greta Garbo. Luego la foto fue recoloreada por el ilustrador Terry Pastor, que acababa de montar el estudio de diseño Main Artery en Covent Garden, junto con el propio Underwood.

La misma técnica se utilizó para la carátula del disco siguiente, *The Rise and Fall of Ziggy Stardust and the Spiders from Mars* (1972). Aquí, Bowie (fotografiado por Brian Ward) aparecía de cuerpo entero, en un callejón de Londres, Heddon Street. Alrededor, coches aparcados y cajas de cartón. La luz amarilla de un farol iluminaba el rostro de Bowie y, sobre él, dominaba la enseña de la peletería K West, inicialmente indignada por su empleo para la música pop. Hoy en día el lugar sigue siendo meta de peregrinación para los fans.

> «GEORGE ES UNO DE LOS MEJORES PINTORES DEL REINO UNIDO. HAY UN SUBLIME AISLAMIENTO QUE RODEA SUS OBJETOS Y CONMUEVE PROFUNDAMENTE A QUIEN MIRA. SUS FIGURAS SON HEROICAS Y VULNERABLES AL MISMO TIEMPO»
>
> **David Bowie**

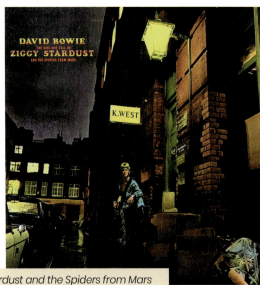

David Bowie – *Hunky Dory* y *The Rise and Fall of Ziggy Stardust and the Spiders from Mars*

# EL MISTERIO DE LA HOJA EN BLANCO

King Crimson – *In the Court of the Crimson King*

El 10 de octubre de 1969, en las tiendas de discos británicas aparecía uno de los álbumes más importantes de la historia del rock, *In the Court of the Crimson King*, que marcaba el debut de los **King Crimson**. Con él se comienza a hablar de rock progresivo, un nuevo género musical de matriz europea que mezclaba pop, música clásica, folk y jazz. El concepto de arte vehiculado por el rock progresivo se plasmó también en las carátulas de los discos, a menudo de indiscutible valor artístico y similares a cuadros propiamente dichos, hasta el punto de que a menudo los realizaban pintores. El autor de la carátula, Barry Godber, era amigo de Peter Sinfield, el letrista de la banda, y trabajaba como programador: el cuadro de *In the Court* fue el único que llegó a hacer, porque Godber murió de un infarto en 1970, a los 24 años. Alumno del Chelsea Art College, había realizado ya para la banda un logo en forma de llama para el doble bombo del batería de entonces, el extraordinario Michael Giles.

«Aquel cuadro nos había impresionado en seguida –recordaba el bajista y cantante Greg Lake–, se trataba de una carátula doble: una exterior y otra interior.» La parte exterior, la más conocida, retrataba en primerísimo plano, sobre fondo azul, el rostro color carmesí de un hombre con ojos y boca abiertos de par en par, dientes y campanilla en primer plano; una imagen indudablemente inquietante. Por el contrario, la ilustración interior era ligeramente más tranquilizadora: el hombre sonreía, pero de manera enigmática, con un incisivo roto en primer plano y los colmillos agudos. Desesperación y serenidad, angustia y tranquilidad: estados de ánimo opuestos, tal vez dos caras de la misma moneda.

«Cuando Peter Sinfield nos trajo la pintura de Godber nos enamoró en seguida –recordó Robert Fripp; la cara aullante en el exterior era la del hombre esquizoide del siglo XX, mientras que en el interior estaba la del Rey Carmesí: Barry había captado perfectamente nuestra música.

El cuarto y legendario disco de los **Jethro Tull** se llamó *Aqualung*.

Existen al menos dos teorías tras una de las carátulas de rock más famosas de todos los tiempos. Según la primera, en 1971 Ian Anderson, líder de la banda, fue a ver a **Burton Silverman**, pintor estadounidense que en aquella época había ilustrado ya algunas cubiertas de *Esquire*, *New Yorker* y *Time*. Anderson llevaba consigo la foto de un mendigo retratada por su mujer, y le dijo a Silverman: «Esta será la próxima carátula de los Jethro Tull: quiero que la transformes en pintura.»

## ROCK & ARTE

Jethro Tull – *Aqualung*

Según la segunda teoría, fue Terry Ellis, por entonces mánager de los Tull, quien encargó a Silverman la carátula después de haber visto sus cuadros expuestos en una galería de Nueva York. Esta versión es la que confirma el propio Silverman, que en una entrevista de 2011 recordaba que «a Ian Anderson no le gustó nunca la carátula de *Aqualung*. Pero si el álbum sigue vivito y coleando se debe, al menos en parte, a mi trabajo». Los dos concuerdan sobre un hecho: el hombre retratado en la cubierta no es un Ian Anderson envejecido, como durante años ha pensado mucha gente. En el interior, otra pintura retrata a los componentes del grupo, divirtiéndose, quizás borrachos, en lo que podría ser una taberna o incluso una iglesia. En el dorso del disco, de nuevo el mendigo, sentado sobre el bordillo en compañía de un perrito, luce una expresión que transmite una especie de serena melancolía.

Ilustradores, pintores, diseñadores gráficos, fotógrafos... Las carátulas constituían ya un nuevo filón que atraía a creativos de todo tipo, ansiosos por mostrar su arte. También los músicos eran conscientes del valor añadido que una buena carátula era capaz de aportar a su obra. Y ello podía desencadenar también algún tipo de competición. Como la que entablaron **Rolling Stones** y **David Bowie** disputándose el talento de **Guy Peellaert**.

«Estaba en Alemania trabajando en mi libro *Rock Dreams*, dando los últimos retoques a la imagen que retrataba a Jagger y Richards bailando vestidos de piratas sobre un ataúd –recordaba Peellaert–. Los Stones querían publicar un directo de su gira alemana y un amigo común había enseñado mi dibujo a Jagger, que se había quedado fascinado, hasta el punto de que quiso conocerme para preguntarme si podía dibujar el póster de aquella gira. Una vez apartado el proyecto del directo, me había contratado para la carátula del nuevo álbum. Me puse inmediatamente manos a la obra y les presenté unos esbozos. Eligieron la prueba inspirada en las obras cinematográficas de Leni Riefenstahl, la directora preferida de Hitler. Muy teutónica y celebrativa.»

Guy Peellaert era un pintor belga que, en la década de 1960, había comenzado a trabajar como ilustrador en París, después de haber estudiado bellas artes en su Bruselas natal. Suyos fueron los carteles de películas como *Taxi Driver*, *Paris Texas*, y *Vidas cruzadas*, además del ya citado *Rock*

*It's Only Rock'n'Roll* de los Rolling Stones. Debajo: los Rolling Stones en el libro *Rock Dreams* de Guy Peellaert

*Dreams*, en el que celebraba el espíritu del rock'n'roll y de sus intérpretes, retratando a los Stones como prostitutas, soldados de las SS, piratas, héroes exhaustos...

La idea para el disco que estaba a punto de salir, *It's Only Rock'n'Roll*, era simple y genial: los componentes de la banda eran divinidades del rock, inmortalizadas mientras bajaban la escalinata de piedra de un templo antiguo, vestidos con sus atuendos de corte moderno. Alrededor, decenas de mujeres y muchachas alabándolos, con vestidos de corte clásico y flores en el pelo. La banda estaba en lo más alto del éxito, aunque acababa de sustituir a Mick Taylor por Ron Wood, y guiñaba el ojo al glam, género cuyo exponente más destacado era David Bowie.

Este último acababa de publicar *Pin Ups* y estaba a punto de sacar *Diamond Dogs*, prácticamente al mismo tiempo que *It's Only Rock'n'Roll*. De manera incauta, Jagger le mostró el diseño de Peellaert, Bowie no perdió tiempo: contactó y contrató al pintor belga para su nuevo disco. De este modo, *Diamond Dogs* salió el 24 de mayo de 1974, mientras que *It's Only Rock'n'Roll* se publicó el 15 de octubre del mismo año en los Estados Unidos y tres días más tarde en el Reino Unido. La carátula de *Diamond Dogs* presentaba el rostro de Bowie injertado en un cuerpo de perro con los genitales bien a la vista. Por este motivo chocó con la censura (la primera edición del disco fue retirada del mercado), mientras que la RCA se curó en salud ennegreciendo la zona en cuestión.

> «JAGGER QUERÍA QUE FIRMARA UN CONTRATO EN EXCLUSIVA, PERO TARDABA EN DARME EL OK; ASÍ QUE ACEPTÉ LA OFERTA DE BOWIE»
> **Guy Peellaert**

Tras la estela de los álbumes conceptuales, que tuvieron tanta importancia en la historia del rock progresivo, entre otros géneros, hubo quien se aventuró a realizar proyectos

## ROCK & ARTE

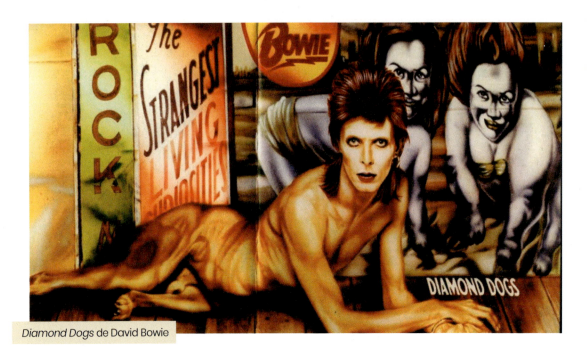

*Diamond Dogs* de David Bowie

más ambiciosos: los temas musicales tenían que contar una historia que se imbricaría con las imágenes del artwork. Uno de los pioneros fue el escocés **William Neal**, inventor del tanque/armadillo de *Tarkus*, segundo álbum de **Emerson, Lake & Palmer** (1971). Diplomado en arte y diseño en la Guildford School of Art, Neal había trabajado para la BBC y Pitman Publishing antes de entrar en la **C.C.S. Associates**, donde elaboró el dibujo de *Tarkus*. El tanque-armadillo representa la tecnología que se escapa al control moral y espiritual de la sociedad. La idea fue desarrollada musicalmente en siete suites, al final de las cuales era derrotado por la Mantícora, un monstruo mitológico con rostro humano, cuerpo de león y cola de escorpión.

> «KEITH EMERSON ME PIDIÓ QUE DESARROLLARA UNA HISTORIA EN FORMA DE CÓMIC SOBRE LA MÚSICA DE *TARKUS*»
> **William Neal**

*Tarkus*, en parte gracias a su carátula, se convirtió en un clásico de los ELP. Como también *Trilogy*, con los tres rostros del grupo realizados por **Phil Crennelf** para un artwork de **Hipgnosis** de Storm Thorgerson y Aubrey Powell, o *Brain Salad Surgery* (1973) de **H.R. Giger**, con los dos paneles superpuestos de una calavera y de una cara femenina.

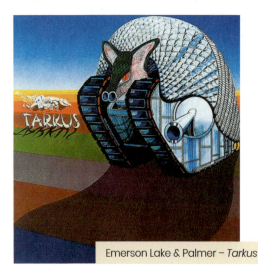

Emerson Lake & Palmer – *Tarkus*

# LA LEYENDA DE EDDIE

Los **Iron Maiden** podían cambiar de formación, pero no podían renunciar a Eddie the Head, una mascota ciertamente fuera de lo común, que acompañaba a la banda en la mayor parte de las carátulas, en los directos y en todo el merchandising oficial. Su primera aparición se remonta al sencillo «Running Free», de 1980, aunque allí tenía en mayor medida el semblante de un zombie alto, delgado y oscuro. **Derek Riggs**, autor a partir de entonces de todas las carátulas del grupo hasta *No Prayer for the Dying* (1990) había llevado un cuadro suyo en el que Eddie combatía al diablo encima de una roca rodeada de monstruos. «Nos gustó mucho y pedimos a Derek que añadiera algunas plumas en el hacha para que Eddie pareciera en cierto modo un indio piel roja, a fin de relacionar su figura con el texto», explicaba el mánager de los Iron Maiden, Rod Smallwood.

«En *The Number of the Beast* era un extraterrestre –contaba Riggs–, era solo una silueta. Quería añadir a otros personajes, como a Margaret Thatcher, envueltos en llamas, pero tenía que entregar el trabajo lo más pronto posible. Lo hizo todo con prisas y por ello, algunas cosas de la carátula no funcionan. Las alas del diablo, por ejemplo, desaparecen en el fondo porque no tuve tiempo de disponerlas correctamente.»

Las múltiples caras de Eddie The Head, la mascota de los Iron Maiden

El sencillo «Running Free» y la carátula de *The Number of the Beast*

# La carátula como un lienzo

**YA NO HAY BARRERAS** para la creatividad. Las carátulas de los discos son como un lienzo preparado para rellenarlo de colores e imágenes pintadas por auténticos maestros del pincel

Un precursor en este sentido fue **Jackie Gleason**, cómico, actor y presentador televisivo pero también músico, que en 1955 publicó como tal un álbum (*Lonesome Echo*) con la carátula firmada nada más y nada menos que por **Salvador Dalí**. «El primer efecto es el de la angustia, del espacio y de la soledad –explicaba el gran Dalí–, luego está la fragilidad de las alas de una mariposa, cuyas largas sombras se proyectan en el atardecer, que regresa en el paisaje como un eco. El elemento femenino, distante y aislado, forma un triángulo perfecto con el elemento musical y con su otro eco, el cascarón».

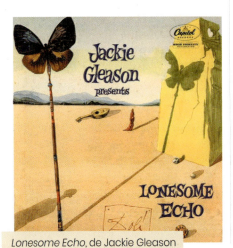

*Lonesome Echo*, de Jackie Gleason

Contracubierta de *Lonesome Echo*

Pero ha habido otros músicos o grupos que han elegido cuadros anteriormente existentes para las carátulas de sus discos, como los **Guns N'Roses** con la primera carátula de *Appetite for Destruction* o los **Byrds**, del mismo modo, aunque varios años antes, con *Sweetheart of the Rodeo* (1968). En la banda californiana ya no estaban David Crosby o Michael Clark, pero la aportación de uno de los pioneros del country rock, Gram Parsons, dirigió a Roger McGuinn y a los demás hacia nuevas sonoridades. La carátula, con la que se quería remitir al mundo del country & western, utilizaba los detalles de un cartel de 1933 de **Joseph Jacinto «Jo» Mora** titulado *The American Cowboy*. Mora era un ilustrador, pintor, escultor e historiador del arte uruguayo que, después de haberse unido a los indígenas estadounidenses Hopi, había decidido vivir entre Arizona y California. El álbum de los Byrds, uno de los ejemplos más logrados de mezcla entre country y rock, dejó una tal herencia artística que, veinte años más tarde, indujo a las hermanas Janis y Kristine Oliver a crear un dúo new country llamado Sweethearts of the Rodeo y a publicar *Buffalo Zone* (1990), cuya carátula recordaba explícitamente los temas y el estilo del cartel de Mora.

> **«CUANDO VI EL CUADRO DE KLARWEIN, ENTENDÍ QUE LA MÚSICA Y LOS COLORES SON ALIMENTO PARA EL ALMA»**
> **Carlos Santana**

En 1970, mientras estaba perdiendo el tiempo en un viejo almacén, **Carlos Santana** se topó con un cuadro de **Mati Klarwein**, pintor surrealista alemán naturalizado francés que había estudiado entre otros con Fernand Léger y Ernst Fuchs, y había sido amigo de Salvador Dalí. Santana se quedó estupefacto, hasta el punto de querer que Klarwein realizara la carátula de su segundo álbum, *Abraxas*.

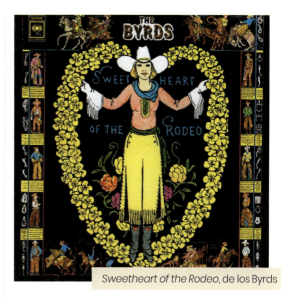

*Sweetheart of the Rodeo*, de los Byrds

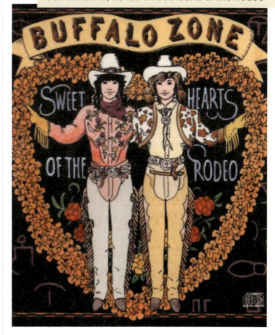

*Buffalo Zone*, de las Sweethearts of the Rodeo

El cuadro se titulaba «La anunciación», y lo había pintado en Mallorca en 1961. El motivo inspirador era inequívoco, con un atípico arcángel Gabriel (el modelo era una mujer

## ROCK & ARTE

*Abraxas*, de Santana

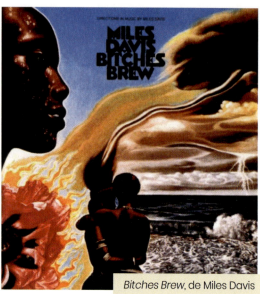

*Bitches Brew*, de Miles Davis

de Mallorca que estuvo colgada del techo durante horas) que sujetaba una conga entre las piernas. Como modelo de la Virgen María, bien visible en el centro, Klarwein utilizó a su novia de entonces, Jill, una chica de Guadalupe.

### «MIS FUENTES DE INSPIRACIÓN HAN SIDO EL ARTE DEL PRIMER RENACIMIENTO Y EL KITSCH ORIENTAL»
#### Mati Klarwein

El logo del disco (y de la inscripción Santana) eran de **Bob Venosa**, artista de Boulder, Colorado, a su vez del entorno de Dalí.

Por su parte, tampoco fue casual el encuentro del propio Klarwein con **Miles Davis**, que lo contrató para la carátula de *Bitches Brew* (1970), que también en este caso marcaba un giro en el estilo del músico. La carátula se centraba de forma evidente en el tema de la dualidad, con una pareja abrazada escrutando un cielo mitad azul y mitad oscuro y estrellado. En el reverso, dos manos que se entrelazaban, una blanca y la otra negra, transmutándose luego en otros tantos rostros.

En tiempos más recientes, para su álbum de debut de 2008, también los **Fleet Foxes** adoptaron un cuadro para la cubierta. Se trataba de *Los proverbios flamencos*, obra de Pieter Brueghel el Viejo, de 1559. «A primera vista, parece una escena encantadora –contaba Robin Pecknold, cantante y compositor de la banda de Seattle–, pero si se mira mejor uno se da cuenta de que la pintura describe el caos.» También los **Sonic Youth** tomaron una decisión análoga en 1998, cuando eligieron a un prestigioso y cotizado pintor contemporáneo, **Gerhard Richter**, para su *Daydream Nation*, utilizando un cuadro de la serie Kerze (velas, en alemán), simbolizando la llama de la esperanza.

Es indudable que Richter no necesitaba publicidad (sus cuadros se subastan en Sotheby's por millones de dólares), pero sin duda la alianza con la música rock les resulta beneficiosa. En 2001, su obra *Abstraktes Bild (809-4)* fue adquirida por **Eric Clapton** por 3,4 millones de dólares, para luego ser revendida en 2012 por un valor diez veces superior.

## LA CARÁTULA COMO UN LIENZO

*Fleet Foxes*, de los Fleet Foxes

*Daydream Nation*, de los Sonic Youth

## «BETTY SWANWICK ERA UNA MUJER MARAVILLOSA, LLENA DE VIDA, AGUDA Y MALICIOSA: RECORDABA A MISS MARPLE»
### Peter Gabriel

Si se da el caso de que el artista es menos prestigioso, puede suceder que acepte incluso modificar una obra suya para contentar a los músicos. Es lo que sucedió con **Betty Swanwick**, que a petición de los **Genesis** añadió una segadora a su *The Dream*, un cuadro que ya se exponía en la Royal Academy, con la única finalidad de que encajara con el tema «I Know What I Like», contenido en *Selling England by the Pound* (1973). La cubierta de *Selling England* fue la primera de los Genesis, desde los tiempos de *Trespass*, que no llevaba la firma de **Paul Whitehead**. «La carátula de *Foxtrot* era algo floja, era el momento de cambiar», confesó Mike Rutherford. «Creo que la cubierta de *Selling England* representó un paso

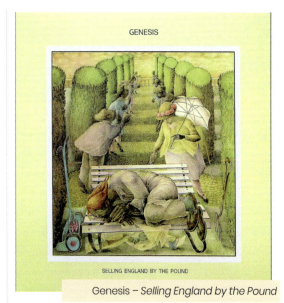

Genesis – *Selling England by the Pound*

adelante –añadió Peter Gabriel–. Queríamos imágenes que pudieran hablar, más que fotos identitarias de la banda.» Según Phil Collins, la carátula «mostraba un cambio decidido, un paso del grafismo casi colegial de *Foxtrot* y

# OGDEN'S NUT GONE FLAKE: EL CUADRO SE CONVIERTE EN OBJETO

Si bien *Sgt Pepper's* no se puede definir propiamente como un álbum conceptual, su éxito planetario indujo a muchos artistas de su época a recorrer este difícil camino. Como los **Small Faces**, que con *Ogden's Nut Gone Flake* se inventaron una parodia de la marca homónima de tabaco, contando las vicisitudes de Happiness Stan y de su búsqueda del lado oculto de la Luna. A decir verdad, la empresa tuvo un éxito mediano, ya que solo la cara B se caracterizaba por temas que se alternaban con la narración del actor cómico británico Stanley Unwin. El vinilo iba dentro de un estuche redondo de lata inspirado en la lata de tabaco, junto a un póster con cinco círculos de papel, cada uno con una foto de un miembro del grupo. El artwork lo había ideado **Mick Swan**, mientras que las partes pintadas eran de **Nick Tweddell** y **Pete Brown**, amigos del teclista Ian McLagan desde los tiempos de la escuela de arte. El estuche era revolucionario a su manera, quizás demasiado, con aquella caja que tendía a caer de los estantes, para irritación de los vendedores. Pero sobre todo, era muy costosa, y pronto fue sustituida por un tradicional sobre de cartón.

*Ogden's Nut Gone Flake* – Small Faces

*Nursery Cryme* a algo elegante.» «Logramos contar con una gran artista –afirmó Steve Hackett–, que realizó algo perfecto para aquel tipo de música: estaba Inglaterra, había un jardín, había el sueño y era algo nada banal.»

Unos años después de *Tarkus*, **Elton John** llamó a **Alan Aldridge** para que este concibiera una historia de tipo cómic para que ocupara la cubierta de *Captain Fantastic and the Brown Dirt Cowboy*. Aldridge era famoso por las ilustraciones psicodélicas de *The Beatles Illustrated Lyrics*, de 1969, y por haber diseñado la carátula de *A Quick One*, de los Who, así como por haber creado el logo del Hard Rock Cafe. En parte por este motivo, Elton pensó que era la persona adecuada para realizar un cortometraje de animación inspirado en el disco.

«Trabajamos mucho en el tema –recordaba el diseñador–, pero sin resultados. El anuncio de treinta segundos usado para la publicidad televisiva tenía que ser el preludio de la película, pero se usó muy poco y no tuvo continuidad. Algunas de las imágenes que había preparado se usaron más tarde en el flipper *Bally Captain Fantastic*. Todavía tengo en casa el guion, las ilustraciones y los borradores para el merchandising.» Las imágenes de la carátula de *Captain Fantastic and the Brown Dirt Cowboy* se inspiraban en pinturas de Max Ernst, Bosch y Dalí, y en ellas aparecían retratados todos los protagonistas del álbum, desde Elton John, que era el Captain Fantastic, hasta el autor de los textos, Bernie Taupin, en el papel del Brown Dirt Cowboy. También estaban la mujer de Taupin, Maxine, y luego el ex mánager de Elton John, John Reid, el empresario discográfico Dick James y los músicos, todos

Elton John – *Captain Fantastic and the Brown Dirt Cowboy*. A la derecha, detalles del interior de este mismo álbum

ellos encerrados en el interior de burbujas volantes. El packaging también era muy cuidado y particular; comprendía, entre otras cosas, fotos viejas de Elton, la historia de su vida en cómics, los textos de los temas e incluso una reseña de prensa con los diarios de la época.

*Captain Fantastic and the Brown Dirt Cowboy* llegó directamente al segundo puesto de la clasificación norteamericana, y Alan Aldridge obtuvo una nominación a los Grammy por el diseño de la carátula.

> «LAS CANCIONES DEL ÁLBUM ANTERIOR ME DABAN LA IDEA DE UN AVIÓN DE CAZA EN PICADO. A PARTIR DE AHÍ NACIÓ EL RESTO DEL DISEÑO»
> **Richie Bucher**

En la década de 1990, otros artistas embellecieron con sus dibujos las cubiertas de los álbumes. Entre tantas destaca la explosiva carátula de *Dookie*, de los **Green Day**, llena hasta lo inverosímil de citas. «La banda no me había dado indicaciones –explicó el ilustrador **Richie Bucher**–, así que preparé un esbozo y se lo mostré. Una vez aprobado, añadí todo lo que tenía en la cabeza.» La carátula es un florilegio de citas rock: se puede ver a Angus Young con su Gibson Devil Boy y debajo de él Patti Smith posando como en la carátula de *Easter*, mientras que Ozzy Osbourne, en el lado opuesto, aparece retratado como en el álbum de debut de los Black Sabbath.

Para completar las sugerencias, un dirigible, arriba a la izquierda, con la inscripción «Bad Years», remite a *Rocket to Russia*, de los Ramones. Pero la misión de Bucher también era la de representar los lugares de los que procedían los Green Day, es decir, la Bay Area de San Francisco. A partir

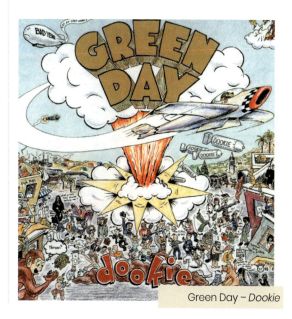

Green Day – *Dookie*

## ROCK & ARTE

Carátula de *Mellon Collie and the Infinite Sadness* de los Smashing Pumpkins, y a la derecha, algunas ilustraciones del booklet

de las refinerías de petróleo al noreste de la Bahía, pasando por la caótica Telegraph Avenue en Berkeley, con el Caffè Mediterraneum, el templo hippie en el que se dice que Allen Ginsberg escribió su poema *Howl*. En definitiva, una explosión de recuerdos y remisiones equiparables a la explosión real de la bomba que suelta el avión (¡pilotado por un perro!), de cuya nube surge la inscripción «Green Day».

Al año siguiente, 1995, llegó a las tiendas *Mellon Collins and the Infinite Sadness*, tercer disco de inéditos de los **Smashing Pumpkins**. La carátula era obra de **John Craig**, ilustrador freelance para *Time*, *Newsweek* y *Esquire*, y director de arte de Mercury Records. En la primera fase del proyecto, él y el líder de la banda, Billy Corgan, intercambiaron sus esbozos vía fax: de este modo nació la idea de la muchacha que sale de una estrella y aparece perdida en el universo. Las ilustraciones parecen arrancadas de libros para niños. «Me gusta trabajar con cromolitografías vintage, con los colores saturados», explicaba Craig. Las ilustraciones no utilizadas para la carátula se retomaron en el booklet, mientras que en 2012, con ocasión de una reedición deluxe de *Mellon Collie*

> «ME INSPIRÉ EN DOS PINTURAS: *SANTA CATALINA DE ALEJANDRÍA* DE RAFAEL PARA EL CUERPO DEL PROTAGONISTA Y *LA FIDELIDAD DEL RECUERDO* DE JEAN BAPTISTE GREUZE PARA EL ROSTRO»
> **John Craig**

LA CARÁTULA COMO UN LIENZO

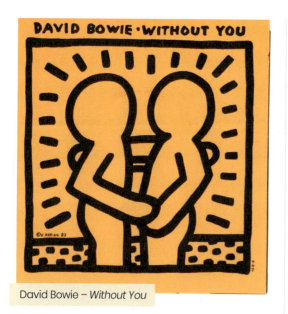

David Bowie – *Without You*

*and the Infinite Sadness*, Craig creó una nueva cubierta, partiendo de la estructura original y añadiendo algunos elementos al paisaje.

Poco a poco, también el street art iba recabando consensos. De este modo, no solo los cuadros se convertían en carátulas, sino también grafitis y murales, ya existieran antes o ya se crearan específicamente para la ocasión. Entró entonces en escena **Keith Haring**, con su arte caracterizado por hombrecillos en movimiento que pronto lo convirtió en un ídolo entre los grafiteros. Haring alardeaba de estudios de grafismo en la School of Visual Arts de Nueva York y de la amistad de **Andy Warhol** y **Jean-Michel Basquiat**. Pero desde pequeño aprendió a dibujar gracias a su padre, gran apasionado por los cómics.

«Cuando pinto, vivo una experiencia que, en los mejores momentos, trasciende la realidad –confesaba Haring–. Cuando funciona, entras en otra dimensión, te acercas a algo universal, a un sentido de consciencia que va más allá de ti mismo.»

Los hombrecillos de Haring eran la consecuencia natural de su pasión por la pintura rupestre, de la que se deriva-

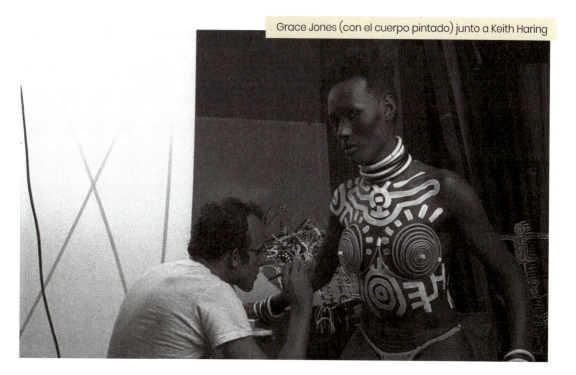

Grace Jones (con el cuerpo pintado) junto a Keith Haring

25

## ROCK & ARTE

ba su concepción de arte como algo simple, accesible para todo el mundo.

Su mayor éxito llegó con la carátula de «Without You», single de **David Bowie** de 1983 contenido en el álbum *Let's Dance*: aquí, los habituales hombrecillos son dos, en versión más grande, y simplemente se abrazan.

Posteriormente Haring trabajó en la cubierta de *Duck Rock*, el álbum de **Malcolm McLaren** con el colectivo neoyorquino hip hop The World's Famous Supreme Team, creando el artwork junto a su amigo grafitero **Dondi**. Pero todavía más significativa fue su colaboración con **Grace Jones** para los conciertos en el Paradise Garage de Nueva York y para algunos de sus vídeos, como *I'm Not Perfect But I'm Perfect For You* y *Vamp*, dedicándose al body painting. En el ápice de su notoriedad, el sida se lo llevó prematuramente, cuando contaba solo 31 años.

Más recientemente, un grafitero que ha obtenido una fama merecida, artista de identidad todavía desconocida, responde al nombre de **Banksy**. Su técnica se define como stencil art, y se basa en rociar pinturas a través de una o varias plantillas (las stencil, justamente). Suya es la carátula de *Think Tank*, álbum de los **Blur** de 2003, acompañada por otras obras que anunciaban el lanzamiento del disco. El tema era una vez más una pareja en un complicado abrazo a causa de las escafandras de buzo que llevan. La obra era parte de una serie, basada en personajes conocidos, parejas de enamorados pero también niños.

Los trabajos de Banksy se venden en las subastas a precios exorbitantes, y el récord se

Blur – *Think Tank*

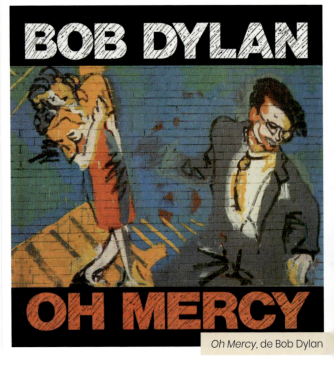

*Oh Mercy*, de Bob Dylan

lo lleva justamente la carátula de *Think Tank*, valorada por Sotheby's, en 2013, en 510.000 dólares. Nada mal para un artista de identidad todavía ignota, aunque el anonimato no le ha impedido realizar otras carátulas para los Royksopp y para el rapero inglés Roots Manuva. En cuanto al misterio que rodea su identidad, hay quien formula la hipótesis de que se trata en realidad de Robert del Naja, grafitero y músico de los Massive Attack.

> «DYLAN TEMÍA QUE NO PUDIERA APRECIAR EL TÍTULO DE SU ÁLBUM JUNTO A MI TRABAJO. MUY AMABLE POR SU PARTE»
>
> **Trotsky**

A propósito de Murales, nada más y nada menos que **Bob Dylan** eligió uno para un disco suyo. Para *Oh Mercy* (1989), al parecer movilizó a su entorno en busca de un tal **Trotsky**, misterioso autor de un mural en Hell's Kitchen, en la pared del restaurante chino Kowk Wah, en la esquina entre la novena avenida y la calle 53, en Manhattan. La búsqueda resultó infructuosa, por lo que Dylan se contentó con fotografiar la obra, que representaba a una pareja bailando. El autor, Trotsky (que debía su apodo, claro homenaje al político ruso al que Stalin mandó asesinar), fue hallado unas semanas más tarde. «Eran primeros de julio, acababa de volver completamente exhausto del tribunal por los retrasos de mi alquiler, cuando el teléfono comenzó a sonar: era Bob Dylan, me invitaba a un concierto suyo», recordó. A Trotsky se le pidió permiso para usar el mural y a cambio le ofrecieron 5.000 dólares.

# Desnudos artísticos
## (si la censura lo permite)

**LA DESNUDEZ DEL CUERPO HUMANO** siempre ha suscitado el interés de los artistas, deseosos de captar y reproducir su pureza primigenia, atrayendo hacia sí la atención de las autoridades religiosas y laicas, evidentemente incómodas frente a tanta inocencia.

La historia está llena de ejemplos ilustres de censura, pero en la historia, más breve y reciente, de la iconografía rock, el primer escándalo fue el de la fotografía de **David Montgomery** para la carátula de *Electric Ladyland*, de **Jimi Hendrix Experience**. En las intenciones de la casa discográfica Reprise, el guitarrista de Seattle tenía que aparecer representado como una divinidad rodeada de mujeres que lo adoraban, pero Hendrix no estuvo de acuerdo. Quería una cosa más tierna, un homenaje a las Electric Ladies, sus groupies. Para ello, su elección recayó en una fotografía de **Linda Eastman** (futura señora McCartney), que retrataba a la banda y a algunos niños en Central Park en torno a la estatua dedicada a *Alicia en el país de las maravillas* de Lewis Car-roll. A la compañía Reprise no le gustó la idea. De este modo, el día de las sesiones fotográficas Hendrix no se presentó y la casa discográfica lo aprovechó: hicieron posar a veinte muchachas completamente desnudas, algunas de ellas con un retrato de Hendrix en la mano o con algunos álbumes anteriores suyos.

### «PARECÍA COMO SI FUÉRAMOS UN MONTÓN DE VIEJAS MUJERZUELAS»
#### Una de las groupies de *Electric Ladyland*

El cinismo de Reprise se vio castigado por la censura estadounidense, y el disco finalmente

**DESNUDOS ARTÍSTICOS (SI LA CENSURA LO PERMITE)**

The Jimi Hendrix Experience – La carátula censurada de *Electric Ladyland*

La carátula deseada por Hendrix para *Electric Ladyland* y la que se comercializó realmente

se publicó con una foto retocada gráficamente por Karl Ferris, con Jimi Hendrix en primer plano, virado en amarillo y rojo. En Inglaterra no fue la censura la que condenó la carátula, sino los propios comerciantes de discos, muchos de los cuales se negaron a vender un producto con todas aquellas mujeres desnudas en la cubierta.

Otra víctima de la censura en los Estados Unidos fue la carátula de *Country Life*, de los **Roxy Music**, de 1974.

## ROCK & ARTE

Roxy Music – *Country Life*; a la derecha, las variantes solo con el rostro de Evaline Seeling y con arbustos

La causa desencadenante fue idéntica: desnudez femenina en primer plano. «Mi estilista de confianza, **Antony Price**, el fotógrafo **Eric Boman** y yo estábamos de vacaciones en Portugal –contaba **Brian Ferry**–, en una pausa durante las grabaciones de *Country Life*. Había decidido que tomaría algunas fotos entre las que elegir para la carátula. Nos topamos con dos chicas muy atractivas, **Evaline Seeling** y **Constance Karoli**, y les pedimos que posaran para nosotros.»

### «CONSTANCE Y YO FUIMOS A PORTOFINO PARA COMPRAR ALGUNAS PRENDAS DE LENCERÍA: BUSCÁBAMOS ALGO QUE NOS VINCULARA A LA UNA CON LA OTRA»
#### Evaline Seeling

Después de una primera y comprensible vacilación, ambas cedieron a las lisonjas y aceptaron.

Las fotos se tomaron en el jardín de la villa de los padres de Constance Karoli. Los focos para el set improvisado fueron sustituidos por faros de un coche. Las chicas, maquilladas por Price, aparecían vestidas tan solo con prendas de lencería, transparente. La tipografía, elegida por **Nick de Ville**, habitual diseñador gráfico de las carátulas de los Roxy Music así como amigo desde hacía tiempo de Brian Ferry, se inspiraba en el logo de una célebre revista inglesa. Inexorablemente, en los Estados Unidos la carátula fue censurada porque Constance «parecía un transexual» y Evaline tenía las manos de manera demasiado evidente sobre sus partes íntimas. De modo que el álbum se publicó envuelto en una bolsa de plástico verde, mientras que en las copias siguientes las chicas desaparecieron de la carátula: en su lugar, solo arbustos del jardín. En otras naciones aparecía únicamente el rostro de Evaline.

*Country Life* suscitó posteriormente citas irreverentes: la de los Robots in Disguise para el sencillo *Boys*, de 2001, con el cómico Noel Fielding y el músico Chris Corner en la cubierta; la de *Blissed Out* de 2010, recopilación de las Dum Dum Girls; la de *Love & Desperation*, álbum de los

## DESNUDOS ARTÍSTICOS (SI LA CENSURA LO PERMITE)

Otras cubiertas que remiten a *Country Life* de los Roxy Music

Sweet Apple, también de 2010, y la de los Ladytron (que por otra parte adoptaron su nombre de un álbum de los Roxy Music), con la carátula de su recopilación *Softcore Jukebox*.

Un desnudo muy particular, una vez más exclusivamente femenino, fue el realizado por **Pennie Smith** (famosa por la foto de carátula de *London Calling*, de los Clash) que, en el álbum *Cut* (1979), retrataba a tres componentes de las **Slits** en topless, cubiertas de fango. Una imagen inusual, muy alejada de las de las pin-up, pero al mismo tiempo seductora.

El caso más asombroso de desnudez no solo femenina también es el más ilustre: *Unfinished Music No. 1: Two Virgins* (1968), primer álbum de **John Lennon y Yoko Ono**.

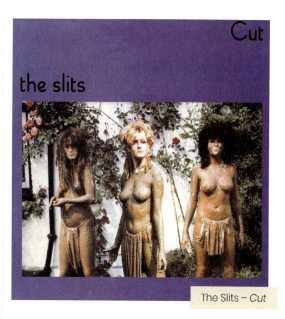

The Slits – *Cut*

### «UN RETRATO POCO ATRACTIVO DE DOS EX DROGADOS CON ALGO DE SOBREPESO»
#### John Lennon

La cubierta se realizó de manera un tanto artesanal: en el apartamento londinense de Montagu Square, alquilado a la pareja por Ringo Starr, Tony Bramwell, amigo de infancia de George Harrison y por entonces director de la división cinematográfica de Apple, configuró el autorretrato para John y Yoko, desnudos frente a la cámara fotográfica. En la contracubierta lucían la misma pose, pero con los dos retratados por detrás. Resultado final: ni siquiera la sobrecubierta de papel de embalar logró calmar las polémicas y a la censura. *Two Virgins* fue rechazado por EMI, que decidió no distribuirlo en Inglaterra. Una vez

## ROCK & ARTE

John Lennon y Yoko Ono – *Unfinished Music No. 1: Two Virgins*

sus apellidos, *Buckingham Nicks*. Los dos se conocieron en el instituto, y pronto se convirtieron en pareja, tanto en el arte como en la vida, confluyendo en los Fritz, una banda de vida breve pero que logró abrir los conciertos de Jefferson Airplane y Janis Joplin. En 1973 llegó su primer álbum en dúo, con la carátula en la que aparecían retratados desnudos. Stevie Nicks contó que el propio Buckingham y Jimmy Wachtel, autor de la foto y hermano mayor de Waddy Wachtel, legendario guitarrista y productor que tocaba con ambos, la forzaron a hacerlo.

se encontró la manera de difundirlo regularmente por Europa y los Estados Unidos, el álbum no obtuvo el reconocimiento esperado. Por otra parte, desnudos a parte, no se trataba de un disco de audición fácil, lleno de efectos y looks, y el público no pareció apreciarlo en particular. En definitiva, el único motivo por el que se recuerda *Two Virgins* es justamente por la carátula, sobre todo porque John Lennon fue el primer artista masculino que se mostró sin velos.

Otra pareja que posó desnuda para una carátula fue la formada por **Lindsey Buckingham** y **Stevie Nicks**, para el álbum titulado con

> «LINDSEY DECÍA: "VAMOS, ESTO ES ARTE, ¡NO TE COMPORTES COMO UNA CRÍA!" ME SENTÍ COMO UN RATÓN EN UNA TRAMPA»
> **Stevie Nicks**

«Había llevado a casa la foto de carátula para mostrarla a mis padres: no quería que la salida del disco los pillara por sorpresa –recordaba Stevie Nicks–, pero luego me ingresaron en el hospital por un quiste y guardé aquella foto bajo la cama.» Entretanto, se publicó el álbum. El padre de Stevie se irritó mucho y preguntó a su hija: «¿Por qué no te negaste?» «Porque no me dieron la opción»,

La carátula de *Buckingham Nicks*

32

# HAMBRE (CENSURADA) DE DESTRUCCIÓN

Según **Axl Rose**, en la cubierta tenía que salir la lanzadera espacial Challenger mientras estallaba en pleno vuelo, el 28 de enero de 1986. Pero, de forma comprensible, a Geffen Records no le gustó la idea, y entonces se abrió camino otra hipótesis, la de un cuadro de **Robert Williams**, pintor de Los Angeles, exponente del Lowbrow Art, un movimiento cultural nacido a finales de la década de 1970. Williams también era director del *Juxtapoz Art & Culture Magazine*, así como miembro del Zap Collective, como Robert Crumb.

La pintura elegida era de 1978, tenía un estilo afín al de los cómics y se titulaba *Appetite for Destruction*. Williams dibujaba a una mujer que presumiblemente había sido violada por un robot. Sobre ambos, un monstruo de metal sale volando para castigar al criminal. Aunque con cierta perplejidad por parte de algunos, el álbum se introdujo en el mercado, pero muchas tiendas se negaron a venderlo a causa de aquella imagen demasiado explícita. Al cabo de poco cayó el hacha de la censura y el disco fue retirado.

En aquel punto, la carátula fue sustituida y la elección recayó en una cruz céltica con cinco calaveras incrustadas en el centro y en sus extremos, representando a los miembros de la banda. El autor fue **Billy White Jr.** estudiante de arte en Long Beach y amigo de la banda; antes de realizarla había trazado un esbozo en el brazo de Axl Rose. Poco después, Rose se había hecho tatuar la misma imagen a cargo de Robert Benedetti, del Sunset Strip Tattoo de Los Angeles. Entretanto, la banda había hecho el torpe intento de introducir la carátula censurada en el interior del disco de vinilo, pero tampoco esta vez funcionó la iniciativa: de hecho, Robert Williams la había vetado porque nunca le habían pagado los derechos de autor.

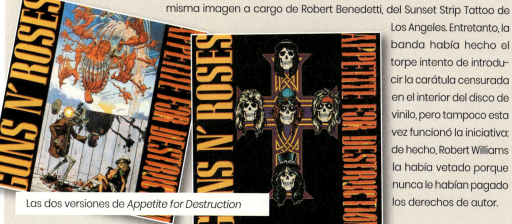

Las dos versiones de *Appetite for Destruction*

contestó la cantante. «No –replicó su padre–, recuerda que siempre hay una opción.»

«Aquel día –recordaba Stevie– aprendí una gran lección.» Un tema todavía más delicado, en el que el delgado límite entre arte y mal gusto puede cruzarse fácilmente, es el de los desnudos que tienen por sujeto a menores. El difícil equilibrio entre los dos extremos se confía a la sensibilidad del artista y a su capacidad de moverse con gracia y profesionalidad.

## ROCK & ARTE

 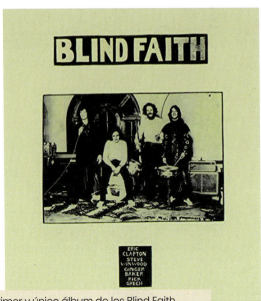

La cubierta censurada y la efectivamente elegida del primer y único álbum de los Blind Faith

A finales de la década de 1960, **Bob Seidemann** era un fotógrafo alternativo. Había retratado a Janis Joplin y a los Grateful Dead, y había reinterpretado la Pietà de Miguel Ángel, invirtiendo los roles: un hombre sostenía entre los brazos a una mujer, pero estaba cansado y quería deshacerse de esa carga.

En 1969, Seidemann recibió una llamada telefónica: en el otro extremo del cable estaba Robert Stigwood, mánager de **Eric Clapton**, pidiéndole que pensara en una carátula para un nuevo supergrupo formado por Clapton, Ginger Baker, Steve Winwood y Ric Grech.

Seidemann se paseó durante semanas en Londres en busca de una idea. Un día, en el metro, sintió curiosidad por una chica. «Llevaba uniforme de colegiala, falda, chaqueta azul, calcetines blancos, en las manos lucía borrones hechos con bolígrafo», recordaba. Luego se le acercó y le pidió si quería posar para la carátula de la nueva banda de Clapton y sus socios. La respuesta de la colegiala fue sorprendente: «¿Me tendré que desnudar?». En su momento, Seidemann se encontró con los padres de la chica en Mayfair, barrio central de Londres, al este de Hyde Park, en una bonita casa victoriana de la alta burguesía. Estos se mostraron favorables, pero inmediatamente el fotógrafo comprendió que no obtendría el resultado esperado: la chica era más adulta de lo que parecía, y él buscaba el cuerpo inmaduro pero a punto de abrirse de una preadolescente. Decepcionado, estaba a punto de irse cuando apareció la hermana menor. Era per-

> «AQUELLA NIÑA DE ONCE AÑOS TENÍA EL ASPECTO DE UNA VENUS DE BOTTICELLI, EL RETRATO DE LA INOCENCIA, EN TAN SOLO UN INSTANTE HABRÍA PODIDO HACER DESPEGAR CENTENARES DE COHETES ESPACIALES»
> 
> **Bob Seidemann**

DESNUDOS ARTÍSTICOS (SI LA CENSURA LO PERMITE)

fecta, y sobre todo ansiaba ponerse a posar. De este modo, Mariora Goschen, de once años, con sus pequeños senos desnudos, su espesa cabellera pelirroja, sus pecas y una astronave de evidente carácter fálico entre las manos, terminó en la carátula de los **Blind Faith**. Sus honorarios fueron de 40 libras esterlinas.

«Quería algo que simbolizara las metas de la creatividad, proyectadas en el universo gracias a la tecnología, como una nueva espora en las manos de la inocencia, la de una chica joven como la Julieta de Shakespeare –explicaba Seidemann–. La nave espacial representa el fruto del árbol del conocimiento; la chica, el fruto del árbol de la vida.» El artista californiano tituló su retrato *Blind Faith*, nombre que acabaría siendo útil también para Clapton y los suyos: Blind Faith fue también el nombre de la banda y del álbum que se publicó en agosto de 1969 en Polydor. Pero la censura estadounidense solo vio una chiquilla desnuda y la foto fue reemplazada por un retrato más convencional de la banda.

«Apenas notaba que me estaba creciendo el pecho –recordaba Mariora Goschen–, ahora encuentro a personas que me dicen que era muy sexy...» Pero el desnudo infantil más famoso de la historia del rock es, sin duda, el que señorea en la carátula de *Nevermind*, segundo álbum de los **Nirvana** (1991).

Nirvana – *Nevermind*

Kurt Cobain y Dave Grohl habían visto hacía poco un documental sobre partos asistidos en agua, y estaban pensando en aprovechar el tema para su disco. Pero quizás resultaba demasiado incluso para ellos, y la elección recayó en una idea más simple: un niño desnudo nadando en una piscina. El autor de la foto era **Kirk Weddle**, que había trabajado ya con Geffen. El niño se llamaba Spencer Elden, y era el hijo de unos amigos del fotógrafo. La casa discográfica no estaba entusiasmada y propuso cubrir las partes íntimas, pero al final se impuso Cobain.

### «SI TE SIENTES OFENDIDO POR LA CARÁTULA DE NEVERMIND, ERES UN PEDÓFILO POTENCIAL»
**Kurt Cobain**

El artwork fue obra de **Robert Fisher**, que se ocuparía también de la cubierta del siguiente álbum del grupo, *In Utero*, y suya fue la idea de añadir el anzuelo con el billete de un dólar: una crítica más a la sociedad sometida a la cultura del dinero. «El niño desnudo representa la inocencia de Kurt –explicaba

35

Prince – *Lovesexy*

Fisher–, el agua un ambiente ajeno, el anzuelo y el dólar su vida creativa que entra en la industria de la música.»

Un adulto que nunca temió o evitó el escándalo fue **Prince**. Pocos se sorprendieron cuando en 1987 apareció desnudo en la carátula de su *Lovesexy*. Para el álbum, que sustituía literalmente a *The Funk Bible*, que él hizo destruir tras una «epifanía espiritual», Prince contrató a **Jean-Baptiste Mondino**, fotógrafo y director de cine francés, que había trabajado en la moda, en la publicidad y había dirigido videoclips para artistas como Madonna, David Bowie y Björk.

> «LA CARÁTULA DE *LOVESEXY* DE PRINCE FUE VETADA EN VARIOS ESTADOS, AUNQUE ES UNA IMAGEN RELIGIOSA A TODOS LOS EFECTOS»
> **Jean-Baptiste Mondino**

La desnudez era necesaria para plasmar el concepto de renacimiento espiritual, que se obtendría con la pureza del amor físico. En cualquier caso, muchos vendedores de discos se negaron a promover el disco y en general el álbum no se vendió como los anteriores.

A veces, para el arte y la censura, la diferencia la marcan los detalles. Este fue el caso de *Amorica*, de los **Black Crowes**. El álbum salió en 1994, y la idea fue del cantante Chris Robinson, a quien le gustaba contribuir a la hora de idear las carátulas. El retrato procedía de un número de 1976 de la revista pornográfica *Hustler*, de Larry Flynt, y mostraba la parte inferior de un cuerpo femenino con un slip muy reducido (con el estampado de la bandera estadounidense), del que salían pelos púbicos. Considerada escandalosa, se comercializó a continuación con toda la imagen oscurecida excepto el triángulo central, para disgusto de Robinson.

Entre los detalles de desnudo más recientes destaca también *Is This It*, primer álbum de los **Strokes** (2001), con el perfil de unas nalgas femeninas sobre las que se apoya una mano enguantada de negro. Unos años más tarde se supo que aquel cuerpo pertenecía a la novia de **Colin Lane**, autor de la foto. El fotógrafo esperó que la modelo saliera de la ducha para retratarla

## DESNUDOS ARTÍSTICOS (SI LA CENSURA LO PERMITE)

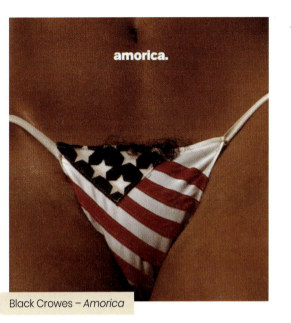

Black Crowes – *Amorica*

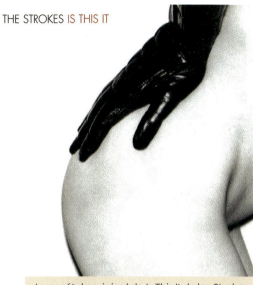

La carátula original de *Is This It* de los Strokes

tal como era. «Mi ex estaba eufórica –contaba Lane–, ya que le iba mucho el rock'n'roll, y estaba orgullosa de que su culo estuviera en la portada de los Strokes.» El líder del grupo, Julian Casablancas, previendo la censura, había preparado una cubierta alternativa para el mercado estadounidense: la silueta de las nalgas se reemplazaba por una imagen psicodélica con el detalle de la colisión de partículas en el interior del acelerador del CERN.

Prescindiendo de los gustos y de las opiniones personales, hay algo cierto: la acción de la censura, discutible en sí y probablemente anacrónica en cualquier sociedad evolucionada, al final obtenía el efecto exactamente contrario al que se proponía. Así, justamente las obras oscurecidas son las que se han hecho más famosas y, en definitiva, las que se recuerdan más. Otra confirmación más de que el arte, a diferencia de la censura, se anticipa a los tiempos y a la evolución del pensamiento y del sentido común del pudor.

# Disparos artísticos

**COMPLETAMENTE DESNUDOS O VESTIDOS** de la cabeza a los pies, irreverentes o tranquilizadores, desaliñados o glam, los artistas aparecen a menudo en las carátulas de sus álbumes. En algunos casos, la potencia de una foto ha trascendido la intención original, creando un auténtico icono destinado a perdurar en el tiempo.

Londres, 8 de agosto de 1969, 11.35 h. Una bonita y cálida mañana y en Abbey Road hay movimiento: un policía está ordenando el tráfico, bloqueando o desviando a los vehículos próximos a un paso de peatones a poca distancia de los estudios de EMI. Un hombre aparece posado encima de una escalera de pintor, con una preciosa Hasselblad entre las manos. En el paso de cebra, cuatro adultos jóvenes caminan hacia adelante y hacia atrás buscando la sincronía de los movimientos, bajo las órdenes del hombre que se encuentra sobre la escalera. Aquel hombre es el fotógrafo escocés **Iain Macmillan**, los cuatro son los **Beatles**. Se precisan diez minutos: la foto que se elegirá al final entre las seis seleccionadas aparecerá en la carátula de su nuevo disco, *Abbey Road*. La idea de la foto había sido de Paul McCartney, que la había esbozado en una hoja. Paul, como había sucedido a menudo en el pasado, quería diferenciarse, caminando descalzo (más tarde diría que a causa del calor) y a contrapié respecto de los otros, manteniendo entre los dedos de la mano derecha un cigarrillo. Estos y otros detalles alimentarían las voces acerca de su presunta muerte (y la consiguiente sustitución por un doble). Leyendas aparte, la fotografía convirtió al paso de peatones de Abbey Road en uno de los puntos de referencia del rock'n'roll, auténtico lugar de peregrinaje donde cada año se dirigían multitudes de fans deseosas de emular el paso de sus ídolos; hasta el punto que el paso de cebra (que hoy se encuentra en la lista de lugares de interés nacional) debe pintarse periódicamente como no sucede en ninguna otra calle del mundo. «Es una imagen con la que las

DISPAROS ARTÍSTICOS

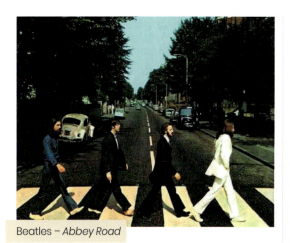

Beatles – *Abbey Road*

personas se pueden identificar, un lugar en el que la gente todavía puede caminar hoy en día», asegura Macmillan. Uno de los descartes de la sesión fotográfica de Macmillan se vendió en 2012 por 16.000 libras esterlinas. La carátula la terminó gráficamente el art director **Kosh**.

### «LA FOTO DE LOS BEATLES SOBRE EL PASO DE CEBRA HA SIDO DEFINIDA COMO UN ICONO DE LOS AÑOS SESENTA. PIENSO QUE SE HIZO TAN POPULAR POR SU SIMPLICIDAD»
#### Ian Macmillan

Otro icono rock londinense, ciertamente consciente de la fascinación de su imagen, fue **David Bowie**, que, no por casualidad, apareció en varias ocasiones en las carátulas de sus discos. Una de las imágenes más famosas fue la de *Aladdin Sane*, obra de **Brian Duffy**, que trabajó durante mucho tiempo con Bowie, así como el legendario **Mick Rock**. Al final de la sesión, la elección recayó sobre la foto de Bowie con la cabeza levemente inclinada hacia abajo y los ojos cerrados. Según Duffy, la idea del rayo que le atravesaba el rostro en diagonal fue fruto de la obsesión de Bowie por Elvis, que a menudo llevaba un anillo con el mismo símbolo. El maquillaje fue obra de **Pierre Laroche**, que prácticamente creó el rostro del glam rock y que había comenzado a trabajar con Bowie en 1972, contribuyendo a desarrollar el personaje de Ziggy Stardust. Duffy volvería a colaborar con Bowie: entre sus fotos más conocidas están las de las carátulas de *Lodger* y *Scary Monsters*.

A veces, sin embargo, sin estudio ni maquillaje, una simple foto escribe la historia del rock. Este fue el caso de *Born to Run*, de **Bruce Springsteen**, y de su célebre carátula. La foto fue obra de **Eric Meola**, artista neoyorquino conocido por sus reportajes para *Life*, *Time* o *Newsweek*. Quien se puso en contacto con él fue Mike Appel, el mánager de Springsteen: para que se zambullera en las atmósferas del disco le pasó una cinta con «Born to Run» y «Thunder Road». Meola se entusiasmó y aceptó el trabajo. La sesión fue larga, unas tres horas durante las cuales se realizaron novecientas fotos. Después de la timidez inicial, sobre todo de Springsteen, nació la necesaria complicidad que condujo a aquel famoso instante inmortalizado en el que el Boss se apoya en el hombro

David Bowie – *Aladdin Sane*

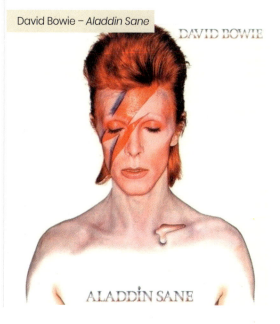

## ROCK & ARTE

*Born to Run*, de Bruce Springsteen

### «BRUCE QUERÍA DAR UN MENSAJE DE ARMONÍA RACIAL. TAMBIÉN SON IMPORTANTES LA CHAQUETA DE CUERO, SINÓNIMO DE ROCK'N'ROLL, Y EL BADGE DE ELVIS EN LA CINTA DE LA GUITARRA»

#### Eric Meola

de su saxofonista, su amigo del alma Clarence «Big Man» Clemons. Springsteen lleva una chaqueta de cuero y lleva colgada su histórica Fender Telecaster modificada con el mástil de una Esquire.

Hablando de álbumes legendarios, también *Rumours* de los **Fleetwood Mac**, disco premiado por la crítica así como clamoroso y duradero éxito de ventas, está indisolublemente ligado a su carátula, realizada por el fotógrafo **Herbert «Herbie» Worthington III**. La foto de cubierta retrata al batería y fundador del grupo Mick Fleetwood y a la cantante Stevie Nicks. Esta última lleva el vestido de escena de Rhiannon, la bruja galesa protagonista del álbum anterior. La idea de la foto fue del propio Worthington, como también era suyo el taburete sobre el que Fleetwood apoya el pie izquierdo.

*Rumours*, de los Fleetwood Mac

## DISPAROS ARTÍSTICOS

# LA PREMIADA EMPRESA SCHENKEL-ZAPPA

Gracias a una ex novia, **Carl Schenkel** conoció a **Frank Zappa** casi por casualidad en Nueva York. Schenkel tenía 20 años, Zappa 27; ambos estaban a punto de trasladarse a Los Angeles, donde darían vida a una larguísima y prolífica colaboración. Para Zappa, Schenkel creó en efecto varios personajes extravagantes: «Se trataba simplemente de las diferentes identidades de Frank, que él mantenía bajo control –explicaba el ilustrador–, mientras que yo intentaba dar forma a estos conceptos suyos transformándolos en imágenes. Trabajamos inspirándonos el uno en el otro, para Frank era importante contar con una proximidad total; siempre se consideró un artista integral, y de esta manera, de la música al grafismo de las carátulas, pasando por el look o la actitud en el escenario, todo tenía que ser homogéneo, a fin de comunicar el mismo mensaje.»

Entre los trabajos más significativos cabe recordar las cubiertas de *We're Only in It for the Money* (1968, parodia del *Sgt. Pepper's* de los Beatles, en la que se ven a Zappa y a su grupo, los Mothers of Invention, vestidos de mujer; o también *Hot Rats*, del año siguiente, con el rostro siniestro de Christine Frka, más conocida como Miss Christine de las GTO's (Girls Together Outrageously), groupie de Los Angeles que se asoma desde una piscina vacía de una villa de Beverly Hills.

A Cal Schenkel también se le debe la máscara inquietante que aparece en la carátula de *Trout Mask Replica*, de Captain Beefheart.

*Frank Zappa – Las carátulas de* We're Only in It for the Money *y de* Hot Rats

Las dos pelotitas de madera que cuelgan del pantalón de Mick eran un talismán personal del batería, resultado de un pequeño hurto en los aseos de un pub inglés durante una de las primeras exhibiciones de la banda.

Después del éxito inesperado de su primer álbum, los **Doors** ya tenían material para un segundo disco, pero buscaban nuevas ideas para la carátula, pues estaban descontentos con la anterior. El fuerte reclamo a la sensualidad del líder, deseado por el jefe de Elektra, Jac Holzman, no gustaba especialmente a Jim Morrison: se precisaba algo diferente y sorprendente. «Buscábamos algo que nos distinguiera de las bandas californianas, demasiado ancladas en las visiones psicodélicas –explicaba Ray Manzarek–, mientras que nosotros teníamos en la cabeza a los personajes que poblaban *La Strada*, de Federico Fellini, o *El séptimo sello* de Ingmar Bergman.» La idea fue transmitida al art director de Elektra, Bill Harvey, responsable, según se dice, del famoso logo de los Doors.

El fotógrafo fue **Joel Brodsky**, el mismo que había retratado a Morrison en dos fotografías memorables, en las que aparece con el torso desnudo y los brazos y las manos hacia adelante. Una vez definido el fondo, Sniffen Court, en la calle 36 Este, entre la Tercera Avenida y Lexington, en Nueva York, y tras pagar la cifra de 500 dólares para el permiso, se buscaron personajes originales, particulares. Comenzó entonces el cásting y, entre profesionales y personas comunes, se llegó a los seis que componen la carátula de *Strange Days*. El trompetista, en realidad, era el taxista

## ROCK & ARTE

The Doors – *Strange Days* (la presente carátula en versión extendida es una reimpresión de 1975)

que acompañó a Harvey al lugar de la fotografía. El malabarista se llamaba Frank Kollegy y era un asistente de Brodsky que luego aparecería también en otras carátulas suyas. El levantador de pesas era el guardia de seguridad de un circo, los enanos procedían de un hotel de la calle 70. Los miembros de los Doors no aparecían, pero con una obra maestra de mímesis, a la derecha (y también en el reverso) se entrevé un póster con la carátula de su primer álbum, la que tan poco había gustado a Morrison. A pesar de ello, el grupo se entusiasmó con el resultado final.

> «NO QUERÍA APARECER EN LA CARÁTULA DE NUESTRO SEGUNDO ÁLBUM. CUALQUIER COSA MENOS MI CARA»
> **Jim Morrison**

Otra banda legendaria que no aparecía en la carátula de uno de sus mejores álbumes era la de los **Rolling Stones**, y el disco fue *Exile on Main Street*.

Publicado en 1972, mostraba en la carátula varias fotos en blanco y negro obra del fotógrafo **Robert Frank**, así como fragmentos de películas en súper 8. Todo ello fue ensamblado en una especie de collage por **Norman Seef** y **John Van Hamersveld**. El primero era un fotógrafo y director que había trabajado con Bob Dylan, Robert Mapplethorpe y Andy Warhol. El segundo era famoso por haber realizado carátulas como *Magical Mystery Tour* de los Beatles, *Crown of Creation* de los Jefferson Airplane o *Skeletons in the Closet* de los Grateful Dead.

Las fotos de la carátula eran instantáneas de varios freaks colgadas en la pared de una tienda de tatuajes de Nueva York. Los retratos los había hecho Robert Frank en el curso de un viaje a través de los Estados Unidos entre 1955 y 1956 y que luego incluyó en el libro *The Americans*.

Fue Mick Jagger quien eligió la imagen definitiva. La carátula fue aprobada finalmente por Ahmet Ertegun, capitoste de Atlantic Records.

Unos años más tarde, gracias al trabajo del diseñador gráfico **Steve Averill**, los **U2** realizaron un collage muy similar al de *Exile on Main Street* para la carátula de *Achtung Baby*.

# DISPAROS ARTÍSTICOS

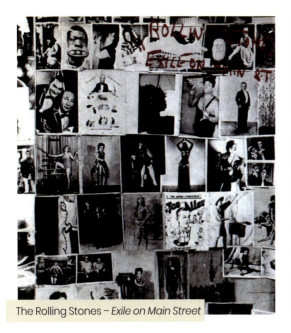

The Rolling Stones – *Exile on Main Street*

U2 – *Achtung Baby*

> «LA CARÁTULA DE *EXILE* ES UNA ANTICIPACIÓN DEL ESPÍRITU PUNK QUE REINARÁ EN LOS AÑOS SIGUIENTES»
>
> **Johnny Rotten**

Otra célebre foto es la que aparece en la carátula de *Breakfast in America* de los **Supertramp**, creado por los diseñadores **Mike Doud** y **Mick Haggerty** (este último autor de muchas carátulas, como la de *Ghost in the Machine* de los Police). La imagen pretendía ser una interpretación de la vista de Nueva York desde la ventanilla de un avión que roza la Estatua de la Libertad. En lugar de la estatua, la actriz Kate Murtagh encarna a una sonriente camarera llamada Libby que, con la mano derecha tendida hacia el cielo, aguanta una bandeja que a su vez sostiene un zumo de fruta, mientras que en el menú, que sujeta con la mano izquierda, aparece el título del álbum. El skyline de Manhattan está compuesto por todo tipo de vajilla. Kate Murtagh, que aparecía también en la contracubierta sirviendo el desayuno a la banda en el Bert's Mad House, seguiría luego al grupo durante toda la gira, encarnando a Libby.

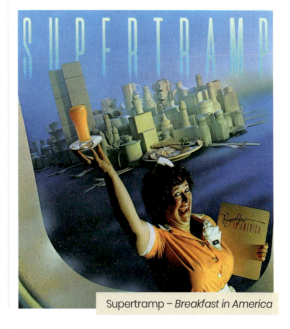

Supertramp – *Breakfast in America*

Las que no seguirían a **Tom Waits** en su gira fueron Lily y Rose, clientes habituales del Café Lehmitz que aparecen en la carátula de *Rain Dogs* (1985), uno de los álbumes más hermosos, intensos y conmovedores del cantautor de Pomona.

> «LA CARÁTULA DE *BREAKFAST IN AMERICA* EXPRESA DE MANERA BURLONA NUESTRO ESTADO MENTAL Y FÍSICO DE AQUEL MOMENTO»
>
> **John Halliwell (Supertramp)**

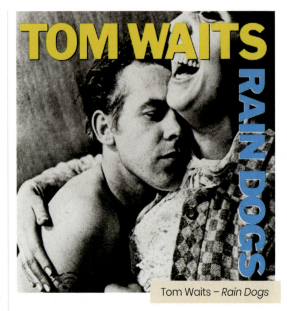

Tom Waits – *Rain Dogs*

A pesar de la semejanza, pues, no era Waits el hombre de la izquierda retratado por **Anders Petersen**, fotógrafo sueco que, como Lily y Rose, era un habitual de aquel local de mala fama de Hamburgo, cerca del puerto. Petersen había descubierto el Café Lehmitz a finales de la década de 1960, y durante tres años había pasado la mayor parte de sus días inmortalizando aquel mismo imaginario de perdedores y marginados que Tom Waits cantó en sus temas. «En el Café Lehmitz –recordaba Petersen–, a pesar de la soledad y de la desesperación, había calor y tolerancia.» En 1978, el fotógrafo publicó un libro que se llamaba justamente *Café Lehmitz*, del que se extraería la foto de carátula de *Rain Dogs*, y que Waits descubrió en una exposición en Francia. La tipografía usada era similar a la empleada para el debut en 33 rpm de Elvis y que luego retomarían los Clash para *London Calling*.

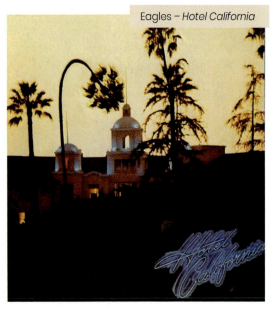

Eagles – *Hotel California*

Entre las fotos de carátula de álbumes legendarios protagonizados por lugares, la más famosa es la de *Hotel California*, de los **Eagles**. El Beverly Hills Hotel, situado en el 9641 del Sunset Boulevard, en Los Angeles, era el escenario de la foto realizada por **David Alexander**, aunque hay quien sostiene que el hotel que inspiró a Don Henley el texto de la canción era el de Todos Santos, en la Baja California. Después de la publicación del disco, los propietarios del hotel mexicano se resintieron al parecer de la excesiva publicidad, salvo luego cambiar de opinión después de haber podido palpar los beneficios económicos.

En realidad, para realizar la foto de cubierta del quinto álbum en estudio de los Eagles, el abogado Irving Azoff

## DISPAROS ARTÍSTICOS

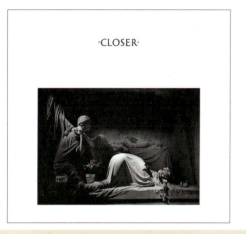
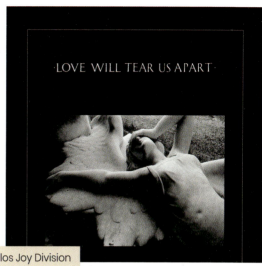

Las carátulas de *Closer* y de «Love Will Tear Us Apart» de los Joy Division

(mánager del grupo) había decidido contratar al director de arte inglés Kosh, que vivía en California y que, entre otros, tenía en su haber la carátula de *Abbey Road* de los Beatles y la de *Who's Next* de los Who. El objetivo era fotografiar un «Hotel California» cualquiera, es decir, un hotel en estilo californiano, acaso con un aire algo siniestro, desaliñado y pasado de moda, justamente como narraba la canción. Para lograr la empresa de inmortalizar el Beverly Hills Hotel durante el crepúsculo, Alexander y Kosh treparon sobre un cerezo, con no poco riesgo para su integridad. Pero el resultado fue espectacular, y la carátula de *Hotel California* se ha convertido en una de las más hermosas y reconocibles de toda la historia del rock.

Para completarla sólo se necesitaba la enseña «Hotel California» en lugar de la del Beverly Hills Hotel. Ahí entró en acción la habilidad de Kosh, que creó la inscripción que luego se pegó a la foto elegida.

También los cementerios pueden convertirse en protagonistas de carátulas rock. Sucedió para la cubierta del

> «CUANDO IAN ELIGIÓ LAS FOTOS DE LA TUMBA, LAS CONSIDERÓ PERFECTAS PARA NUESTRAS CANCIONES. DOS MESES MÁS TARDE SE AHORCÓ»
>
> **Peter Hook (Joy Division)**

single «Love Will Tear Us Apart» y del álbum *Closer* de los **Joy Division**. El artwork, como siempre en la banda de Ian Curtis, corrió a cargo de **Peter Saville**, amigo de Tony Wilson, el productor de la banda inglesa.

Saville, diseñador gráfico de Manchester, había decidido utilizar para la foto de cubierta la tumba monumental de la familia Ribaudo, en el cementerio Staglieno de Génova. Se trataba de una escultura del genovés Demetrio Paernio, fotografiada en 1978 por el francés Bernard-Pierre Wolff. Anteriormente se había realizado una cubierta no con una deposición sino con un ángel, en una foto realizada en el mismo cementerio. Peter Hook, bajista de los Joy Division, recordaba que a Curtis le gustaban mucho aquellas imágenes. Según el relato de Peter Saville, la palabra *Closer* encerrada entre los apóstrofes era una cita del estilo del siglo II después de Cristo, aunque hay quien sostiene que se les ocurrió así, casi por casualidad. En realidad, con la utilización del grafismo, muchas veces el no-lugar, justamente como en las ilustraciones, puede convertirse en protagonista.

# Grafismo de autor

**A VECES, UN TRAZO PUEDE VALER** más que un retrato. Este parece ser el lema de quien decidió, incluso antes del advenimiento del ordenador, que el grafismo puro también podía tener un impacto en el mundo del rock, aportando notas de innovación y futurismo a carátulas que marcaron su época.

Para la que legítimamente puede considerarse la primera ópera rock auténtica de la historia, **Peter Townshend** no se contentó con una foto. Quería algo más complejo y, al mismo tiempo, eficaz. Para ello había enviado cintas de *Tommy* al grafista **Mike McInnerney**. «Me pasé mucho tiempo con él buscando ideas para las músicas de *Tommy* –recordaba Pete–, quería imaginar de qué modo Mike podría completarlas con sus ilustraciones». Desde 1966, McInnerney era editor de arte del periódico contracultural *International Times*, y en 1969 había comenzado a trabajar en la carátula de *Tommy*, tras haber introducido a Pete Townshend en las enseñanzas de Meher Baba, un gurú indio desaparecido justamente el 23 de mayo de aquel año.

Townshend explicaba que «en sus enseñanzas, Meher Baba decía que la vida, tal como la co-

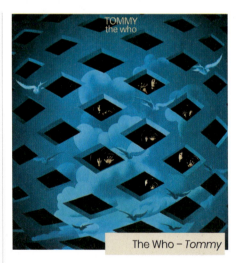

The Who – *Tommy*

nocemos, no es más que "una ilusión dentro de una ilusión". Mike partió de este concepto para crear el artwork del álbum.» La cubierta y una de las alas interiores de la carátula mostraban una especie de jaula esférica azul, en cuyo interior revoloteaban palomas blancas. Nubes igualmente blancas aparecían pintadas o quizás reflejadas en la rejilla. La idea era que los oyentes pudieran alcanzar la música a través de la rejilla.

> «EL ARTWORK DE *TOMMY* FUE UN TRIUNFO. AÑADIÓ MISTERIO EXPLICANDO LOS CONCEPTOS: UN OBJETO MARAVILLOSO, ADEMÁS DE UN FANTÁSTICO VEHÍCULO DE CONTENIDOS»
>
> **Pete Townshend**

Otro álbum conceptual como *The Wall*, de los **Pink Floyd**, podía jactarse a todos los efectos del título de ópera rock. El trabajo de **Gerald Scarfe**, autor de la cubierta, comenzó cuando, en 1973, había realizado para la BBC un corto de animación titulado *Long Drawn-Out Trip*: veinte minutos de flujo de consciencia psicodélico que enumeraba lugares y figuras típicamente estadounidenses como Mickey Mouse, la revista Playboy, la Estatua de la Libertad, Nixon... Roger Waters y Nick Mason, después de haber visto y apreciado la filmación, habían pedido a Scarfe que creara animaciones para la gira de *Wish You Were Here*, antes de implicarlo en *The Wall*. «Roger Waters era el supervisor de todo –contaba el dibujante–, pero me había dado carta blanca, diciéndome: "Contratamos a un artista por lo que hace, no para lo que queremos que haga".» Además de la cubierta, Scarfe proyectó para *The Wall* las marionetas gigantes, las animaciones y las imágenes proyectadas en la pared durante el concierto. Por otra parte, se atribuyó el mérito de haber inspirado a Waters la idea del desfile de martillos y, naturalmente, de haber creado la tipografía de la inscripción «Pink Floyd». Veinticinco años después de *The Wall*, una banda californiana publicó un álbum conceptual igualmente comprometido desde

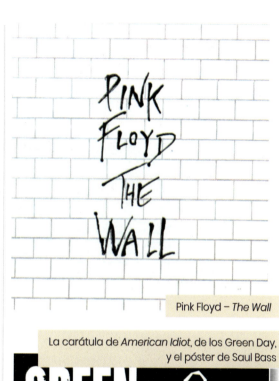

Pink Floyd – *The Wall*

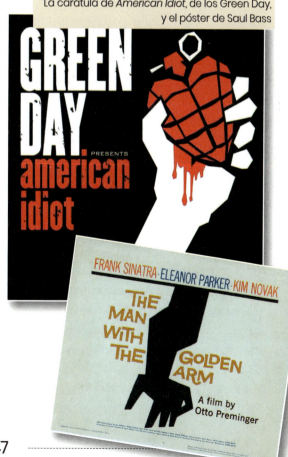

La carátula de *American Idiot*, de los Green Day, y el póster de Saul Bass

## ROCK & ARTE

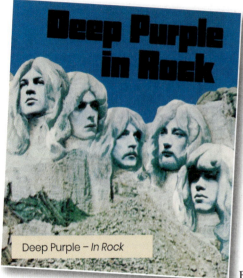

Deep Purple – *In Rock*

Deep Purple – *Burn*

un punto de vista político. *American Idiot* fue el disco que llevó a los **Green Day** a un nivel artístico superior; por este hecho, el grupo quiso que la cubierta fuera algo explosivo. **Chris Billheimer**, a quien la banda llamó de nuevo para realizar el artwork, tuvo una idea muy simple: sobre un fondo negro, una mano blanca (como la inscripción «Green Day») sostenía una granada en forma de corazón, roja como el título y sangrante.

> «NUESTRA MÚSICA ES COMO LA HEMOS REPRESENTADO EN LA CARÁTULA DEL DISCO: UN CORAZÓN QUE NOS ESTALLA EN LA MANO»
> **Tré Cool (Green Day)**

Billheimer sostenía que se había inspirado en una frase de la canción «She's a Rebel», que rezaba «And she's holding on my heart like a hand grenade» («Y ella sujeta mi corazón como una granada») y en el póster de Saul Bass realizado para la película de Otto Preminger *El hombre del brazo de oro* (*The man with the golden arm*, 1955).

Por su parte, la banda no ocultaba que no se estaba refiriendo a un «american idiot» genérico, consumidor pasivo y sometido, sino a un sujeto bien preciso que respondía al nombre del por entonces presidente estadounidense George W. Bush.

Los presidentes de los Estados Unidos inspiraron directamente al menos otra célebre carátula, la de *Deep Purple in Rock* (1970), primer álbum de la inolvidable e histórica formación con Jon Lord a los teclados, Ritchie Blackmore a la guitarra eléctrica, Ian Paice a la batería, Ian Gillan a la voz y Roger Glover al bajo. Fue Tony Edwards, mánager de la banda, quien pensó en sustituir las cabezas de los presidentes que dominan el monte Rushmore por las de los miembros de los Purple. Así que se puso en contacto con **Nesbit, Phipps and Froome**, premiada agencia de diseño de Londres que, en su sede de Fleet Street, recortó las fotografías con las caras de la banda y las pegó sobre una fotografía del monumento, aportando pequeños pero necesarios retoques a mano. Para completar la obra, un límpido cielo azul al fondo y la tipografía negra del título.

También fueron Nesbit, Phipps and Froome quienes realizaron la cubierta de *Burn*, octavo álbum de los Deep Purple, en los que, entretanto, David Coverdale había sustituido a Ian Gillan a la voz. La foto de cubierta, elaborada por la agencia londinense, era de **Fin Costello** (el mismo de *Made in Japan*), y mostraba las cabezas de los cinco miembros de la banda con una llama en la cabeza y las caras desfiguradas por la cera que se iba derritiendo.

La carátula del llamado «White Album» de los Beatles

La serigrafía de Mick Jagger

Si las carátulas de los Deep Purple retrataban a menudo las caras de la banda, a veces desenfocados, como en *Machine Head*, existen por el contrario artworks en los que los artistas destacan por su ausencia. En este sentido es paradigmático el caso de los **Beatles** para el denominado «Álbum Blanco», con el que los Fab Four llevaron a cabo su enésima revolución, pasando en poco más de 18 meses del exuberante arte psicodélico del *Sgt. Pepper's* al minimalismo de *The Beatles*. La intuición gráfica del *White Album* se debía al artista inglés **Richard Hamilton**, famoso ya por la serigrafía de Mick Jagger fotografiado después de una detención por posesión de estupefacientes. Tras distinguirse inicialmente como artista autodidacta en el Swinging London, Hamilton se convirtió posteriormente en uno de los exponentes destacados del pop art. La carátula, íntegramente blanca en cara y dorso, presentaba el nombre de la banda en relieve, legible tan sólo a contraluz. En su interior, en un lado los títulos de los temas y en el otro los primeros planos en blanco y negro de John, Paul, George y Ringo, como para afirmar que se trataba del trabajo de cuatro individuos, cuatro personalidades artísticas diferenciadas. Una voluntad remachada por las cuatro fotos en formato postal, pero en colores, contenidas en una de las bolsas. Como diciendo: somos los Beatles, pero también somos John, Paul, George y Ringo. Menos de dos meses más tarde, el 12 de enero de 1969, se publicó en los Estados Unidos el primer álbum de una nueva formación. En la cubierta, tan sólo una foto en blanco y negro con los contornos difuminados que capturaba el estallido del dirigible Zeppelin LZ 129 Hindenburg en mayo de 1937.

La banda, nacida de las cenizas de los Yardbirds, estaba compuesta por cuatro extraordinarios músicos destinados a pasar a la historia: su nombre era, obviamente, **Led Zeppelin**. La carátula del álbum era obra de **George Hardie**, grafista e ilustrador que posteriormente trabajaría con la firma Hipgnosis de Storm Thorgerson y Aubrey Powell. La foto original se reelaboró con una técnica particular, la media tinta, con lo que resultaba similar a una radiografía. La idea fue del guitarrista del grupo, Jimmy Page.

«Fue Stephen Goldblatt, con quien había colaborado en una carátula de Jeff Beck, quien me recomendó a los Led Zeppelin –contaba Hardie–. Les mostré algunos bocetos,

## ROCK & ARTE

pero a Jimmy Page no le gustó nada. Una vez reordenadas las ideas, he moteado un facsímil de la famosa fotografía para evitar problemas de copyright. En realidad, no era gran cosa, pero se convirtió en mi diseño más famoso. Lo vio mucha gente, y al menos veinte millones de personas poseen una copia.»

Entretanto, en tan sólo diez años, la tecnología había efectuado pasos de gigante. De esta manera, en 1980, por primera vez se empleó un ordenador para concebir una imagen de cubierta: fue la de *Remain in Light*, cuarto álbum de los **Talkin Heads**, y la realizó nada más y nada menos que el más prestigioso centro politécnico del mundo, el MIT, Massachusetts Institute of Technology. Una vez más, los cuatro rostros retratados eran los de los miembros del grupo. En blanco y negro sobre fondo azul, pintados de rojo y enmascarados como terroristas para esconder su identidad. Tina Weymouth, bajista del grupo, era la apasionada por las máscaras que empujó a todos hacia esta solución. La apoyó Chris Frantz, el batería, junto al investigador Walter Bender y a su grupo Media Lab. En la contracubierta se pueden ver algunos aviones Grumman Avenger blancos y rojos en formación militar sobre el Himalaya, otra idea de Weymouth, cuyo padre, al parecer, fue un almirante.

En 1997 el protagonista fue de nuevo el ordenador, mereciendo incluso una cita en el título de la obra. Se trataba de *Ok Computer*, tercer disco de los **Radiohead**. Doce pistas memorables en las que la banda de Oxford describía el desconcierto y la alienación generados por la política y por la tecnología postindustrial. Música a parte, más que los textos de la banda, a menudo crípticos hasta el límite del sinsentido, las imágenes eran las que vehiculaban el malestar imperante. Cubierta y contracubierta, realizadas por **Stanley Donwood** con su Mac y con la ayuda de Thom Yorke, ejercían de anticipación ideal de las temáticas del disco, explicadas posteriormente por un libreto adjunto. El tema es un collage que muestra un ambiente urbano no definido. A lo largo de la calle hay una bifurcación: la

Led Zeppelin: la carátula del primer álbum

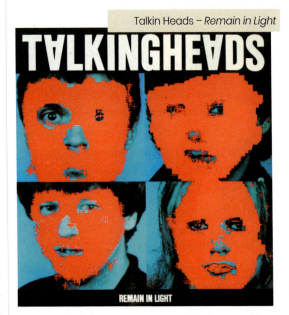

Talkin Heads – *Remain in Light*

trayectoria de una parte va a parar de manera confusa e improbable con la ciudad, mientras que la otra parte se vuelve sobreelevada. El fondo es principalmente blanco, mientras que el otro color predominante es un celeste claro. No hay una dirección propiamente dicha a seguir.

**GRAFISMO DE AUTOR**

Radiohead – *Ok Computer*

Las señales no siempre son claramente inteligibles, pero el efecto de inquietud general es asombroso: fragmentos de ilustraciones extraídas de una ficha con las normas de seguridad para aviones, la inscripción «Lost Child» repetida bajo el logo de un niño que llora...

El collage del libreto y la contracubierta no iban a la zaga, en lo que resultó un auténtico florilegio de símbolos que culminaba en una estación de metro, enésima representación de la resignación ante el frenesí del mundo moderno. Con un salto hacia atrás en el tiempo descubrimos cómo incluso el punk en la década de 1970, a pesar de su declarada negación de toda complacencia estética, recurrió a las artes gráficas para vehicular el disco como objeto.

«Estaba en un pub con Steve Jones, el guitarrista de los **Sex Pistols** –contaba **Malcolm McLaren**–, acabábamos

## TATUAJES ROCK EN LA CARÁTULA

El 24 de septiembre de 1991, el mismo día de *Nevermind* de los Nirvana, se publicó otro álbum de éxito. Se trataba de *Blood Sugar Sex Magik*, de los **Red Hot Chili Peppers**, producido por Rick Rubin y grabado en The Mansion, una villa de Los Angeles en la que había vivido también el mago Houdini, y transformada por entonces en sala de grabación.

La formación de los Chili Peppers integraba a Anthony Kiedis a la voz, Chad Smith a la Batería, Flea al bajo y John Frusciante a la guitarra. Este último dejaría pocos meses más tarde el grupo por primera vez, porque se encontraba incómodo con la fama y el éxito.

Una pasión que tenían en común los cuatro músicos de Los Angeles (y que ciertamente no pasaba desapercibida) era la de los tatuajes. El artwork de *Blood Sugar Sex Magik* y el booklet constituían un testimonio de ello. Los dibujos eran del holandés **Hanky Panky (Henk Schiffmacher)**, autor de los tatuajes del grupo, bien evidentes en las fotos del booklet.

La carátula presenta en primer plano las caras de los cuatro miembros de la banda con la lengua fuera, situados en torno a una rosa y varios símbolos tribales. Los textos que aparecen en el booklet y los títulos de la contracubierta están escritos a mano por Anthony Kiedis y luego impresos. El director de arte del álbum era el director de cine **Gus Van Sant**, que posteriormente contribuyó a la notoriedad de la banda prestando su talento realizando el vídeo de «Under the Bridge».

Red Hot Chili Peppers – *Blood Sex Sugar Magik*

## ROCK & ARTE

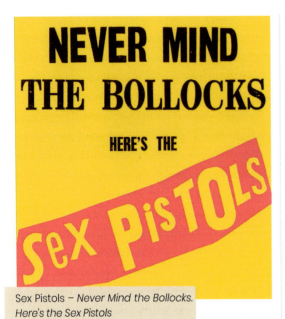

Sex Pistols – *Never Mind the Bollocks. Here's the Sex Pistols*

El desarrollo gráfico de la idea se confió a **Jamie Reid**, artista inglés anárquico, antiguo compañero de escuela de Malcolm McLaren en la Croydon Art School. Reid creó esta carátula desprovista de foto o cualquier tipo de imagen, tan sólo con una tipografía sobre fondo amarillo, incluida la palabra "bollocks" (testículos) que creó alguna incomodidad a los vendedores de discos.

> «PARA LA CARÁTULA NO QUERÍA CARAS: TENÍA QUE SER UN PRODUCTO DE USAR Y TIRAR, COLOREADO COMO UN TAMBOR DE DETERGENTE»
>
> **Malcolm McLaren**

de firmar el contrato con Virgin y estaba ansioso porque pedían un artwork para el álbum y nosotros no teníamos ni siquiera un título. En cierto momento, Steve dijo: "Never Mind the Bollocks". Y aquello resultó ser un hallazgo tan astuto e inteligente como simple.»

Reid se ocupó también del grafismo de los 45 rpm de los Sex Pistols, entre los cuales el famoso «God Save the Queen» con la cara de Isabel II sobre la Union Jack, y con la boca y los ojos tapados respectivamente por el título del tema y por el nombre de la banda. Y en caso de que aquello no bastara para escandalizar a todo el mundo, también se preparó otra versión, en la que la desdichada reina tenía la boca sellada con un imperdible y dos esvásticas cubriéndole los ojos.

*London Calling* de los Clash y la carátula del álbum de Elvis con la misma tipografía

52

Con estas credenciales, Reid encarnaba la esencia rebelde y desacralizadora del punk, y se convirtió en la práctica en el grafista oficial, ampliando su radio de acción a una serie de adhesivos contra el sistema y logos deformados de las grandes multinacionales. Obviamente, el uso irreverente de la imagen de la reina costó al propietario de Virgin Records, Richard Branson, un proceso del que por otra parte fue absuelto.

A finales de 1979, los **Clash** publicarían *London Calling*, el álbum de su consagración. En la cubierta, un adrenalínico Paul Simonon está a punto de estrellar su bajo sobre el escenario del Palladium de Nueva York. Una foto de rara potencia, que inmediatamente quedó fijada en el imaginario colectivo del pueblo rock. La autora era la inglesa **Pennie Smith**, fotógrafa amante del blanco y negro que contaba con trabajos sobre los Led Zeppelin para la revista *NME*. El artwork fue elaborado posteriormente por el ilustrador **Ray Lowry**, que puso en la contracubierta otras fotos de los Clash en concierto en Austin y en Atlanta; en conjunto podía verse como un homenaje al rock'n'roll, tanto por el tema como por la tipografía, la misma del debut de **Elvis** en álbum de 33 rpm en 1956. Como si se quisiera decir que el rock se renueva pero no olvida sus raíces.

¿Qué pensaría **Alex Steinweiss** si presentara en el siglo XXI? ¿Cuál sería su reacción si descubriera que las tiendas de discos hoy en día son una rareza simplemente porque los propios discos también son una rareza? ¿Qué pensaría del hecho que la música se pueda escuchar en cualquier momento, gratis y con una simple conexión a Internet? Para alguien que afirmaba que «la manera en que se venden los discos es ridícula» y que, con toda justicia, fue definido como el inventor de las carátulas de los álbumes, probablemente constituiría un trauma. Pero quizás de breve duración. Los innovadores, por definición, no pueden tener aversión a las novedades y, en consecuencia, quién sabe, quizás nuestro Alex se limitaría a arquear las cejas en un primer movimiento natural de perplejidad para luego sonreír y exclamar: «¡Qué fuerte!». No lo sabremos nunca. Lo que sí sabemos, parafraseando el lema de la secesión vienesa, es que cada época tiene su propio arte y cada arte tiene su propia libertad... de utilizar la tecnología de su tiempo. Tanto para su producción como para su difusión.

# EL OCTAVO ARTE

## El rock flirtea con poesía, pintura, teatro, danza

Como todas las revoluciones, también la del rock dirigió su mirada a su alrededor en 360º, ansiosa de cambiar y dejarse cambiar. Esta exigencia omnívora vital llevó a los jóvenes músicos a entrecruzar sus caminos, y en ocasiones sus propias vidas, con las de exponentes destacados de las artes visuales, literarias y performativas, en un juego de recíproca contaminación que produjo resultados de fortuna desigual pero siempre interesantes e innovadores. Poesía y literatura, teatro y moda, pintura y escultura se fundieron y confundieron con la música.

# El mentor y la musa

**EN LA HISTORIA DEL ROCK NO ES INFRECUENTE** toparse con personalidades de diferente extracción que acaban encarnando una función de guía artístico o incluso moral. Así fue Allen Ginsberg para Bob Dylan, Yoko Ono para John Lennon, o Andy Warhol para los Rolling Stones y Velvet Underground, o Gianni Sassi para la escena musical de la década de 1970.

Homero narra que, cuando Ulises partió hacia la guerra de Troya, confió su hijo Telémaco a su amigo Mentor. Siguiendo con el tema de mitos y mitologías, una vez más la griega es la que nos habla de las Musas, hijas de Zeus y representantes del ideal supremo del arte, que solían exhibirse en el monte Parnaso. Entre estas dos figuras, las afinidades superan por mucho a las diferencias, que si se piensa bien sólo son dos: el género (masculino para Mentor, femenino para las Musas) y la naturaleza (humana en el caso del primero, divina para las segundas). En ambos casos, y en sentido amplio, nos encontramos con personajes que asumen el papel de autoridad moral y fuente de inspiración, adoptando a uno o a varios artistas y velando por ellos, sosteniéndolos con su afecto (o amor) y estimulándolos con su sensibilidad intelectual. El mentor (o la musa) no está en un púlpito, sino al lado del artista. No pontifica, sino que dialoga. Y crea el espacio para algo que de otro modo no se evidenciaría. Transmite la humildad y la ironía necesarias para ver las cosas con mayor claridad: cualidades cruciales para mantener una serenidad de fondo frente a los éxitos y a las derrotas. En suma, es una figura que vela y aconseja, pero dejando a sus pupilos libres de crecer y de afrontar los peligros con seguridad. En una fría tarde de noviembre de 1975, **Bob Dylan** y **Allen Ginsberg** rendían homenaje a la tumba de Jack Kerouac en el cementerio de Lowell (Massachusetts), ciudad natal del autor de *En la carretera*. Los acompañaban un reportero, un fotógrafo, una troupe cinematográfica y otros personajes varios. Dylan había actuado la víspera en la Universidad de Lowell, en el ámbito de una gira en Nueva Inglaterra junto a una banda descuidada de amigos viejos y nuevos que se autodenominaban *Rolling Thunder Revue*. Ginsberg estaba excitado y deseoso de compartir sus emociones con el resto del grupo, y comenzó a declamar los versos de *Mexico City Blues*, el poema que Kerouac había escrito en 1955 inspirado por la lectura de *De ratones y hombres*, de John Steinbeck. Dylan lo acompañaba a la guitarra. La secuencia la filmaría la troupe de cine y se incluiría en la película *Reinaldo y Clara*, que se estrenaría tres años más tarde, enriquecida por numerosos extractos de *Kaddish*, la obra preferida de Dylan entre las de Ginsberg. Prescindiendo de los resultados artísticos de la película, acogida cuando menos con tibieza por la crítica, ésta marcó el punto más alto de una colaboración que, si bien difícil de datar, podía definirse como antigua. De hecho, es probable que Dylan conociera en su breve carrera universitaria en Mineápolis la obra del poeta, nacido y crecido en Newark, en Nueva Jersey, el 3 de junio de 1926, y que se había trasladado

Allen Ginsberg y Bob Dylan en la tumba de Jack Kerouac

a Nueva York en 1943 para comenzar sus estudios en la Columbia University. Allí, además de a Kerouac, Ginsberg conoció a William S. Burroughs y a Neal Cassady que, junto a él mismo, se convertirían en las figuras más representativas del movimiento beat. Ginsberg encarnaba a la perfección el tipo de inconformista que marcó su generación: ya en la década de 1940 comenzó a recorrer a lo largo y ancho los Estados Unidos experimentando drogas, promiscuidad sexual y vida nocturna en los locales de jazz; todo ello

La cubierta de *Howl*, de Allen Ginsberg; a la derecha, City Lights Bookstore (San Francisco)

## ROCK & ARTE

Ginsberg en el Human Be-In

le valió, a él y a todo el movimiento, la fácil acusación de inmoralidad. Los beatniks encontraron terreno fértil para la difusión de sus ideas en California, el estado más joven y abierto del continente, y en particular en San Francisco, en el barrio de North Beach, en la City Lights Bookstore, la librería fundada en 1953 por Lawrence Ferlinghetti, un lugar que se convertiría en su refugio.

### «HOY NUESTRA POESÍA SUENA EN LOS JUKE-BOX DE TODOS LOS ESTADOS UNIDOS»
#### Allen Ginsberg

En 1956, Ferlinghetti publicaría *Howl (Aullido)* de Ginsberg, lo cual le valió un arresto con la acusación de difusión de obscenidades. Cosa que contribuyó a consolidar todavía más su amistad. A pesar de la inevitable marginación inicial que sufrieron los beatniks, la huella que dejaron en el espíritu de su época fue potente y duradera. Ellos fueron los precursores del movimiento hippie de la década de 1960 con su fuerte componente antisistema. Precisamente en esta atmósfera de innovación y orgullosa oposición al conformismo, germinaron y brotaron los mayores talentos del rock'n'roll. Músicos que rechazaron el papel fácil de animadores y se pusieron al mando de una generación bajo el estandarte de la contracultura. No es casual que Ginsberg se hallara entre los impulsores del Human Be-In, en enero de 1967 en el Golden Gate Park de San Francisco, cuando miles de jóvenes de cabellos largos, vestidos con mil colores, casi todos ellos procedentes del barrio de Haight-Ashbury, corazón del movimiento juvenil que predicaba amor,

Bob Dylan y Allen Ginsberg en compañía del poeta beat Michael McClure

paz y libertad, dieron inicio a lo que se definiría Summer of Love, y que tendría su momento más álgido al cabo de pocos meses, con el Festival de Monterey. Muchísimos de aquellos artistas se vieron notablemente influidos por la literatura beat a la hora de componer sus textos, como confirmación del fuerte y antiguo vínculo entre poesía y música, de Jim Morrison a Patti Smith, pasando por Leonard Cohen y Tom Waits. Pero naturalmente, la deuda del rock hacia la cultura beat fue mucho más que estilística. En efecto, retomando las palabras del propio Ginsberg, los ideales de la beat generation fueron: liberación espiritual y sexual, legalización de las drogas, emancipación femenina, oposición a la industria militar. Ideales que se declinaron en diferentes formas y otros tantos resultados artísticos (pero con un entusiasmo común) de manos de los principales artistas rock y sus contemporáneos.

## «DYLAN SE HA VENDIDO A DIOS Y A SU IMPERATIVO DE DIFUNDIR LA BELLEZA»
### Allen Ginsberg

De esta manera, si bien sólo algunos de los artistas rock fueron homosexuales, muchos de ellos se distinguieron por la defensa de los derechos de los gays. Por otra parte, la beat generation sólo podía ser abiertamente antimilitarista, y una vez más Ginsberg estuvo en primera línea, componiendo varios poemas-manifiesto de la oposición a la máquina industrial bélica. También en este caso, su influjo y su amistad con Dylan generaron lozanos frutos, sobre todo la venenosa «Masters of War». El primer encuentro real entre Ginsberg y Dylan se produjo en diciembre de 1963, en la ceremonia de entrega a Dylan del premio Tom Payne, durante el cual el cantautor folk de Duluth recibió una oleada de silbidos por haber declarado incautamente que se sentía emotivamente cercano a Lee Harvey Oswald, el asesino de John Kennedy. Pero fue en 1965 cuando se los pudo ver juntos por primera vez, gracias a la película *Don't Look Back* de **D.A. Pennebaker** (que se estrenaría en 1967), un documental sobre la gira inglesa de Dylan. En una de las muchas secuencias en la que se le ve conversar con su entorno, Dylan expresa el deseo de escuchar las poesías de Ginsberg y, magia del cine, en la escena siguiente aparecen charlando amablemente. El poeta beat había llegado a Londres directamente de Praga, donde acababa de ser expulsado por las autoridades checoslovacas por «corruptor de jóvenes». Pennebaker diría más tarde que nadie conocía su inminente llegada, y la escena en cuestión se rodó el día después de la evocación de Dylan. Luego, de nuevo en la película, Ginsberg aparecería en el fondo durante la ejecución de «Subterranean Homesick Blues», mientras Dylan deshoja los carteles escritos a mano con las palabras extraídas del texto de la canción.

También en 1965, se dice que Dylan regaló a Ginsberg una suma de dinero para que la empleara en la adquisición de una grabadora Uher, con la que registrar uno de sus conciertos. El hecho, en sí poco relevante, dio ocasión a Ginsberg de defender públicamente el giro eléctrico de Dylan, rechazando la acusación de que el cantautor se había vendido.

Después de *Renaldo y Clara*, los dos ya no colaboraron en otros proyectos, pero siempre permanecieron en contacto. Su amistad fue íntima y respetuosa, pero también compleja, como explicó la poetisa Anne Waldman, según la cual «muchos bromeaban acerca del hecho de que Ginsberg era el groupie más devoto de Dylan.» De todos modos, la declarada homosexualidad de Ginsberg y su entusiasmo por Dylan nunca interfirieron con su amistad, facilitando a ambos el período de transición que sus respectivas carreras estaban afrontando después de 1963, cuando tenían que conciliar las implicaciones de la notoriedad con el difícil papel de portavoz de sus generaciones. En 1985, Dylan dijo: «Estaban Kerouac, Ginsberg, Ferlinghetti. Yo llegué al final de esta revolución poética, y fue algo mágico. La beat generation tuvo sobre mí un impacto parecido al de Elvis Presley». Ginsberg asistió siempre a los conciertos de Dylan en Nueva York, y cuando murió, en 1997, Bob le dedicó una emocionante ejecución de «Desolation Row», mientras que su amigo Lawrence Ferlinghetti compondría en su honor los conmovedores versos de *Allen Ginsberg Dying* (*La agonía de Allen Ginsberg*).

El legado fundamental de Ginsberg fue eficazmente resumido por *Rolling Stone* que, en 2011, comentó de esta manera «Mr. Tambourine Man», la célebre canción que Dylan regaló a los Byrds: «Con la grabación de "Mr. Tambourine Man", por primera vez fue posible oír auténtica poesía en la radio. Los Beatles todavía no habían escrito "Eleanor Rigby" o "A Day in the Life". Pero los versos de Bob (Dylan) eran deliciosos. Se estaba descubriendo como poeta. Estaba aprendiendo la belleza de las palabras.» Y si algún día Dylan tuvo un maestro, este fue Irwin Allen Ginsberg.

## LA AGONÍA DE GINSBERG EN LOS VERSOS DE LAWRENCE FERLINGHETTI

«Allen Ginsberg está muriendo / está en todos los periódicos / en las noticias matutinas / Un gran poeta está muriendo / Pero su voz / no morirá / Su voz es parte de la tierra / en Lower Manhattan / En su propia cama / está muriendo / Nada se puede hacer / al respecto / Está muriendo la muerte que todos morimos / está muriendo la muerte de un poeta / Tiene un teléfono en la mano / y llama a todo el mundo / desde su cama en / Lower Manhattan / Alrededor del mundo / tarde en la noche / el teléfono está sonando / "Habla Allen" / dice la voz / "Te habla Allen Ginsberg" / cuántas veces lo han escuchado / a lo largo de grandes años / No tiene que decir "Ginsberg" / alrededor del mundo / en el mundo de los poetas / Sólo hay un "Allen" / "Quería contarte", les dice / Les dice lo que está pasando / qué le está sucediendo / Muerte, el amante oscuro / se viene sobre él / Su voz viaja vía satélite / a través de la tierra / sobre el Mar de Japón / donde él una vez posó desnudo / tridente en mano / como un joven Neptuno / Hombre joven de negra barba / de pie en la playa empedrada.»

Ginsberg y Ferlinghetti

## EL MENTOR Y LA MUSA

Yoko Ono en la Indica Gallery de Londres

Mientras que Dylan y Ginsberg proyectaban nuevas ideas, un joven músico en la cumbre de su éxito estaba visitando una exposición en Londres. Entre las obras expuestas, un catalejo dentro del cual miró y leyó la palabra: «Sí». «En aquella época mi vida era muy difícil –diría posteriormente el artista–. Yo decía: "Vale, quiero que cambie", y aquello era una indicación que decía "Sí" en lugar de "No". Y me salvó.»

Él era **John Lennon**. La artista era **Yoko Ono**.

### «YOKO ONO ES LA ARTISTA DESCONOCIDA MÁS FAMOSA: TODOS CONOCEN SU NOMBRE, PERO NADIE SABE QUÉ HACE»
#### John Lennon

En el fondo, hablando de la artista japonesa se han empleado palabras mucho más crueles e injustas. Y pese a todo, en ellas se puede leer una gran, aunque triste, verdad: fuera cual fuera la instalación que pudiera idear, la performance que pudiera hacer, el cuadro que pudiera pintar, la canción que pudiera cantar, la declaración escandalosa que pudiera pronunciar, Yoko Ono era ante todo, siempre y en cualquier momento, la mujer que se casó con John Lennon, el Beatle rebelde.

Su personalidad incómoda, el hecho de que no se quedara discretamente en el fondo brillando por su ausencia sino, al contrario, haber compartido con John las elecciones extremas y, aun peor, de haberle sobrevivido, constituyeron otras tantas «culpas» que nunca se le han perdonado. Omitiendo, u olvidando, lo que probablemente fue el hecho más importante: John amaba a esta mujer y, hasta aquella trágica tarde del 8 de diciembre de 1980, ella lo había hecho feliz como nunca antes lo había sido. Curiosamente, no se pueden imaginar dos personas de recorridos más diferentes. John provenía de una caótica familia obrera de Liverpool, Yoko era la heredera privilegiada de una rica familia de banqueros japoneses. Pero durante la Segunda Guerra Mundial, luchó como los demás. «Recuerdo haberme despertado una noche para escapar a un refugio antiaéreo. En

*Cut Piece* y *Wish Tree* de Yoko Ono

cierto momento, los niños fuimos evacuados al campo, donde los campesinos que nos acogían nos despreciaban.» Después de la guerra, Yoko demostró ser una estudiante excelente. En 1952 fue la primera mujer admitida para estudiar filosofía en la Gakushuin University japonesa. Y en 1953 se trasladó a los Estados Unidos para estudiar en el Sarah Lawrence College, entrando en contacto con el movimiento Fluxus, dirigido por artistas conceptuales de Nueva York como George Maciunas, La Monte Young, Diane Wakoski y Walter De Maria. A principios de la década de 1960, las obras de Yoko Ono se exhibían o se representaban en el Village Gate, en el Carnegie Hall y en numerosas galerías de Nueva York.

Muchas de estas se definirían hoy como interactivas. Como *Cut Piece*, durante la cual se invitaba al público a que cortara la ropa que Yoko llevaba hasta dejarla desnuda, o como *Wish Tree*, el árbol de los deseos, un proyecto en el que cada cual tenía que expresar un deseo, escribirlo en un trozo de papel, enrollar este trozo, atarlo a la rama del *Wish Tree* y, luego, invitar a un amigo a que hiciera lo propio.

A mediados de la década de 1960, Yoko Ono enseñaba en el Wesleyan College y organizaba exposiciones en Japón y en Europa. El 9 de noviembre de 1966, la Indica Gallery de Londres acogió el preestreno de una exposición suya. Entre los pocos y privilegiados visitantes estaba John Lennon, que se quedó impresionado por una obra en particular: una pared en la que se invitaba a los visitantes a clavar un clavo con un martillo. En realidad la muestra se abría al día siguiente, y Yoko prohibió a John que clavara el primer clavo. La réplica del Beatle ya es célebre: «Te daré cinco chelines imaginarios si me dejas clavar un clavo imaginario». Fue la chispa que dio inicio a todo.

> «JOHN ERA DIVERTIDO Y SEXY. EN ESE PRIMER ENCUENTRO MOSTRÓ UN SENTIDO DEL HUMOR INNATO, PERO TAMBIÉN EL LADO COMPLEJO DE SU PERSONALIDAD».
> **Yoko Ono**

# EL MENTOR Y LA MUSA

Yoko Ono y John Lennon se casan en Gibraltar

«En el mundo de las vanguardias que por entonces frecuentaba, había muchos jóvenes compositores extremadamente interesantes, pero de ellos no brotaba nada emotivo. O por lo menos, yo no lo percibía. Por el contrario, John poseía una carga, una fuerza particular, única. Y yo la percibía bien». Ambos comenzaron a verse y, después del divorcio de John y Cynthia, Lennon y Yoko se casaron en el Peñón de Gibraltar, el 20 de marzo de 1969.

En aquel período, John, frustrado por su papel con los Beatles, y estimulado por la relación con Yoko, comenzó a explorar los mundos del arte, de la música y del cine de vanguardia, abrazando, al mismo tiempo, el compromiso político pacifista. Y si de un lado la relación sentimental con Yoko se convirtió en lo más importante de su vida, del otro provocó grandes tensiones entre él y los Beatles, en lo que serían los últimos días de la banda. Paul, George y Ringo considerarían de hecho que la presencia de Yoko en la vida de John fue invasiva, prevaricadora, al límite del plagio. Si bien entre 1964 y 1972 Ono había realizado una veintena de películas experimentales (la más conocida de las cuales era *Bottoms*, cinco minutos y medio de primeros planos de nalgas humanas), su producción artística después del matrimonio se había dirigido casi exclusivamente a la música, junto con su marido o individualmente.

## «ESCRUTO Y ESCUCHO MI ALMA; SOY UN MEDIO A TRAVÉS DEL CUAL FLUYE EL MENSAJE»
### Yoko Ono

Entre 1968 y 1975, con John o como solista, publicó diferentes álbumes, hasta el 9 de octubre de 1975, día del treinta y cinco aniversario de Lennon, cuando nació su único hijo, Sean. Durante los siguientes cinco años, John se dedicó totalmente a la familia, desapareciendo de la escena, mientras que Yoko gestionaba los aspectos financieros de la pareja. De este modo se llegó a septiembre de 1980, cuando ambos firmaron un contrato con la recién nacida Geffen Records y dos meses más tarde publicaron *Double Fantasy*. Como desgraciadamente ya se sabe, la noche del 8 de diciembre de 1980 John Lennon fue ase-

Yoko Ono mientras filma *Bottoms*

## ROCK & ARTE

sinado por Mark David Chapman en Nueva York, mientras se aprestaba a entrar en el edificio de apartamentos Dakota Building de Manhattan. El disco, el séptimo y último grabado en vida de John Lennon como solista, pese a las críticas iniciales, aunque también a tenor de la emoción suscitada por el asesinato, obtuvo un notable éxito comercial, y en 1981 fue premiado en los Grammy Awards como disco del año. También los singles extraídos del álbum, «(Just Like) Starting Over» (1980) y «Woman» (1981) se vendieron bien. Esta última era una tierna canción de amor en la que John expresaba sin pudor su gratitud por la mujer de su vida, casi incrédulo ante tanta fortuna. Himnos como «Give Peace a Chance» (1969) y «Power to the People» (1971) estaban lejos, pero Yoko no había agotado su vena transgresora, y tan sólo tres meses después del homicidio publicó *Season of Glass*, un álbum que hablaba de la muerte de John (en la carátula aparecían sus gafas rotas y manchadas de sangre). Sería el álbum solista más conocido de Ono y el primero en recibir atención fuera de las vanguardias y de los círculos críticos. Pasaron cinco años (y otros dos álbumes, *It's Alright* y *Milk and Honey*), y el 9 de octubre de 1985, en el día del cuarenta y cinco aniversario de John, Yoko estaba en Central Park, abrazada a su hijo Sean, para la inauguración de Strawberry Fields, un jardín en cuyo centro había un mosaico con el estilo y la técnica de la *calçada* portuguesa (donación del municipio de Nápoles) con una sola palabra: «Imagine».

La carátula de *Double Fantasy*; Yoko Ono y John Lennon frente al Dakota Building de Manhattan.

Yoko Ono – *Season of Glass*

«Este jardín quiere representar un sueño colectivo, una manera de coger una canción triste y hacerla mejor», dijo Yoko a los presentes parafraseando los versos de «Hey Jude». «La visión de la armonía universal de John –prosiguió Ono– se ha concertado en este jardín de paz. Él se habría sentido orgulloso: es una isla que adopta el nombre de su canción. Y es bastante mejor que una estatua.»

Más recientemente, en 2001, una retrospectiva del trabajo de Yoko Ono recibió el premio de la asociación de críticos de

64

Yoko Ono en Strawberry Fields

## YOKO Y LAS GAFAS DE JOHN

En marzo de 2013, Yoko Ono publicaba un tweet para denunciar que «desde el día en que asesinaron a mi marido, en los Estados Unidos han muerto más de un millón de personas asesinadas por armas de fuego.» Acompañaba a este post la foto de las gafas que John Lennon llevaba el 8 de diciembre de 1980, todavía manchadas con su sangre y utilizadas ya para la cubierta del álbum de Yoko *Season of Glass*.

Cuatro años más tarde, en noviembre de 2017, en Berlín, se encontraron un centenar de artículos de Lennon robados a Yoko Ono, entre ellos tres diarios y dos pares de sus célebres gafas redondas.

---

arte de los Estados Unidos. Al año siguiente se concedió a Yoko la Skowhegan Medal por sus obras. Su activismo pacifista nunca había declinado, y en 2002 instituyó un premio por la paz, destinando 50.000 dólares a los artistas que viven en zonas de guerra.

## «ESTOY ENAMORADA DE LA VIDA Y DEL MUNDO»
### Yoko Ono

Yoko Ono, que cuenta ya con más de ochenta años, considerada durante un tiempo la bruja que había corrompido a John Lennon y destruido a los Beatles, ocupa ahora una posición histórica más compleja en el panteón de las celebridades. Aunque con retraso, se ha reconocido su figura de pionera en el arte conceptual, de intérprete musical y performer con todas las de la ley, así como de activista pacífica. La vejez no la asusta, «quizás porque no pienso mucho en el pasado, el pasado pesa tanto... Una parte de mí, naturalmente, lo revive, pero otra parte está libre de él. Para ser artista necesitas coraje.»

Cuando, en torno a mediados de la década de 1960 y antes del encuentro con John Lennon, Yoko Ono se encontraba todavía en Nueva York, la Gran Manzana era una ciudad en ebullición, en la que las vibraciones psicodélicas procedentes de California estaban comenzando a propagarse y se prestaban a originales reelaboraciones.

## ROCK & ARTE

Algunas fotos de la histórica Silver Factory de Andy Warhol

Un joven artista, hijo de inmigrantes eslovacos, fundó el primero de una serie de talleres, que en virtud de su destacada ética del trabajo llamaría Factory, y que pronto se convirtió en privilegiado lugar de encuentro de artistas así como en escenario de osadas experimentaciones. Para alguno de estos músicos, él se convertiría en un auténtico mentor. Su nombre era **Andy Warhol**.

### «IGNORO DONDE TERMINA LO ARTIFICIAL Y COMIENZA LO REAL»
#### Andy Warhol

«Lo bonito de la Factory era que coincidías con gente que entendía lo que estaba intentando hacer», recordaba John Cale, multiinstrumentista galés y miembro fundador de los **Velvet Underground**. La Factory era la «fábrica de las ideas» de Andy Warhol, seudónimo de Andrew Warhola Jr., nacido en Pittsburgh el 6 de agosto de 1928. Aquí había gente que trabajaba todos los días, pero sobre todo el genio del pop art que producía litografías y serigrafías que se vendían a precios exorbitantes, rodaba sus películas y, en general, animaba el lugar. Las sedes de la Factory fueron muchas, pero la más famosa es la que se inauguró el 28 de enero de 1964 en la quinta planta de un inmueble en el 231 de la calle 47 Este de Nueva York. El lugar fue bautizado «Silver Factory», porque estaba decorado y coloreado de plata, incluido el ascensor.

La Silver Factory era conocida por sus fiestas transgresoras y porque por ella transitaban artistas como Salvador Dalí, poetas como Allen Ginsberg, estrellas del rock como Mick Jagger, Brian Jones, Bob Dylan y Jim Morrison. Algunos de ellos, sobre todo los más extravagantes, como la drag queen Candy Darling, aparecen descritos

# EL MENTOR Y LA MUSA

Los Velvet Underground con Nico y Andy Warhol

por Lou Reed en «Walk on the Wild Side». El vínculo entre Warhol y los Velvet Underground había comenzado el 11 de diciembre de 1965, cuando la banda había celebrado su primer concierto en la Summit High School de Nueva Jersey. Pocos días más tarde, el periodista musical Al Aronowitz, que había sido amigo de Bob Dylan y de los Beatles, había conseguido un contrato para el grupo en el Café Bizarre, en Greenwich Village. Aquí los Velvet llamaron la atención de Andy Warhol y de su amigo director Paul Morrissey, que ya los había visto la noche anterior. Morrissey soñaba con producir a un grupo de rock y quería convencer también a Warhol para que lo hiciera. El asunto se arregló en pocos segundos. En el mismo período, el mentor de la Factory conoció a Nico, modelo y actriz alemana que había interpretado un pequeño papel en *La Dolce Vita* de Federico Fellini.

> «NICO ES LA CRIATURA MÁS BELLA QUE JAMÁS HAYA EXISTIDO EN LA FAZ DE LA TIERRA»
> **Andy Warhol**

Nuevamente por sugerencia de su amigo Morrissey, Andy decidió reunir a Nico con los Velvet Underground. El grupo comenzaba a dar vida a asombrosos shows psicodélicos en los que se mezclaban música, danza, proyecciones de cortometrajes y juegos de luz. Todo ello ideado y realizado por el genio del pop art, que denominaba a aquellos espectáculos «Exploding Plastic Inevitable». En abril de 1966, la banda grababa su primer álbum, *The Velvet Underground & Nico*. Andy Warhol era el productor del grupo, financiaba las grabaciones pero, sobre todo, realizó una de las carátulas más importantes y transgresoras de la historia del rock. El genio del pop art pensaba a lo grande: un plátano maduro ocupaba casi por entero la

Uno de los momentos del Exploding Plastic Inevitable

## ROCK & ARTE

La primera edición de la carátula de *The Velvet Underground & Nico*

cubierta, y el fruto tenía una piel adhesiva que una inscripción arriba a la derecha invitaba a retirar («Peel slowly and see», es decir, «pelar lentamente y mirar»). Una vez se retiraba la piel, aparecía un malicioso fruto de color rojo carne. «El adhesivo, en la primera tirada del disco, había ocupado durante varios días al personal de la casa discográfica», contaba el director artístico de la Factory, Ronnie Cutrone, quien explicaba que «cuando uno entraba en las oficinas de Verve había montones de carátulas con el plátano rosa, y una serie de empleados aplicaban de forma diligente el adhesivo con la piel.» La inscripción permaneció en las sucesivas reimpresiones, pero no el adhesivo, vetando, pues, a los compradores la posibilidad

de pelar el plátano. El fruto, sobre fondo blanco, ocupaba el centro de la carátula, mientras que la otra inscripción, más grande, que aparecía abajo, rezaba simplemente «Andy Warhol».

La idea no respondía tan sólo a una voluntad de reconocimiento para el creador de la carátula y productor del grupo, sino también a la oportunidad de aprovechar la «marca» Warhol como atractivo para lo que en el fondo era un disco de debut. Por otra parte, recordaba **Lou Reed**, «muchos creían que Andy era el guitarrista de los Velvet, y que justo por esta razón su nombre aparecía en la cubierta.» Ciertamente, nunca antes de entonces se había pensado en incluir en la carátula el nombre de un personaje no directamente implicado en el proceso musical.

En los años siguientes, Warhol creó otras carátulas, entre las que destacaba la de *Sticky Fingers*, de los **Rolling Stones** (1971). Dos años antes, el 21 de abril de 1969, Mick

> «SIMPLEMENTE HE OBSERVADO A PERSONAS CON UN TALENTO Y UNA CREATIVIDAD INCREÍBLE QUE HACÍAN ARTE EN LA FACTORY. IMPOSIBLE QUE NO TE INFLUYERAN»
> 
> Lou Reed

La primera edición de *Sticky Fingers* y la contracubierta

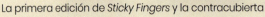

EL MENTOR Y LA MUSA

Las latas de sopa Campbell's, las botellas de Coca Cola, las fotos múltiples de John Lennon y las de Marilyn Monroe, de Andy Warhol

Jagger había escrito una carta a Warhol pidiéndole que se ocupara del artwork del nuevo álbum del grupo. El líder de los Stones, desde siempre imprevisible, pero clarividente y racional, temía que el genio del pop art eligiera soluciones demasiado complejas, y que ello pudiera retrasar la salida del disco. A pesar de ello, le concedió carta blanca y un presupuesto ilimitado. Así, Warhol repitió y superó en originalidad lo que había ideado para los Velvet, provocando un escándalo mayor si cabe, retratando el detalle de un par de jeans muy ceñidos en los que destacaba un vistoso bulto en la zona púbica. Acerca de la identidad del modelo, naturalmente, corrieron muchas hipótesis; hubo quien sugirió que se trataba del propio Jagger, luego se supo que era Joe Dallesandro, actor y modelo estadounidense ya conocido por algunas colaboraciones con Warhol.

«EL POP ART ES UN MODO DE AMAR LAS COSAS»
Andy Warhol

Si uno bajaba la bragueta aplicada al cartón, aparecían los calzoncillos del modelo, pero (como temía Jagger), no sin problemas. En efecto a menudo sucedía que la cremallera arañaba el vinilo. El disco también fue el primero en el que la contracubierta contenía el famoso logo «Lips and tongue» que muchos creían que había sido concebido por Andy Warhol, cuando en realidad era obra del joven **John Pasche**. En algunos países (como España y Rusia), la carátula fue censurada y salió con imágenes alternativas. La cremallera que cerraba el tejano era una novedad importante para la cubierta de un disco, y se reprodujo también en la reedición de 2015 de *Sticky Fingers*.
Entretanto, la colaboración entre Warhol y los Velvet Underground llegó a su fin. La relación ya se había deteriorado a partir de mayo de 1966, cuando los Exploding Plastic Inevitable se habían desplazado desde Nueva York a California, donde no fueron apreciados. Entre Andy Warhol y Lou Reed las cosas también se habían estropeado: Warhol comprendió que el disco de los Velvet no tendría el éxito esperado, y Lou ya no estaba muy convencido de que la

# ROCK & ARTE

«esponsorización» de Andy pudiera dar mayor visibilidad al proyecto. A pesar de los hallazgos promocionales, el álbum no se vendió, aunque se fue convirtiendo progresivamente en una referencia para el rock y para el arte visual en general. En definitiva, el «plátano de Warhol» adquirió una dignidad equivalente a la de las célebres latas de sopa Campbell's, las botellas de Coca Cola o los retratos múltiples de Marilyn Monroe, John Lennon y otros célebres personajes, que se encuentran entre las imágenes más famosas de su producción. También terminaría la colaboración entre los Velvet y Nico. La cantante alemana, cuyos «favores» se disputaban, por otra parte, Lou Reed y John Cale, no era muy bien vista desde el punto de vista artístico aunque, años más tarde, el propio Cale se ocuparía de su lanzamiento como solista. *White Light/White Heat* (1968) fue la última colaboración real del grupo con Andy Warhol. En los años siguientes, Warhol realizó otras carátulas, en particular para los Rolling Stones (*Love You Live*) en 1977 y Miguel Bosé (*Milano-Madrid*, con firma original) en 1983. Andy Warhol murió en Nueva York el 22 de febrero de

La carátula de *White Light/White Heat* de los Velvet Underground y la de *Songs for Drella* de Lou Reed y John Cale

## ANDY & LOREDANA

En 1981, **Loredana Bertè** y su productor (y por entonces compañero) Mario Lavezzi viajaron a Nueva York para grabar un nuevo álbum, *Made in Italy*. Ambos vivían en un apartamento propiedad de Elio Fiorucci, diseñador milanés por entonces de moda. El megastore de Fiorucci en la calle 59 era un punto de encuentro del Nueva York artístico e intelectual. Entre estrellas del show business como Elizabeth Taylor, Cher y una jovencísima Madonna, había gigantes de la literatura como Truman Capote o geniales artistas poliédricos como Keith Haring y **Andy Warhol**. Justamente fue allí donde se conocieron Andy y Loredana (aunque, la primera vez, Warhol confundió a la cantante italiana por una camarera). Una vez esclarecido el equívoco, Warhol y Bertè se hicieron amigos y para Andy, Loredana se convertiría en «Pasta Queen» en virtud de sus cualidades culinarias. Entretanto, Warhol visitó en alguna ocasión los estudios en los que Loredana estaba grabando, y se quedó impresionado por el tema «Movie». Por ello decidió realizar un videoclip de la canción y ocuparse del artwork de la carátula, confiando la fotografía de la cubierta a uno de sus colaboradores de la Factory, el fotógrafo Christopher Markos. El propio Warhol firmó la contracubierta de la carátula, que presentaba la bandera italiana.

La carátula de *Made in Italy*

1987 como consecuencia de complicaciones después de una operación en la vesícula biliar: tenía 58 años. En sus funerales, John Cale y Lou Reed, después de haberse ignorado durante años, se reconciliaron y, animados por el pintor Julian Schnabel, escribieron una serie de temas conmemorativos que tocaron el 7 y el 8 de enero de 1988 en la iglesia de St. Anne, en Brooklyn. Los temas se llamaron *Songs for Drella* (Drella era un apodo, una fusión entre Drácula y Cinderella/Cenicienta, que resumía los dos lados opuestos del ideador de la Factory) y fueron publicados dos años más tarde en un álbum del mismo título. En 1993, los Velvet Underground dieron vida a su última *reunion tour*, especie de celebración tardía en homenaje a quien había creído en ellos más que cualquier otra persona.

Durante toda la década de 1960, Italia se hallaba en los márgenes de la revolución mundial. La fortísima tradición melódica y operística impedían que la simiente rock se fijara y generara un movimiento dotado de una identidad propia, como Loredana Bertè o su amigo Renato Zero experimentaron en sus propias carnes. Se asistió a la proliferación de una plétora de émulos de Elvis o de los Beatles, pero no era más que una mera proposición de algo que no pertenecía a este país, que había nacido en otra

Gianni Sassi

parte. Finalmente, algo sucedió con el advenimiento del rock progresivo, que fue reelaborado y declinado de manera original según la tradición musical transalpina. Fue una operación que requirió coraje. Y a alguien que la supiera guiar. Alguien como Gianni Sassi.

«Comencé a entender lo que estaba sucediendo en el momento en que comprendí la figura de **Gianni Sassi**, a quien conocí en 1968». De esta manera, Monica Palla, su histórica secretaria, recordaba a Gianni Sassi, intelectual ecléctico que supo manifestar el potencial comunicativo de manera absolutamente interdisciplinar, marcando con su trabajo creativo el mundo del arte en un sentido amplio, superando la sectorialización del saber. «Él me enseñó que no era importante lo que se hacía –proseguía Monica Palla–, sino aquello a través de lo cual se logra desplazar la realidad. Sea cual sea el tema, la poesía, la música, la edición, la publicidad, lo importante es lograr comunicar el pensamiento propio a través de aquel instrumento.»

Sassi nació en Varese el 8 de septiembre de 1938. A los doce años siguió a su familia cuando se trasladaron a Milán. Aquí cursó sus estudios secundarios

## ROCK & ARTE

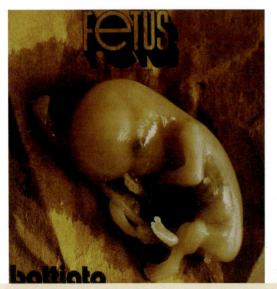

Las carátulas de *Fetus* de Franco Battiato y de *Arbeit Mach Frei* de los Area

y de bachillerato, y comenzó a visitar las galerías de arte. Era una persona dotada para el dibujo, pero renunció a la pintura después de haber visto *Cuadrado blanco sobre fondo blanco* de Kazimir Malevich. Quizás aquello fue una suerte, porque a partir de entonces su innegable creatividad fluyó libre y sin obstáculos en todas las formas posibles y conocidas: edición, teatro, poesía, publicidad, música. Sassi fue el incontestable protagonista de aquel período artístico milanés, las dos décadas situadas entre finales de los sesenta y principios de los noventa, en las que la producción cultural logró concebir formas originales de espectáculos, investigaciones innovadoras en el ámbito de las artes visuales y musicales, singulares experimentos en el mundo de la comunicación, del mundo editorial y de la publicidad, fuera de las rígidas leyes del mercado, de manera independiente y autogestionada.

### «GIANNI SASSI ERA UNA ESPECIE DE CICLOTRÓN, UN ACELERADOR DE PARTÍCULAS»
#### Eugenio Finardi

En 1970 Sassi conoció al mánager Franco Mamone, y juntos fundaron la etiqueta musical Cramps Records, de destacada tendencia experimental, que dejaría una señal indeleble en la música italiana a través de artistas como Area, Finardi, Camerini, Rocchi, Skiantos, Arti & Mestieri. A partir de 1971 fue él mismo quien realizó las primeras carátulas de **Franco Battiato** para la etiqueta Bla Bla (*Fetus, Pollution*) y de los Giganti (*Terra in bocca*), altamente provocativas para el público. Pero

El logo de Cramps Records

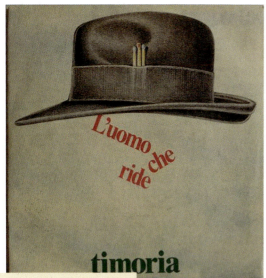
Timoria – *L'uomo che ride*

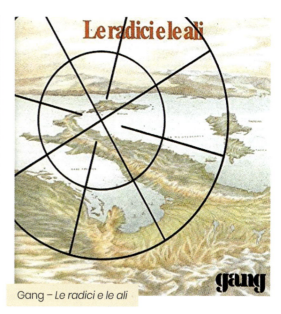
Gang – *Le radici e le ali*

la provocación, para Sassi, nunca fue el fin, sino el medio para sacar de quicio las formas estereotipadas de la comunicación y la hipocresía de los comportamientos.

## «GIANNI SASSI ERA UNO DE NOSOTROS, AUNQUE NO APARECIERA EN LAS FOTOS: PORQUE NOS LAS HACÍA ÉL...»
### Patrizio Fariselli (Area)

«Sassi era un verdadero intelectual –contaba Eugenio Finardi–, que actuaba así: organizaba cenas a las que te invitaba y en las que podías encontrarte con Demetrio Stratos, John Cage, dos operarios de la firma Cobas, un disidente ruso, la actriz Paola Pitagora y Tatti Sanguineti. Sassi era capaz de gestionar y reunir a personalidades incluso extremadamente fuertes y aparentemente opuestas que, en vez de pelearse entre sí, generaban creatividad. Salías de uno de estos encuentros, llegabas a casa y escribías una canción.»

Resulta difícil, a veces incluso injusto elegir entre sus numerosas y variadas iniciativas, pero ciertamente resultó muy significativo el encuentro con los **Area**, que Patrizio Fariselli, teclista de la banda, definía a la perfección: «Gianni nos dijo que al estar en Italia era necesario escribir en italiano, y de este modo comenzamos a hacerlo. Escribir los textos significaba vehicular varios conceptos, por lo que comenzamos a celebrar una serie de reuniones con él, a través de las cuales nos conocíamos cada vez más. Ello introdujo una metodología en el grupo, obligándonos a sentarnos en torno a una mesa, pensar en lo que teníamos que hacer, elaborar los conceptos. Encontrarnos codo con codo con una persona extremadamente racional que situaba en primer plano la estructura, la literatura, el arte contemporáneo, fue un gran estímulo. Los Area se estructuraron y Gianni se convirtió en un miembro del grupo.»

Suya era la carátula del primer disco, *Arbeit Mach Frei* (1973), y suyos eran los textos de tres de las seis canciones del disco, escritos con su amigo Sergio Albergoni (firmadas con el seudónimo de Frankenstein).

## ROCK & ARTE

# SASSI Y EL SOFÁ DE BATTIATO

Milán, principios de la década de 1970. Las paredes de la ciudad aparecen tapizadas de pósteres que representan a un tipo extraño sentado en un sofá. Parece una especie de Robert Smith *avant la lettre*; lleva la cara pintada de blanco, grandes gafas de sol y el pelo rizado. Luce un par de vistosos pantalones de barras y estrellas y botas hasta las rodillas. Sobre la foto, el eslogan de la compañía: «¿Qué miráis? ¿No habéis visto nunca la publicidad de un sofá?»

«Lo recuerdo muy bien —señalaba **Franco Battiato**—, había sido una de las muchas genialidades de Sassi. En la época, creo que era en 1971, tenía un grupo, los Osage Tribe, y en escena nos pintábamos la cara de blanco. Un día, Sassi me preguntó si podía sacarme fotos. Quiso que me maquillara como cuando subía al escenario pero, bajo las luces, el maquillaje se había secado creando inquietantes grietas en la cara. Unos meses más tarde vi mi cara en todas las paredes de Milán anunciando un sofá de la firma Busnelly. Sassi era realmente un personaje único: volcánico, valiente y creativo. Yo lo conocí antes de que fundara la compañía Cramps y, juntos, compartimos muchas experiencias.»

¿Y aquellos pantalones de barras y estrellas? **Claudio Rocchi** sostenía que eran suyos. «Es cierto —confirmaba Battiato—, Claudio siempre tuvo un gusto estético muy particular…»

Franco Battiato anunciando un sofá de la marca Busnelly

Pero fue todo el grupo de músicos que gravitaba en torno a la compañía Cramps la que se refirió a una actitud mental y cultural común, sin intentar reproducir sonoridades ya afirmadas pero con el intento de encontrar una vía italiana a aquella actitud. Si se observan las carátulas de los Area existe un hilo conductor, y aquel tipo de forma de proyectar y aquella continuidad estaba en ellos pero también en Battiato o en Finardi, constituida a imagen y semejanza de Sassi.

Además de permitir expresarse a los artistas Cramps, Sassi creó una atmósfera particular en virtud de la cual todos tocaban con todos, como una «comuna de la música» en la que no existía un proyecto del artista individual que pensara en sí mismo sino que se trabajaba completamente en común. En el origen de todo ello, para Sassi, estaba la necesidad de vehicular mensajes.

Su compromiso musical no se agotó con el final de Cramps (1980), hasta el punto de que se le puede atribuir una serie

Los Area

impresionante de títulos que luego entraron por derecho propio en la historia de la música italiana.

En 1991 se ocupó de dos carátulas para los Timoria (*L'uomo che ride* y *Ritmo e dolore*) y una para los Gang (*Le radici e le ali*), justamente en un momento en que la discografía parecía volver a un redescubrimiento de los contenidos de protesta. Luego, un domingo de 1993, Gianni fallecía de un tumor a los 55 años, en Milán.

Con la perspectiva del tiempo, la marca dejada por la experiencia de Sassi, no sólo en el ámbito musical, no se ha apagado. Vienen ganas de imaginárselo llegar al Lucky Bar, su local preferido, con el sombrero de ala ancha en la cabeza, y preguntarse qué sería capaz de inventarse, hoy, para sacudir a esta sociedad narcotizada por el exceso de imágenes y de comunicaciones. ¿Qué nueva provocación habría sabido idear para despertar a Italia de su torpor?

# This is England

**DESDE SIEMPRE, EN EL VIEJO CONTINENTE**, Inglaterra fue la nación guía del rock: Liverpool y el beat, el Swinging London, el glam, el rock progresivo, el punk. Todo parecía nacer o florecer más allá del Canal de la Mancha. En las décadas de 1960 y 1970 eran numerosas las figuras artísticas que contribuyeron de manera determinante a la afirmación de músicos extraordinarios. Entre estas, el pintor pop Peter Blake, el coreógrafo y mimo Lindsay Kemp o la diseñadora Vivienne Westwood.

Además del talento, lo que distingue al gran artista de la multitud es la búsqueda constante de la perfección, de algo que lo haga aparecer en la historia. En el fondo, a esta perdonable vanidad debemos, quizás, las mayores obras maestras del arte. En su tendencia hacia lo sublime, el rockero se convierte en artista con todas las de la ley, dejándose contaminar. Sus conciertos no son sólo sonidos, sino que se enriquecen con colores, coreografías, vestidos, que pronto se convertirán en moda. Incluso cuando querría ser la negación de este hecho.

Finalmente, también es cierto que el arte, como objeto de fruición, tiene la necesidad de responder a las leyes del mercado, o mejor dicho, del marketing. Por este hecho, incluso el envoltorio del disco resulta fundamental. Debe ser cautivador, saber atraer la atención del consumidor ocasional o menos atento, aquel que quizás ni siquiera conoce al artista o a su obra, y que se deja guiar por los aspectos más formales o simplemente por la moda del momento. Entonces puede suceder que, para determinar la fortuna de un disco concurriera también la carátula, realizada por un artista confirmado, como Peter Blake.

El galerista de arte **Robert Fraser** era joven, guapo, fascinante y bien vestido. Era la síntesis del Swinging London. No era casual que lo llamaran «Groovy Bob». Casi cada noche, en su apartamento de Mount Street, se podían

Robert Fraser

encontrar Keith Richards, William Burroughs, Paul McCartney, Tony Curtis o Marianne Faithfull. Probablemente durante una de estas fiestas Fraser se enteró de la inminente publicación de *Sgt. Pepper's Lonely Hearts Club Band*, de los Beatles. El disco contaba ya con una cubierta diseñada por un grupo de artistas holandeses llamado The Fool, pero Fraser convenció a Paul McCartney para que se atreviera a realizar algo que permaneciera en el tiempo. «Para ello –dijo Fraser– tienes que contratar a un auténtico artista. A alguien como **Peter Blake**.»

## «PENSÉ QUE HABRÍAMOS PODIDO TENER A UNA MULTITUD A LOS PIES, A ESPALDAS DE LOS BEATLES. Y ELLO DESEMBOCÓ EN LA IDEA DEL COLLAGE»
### Peter Blake

Casualmente, Fraser era el galerista de Blake, pero este ya era desde hacía tiempo un artista afirmado, considerado el mayor exponente del British Pop Movement, y ciertamente no necesitaba recomendaciones. Y menos aún para McCartney, notoriamente atento a toda forma de arte contemporáneo. Fue fácil, pues, convencerlo y convencer a los otros miembros de los **Beatles**. «La idea de base ya había sido concebida –contaba el propio Blake–, se trataba de fingir que los Beatles eran otra banda que estaba realizando un concierto. Paul y John dijeron que habría tenido que imaginar que el grupo acababa de actuar, quizás en un parque».

Peter Blake recordaba que «los Beatles realizaron listas de personajes que habrían querido como espectadores de este concierto imaginario. John dijo que habría querido a Jesús, a Gandhi y, muy cínicamente, a Hitler. Pero ello sucedía pocos meses después del clamor suscitado en los Estados Unidos por su declaración sobre los Beatles "más famosos que Cristo", por lo que la idea fue descartada. La lista de George comprendía tan sólo gurús indios, mientras que Ringo dijo: "Todos los que propongan los demás me parecen bien". Imprimimos todas las fotos a tamaño natural y comenzamos a pegarlas en los paneles.» Si la cubierta de *Sgt. Pepper's* fue objeto de grandes especulaciones entre los fans que intentaban identificar a los diferentes personajes, toda la carátula del álbum llevó el significado de cover artwork a un nivel superior. *Sgt. Pepper's* se convirtió en uno de los primeros discos en contar con un envoltorio plegable e incluir los textos de las canciones, así como un juego de figuritas recortables: bigotes, uniformes y galones de cartón, todos diseñados por Blake y por su mujer Jann Haworth. A decir verdad, el resultado final no fue particularmente satisfactorio: técnica-

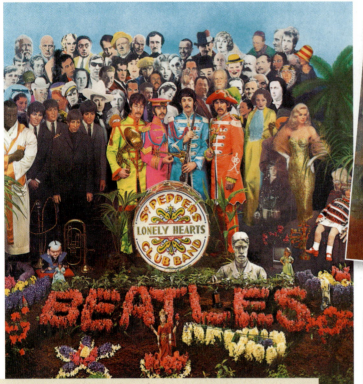

La carátula de *Sgt. Pepper's Lonely Hearts Club Band* de los Beatles; a la derecha, Peter Blake – *Self Portrait With Badges*

mente era tosco, con fotos de mediocre calidad y con una pésima reproducción. Por otra parte, en aquella época las casas discográficas imprimían sus carátulas sobre el mismo papel marrón barato utilizado para el papel higiénico.

En cualquier caso, el jurado de la National Academy concedió a Blake y Haworth el Grammy de 1967 a la mejor cubierta.

### «EL APARENTE CONTRASTE ENTRE EL ARTE ACADÉMICO Y EL POPULAR CARACTERIZÓ MI PAPEL EN EL POP ART»
#### Peter Blake

Peter Blake, nacido en 1932, se había iniciado en el mundo del arte unos años antes de su encuentro con los Beatles, con *Self Portrait with Badges* (1961), en el que aparecía a pie, vestido con tejanos y zapatillas Converse y con un retrato de Elvis en la mano. La obra se convirtió muy pronto en uno de los iconos de la época, pero la reputación que Blake se iría construyendo a lo largo de los años se basaba en una producción copiosa de collages, esculturas, litografías y grabados, y en el denominado arte comercial, que se expresa, sobre todo, en la realización de carátulas de álbumes, entre los que *Sgt. Pepper's* representaba al mismo tiempo el inicio y el punto más alto, al menos en términos de notoriedad. Según el artista, su iniciación al arte fue completamente casual.

De hecho, más que una actitud manifiesta, Blake llegó al Gravesend Technical College huyendo de los bombardeos. «En la escuela –recordaba Blake– entré en contacto con docentes que me hicieron conocer y amar el arte y la música clásica, mientras

La carátula de *Gettin' Over My Head* de Brian Wilson

*Live at Leeds 2* de los Who

que en casa cultivaba gustos más populares, como el jazz, el fútbol o el wrestling, si bien mi madre y mis tíos escuchaban a Beethoven y Mozart (...). Cuando llegué a la facultad, todas estas experiencias cobraron sentido. Me permitieron realizar un arte que fuera el equivalente visual de la música pop.»

A partir de *Sgt. Pepper's*, Blake no dejó nunca de trabajar con los músicos de su época, alternando colaboraciones más o menos prestigiosas pero siempre interesantes. En 2002, como Paul McCartney y George Martin antes que él, Blake fue invitado al Buckingham Palace, para recibir el título de «Sir». Pero las satisfacciones no terminaron aquí. Blake admitió siempre que le habría gustado realizar la carátula de *Pet Sounds* de los

## BLAKE & CLAPTON

Entre 1990 y 1991, **Eric Clapton** realizó una serie de veinticuatro conciertos en el Royal Albert Hall. Blake asistió a muchas de estas actuaciones y realizó una serie de esbozos y fotografías. A partir de aquellos directos se realizó un disco, *24 Nights*, del que Blake diseñó la carátula retratando a Clapton en el escenario con su Fender. También en 1991, salió un fastuoso box set que contenía todos los dibujos realizados por Blake durante los conciertos, junto a un librito con los comentarios de Derek Taylor, célebre agente de prensa de los Beatles. En 2004, Blake colaboró una vez más con Clapton para *Me and Mr. Johnson*, una recopilación de revisiones de clásicos blues de Robert Johnson. Para aquella carátula, Blake realizó un retrato basándose en una foto de Clapton en una postura que recordaba explícitamente la famosa de Johnson con su Harmony a cuestas, foto que por otra parte domina en la pared a la derecha de Clapton. En 2016, en la carátula de su nuevo disco, *I Still Do*, Eric Clapton ofrece una mirada seráfica, con los brazos cruzados. En la cubierta sólo una inscripción, pero no el título del disco ni el nombre del bluesman, sino la firma del autor del retrato, Peter Blake.

## ROCK & ARTE

Lindsay Kemp

Beach Boys, y de esta manera, cuando en 2004 **Brian Wilson** lo llamó para la carátula de *Gettin' Over My Head*, no se hizo de rogar y confeccionó un espléndido collage. El 17 de junio de 2006, treinta y seis años después del legendario concierto original del que se extrajo *Live at Leeds*, los **Who** volvieron a exhibirse en la Universidad de Leeds y Blake realizó el artwork de *Live at Leeds 2*.

Hoy, sir Peter Blake es un personaje huraño de más de ochenta años para el que la carátula de *Sgt. Pepper's* se ha convertido a lo largo del tiempo en una especie de maldición: no hay entrevista en la que no se le pida que comente el estridente contraste entre el valor de una obra destinada a marcar una época y los irrisorios honorarios de 200 libras esterlinas que percibió en aquel momento. Y él contesta: «No me he lamentado nunca por aquellos exiguos honorarios: hacer *Sgt. Pepper's* fue maravilloso». Hay talentos que, como el de Peter Blake, son de una tal pureza que es lícito pensar que de todos modos habrían encontrado el modo de expresarse y afirmarse. En cualquier caso, en este recorrido, en ocasiones se han producido encuentros reveladores que propician cumplidas realizaciones musicales y artísticas.

Entre los ejemplos más clamorosos se encuentra sin duda **David Bowie**, que debe gran parte de su éxito a **Lindsay Kemp**.

«Mi hermana Norma había obtenido ya a los cinco años brillantes menciones en la *Shields Gazette* por sus precoces dotes de bailarina. Por desgracia, en aquel mismo año, murió de meningitis. Yo heredé sus minúsculos kimonos y sus abanicos, que mi padre había traído de sus viajes por China y Japón. Y tal vez también una pizca de su talento.» Así se explicaba Lindsay Kemp.

Kemp había nacido el 13 de mayo de 1938 en el condado de Cheshire, cerca de Liverpool. A principios de la década de 1940, la guerra estaba en su punto álgido y su padre, Norman, oficial de marina, pereció entre las olas después de que su barco se hundiera tras el ataque de un submarino alemán. Su madre Marie volvió entonces a South Shields, a casa de sus padres. Allí dio Lindsay sus primeros pasos en la danza, tomando lecciones de Miss Pat Hardy o entreteniendo a los vecinos en el refugio antiaéreo local. Bien pronto comenzó a organizar espectáculos en el patio trasero de su casa de Talbot Road, organizando cástings entre los chavales del vecindario y dirigiéndolos, tiñendo telas para los trajes e interpretando los papeles principales. En definitiva, lo que seguiría haciendo a lo largo de toda su carrera.

### «NO QUERÍA QUE LINDSAY SUBIERA AL ESCENARIO, DESEABA QUE ENTRARA EN LA MARINA, COMO SU PADRE»
**Marie Kemp**

En 1948, Lindsay fue enviado por su madre a la Royal Merchant Navy School, en el Berkshire. Pero una vez más fue su madre, en 1949, quien lo llevó al cine para asistir a *The Red Shoes* («Las zapatillas rojas»), una epifanía sobre la mitología de la danza que confirmó en el joven Lindsay la determinación para perseguir el camino que lo llevaría hasta el escenario. No resulta sorprendente, pues, que en la escuela entretuviera a sus compañeros realizando espectáculos en el dormitorio una vez se apagaban las luces.

En uno de ellos interpretó todos los papeles de *Sueño de una noche de verano*. En otro fue Salomé, completamente envuelto en papel higiénico: pillado *in fraganti* por el director durante la danza de los siete velos, estuvo a punto de ser expulsado (principalmente a causa del derroche de papel higiénico), pero el castigo se limitó a confiscarle el maquillaje y las zapatillas de baile para el resto del año. Kemp y Bowie se conocieron en el Soho, en Londres, en 1967. «David vino a ver un espectáculo mío. El día antes, alguien me había dado su álbum de debut, el que incluía el tema «When I Live My Dream». Me enamoré inmediatamente de su música, de su voz. Escuché el disco antes del espectáculo y luego hice mi entrada en escena. Bowie estaba presente y se sintió halagado. Luego pasó a saludarme en el camerino y fue un amor a primera vista. Al día siguiente, en mi apartamento en el Soho, comenzamos a planificar lo que podríamos hacer juntos, como el espectáculo *Pierrot in Turquoise*.»

## «DESDE PEQUEÑO SABÍA LO QUE QUERÍA; NADA ME HABRÍA PODIDO DETENER, ESTABA DESTINADO A LA CELEBRIDAD»
### Lindsay Kemp

Lindsay Kemp en *Pierrot in Turquoise*

Lindsay Kemp y David Bowie

En 1972, Kemp proyectó y creó en escena el show *Ziggy Stardust and the Spiders from Mars*, reinventando radicalmente la manera en que la música rock se ejecutaría en vivo. «David no era gran cosa en tanto que bailarín, no tenía el talento natural de Mick Jagger o de Michael Jackson, pero era fabulosamente carismático. Y capaz de interpretaciones fantásticas, como en "My Death" de Jacques Brel.»

En diferentes partes del show se puede reconocer la influencia de Kemp, como por ejemplo en la sección mímica de la exhibición de «The Width of the Circle», o bien en el uso del kimono. «He compartido con Bowie mi pasión por el arte y la cultura japoneses –explicaba Kemp–, en particular por el teatro Kabuki y No.»

Con *Ziggy Stardust* entraban en escena el glam rock, el gay rock y el teatro rock; por primera vez cobraba vida la

## ROCK & ARTE

Una escena de *Ziggy Stardust and the Spiders from Mars*

### «MI HISTORIA DE AMOR CON BOWIE FUE LARGA Y DRAMÁTICA, HABITUALMENTE NO QUIERO HABLAR DE ELLO… ¡PERO PUEDO REINVENTARLA SIEMPRE QUE QUIERO!»
**Lindsay Kemp**

fusión entre teatro y rock'n'roll, que influiría muchísimo en la escena musical de los años venideros, como aparece testimoniado en *Velvet Goldmine*, la película de Todd Haynes en la que se invitó a Lindsay a participar.

No menos significativa que la colaboración con Bowie fue la de Kemp con **Kate Bush**. La talentosa cantautora inglesa debutó en 1977, con apenas diecinueve años, con el álbum *The Kick Inside*, que inmediatamente se encaramó al número uno de las clasificaciones y que contenía el tema «Moving», declarado homenaje a su maestro Kemp.

### «LINDSAY ES CAPAZ DE COMUNICAR CON LAS PERSONAS SIN SIQUIERA ABRIR LA BOCA»
**Kate Bush**

Kate Bush y Lindsay Kemp

# LINDSAY KEMP Y MARCEL MARCEAU, EL MIMO

«Cuando vi por primera vez a **Marcel Marceau** me quedé fascinado –contaba Lindsay Kemp–. Tenía una auténtica maestría y un maravilloso carisma. Era bello pero también creíble. Creía en todo lo que hacía en el escenario. Cuando simulaba encontrarse con un león y gritaba de espanto, *vivía* aquel espanto. Como Anna Paulova o Nijinsky.»

«Lo vi y me cambió la vida –proseguía Lindsay–. Me pinté la cara de blanco e hice mi versión de sus números mímicos, como el de las mariposas o el del león, y puse en escena un pequeño espectáculo llamado *Clown's Hour*. Lo presenté en el Edinburgh Festival Fringe. Tenía 21 años. Poco antes de subir a escena, eché un vistazo al público y... lo vi. "¡Oh, mierda!", pensé, "¿y ahora qué hago?" Mi espectáculo era casi completamente "robado" del suyo, y ahora estaba a punto de actuar delante del original... Así que tuve que reinventar el show, improvisando de principio a fin. Luego Marceau se pasó por el camerino. Me lo estaba haciendo todo encima, pero él, muy amable, me dijo: "Estoy comenzando a formar una nueva compañía y me gustaría que te unieras a nosotros." Y de esta manera, nos vimos en Londres, tomamos lecciones juntos y nos hicimos amigos; gracias a él, mi gestualidad en el escenario cambió. Para mejor.»

Marcel Marceau

«Kate era muy tímida –recordaba Kemp–, le ayudé a ser sí misma, a hacer emerger su propio espíritu, además de enseñarla a bailar.» A su vez, Kate Bush lo llamó para su cortometraje de 1993 *The Line, the Cross & the Curve*, inspirado en *Las zapatillas rojas*. «Lindsay Kemp era un artista extraordinario –declaraba Kate Bush–, atravesó con gracia y carisma la cultura underground, logrando, como poquísimas otras personas, dar forma a la emoción para comunicarla al público.» Sus ojos expresivos brillaban cuando alcanzó el compás final, pero ocultaban también un poco de tristeza, un descontento esencial que también Bowie pareció detectar. «Lindsay fue trágico y dramático, todo en su vida fue teatral –dijo una vez el Duque Blanco–, hay mucho material de su vida que podría batir a cualquier guion.»

> «BAILAR ES EL CAMINO MÁS RÁPIDO A LA FELICIDAD, LA MÚSICA ES LA RUTA DIRECTA AL PARAÍSO»
> **Lindsay Kemp**

Kemp vivió de puntillas, llevando zapatillas de baile y moviéndose con ligereza y generosidad, porque, si bien es cierto que perseguía la celebridad, también lo es que lo hizo sin perder nunca su propia humanidad, sabiendo poner su arte al servicio de los demás.

Había elegido la ciudad italiana de Livorno para retirarse, y justamente en Livorno terminó su vida, el 25 de agosto de 2018. «Siempre me han considerado, y siempre me he considerado, un extranjero en mi patria –explicaba–, ahora que vivo en Italia estoy contento porque ya no me siento extranjero.»

El lamento de Kemp, más divertido que amargo, tenía su razón de ser. Si bien también en Inglaterra su arte había sido apreciado y algunos de sus espectáculos habían obtenido un éxito enorme, fue en el extranjero donde, una sensibilidad del público y de la

## ROCK & ARTE

Lindsay Kemp en Livorno

crítica evidentemente diferente, le permitió afirmarse realmente como artista. Lindsay Kemp no fue el único en haber encontrado hostilidad o, cuando menos, poca complacencia en la vieja Inglaterra. También le sucedió, aunque de manera diferente, a alguien a quien el mundo consagraría más tarde como una de las creadoras más fenomenales de moda del siglo XX. Por definición, la moda es algo transitorio, destinado a pasar, a veces sin dejar ninguna marca. Pero puede suceder que se convierta en un auténtico instrumento de subversión, un puñetazo en el estómago de los mojigatos que se quedan desplazados ante novedades disruptivas. Como los vestidos desgarrados que se vendían en una tienda de King's Road. «En 1976, el punk estaba explotando en todo Londres. En aquella época era una empleada del Sex, la tienda de **Vivienne Westwood** y **Malcolm McLaren**. También Chrissie Hynde, Sid Vicious y Glen Matlock habían trabajado allí. John Lydon había hecho allí una prueba para los Sex Pistols, cantando sobre la música del juke-box de la tienda. En mi primera semana, dos de los **New York Dolls** habían venido a curiosear. Trabajaba allí dese hacía poco cuando se hizo la foto; era para un artículo de no sé qué revista sobre las tiendas atrevidas. Mi look (el maquillaje de mapache y la falda de PVC) era una improvisación de aquel día. Vivienne había insistido para que la foto tuviera algo de viveza. En aquel punto, mostré un seno. No había provocación sexual, era una cuestión de autoafirmación: una mujer joven que se encuentra bien consigo misma. Al final, volví a servir a los clientes. No mucho tiempo más tarde, los **Sex Pistols** hicieron su debut en la televisión y Malcolm, que los gestionaba, me pidió que los siguiera. Dijo que aquello añadiría peso a su aspecto.» **Pamela «Jordan» Rooke** recordaba de esta manera la foto realizada en la tienda de Vivienne Westwood en 1976, donde trabajaba como dependiente y donde comenzó todo.

De izquierda a derecha: desconocida, el escritor Alan Jones, Chrissie Hynde, Pamela «Jordan» Rooke y Vivienne Westwood

# THIS IS ENGLAND

Malcolm McLaren y Vivienne Westwood

## «EL PUNK IMPULSÓ A LAS PERSONAS A DESTRUIR LAS REGLAS Y SUPERAR LOS LÍMITES»
### Pamela «Jordan» Rooke

Si la relación que existe entre moda y música es innegable, dicha relación encontró su máxima expresión en el punk. Y quien contribuyó más que nadie a promocionarla fue Vivienne Westwood.

Nacida en 1941 en Glossop (Derbyshire, Reino Unido), después de una breve carrera como profesora y un igualmente rápido matrimonio con Derek Westwood, que le dejó el apellido y un hijo, se trasladó a Londres. Allí encontró a Malcolm McLaren y se enamoró de él. E imprimió un giro radical a su vida. Junto al futuro mánager de los Sex Pistols, Vivienne abrió la tienda Let It Rock, en el 430 de King's Road, y creó un tipo de prendas de vestir transgresoras y provocadoras; los vestidos se convirtieron en elemento de subversión, respondiendo al credo punk de escandalizar lo más posible. En la vida cotidiana, en su modo de ser, pero sobre todo en la vida, Westwood interceptó y luego acompañó un deseo de cambio que estaba en el aire pero que no estalló hasta aquellos difíciles años setenta de manera fragorosa y arrogante. El mérito principal de la excéntrica diseñadora de cambiante melena fue transformar una subcultura en tendencia.

## «ANTE LA DUDA, EXAGERA»
### Vivienne Westwood

Y si en la caja trabajaban futuras estrellas del rock, hurgando en los estantes se encontraban estrellas ya afirmadas como Debbie Harry, Siouxsie, Iggy Pop, Alice Cooper y Billy Idol. Vivienne evolucionó rápidamente de simple propietaria de una tienda a estandarte de una marca, definiendo un estilo propio que la llevó a creaciones irreverentes, constituidas por chaquetas de cuero negro, camisetas que representaban imágenes pornográficas o cowboys gays, eslóganes como «Destroy», banderas inglesas desconchadas. La tienda se convirtió en el epicentro de la escena punk londinense, marcando el ritmo de sus diferentes fases con continuos cambios de look que se reflejaban en toda una

La entrada de World's End

serie de nombres diferentes: de Let It Rock (inspirado en la moda de los rockeros de los años cincuenta) a Too Fast To Live Too Young To Die (dedicado a James Dean). Luego le tocó el turno a Sex (una oda al mundo del bondage, con prendas de látex de cariz fetichista), Seditionaries (manifiesto del lado más anárquico del movimiento) y, finalmente, a partir de 1981, World's End, que ha sobrevivido hasta nuestros días, caracterizado por la célebre enseña del reloj que gira al revés.

Justamente a principios de la década de 1980, Vivienne entendió que había llegado el momento de emprender nuevos caminos. En 1983 se disolvió su asociación con McLaren, que le dio un último consejo: «Sé romántica». Vivienne no se lo hizo repetir dos veces, y su interés se desplazó entonces de la provocación vanguardista a la historia.

Joe Corrè con la modelo Kate Moss; a la derecha: Agent Provocateur, tienda y marca de lencería sexy de Joe Corrè

## «CUANDO ME DI CUENTA DE QUE EL ESTABLISHMENT NECESITABA OPOSICIÓN, COMENCÉ A IGNORARLO»
### Vivienne Westwood

En esta ocasión, fue el movimiento new romantic el que la artista dio a conocer. Encajes, volantes, capas y terciopelos de gusto neo-dandy fueron adoptados por bandas como los Spandau Ballet, los Duran Duran y los Depeche Mode. De alguna manera, su hijo Joseph (alias **Joe Corrè**), que tuvo con McLaren, siguió sus huellas, abriendo en 1994 una tienda en Broadwick Street, en el Soho, en el que se vendían prendas de lencería sexy de creación propia, con la marca Agent Provocateur, obteniendo un gran éxito. En 2007, Joe fue nombrado baronet, pero rechazó este honor en señal de protesta contra la política exterior de Tony Blair. En 2016 se erigió en protagonista de un gesto todavía más espectacular: en oposición al evento «Punk London», esponsorizado por entes estatales como el British Film Institute, la British Library y el Museum of London, organizó el «Burn Punk London», durante el cual, siempre en señal de protesta, quemó la colección entera de recuerdos punk procedente de su padre, entre los cuales su copia en vinilo de *Anarchy in the U.K.* de los Sex Pistols, un par de pantalones que habían pertenecido a Johnny Rotten, grabaciones de conciertos y otros recuerdos.

Su madre es menos escrupulosa. Definida por mucha gente como una de las estilistas más grandes de todos los tiempos, Vivienne Westwood aceptó en 2006 el título de Lady de parte de la casa real británica.

Amada y odiada, criticada y discutida, Vivienne Westwood nunca dejó de escandalizar al mundo, pero siempre con gracia y sentido artístico. Ella misma pensó en recorrer de forma detallada una vida temeraria en una autobiografía (*Vivienne Westwood*, 2015), escrita a cuatro manos con el

La autobiografía de Vivienne Westwood

escritor Ian Kelly. En una frase de Mary Shelley encontramos el sentido de su turbulenta existencia: «La invención no consiste en crear desde la nada, sino desde el caos.»

## «NOSOTROS SOMOS EL PASADO, Y LO QUE SOBREVIVE AL PASADO ES EL ARTE»
### Vivienne Westwood

Volviendo a pensar en los tiempos heroicos de la transgresión, Westwood entendió que esta fue lo que la formó en cuanto a carácter y que de ella aprendió la importancia de la historia, la única cura ante las derivas de la modernidad. De esta manera explicaba sus desfiles más recientes, en los que perseguía la fusión entre la moda y la historia del arte, sublimando la energía rebelde del punk en la audacia de la alta costura.

## WESTWOOD, LA PELÍCULA

Las obras de la directora **Lorna Tucker** se han expuesto en festivales y museos internacionales como el Guggenheim de Bilbao. *Westwood* (2018) es su primer documental. la película funde material de archivo, reconstrucciones magníficamente realizadas y entrevistas con la variopinta red de colaboradores de Vivienne, guiándonos en su viaje desde la infancia en Derbyshire en la posguerra hasta las pasarelas de París y Milán. Un homenaje íntimo y conmovedor a uno de los iconos culturales de nuestro tiempo, mientras combate por mantener la integridad de su marca, sus principios y su herencia en un business guiado por el consumismo, el beneficio y la expansión global.

El cartel de la película *Westwood*

# Art rock

**SI LOS MÚSICOS DESAPARECEN (FÍSICAMENTE)** de las carátulas de los discos, su música y los temas tratados inspiran paisajes fantásticos o composiciones gráficas surrealistas, capaces de asombrar tanto o más que las propias notas. Entre los maestros de esta tendencia destacan tres artistas británicos y un excéntrico creativo estadounidense.

El rock progresivo fue un fenómeno musical exclusivamente europeo, cuyos orígenes pueden rastrearse ya desde finales de la década de 1960. Algo profundamente diferente en las atmósferas, en la elección de los instrumentos utilizados, en la renuncia por parte de los músicos a aparecer, respecto al cliché rock de las décadas de 1950 y 1960. También el mensaje transmitido sería diferente: ya no había nada político o social, sino que lo que dominaba era la pura fantasía, con lo que se pretendía tocar lo imaginario y lo irracional. En la producción y los arreglos se mezclaban música clásica, popular, antigua (barroca, medieval) pero también jazz. En definitiva, los grupos progresivos introdujeron el concepto de arte (hasta el punto de que algunos se autodefinían como «art rock band») y de teatralidad en los conciertos. Todo ello se manifestaba de manera particularmente evidente en las carátulas de los discos, auténticas obras de arte que cobraban una vida propia, tanto si se realizaban con técnicas tradicionales como innovadoras, o con una hábil combinación de ambas. El primero en redefinir el concepto de fotografía de manera revolucionaria fue **Storm Thorgerson**. «Escucho la música, leo los textos, hablo con los músicos lo más posible –decía Thorgerson–; me considero un traductor, es decir, alguien que traduce un evento auditivo en uno visual, la carátula.» Un pionero de la manipulación fotográfica, influido por Man Ray, Magritte, Picasso, Kandinsky, Juan Gris y Ansel Adams. Con poca simpatía por el Photoshop: «Prefiero el ordenador de mi cabeza que el que está sobre la mesa». Thorgerson, nacido en 1944, fue el autor de algunas de las carátulas más icónicas del siglo xx, la gran parte de las cuales para los **Pink Floyd**. En 1968, Thorgerson y **Aubrey «Po» Powell**, amigos desde las escuelas superiores en Cam-

**ART ROCK**

Storm Thorgerson (al fondo, una pared con sus cubiertas para los Pink Floyd); a la derecha, la carátula de *A Saucerful of Secrets*

bridge, fundaron **Hipgnosis**, un estudio de grafismo y diseño especializado en fotografía creativa orientada sobre todo al mundo de la música. El vínculo con los Pink Floyd resultó en seguida especial: los dos socios conocían a David Gilmour desde los tiempos de Cambridge, y Thorgerson fue a la escuela con Syd Barrett y Roger Waters. De esta manera, cuando llegó el momento de realizar la carátula de *A Saucerful of Secrets*, la banda se dirigió a la recién nacida sociedad encargándole lo que sería su primer encargo importante.

El enfoque de Hipgnosis de cara al diseño, basado en la fotografía y en las técnicas aplicadas como la aerografía y las exposiciones múltiples para crear distancias surrealistas y contraposiciones inquietantes, impresionó favorablemente a la banda. «Cuando vimos *Sgt. Pepper's* –recordaba Powell–, pensamos "Diablos, tenemos que lograr hacer algo diferente."» Powell y Thorgerson habían sido estudiantes de cinematografía, por lo que no resultaba sorprendente que utilizaran a los modelos como actores y configuraran sus fotografías de manera destacadamente teatral. Sus carátulas presentaban raramente imágenes de los artistas. Trabajar con los Pink Floyd parecía darles además un toque de inspiración suplementaria. Vistos los resultados, la banda les confió las cubiertas de los álbumes siguientes, entre los cuales *Ummagumma*, *Atom Heart Mother*, *Wish You Were Here* y, sobre todo, *The Dark Side of the Moon*.

«Coincidimos con los Pink Floyd en los estudios de Abbey Road, donde estaban grabando *The Dark Side of the*

Las carátulas de *Ummagumma* y de *Atom Heart Mother*, de los Pink Floyd

## ROCK & ARTE

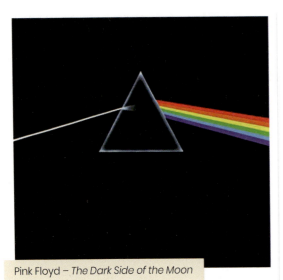

Pink Floyd – *The Dark Side of the Moon*

*Moon* –contaba Powell–. Tenían ya el título, y Richard Wright me dijo: "No me digas que volveremos a usar otro de vuestros proyectos surrealistas... ¿No se puede hacer algo más elegante?" El resto de la banda estaba de acuerdo con él. Storm y yo salimos de Abbey Road con la moral por los suelos. Habíamos pasado días pensando en aquella carátula. En un momento dado me encontré frente a un libro de física, había una foto con prisma con los colores del arco iris. Storm me miró y me dijo: "Ya lo tenemos: todo debe girar en torno a los Pink Floyd y a su light show." En efecto, en los primeros años de carrera, los Floyd eran famosos por los juegos de luz psicodélicos de sus conciertos: en el escenario, los cuatro músicos apenas se veían, nadie sabía que cara tenían. Aquel prisma y aquel arco iris los representaban a la perfección. Llevamos nuestras propuestas a Abbey Road y las pusimos en el suelo. "¡Esta es la cubierta adecuada!", exclamaron los músicos. "Justo lo que teníamos en mente. Estos son los Pink Floyd."»

### «SIEMPRE HEMOS INTENTADO NO SER OBVIOS»
**Aubrey «Po» Powell**

Dos meses después de la salida de *Dark Side*, el estudio Hipgnosis fue contratado por los **Led Zeppelin** para la carátula de *Houses of the Holy*, y a partir de ahí, la fama de Thorgerson y sus socios, y sus relativos honorarios, despegaron.

Para aquel proyecto gráfico, Thorgerson y Powell se inspiraron en una novela de ciencia ficción de Arthur C. Clarke, *El fin de la infancia* (*Childhood's End* en su título original). Storm Thorgerson estaba fascinado por aquel tipo de imaginario; le encantaban William Blake, Luis Buñuel y Salvador Dalí. Le gustaban las imágenes surrealistas y la escritura esotérica. Él y Powell coincidieron con los Zeppelin en Victoria Station; la banda acababa de regresar de una gira en Japón. Ambos abrieron el maletero del coche y mostraron a los músicos el resultado de su creatividad. Jimmy Page lo observó con atención; estaba fumando e iba vestido todavía con las prendas del concierto. Poco después se congregaron alrededor más de doscientas personas, todas interesadas en dar un vistazo a los diseños de Thorgerson y Powell. «De repente surgió un aplauso –recordaba Powell–, en aquel momento entendimos que habíamos hecho un estupendo trabajo.»

Led Zeppelin: la carátula de *Houses of the Holy*

# ART ROCK

## «THORGERSON NO ERA UN ARTISTA DE FANTASÍA, SÓLO USABA ELEMENTOS REALES, PERO LOS COLOCABA EN CONTEXTOS QUE DESORIENTABAN»
### Aubrey «Po» Powell

En los años siguientes, Thorgerson siguió trabajando con los Pink Floyd, logrando sorprender cada vez por su capacidad de crear un mundo de ilusiones a base de juegos de palabras, enigmas y extrañas narraciones, casi siempre ambientadas en paisajes surrealistas ocupados por personas y objetos minuciosamente compuestos en situaciones en apariencia imposibles. De este modo, en 1975 llegó *Wish You Were Here*. Esta vez, la idea de la cubierta nació durante una discusión que la banda estaba desarrollando sobre la falsedad de la industria discográfica. En aquella época, los artistas, cuando los engañaban, usaban la expresión «Me han quemado». En aquel momento, Storm dijo: «¿Por qué no prendemos fuego a algo? Por ejemplo a dos hombres de negocio. Mientras se dan la mano, uno de ellos empieza a arder». Aquella idea de Thorgerson era tan sólo una de sus muchísimas ideas alocadas. Pero esta vez tomó forma. Él y Powell viajaron a Los Angeles para encontrarse con Ronnie Rondell, un actor extra dispuesto a dejarse prender fuego no una vez, sino varias. En la decimoquinta toma, el extra soltó: «Basta –dijo–. Nunca más volveré a hacer nada parecido».

Algunas instantáneas del backstage y, abajo, a la derecha, la cubierta propiamente dicha de *Wish You Were Here*

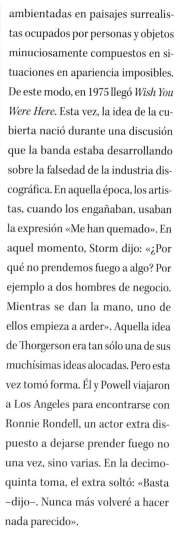

## ROCK & ARTE

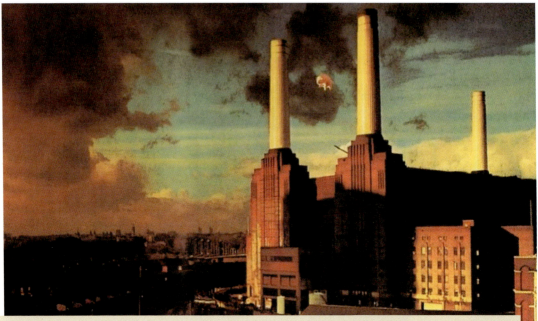

El cerdo hinchable Algie volando sobre la central de Battersea para la cubierta de *Animals*, de los Pink Floyd

Las locas ideas de Thorgerson no terminaban. En 1977, para la cubierta de *Animals*, Storm hizo volar a un cerdo hinchable sobre la Battersea Power Station, en las afueras de Londres. A causa del fuerte viento, Algie, el apodo que se atribuyó más tarde al animal, se soltó de las amarras y fluctuó por el cielo, provocando una cierta alarma en el vecino aeropuerto de Heathrow, para luego aterrizar de forma inocua en la región de Kent y, más tarde, acompañar a los Pink Floyd en la gira de conciertos de lanzamiento del disco.

### «¿STORM THORGERSON? UN ARTISTA INCREÍBLE»
#### Peter Gabriel

Si bien es indudable que la colaboración con Waters y sus socios fue la más sólida y provechosa, en el curso de su carrera Storm Thorgerson puso su creatividad al servicio de muchos otros artistas. En 1974 realizó la carátula para el álbum conceptual de los **Genesis** *The Lamb Lies Down on Broadway*. Peter Gabriel entregó los textos de la ópera rock a Storm y a sus socios: «Esta es la historia de Rael: quiero que la ilustréis», les dijo. Una vez identificadas las partes más destacadas de la trama, se crearon viñetas para cada una de ellas, todas dibujadas y coloreadas a mano. Gabriel estaba entusiasmado.

*The Lamb Lies Down on Broadway*, de los Genesis

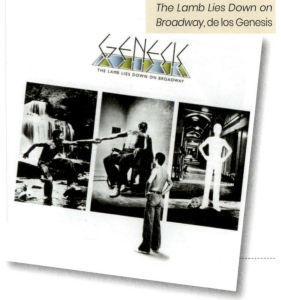

Las cubiertas de *Absolution* (Muse) y *Frances the Mute* (Mars Volta)

No fue casual que, una vez hubo dejado a los Genesis, Gabriel confiara también el artwork de sus primeros álbumes como solista a los creativos del estudio Hipgnosis que, entretanto, habían trabajado también en las carátulas de *Technical Ecstasy* de los Black Sabbath (1976), así como de *Presence* e *In Through the Outdoor*, de los Led Zeppelin (1976 y 1979).

En la década de 1980, Thorgerson disolvió la sociedad Hipgnosis pero siguió trabajando, alternando carátulas (Cranberries, Muse, Alan Parson) con videoclips y documentales televisivos.

En 2003 fue víctima de un ictus que lo paralizó parcialmente. A pesar de ello, en 2005 publicó *Pink Floyd Visions*, un magnífico libro ilustrado, escrito junto con Peter Curzon, que recogía y comentaba todos los artwork referentes a los Pink Floyd, y cuya lectura, o mejor dicho, contemplación, constituye un placer para la vista y al mismo tiempo un valioso testimonio de su arte.

En 2013, un tumor contra el que luchaba desde hacía años acabó con su vida. Thorgerson dejó una herencia artística formidable, bien descrita por las palabras de «Po» Powell, socio y amigo de toda la vida. «Storm era un pensador original y sin miedo –recordaba Powell–. Para él, la presentación de las ideas era una especie de charada intelectual, con algunos indicios sobre el significado del trabajo lanzados aquí o allá. La mayor parte de las veces, las imágenes que producía eran ajenas al motivo de inspiración inicial; por ello, era muy difícil interpretar lo que salía de su cabeza. Raramente cedió a los compromisos, siempre

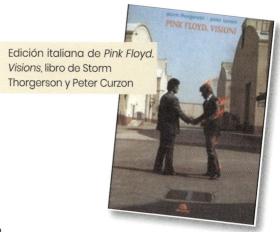

Edición italiana de *Pink Floyd. Visions*, libro de Storm Thorgerson y Peter Curzon

## ROCK & ARTE

estuvo luchando, con la obstinación de creer en su propio trabajo, hasta el final. Y nunca se desvió de su camino...»

Junio de 1969, Londres. Mientras Storm Thorgerson estaba escuchando los temas de *Ummagumma* y pensando en cómo realizar las carátulas del cuarto álbum de los Pink Floyd, aparecía en Liberty Records *Sea Shanties*, disco de debut de los High Tide, banda heavy progresiva. Los *sea shanty* eran los cantos de los marineros destinados a las operaciones de maniobra en los buques mercantes del siglo XIX y, en tierra, animaban las veladas alcohólicas en las tascas de los puertos ingleses. En realidad, en el disco, la única referencia explícita al mar era la espléndida carátula, un dibujo en tinta china que representaba la popa de un barco asaltada por una inquietante horda de monstruos marinos.

El autor de la carátula era un joven ilustrador de Darford. **Paul Whitehead** todavía no tenía 24 años y ya era director artístico de Liberty Records y del periódico *Time Out*. Poco tiempo antes había ideado la carátula de un disco de Fats Domino.

La cubierta de *Sea Shanties*, de los High Tide; a la derecha, Paul Whitehead a finales de la década de 1960

> «CUANDO LOS GENESIS ESCRIBÍAN, ENSAYABAN Y GRABABAN, YO ESTABA CON ELLOS. EN LAS PAUSAS HACÍAMOS BRAINSTORMING; UNA VEZ ESTABLECIDO EL CONCEPTO, ME IBA A DIBUJAR»
> 
> **Paul Whitehead**

El productor John Anthony apreciaba a Whitehead y lo presentó a Tony Stratton-Smith, fundador de la casa dis-

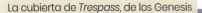

La cubierta de *Trespass*, de los Genesis

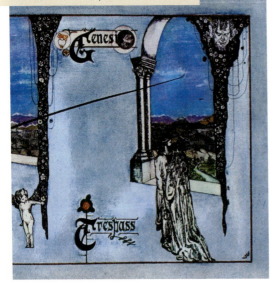

La carátula completa de *Nursery Cryme*

cográfica Charisma y mánager de los Genesis. La banda inglesa estaba a punto de publicar *Trespass*, segundo álbum en estudio que sucedía al desafortunado *From Genesis to Revelation*, y contrató al joven artista para realizar su imagen gráfica.

El disco tuvo más suerte que el anterior, y los Genesis volvieron al estudio para grabar *Nursery Cryme*. Whitehead recibió de nuevo el encargo de realizar la cubierta y, de común acuerdo con la banda, decidió usar imágenes que criticaban a la alta sociedad británica (la misma de la que procedían tres miembros de los Genesis: Peter Gabriel, Mike Rutherford y Tony Banks). De ahí la idea de un «espantoso» retrato del juego del croquet, una de las diversiones preferidas de la aristocracia londinense. **Peter Gabriel** fue el que se implicó más, y trabajó codo con codo con Whitehead. También los otros Genesis se mostraron interesados en el proceso creativo pero, sobre todo, cada vez estaban más excitados cuando se les convocaba para valorar las cubiertas terminadas.

La idea de *Nursery Cryme* se repitió con *Foxtrot*, cuarto disco de la banda; en esta ocasión, Whitehead eligió otra de las actividades preferidas de las clases acomodadas, la caza del zorro. Pero añadió una nueva dimensión al tema: «Las cuatro figuras principales en el lado izquierdo son una interpretación libre de los Cuatro Jinetes del Apocalipsis –explicaba Whitehead–; han perseguido al zorro hasta las costas del océano. Los zorros son conocidos por su astucia; éste se ha travestido con un vestido rojo y ha huido de los cazadores y de sus perros refugiándose en una banquisa de hielo.»

### «ME GUSTAN LOS DESAFÍOS Y, OBVIAMENTE, ME ENCANTA PINTAR»
#### Paul Whitehead

En el dibujo, con la misma astucia que los zorros, Whitehead escapó al control de la censura gracias a algunos trucos: «Probablemente –explicó Paul– nadie se ha percatado nunca del hecho que al cuarto caballo le encanta estar tan cerca del zorro...» (el que está más a la derecha, cabalgado por el cazador con la cara verde, muestra en efecto una vistosa erección). Hay otros elementos simbólicos, entre los

ROCK & ARTE

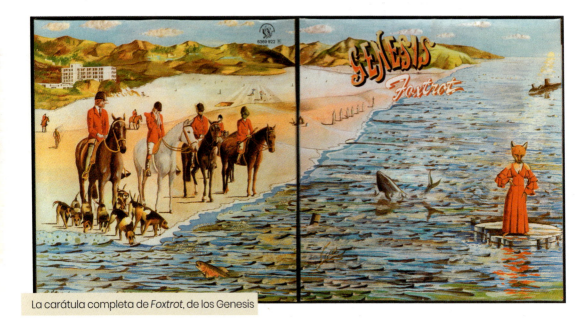

La carátula completa de *Foxtrot*, de los Genesis

cuales un hombre con la cabeza sepultada bajo la arena, a la izquierda de los jinetes. Según Whitehead, «representa el mercado musical, que de aquel momento en adelante comenzó a considerar a la banda con mayor respeto». Con *Foxtrot* terminaba la colaboración de Whitehead con los Genesis, pero el artista de Kent siguió trabajando con importantes músicos del sector progresivo, y en particular se ocupó del artwork para álbumes de los **Van der Graaf Generator** y de su cantante Peter Hammill. Pero las cubiertas no eran más que una parte de su trabajo: en 1973, Whitehead se trasladó a los Estados Unidos, donde fundó la Eyes & Ears Billboard Art Show, primera galería de street art en Los Angeles, y entró en el Guinness de los récords por haber realizado el mural más grande del mundo, en Las Vegas.

Whitehead diseñó además varios logos comerciales y durante tres años fue el director gráfico del Universal Studios Theme Park, en Los Angeles. Esta última experiencia hizo nacer en él el interés por la redacción de guiones y lo llevó a escribir media docena de guiones sobre varios temas. Más recientemente, ha comenzado a componer música. En definitiva, ha pasado mucho tiempo y se ha recorri-

*Vegas World* en Las Vegas, el mural más grande del mundo; a la derecha, The Virginia Museum of Fine Arts, mural sobre un camión

96

# TRAS LAS HUELLAS DE PAUL WHITEHEAD

En 1975, **Le Orme** («Las Huellas») viajaron a Los Angeles para registrar su nuevo álbum. Armando Gallo, fotógrafo romano residente en California y amigo de los Genesis, presento a Paul Whitehead al grupo italiano. El ilustrador inglés escuchó las ideas de Le Orme y, unos días más tarde, les propuso un cuadro con la silueta arquitectónica de una mujer acostada sobre Los Angeles. Se convertiría en la cubierta de *Smogmagica*, álbum cuyo título fue sugerido justamente por Armando Gallo, que había leído un artículo en un periódico local que rezaba «Le Orme find magic in the land of smog». La colaboración entre Whitehead y el grupo progresivo véneto no terminó aquí. «Paul –contaba Aldo Tagliapietra, voz y bajista de la banda– pintó también el segundo y el tercer capítulo de nuestra trilogía, iniciada en 1996 (*Elementi* y *El infinito*) y luego realizó las carátulas de dos de mis trabajos como solista (*Nella pietra e nel vento*, de 2012, y *L'angelo rinchiuso*, de 2013). La primera es un cuadro, *The Stonecutter*, que Paul me regaló, mientras que la segunda procede de un dibujo que me había enviado como tarjeta navideña.»

Paul Whitehead hoy

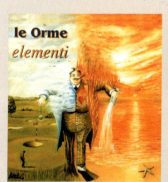

Carátulas de Paul Whitehead para Le Orme y Aldo Tagliapietra

do mucho camino desde aquellos primeros años cincuenta en Kent, cuando Paul era un niño de cinco años que ya sabía dibujar, sus trabajos siempre eran seleccionados por el profesor para exponerlos en clase y sus compañeros pensaban que era un exhibicionista. Ahora es un artista poliédrico y afirmado, animado todavía por un gran ardor creativo. Mientras Whitehead ilustraba a su manera las viejas tradiciones inglesas, había hombres que caminaban sobre la Luna, y el Concorde atravesaba el Atlántico en tres horas y media: el futuro parecía encontrarse a la vuelta de la esquina, y los músicos creaban nuevos mundos sonoros que los pintores traducían en visiones en las cubiertas de los discos.

## ROCK & ARTE

Roger Dean

«Me obsesionaba la idea de proyectar el futuro, pero los grafistas de la época no lograban crear el vínculo adecuado con la cultura existente, anclados como estaban a un diseño superado, pasado de moda. Por este motivo, la carátula de *Aoxomoxoa*, diseñada por Rick Griffin para los **Grateful Dead**, tuvo un efecto tan potente en mí, y todavía hoy es mi preferida. Parecía como si proviniera de un mundo totalmente diferente. Parecía decir que las reglas eran gilipolladas, que podíamos hacer lo que quisiéramos. Siendo como era estudiante de arte, fue como si me pusieran en la mano las llaves de una puerta de la cárcel. Aquella carátula era sorprendente: la miraba y veía la libertad.»

Aquel joven estudiante de arte se llamaba **William Roger Dean**, nacido el 31 de agosto de 1944 en Ashford, en Kent, pero el trabajo de su padre lo llevó al extranjero: a Chipre, a Grecia, a Hong Kong. La familia

volvió a Gran Bretaña en 1959 y Roger frecuentó en 1961 un curso trienal de diseño para luego diplomarse en el Royal College of Art de Londres. En aquel período emprendió el trabajo por el que se haría famoso: proyectar y pintar

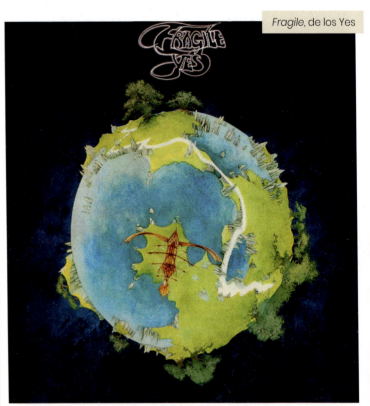

*Fragile*, de los Yes

*Tales from Topographic Oceans*, de los Yes

ART ROCK

El interior de *Close to the Edge*

carátulas de álbumes para grupos de rock. Su debut se produjo en 1969 con la banda proto-metal Gun, prosiguió en 1971 con el primer álbum del grupo afro-rock británico Osibisa y sobre todo con *Fragile*, su primera cubierta para los **Yes**.

### «SIEMPRE HA HABIDO UN VÍNCULO MUY ESTRECHO ENTRE NUESTRO SONIDO Y EL GRAFISMO DE NUESTRAS CUBIERTAS»
#### Steve Howe (Yes)

A partir de aquel momento nació la indisoluble colaboración con la banda de Howe, Squire, Anderson y compañía. Roger Dean creó el logo de los Yes (con una mezcla de serigrafía, aerografía y detalles aplicados a mano) que apareció en el siguiente disco, *Close to the Edge*, se ocupó de casi todas las carátulas de sus discos y de los proyectos solistas o paralelos y proyectó el set escénico para sus giras.

Su relación con los Yes y su música siempre fue especial, aunque no exclusiva: también son suyas las carátulas para otras bandas progresivas, como Uriah Heep, Greenslade, Glass Hammer y Gentle Giant.

Con la grandilocuente carátula de *Tales from Topographic Oceans*, Dean realizó lo que sería un manifiesto del rock progresivo y poco a poco fue consolidando su estilo, ya único e inmediatamente reconocible, basado en paisajes ultraterrenales y figuras fantásticas. A veces la inspiración llegaba de lugares reales como Haystacks, una colina en la zona de los lagos en el noroeste de Inglaterra, en la que se inspiró la magnífica pintura que embellece el interior de la carátula de *Close to the Edge*. «Era lo que quería –explicaba Dean–, lagos con pequeños escollos que despuntan del agua con árboles que crecen encima.»

La mayor parte de las obras de Dean son pinturas surrealistas, reminiscencias de Henri Rousseau y Max Ernst, realizadas con el uso coordinado de diferentes técnicas como acuarela, tinta, carboncillo y collage. «El paisaje de *Tales from Topographic Oceans*» comprendía algunas rocas inglesas tomadas de la colección de postales de Dominy Hamilton –explicaba Dean–. Jon Anderson, el cantante, quería el templo maya de Chichén Itzá, mientras que Alan White, el batería, había sugerido usar las famosas líneas extraterrestres de Nazca, en Perú. En el interior de la carátula estaban los textos de las canciones acompañados por otros tantos dibujos enmarcados por un óvalo que recordaba el logo de la banda.» A día

## ROCK & ARTE

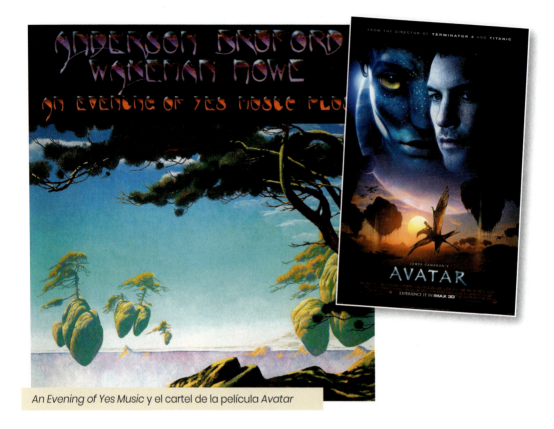

*An Evening of Yes Music* y el cartel de la película *Avatar*

de hoy, Roger Dean está considerado uno de los mayores artistas de fantasía de Gran Bretaña, aunque él rechaza esta etiqueta.

### «NO PIENSO EN MÍ MISMO COMO ARTISTA DE FANTASÍA, SINO COMO PINTOR DE PAISAJES»
#### Roger Dean

Justamente por el carácter extremadamente irreal de sus paisajes, la obra de Dean inspiró probablemente numerosas películas de ciencia ficción. Sobre todo *Avatar*, de James Cameron, cuyas montañas voladoras recuerdan muchísimo las dibujadas por Dean en las carátulas de *Yessongs* y de *An Evening of Yes Music Plus*, disco de 1993 de Anderson, Bruford, Wakeman y Howe (al faltar Chris Squire, el álbum no pudo salir con el nombre Yes). Dean fue el primero en notar la semejanza, y de este modo intentó una acción legal contra el director, acusándolo de haber copiado difundido y aprovechado deliberadamente algunas de sus imágenes originales para la creación del mundo de *Avatar*.

Si bien la pintura es indudablemente su ocupación, Roger Dean se dedica también a la arquitectura, proyectando interiores y viviendas caracterizados por el mismo tipo de curvas armoniosas de sus pinturas, aunque en su gran mayoría «y aunque me paguen igualmente, no se realizan.» Roger Dean vive en Brighton desde 1972, y cada verano va al NEAR Fest (North East Art Rock Festival), para el que ha proyectado la mayor parte de los lugares utilizados en las diferentes ediciones. Sus obras son una continua fuente de inspiración para artistas de toda disciplina.

## ART ROCK

## EL LOGO DE LOS YES

«Después de haber realizado la cubierta de *Fragile* –contaba Roger Dean–, tuve la sensación de que los Yes necesitaban un logo. Pero, en aquella época, no dije nada a la banda.» Un día, mientras estaba viajando en tren en el Brighton Belle, Dean tuvo una idea. «Intuí que las tres letras del nombre podían unirse de manera interesante. Y comencé a realizar varios experimentos, hasta que dibujé lo que luego sería el resultado definitivo.» Para dar mayor peso a su idea y, en consecuencia, convencer al grupo de que adoptara el logo, Dean lo puso sobre un fondo difuminado de negro a verde, que luego se convertiría en la carátula de *Close to the Edge*.

«Obviamente, el de los Yes no fue el primer logo de la historia del rock –explicaba Roger Dean–, pero sí fue uno de los primeros en ser proyectado, en lugar de diseñarse de modo accidental.»

El célebre logo de los Yes creado por Roger Dean

Mientras Roger Dean estaba terminando sus cursos en el Royal College, un futuro colega estadounidense estaba en Italia estudiando arte del Renacimiento. Después de haber frecuentado la Academia de Bellas Artes de Florencia y haber profundizado sus estudios sobre cine en Florencia y en Roma, dio la vuelta a Italia como roadie en la gira del grupo de jazz-rock Perigeo. Para el desarrollo de su arte, los años de 1969 a 1975 resultaron fundamentales. De aquel período conservaba todavía importantes amistades y un gracioso acento florentino. Se hacía llamar **Winston Smith**, como el protagonista de *1984* de George Orwell. En efecto, porque durante un largo tiempo su verdadero nombre permaneció secreto. Se sabe de él que nació en Oklahoma City en 1952 y que, a mediados de la década de 1970, después de su estancia en Italia, regresó a los Estados Unidos, donde, para ir tirando, ejerció de roadie para Quicksilver Messenger Service, Santana, Journey, Crosby Stills & Nash, o Tubes. Luego se estableció en el norte de California, en las colinas de Ukiah, en un rancho rodeado de secuoyas, sin agua corriente, ni energía eléctrica, ni teléfono.

En aquellos años, James Patrick Shannon Morey (el verdadero nombre de Winston Smith) comenzó su carrera como grafista. Junto a su amigo Jayed Scotti dio vida a numerosos proyectos artísticos, entre los cuales el fanzine satírico *Fallout*, escrito e ilustrado por ambos. Al mismo tiempo, Scotti y Smith diseñaron pósteres para conciertos inexistentes, celebrados en pseudo-clubs de San Francisco a cargo de bandas inventadas.

## «CON UN CÚTER Y UN TUBITO DE COLA PUEDO CAMBIAR EL MUNDO»
### Winston Smith

En 1977, justamente en el mismo estudio en el que ambos producían *Fallout*, nació Idol, también conocida como La Cruz del Dinero: esta era la imagen que se usó a continuación para la carátula de «In God We Trust, Inc.», EP de la banda de punk rock californiana **Dead Kennedys**, pero publicada también en *Mother Jones*, revista filocomunista contra la política del por entonces presidente de los Estados Unidos, Ronald Reagan. La obra era una visión crítica personal sobre la hipocresía de las religiones y la adoración del dinero. Se trataba de la elaboración de un auténtico

## ROCK & ARTE

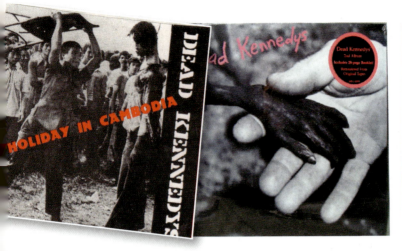

*Idol*, de Winston Smith

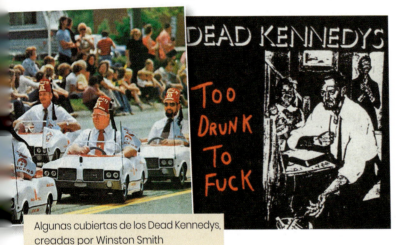

Algunas cubiertas de los Dead Kennedys, creadas por Winston Smith

crucifijo que, en segunda instancia, se fotocopió y distribuyó bajo esta forma. Exhibida en un «show de fotocopias» en Berkeley, llamó la atención de una amiga de Jello Biafra, que puso en contacto a Smith con el líder de los Dead Kennedys. De esta manera comenzó la colaboración con la etiqueta Alternative Tentacles, para la que Smith diseñó varias cubiertas, pósteres, carteles, desplegables y páginas publicitarias.

> «AQUEL CRUCIFIJO PARECÍA REALMENTE UNA APUESTA ARRIESGADA... PERO ERA PERFECTO PARA LA CUBIERTA DE NUESTRO PRIMER ÁLBUM»
> **Jello Biafra**

Winston se especializó en capturar y volver a montar imágenes procedentes de revistas populares estadounidenses, y se convirtió de esta manera en un auténtico maestro del collage, cuyo vibrante surrealismo lo emparentó a los fotomontajes políticos del gran John Heartfield, y a leyendas del arte del siglo XX como Max Ernst y Marcel Duchamp. «Remitiendo a la tradición dadaísta –explicaba–, retomo algunos dibujos de viejas revistas de los años cincuenta, de las que tengo una vastísima colección; reelaboro sobre todo viejos anuncios, extrapolando las imágenes del contexto original para readaptarlas a nuestros días, o bien para disponerlas en una situación diferente.»

Sus trabajos comenzaron a aparecer en cabeceras como *Spin*, *Maximum Rock'n'Roll*, *National Lampoon*, *Architectural Digest*, en la revista de arte *Jux-*

*tapoz* y en *Playboy*. Además de ofrecer servicios a etiquetas alternativas, Smith fue contratado por algunas grandes compañías discográficas como Warner y BMG.

## «EL COLLAGE ES UNA FORMA DE SURREALISMO INSTANTÁNEO»
### Winston Smith

Winston Smith

Sus obras, sus collages extraordinariamente fantasiosos y alocadamente extravagantes, terminaron por influir a toda una generación de punk rockers, distinguiéndolo como personaje imprescindible de la cultura y del estilo gráfico underground estadounidense. Punk Máster del absurdo y padrino del arte underground, brazo gráfico y artístico de la etiqueta indie Alternative Tentacles, Winston Smith creó las cubiertas más importantes de Dead Kennedys, Jello Biafra y **Green Day**, así como de una cincuentena de otros artistas, entre los cuales **Ben Harper**. Sus iconos representan (y hablan de) sexo, religión, violencia, política y dinero, y se han expuesto en todo el mundo.

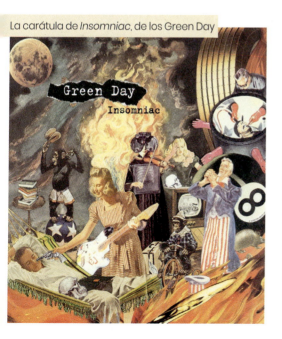
La carátula de *Insomniac*, de los Green Day

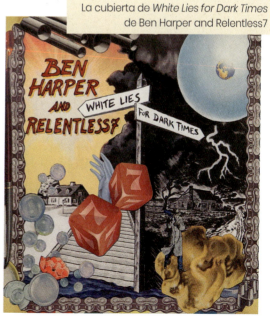
La cubierta de *White Lies for Dark Times* de Ben Harper and Relentless7

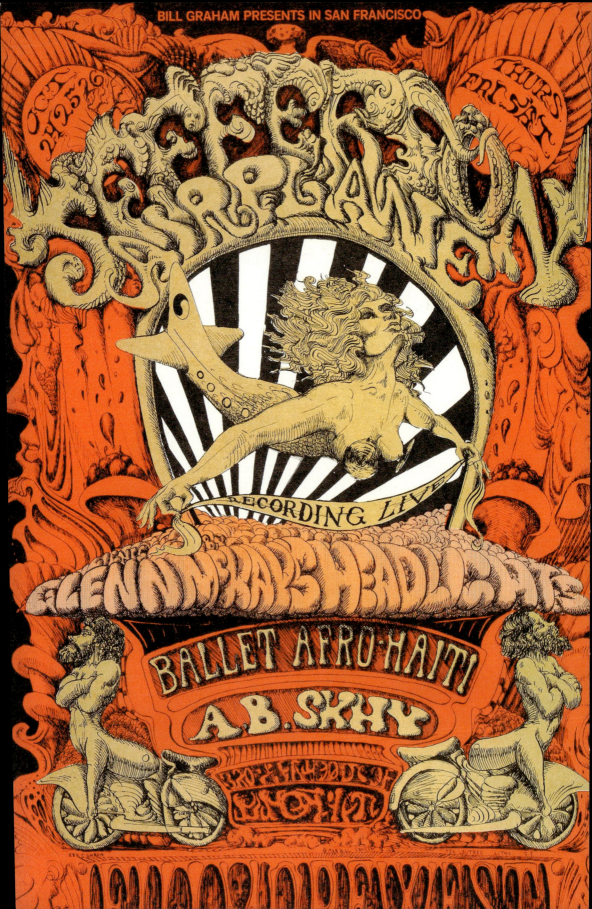

# ROCK POSTER ART
## La epopeya de los carteles

---

Al principio eran tan sólo instrumentos de comunicación para promover conciertos, eventos, festivales. Luego se convirtieron en testimonios eficaces de su tiempo, así como en auténticas obras de arte. Nadie habría podido imaginar nunca que, con el paso de los años, se considerarían objetos de culto y material muy codiciado por los coleccionistas.

# Paint it black (and white)

**LOS PÓSTERES DE LOS CONCIERTOS EXISTÍAN** ya antes del nacimiento del rock. Artistas y promotores de country, folk, jazz, blues o early rock'n'roll los usaban habitualmente, aunque aquellos carteles todavía se realizaron de manera esencial. Los albores del Swinging London fueron los que introdujeron los primeros elementos gráficos y creativos en un arte de gran porvenir.

Hasta la década de 1960, los organizadores de conciertos, eventos o festivales no sentían la necesidad de utilizar un cartel con finalidades artísticas. Se consideraban un puro instrumento de comunicación: sólo los nombres de los protagonistas, el lugar, la hora del evento y el precio de la entrada se imprimían en gran tamaño. Y nada más. Por este motivo, también los primeros pósteres de **Elvis** y de los otros padres del rock'n'roll, heredando las experiencias de la música popular en boga en los años anteriores, eran directos y esenciales. Se podía hablar tranquilamente de boxing style, porque aquellos carteles no eran muy diferentes de los que anunciaban acontecimientos deportivos, en particular combates de boxeo.

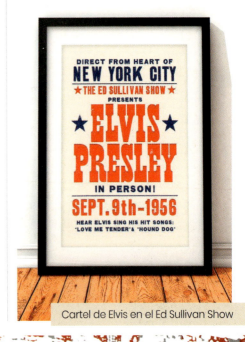

Cartel de Elvis en el Ed Sullivan Show

Una de las empresas de tipografía e impresión principales de la época fue la **Hatch Show Print**, de Nashville, Tennessee. Pero si su notoriedad aparece vinculada a los años cincuenta, los del rock'n'roll, su historia comenzó mucho antes, en la segunda mitad del siglo XIX. Fundada en 1879 por los hermanos Herbert y Charles Hatch, la compañía imprimió su primer cartel para un político antiesclavista, el reverendo Henry Ward Beecher (hermano de Harriet Beecher Stowe, la autora de *La cabaña del tío Tom*), que en aquella ocasión tenía que celebrar en la Grand Opera House una conferencia en materia de libertad de los negros bajo el título «Reign of the Common People».

Entre finales del siglo XIX y principios del XX, la mayor parte del trabajo de Hatch se concentró en la promoción de espectáculos teatrales, minstrel shows, actuaciones de vodevil o, más en general, de eventos vinculados a las tradiciones populares. En la década de 1920, Will Hatch heredó la imprenta familiar de su padre y de su tío, y los trabajos pasaron a ser más elaborados: fue la época de oro de Hatch Show Print.

Las leyendas de los pósteres de Hatch a menudo eran azules y rojas sobre fondo blanco. No se estudió un grafismo especial para los nuevos divos del rock'n'roll, y en efecto, los carteles que promovían sus conciertos parecían todavía invitaciones a combates de boxeo. A veces se crearon pósteres por así decir estándar, en los que se dejaba un espacio vacío abajo y otro arriba para introducir una parte impresa o simplemente para que se pudiera escribir a mano el nombre del artista y del lugar en el que se tenía que celebrar el concierto. Este tipo de pósteres, habitual ya en los años treinta, se denominaría «tour blank». Las únicas innovaciones gráficas estuvieron constituidas por las fotografías: la firma Hatch, por ejemplo, aprovechó el denominado movimiento pélvico de Elvis y eligió una de aquellas fotos para anunciar algunos conciertos suyos de 1956.

Otra imprenta histórica, fundada en 1929 tras la estela de Hatch Show Print, fue la **Globe Poster Company** de Baltimore. Los pósteres de la Globe se caracterizaron por muchos colores, algunos de los cuales se definían day-glo (brillantes, luminosos) porque producían un efecto fluorescente.

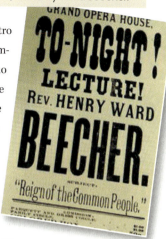

Póster de *Reign of the Common People*, de Henry Ward Beecher.

## «DÉMONOS CUENTA: EL ROCK'N'ROLL ES ALGO ENORME»
### Alan Freed

Maquinaria tipográfica de Hatch Show Print

## ROCK & ARTE

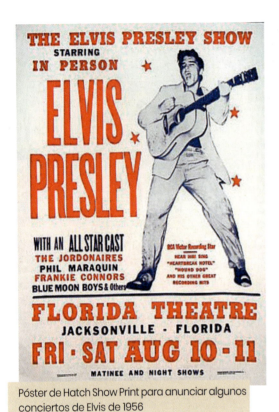

Póster de Hatch Show Print para anunciar algunos conciertos de Elvis de 1956

Concierto de un típico package tour

Entretanto, el rock'n'roll continuaba evolucionando, impulsándose a partir de un éxito creciente, pero de incierta evolución a largo plazo. Y a medida que la nueva música se iba convirtiendo en un punto de referencia para los adolescentes, nacieron los package tours, series de conciertos con varios artistas en cartel en la misma velada. En cuanto a los pósteres, el estilo no cambiaba, dado que prevalecían una vez más el rojo y el azul, aunque destacaron las innovaciones de la Globe, como los fondos amarillos (a veces incluso verdes o naranjas) y algunas inscripciones negras que añadían nuevos elementos en el grafismo, si bien el efecto boxing style seguía prevaleciendo.

Entre los principales organizadores de los package tours estaba **Alan Freed**, el dj estadounidense a quien se debe la invención del término rock'n'roll.

El nombre de Alan Freed, auténtica estrella del período, es uno de los que se imprimió más a menudo en los carteles.

Alan Freed, el dj estadounidense que inventó el término rock'n'roll

# FAMOSOS CONCIERTOS ANULADOS... DE LOS QUE SOLO SE SALVARON LOS PÓSTERES

De la época de los pioneros se han conservado carteles de conciertos o de giras que, por varios motivos, nunca tuvieron lugar. Justamente por este motivo estaban destinados a convertirse en objetos de colección. Uno de los más famosos fue el que debía promover los espectáculos de la gira inglesa de 1958 de **Jerry Lee Lewis**, antes de que se anularan una vez se descubrió que el «Killer» se había casado con su prima de trece años sin haber obtenido antes el divorcio de su segunda mujer. También el package tour de principios de 1959, con **Buddy Holly**, **Ritchie Valens** y **Big Bopper** –el Winter Dance Party Tour– contaba con un cartel, si bien aquella aventura musical no llegó jamás a buen puerto. El pequeño avión en el que viajaban las tres figuras del rock se estrelló el 3 de febrero de aquel mismo año. No hubo supervivientes y, obviamente, los conciertos se anularon.

El póster de la última y desafortunada gira de Buddy Holly, Ritchie Valens y Big Bopper

Cartel que anuncia un concierto de la gira inglesa de Jerry Lee Lewis que luego se anuló

Las únicas novedades estaban representadas de hecho por la adición de otras informaciones acerca de los artistas en cartel, como por ejemplo la etiqueta discográfica que había producido los 45 rpm o la posición alcanzada en la clasificación de ventas.

Aun sin tener un valor artístico propiamente dicho, con el tiempo los carteles de los conciertos de rock'n'roll de la década de 1950 ganaron relevancia histórica, y posteriormente se revalorizaron también desde el punto de vista del estilo y del grafismo.

A pesar de los nuevos vientos de novedad musical y artística procedentes de Londres de los primeros años sesenta, que abría una nueva fase del rock, los pósteres de aquel período no mostraban innovaciones particulares. Incluso los que promovían los conciertos de los **Beatles** tenían en efecto un gusto similar a los tour blank o a los de los package tours: foto, leyendas con caracteres rojos, negros y azules, sobre fondos amarillos.

Cartel de Globe Poster Company para un concierto de los Rolling Stones en los Estados Unidos

## ROCK & ARTE

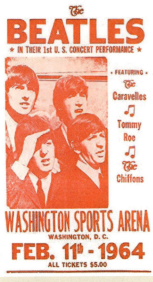  

Varios pósteres de los Beatles en los conciertos estadounidenses

**«LOS PÓSTERES DE ROCK SON MÁS QUE DOCUMENTOS HISTÓRICOS O INSTRUMENTOS PUBLICITARIOS. SON ARTE Y, A MENUDO, ARTE DE ALTÍSIMO NIVEL»**

*Bill Graham*

El famoso cartel de los conciertos Maximum R&B con Pete Townshend y el logo de los Who en versión todavía minimalista; a la derecha, la carátula del box set conmemorativo «Thirty Years of Maximum R&B», publicado en 1994.

La propia Globe Poster Company siguió interpretando su papel, siempre con el mismo grafismo más o menos, incluso en el período de la British Invasion, con los **Rolling Stones**. Entre las diferentes informaciones para publicitar el evento, a veces se añadían los títulos de los temas de mayor éxito, como sucedía, en el caso de los Stones, con «(I Can't Get No) Satisfaction». Con el advenimiento de los mods y de su estilo elegante caracterizado por su parka y scooters italianos, se comenzaron a entrever carteles proto-psicodélicos: los Who estuvieron entre los primeros protagonistas

PAINT IT BLACK (AND WHITE)

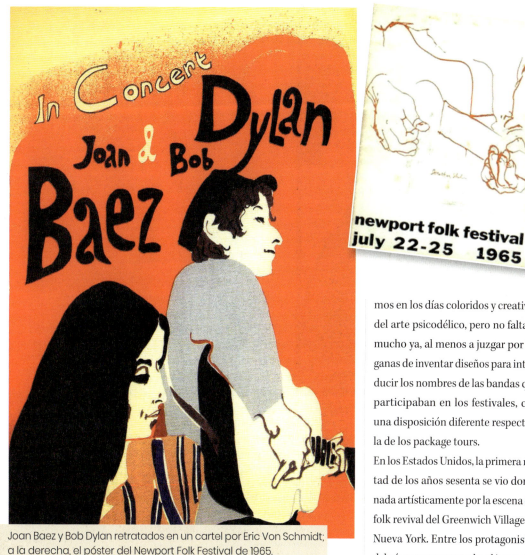

Joan Baez y Bob Dylan retratados en un cartel por Eric Von Schmidt; a la derecha, el póster del Newport Folk Festival de 1965.

de la renovación gráfica. Desde este punto de vista, su póster más importante fue el planeado por Kit Lambert y Chris Stamp (productores y mánagers del grupo inglés) para los conciertos llamados Maximum R&B, que se celebraban cada martes por la noche en el Marquee de Londres en 1964-1965. El cartel, en blanco y negro, fue ideado por **Brian Pike**, inventor del logo de los **Who**: la imagen de Pete Townshend haciendo su clásico movimiento del molino de viento (el célebre windmill) pasó a la historia, así como el nombre de la banda con la O desde la que salía una flecha dirigida hacia arriba. Todavía no estába-

mos en los días coloridos y creativos del arte psicodélico, pero no faltaba mucho ya, al menos a juzgar por las ganas de inventar diseños para introducir los nombres de las bandas que participaban en los festivales, con una disposición diferente respecto a la de los package tours.

En los Estados Unidos, la primera mitad de los años sesenta se vio dominada artísticamente por la escena del folk revival del Greenwich Village de Nueva York. Entre los protagonistas del género se encontraba el jovencísimo **Bob Dylan**; uno de los carteles clásicos de aquel período fue el creado por **Eric Von Schmidt**, músico y pintor que formaba parte de aquella misma escena bohemia. El póster retrataba a Dylan con **Joan Baez** (en aquella época eran pareja), para una gira a lo largo de la costa este norteamericana. Se trataba de un sugestivo

ROCK & ARTE

Póster del American Folk Blues Festival (1965)

Pete Seeger en versión cómic para un concierto en apoyo de Phil Drath, el candidato demócrata al Congreso de los Estados Unidos

homenaje a Toulouse-Lautrec, que sin embargo no parecía gustar a Dylan, hasta el punto de que de aquel cartel, hoy buscadísimo, sólo se imprimieron unos pocos ejemplares. 1965 fue el año del llamado giro eléctrico de Dylan, un momento controvertido de su carrera, por el que el 25 de julio de aquel mismo año fue abucheado en el Newport Folk Festival al haberse presentado con un set rock, traicionando el espíritu y los ideales de los intérpretes del folk revival. Una vez más, eventos destinados a marcar una época no se vieron apoyados por un póster efectista, sino por un cartel que se convertiría en objeto de culto sobre todo por su carácter de testimonio de un evento histórico. El del Newport Folk Festival de 1965, simple y evocador, mostraba en el centro una guitarra acústica y dos manos que la tocaban.

## «LOS FESTIVALES FOLK SIEMPRE HAN SIDO LUGARES FANTÁSTICOS PARA HACER ENCUENTROS INTERESANTES»
### Pete Seeger

En aquellos años, especialmente en la escena folk norteamericana, la tipografía de los pósteres, todavía descarnada y esencial, se utilizó conscientemente para hacer resaltar mejor el mensaje político. En 1964, **Pete Seeger**, uno de los padres del folk revival, apoyó al candidato demócrata, el pacifista Phil Drath, con una serie de conciertos para recaudar fondos en favor de la campaña para su elección al Congreso de los Estados Unidos. Su esfuerzo

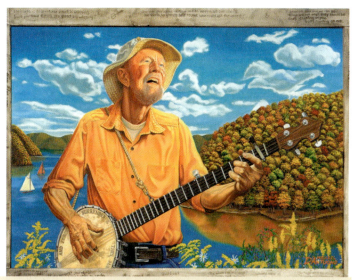
Pete Seeger en un reciente retrato del activista y pintor Michael D'Antuono

Cartel del Folk Festival de San Francisco (1966)

donde una simple guitarra clásica aparece «estampada» con las fotos de algunos artistas programados. Entre los nombres destacan los de Buddy Guy, J.B. Lenoir, Big Mama Thornton y muchos otros protagonistas históricos de la «música del diablo». Por no hablar del Berkeley Folk Festival, fundado por el maestro de guitarra Barry Olivier, cuya primera edición tuvo lugar en 1958 en la universidad de California y que prosiguió durante los siguientes diez años. Con el tiempo, el evento acogería a grandes nombres del folk, como Pete Seeger y Joan Baez, pero se abriría también a los primeros grupos de rock psicodélico, como Jefferson Airplane o Country Joe and the Fish. Los festivales folk que se celebraban en el College de San Francisco tenían menos pretensiones, pero también albergaban a artistas que luego se afirmarían en la naciente escena psicodélica, como Jerry Garcia, Janis Joplin y Peter Albin (bajista de los Big Brother & The Holding Company, el grupo en el que cantaba la propia Joplin). La quinta edición del festival (1966) se anunció con un póster creado por **Michael Ferguson**, de los Charlatans, grupo precursor de la escena de San Francisco.

aparece testimoniado por un cartel de la época en el que el cantante folk aparece retratado como un personaje de cómic, tal vez para intentar hacer más simpática y original su iniciativa y, en consecuencia, atraer a nuevos adeptos. Desempolvando las producciones de aquel período, se pueden encontrar también varios carteles curiosos, como el del American Folk Blues Festival de 1965,

# La semilla de un nuevo arte

**A MEDIADOS DE LA DÉCADA DE 1960, SAN FRANCISCO** se convirtió en la capital mundial de la contracultura. En la ciudad californiana se afirmaron un nuevo arte y un nuevo estilo de vida, por que el peace and love de los hippies fue más que una moda. La cultura psicodélica estaba preparada para revolucionar el planeta y su música demostró ser en seguida el vehículo más eficaz y sugestivo. Poesía, pintura, música y literatura se fundieron dando vida a un nuevo y asombroso renacimiento de las artes.

Ken Kesey, autor del best seller *Alguien voló sobre el nido del cuco*, encontró una manera diferente de promover su nueva novela, *Sometimes a great notion*. Para llegar hasta la World's Fair de Nueva York, adquirió un viejo autobús escolar, lo hizo pintar con colores fluorescentes, vació su interior y colocó altavoces en el techo. Con él embarcó la tropa de chiflados (autodenominados **Merry Pranksters**, los alegres burlones) que pasaban sus jornadas en su finca de La Honda, al sur de San Francisco. Eran artistas, poetas, pensadores y creativos que, bajo los efectos de las drogas alucinógenas, querían demostrar que la mente humana tenía potencialidades inexploradas.

El viaje del magic bus de Kesey comenzó el 17 de junio de 1964. Partiendo de California, atravesó los Estados Unidos deteniéndose en localidades remotas y promoviendo en todas partes la práctica de los *acid tests*, una especie de pruebas de aguante de las sustancias psicodélicas. «Can you pass the acid test?» (¿Puedes superar el test del ácido?), rezaba la promoción. En otoño de 1965, Kesey y sus Pranksters organizaron sus *acid tests* en San Francisco y alrededores; aquellos eventos, enriquecidos por proyecciones de luces, lecturas de poesía, performances de diferentes tipos y, sobre todo, embellecidos por la música rock de los Grateful Dead, fueron promovidos a partir de pósteres diseñados por un dibujante de cómics, **Paul**

## LA SEMILLA DE UN NUEVO ARTE

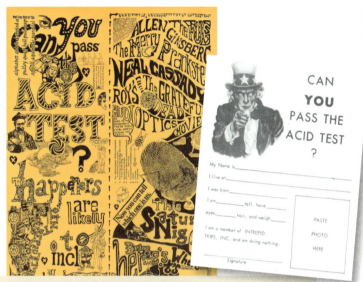

Póster «Can You Pass the Acid Test ?»; a la derecha, el «diploma» que se entregaba una vez superado el examen del ácido

**M. Foster**, que, después de haber trabajado como programador de ordenadores, se había trasladado a La Honda y se había unido a los Pranksters. El póster del «Can you pass the acid test?», en formato de cartel de película, nació justamente en el salón de La Honda. En el mismo estilo, Foster dibujó también el diploma que se entregaba a quienes, en efecto, «superaban el examen del ácido».

Mientras que en San Francisco estaba brotando la cultura de los hijos de las flores, en Virginia City, en Nevada, había un viejo local llamado Red Doog Saloon que precisaba renovarse. El joven hijo del propietario pensó que la nueva música rock podía ser una manera excelente para promover el Saloon. A él le gustaría invitar a los Byrds, que en aquel momento estaban en lo más alto de las clasificaciones con su versión folk rock de *Mr. Tambourine Man*, pero por un error, su emisario contrató a otra banda, los **Charlatans**. El grupo, liderado por **George Hunter**, joven arquitecto extravagante y creativo, se entregaba al consumo de LSD, por entonces sustancia legal. A menudo los Charlatans subían al escenario bajo los efectos del ácido, dando vida a actuaciones incoherentes que, sin embargo, gustaban muchísimo al propietario del Red Dog Saloon y a sus clientes, los cuales, a su vez, estaban emprendiendo viajes psicodélicos. Para promover las actuaciones de los Charlatans, en el Red Dog se creó el primer auténtico póster psicodélico de la historia: el logo de la banda fue obra de Hunter, mientras que el cartel personalizado fue diseñado por **Michael Ferguson**, pianista del grupo. Existen dos versiones de aquel manifiesto, conocido como *The Seed* (la semilla), datadas de manera diferente porque el primer concierto, para el que nació el manifiesto, en realidad fue cancelado.

A pesar de la aventura de los Charlatans en el vecino Nevada, el corazón de la cultura y del arte psicodélico estaba en San Francisco, en particular en el barrio de Haight-Ashbury. Además de los *acid tests* de Kesey y sus socios, se comenzaron a organizar conciertos y eventos varios. Uno de los primeros promotores fue **Chet Helms**, con su colectivo **Family Dog**. Fue él quien llamó a su amiga Janis Joplin para que viniera de Texas a cantar con el grupo Big Brother & The Holding Company, del que Helms era mánager.

### «ME INSPIRÉ EN LAS CARTELERAS VICTORIANAS DE FINALES DEL SIGLO XIX, QUE ME HABÍAN IMPRESIONADO POR SU CALIDAD GRÁFICA Y DE IMPRESIÓN»

#### Chet Helms

## ROCK & ARTE

Cartel del evento «A Tribute to Dr. Strange»; a la derecha, Chet Helms

El primer evento organizado por este último en San Francisco fue el «baile» del 16 de octubre de 1965 en el Longshoremen's Hall llamado «A Tribute to Dr. Strange» (en honor al célebre personaje de los cómics Marvel), en el que tomaron parte, entre otros, Charlatans, Jefferson Airplane y Great Society. El póster, en formato cartel de película, fue diseñado por **Alton Kelley**, uno de los miembros de la Family Dog. El manifiesto también contaba con una versión coloreada por la novia de Kelley, **Ellen Harmon**. En el mismo local, la semana siguiente, le tocaría el turno a los Loovin' Spoonful y pronto Chet Helms comenzaría a organizar conciertos junto con Bill Graham.

### «LOS PÓSTERES DE MIS CONCIERTOS TENÍAN QUE SER ALGO ESPECIAL, PARA CONSERVAR Y COLECCIONAR»
#### Chet Helms

Empresario alemán nacido en una familia de judíos rusos, Wulf Wolodia Grajonca adoptó el nombre de **Bill Graham** una vez llegó a Nueva York. A principios de la década de 1960 se trasladó a San Francisco donde estaba su hermana Rita, y aquí se convirtió en el mánager de la Mime Troupe, un grupo teatral que escenificaba en la calle espectáculos de protesta, a menudo transgresores al límite de lo permitido.

El 25 de marzo de 1966, Graham y Chet Helms alquilaron el Fillmore Auditorium, viejo teatro fuera de uso en el barrio negro de la ciudad, para organizar el concierto de la Paul Butterfield Blues Band, el grupo que había contribuido al giro eléctrico de Dylan en Newport. El show fue un éxito, pero causó la ruptura entre Graham (más astuto y hábil en los negocios) y Helms, corazón y generosidad de auténtico hippie. En aquel punto, Helms, excluido por la sociedad, abrió en Sutter Street el Avalon Ballroom, donde promovió ininterrumpidamente conciertos y eventos entre 1966 y

LA SEMILLA DE UN NUEVO ARTE

Los «Big Five» de San Francisco (de izquierda a derecha): Alton Kelley, Victor Moscoso, Rick Griffin, Wes Wilson y Stanley Mouse; a la derecha, la primera versión de «The Seed»

1968, para luego retirarse definitivamente de la actividad de organizador de este tipo de espectáculos en 1970. Fillmore y Avalon se convirtieron en los dos templos del rock de San Francisco. Su fama se extendió a todo el país y a la otra orilla del Atlántico. Los mayores nombres del nuevo rock psicodélico sonaron en los dos clubs de la ciudad, y sus actuaciones se anunciaban mediante pósteres de vivos colores, originales y creativos, diseñados por los que luego se rebautizarían como los **Big Five**, es decir, los cinco grafistas principales del San Francisco psicodélico: Wes Wilson, Alton Kelley, Stanley Mouse, Rick Griffin y Victor Moscoso.

Si *The Seed* había sido el póster progenitor de la gran época gráfica de San Francisco, **Wes Wilson** fue el padre de los carteles psicodélicos. Ex estudiante de la San Francisco State University, Wilson trabajó para Contact Printing, una imprenta ciudadana capitaneada por Bob Carr, que frecuentaba la escena jazz y la poética literaria de los beatniks de North Beach.
Este grafista fue el primero llamado por Chet Helms, desde siempre apasionado por la pintura. Con Wilson comenzaron a imprimir en el formato clásico (y económico) de la cartelera, aunque sería él mismo quien sugeriría utilizar un papel de calidad superior y de imprimir en cuatricromía. Se abría una nueva era para los pósteres que, a todos los efectos, comenzaron a convertirse en una forma de arte.

Wilson fue uno de los primeros en introducir imágenes de nativos norteamericanos para los carteles, como sucedió en un directo de 1966 con Jefferson Airplane y Big Brother & The Holding Company, en el

Póster de Wes Wilson para un concierto de Jefferson Airplane y Big Brother & The Holding Company

Fillmore. También fue suyo el logo de la Family Dog que encontró espacio en el cartel de uno de los conciertos en el Avalon Ballroom, y en el que aparecían un nativo norteamericano, con cigarrillo y chistera, y la inscripción «May the Baby Jesus shut your mouth and open your mind» (Que el Niño Jesús te cierre la boca y te abra la mente). El estilo del grafista, caracterizado por colores encendidos, caracteres deformados y líneas onduladas (como si se quisiera insinuar que la realización se había producido bajo los influjos de drogas psicodélicas), sería copiado por muchos grafistas. Wilson trabajó tanto con Graham como con Helms: el primero le sugirió un tema a desarrollar, el segundo le dio carta blanca.

Póster con el famoso logo de la Family Dog

## «FORMAS Y COLORES DE MIS PÓSTERES ERAN FRUTO DE LAS EXPERIENCIAS CON EL LSD, PERO TAMBIÉN DE LO QUE HABÍA APRENDIDO COMO TIPÓGRAFO»

### Wes Wilson

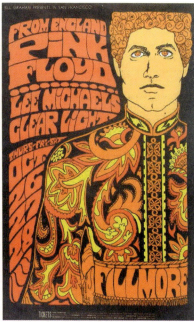

Algunos pósteres de Wes Wilson

## «ÍBAMOS A LAS LIBRERÍAS EN BUSCA DE IMÁGENES. NO SEGUÍAMOS NINGUNA DIRECCIÓN: TODO ERA INSTINTIVO»

### Mouse & Kelley

LA SEMILLA DE UN NUEVO ARTE

Dos célebres pósteres de Mouse & Kelley: a la izquierda, el famoso «Zig-Zag Man», a la derecha, el cartel para un concierto de los Grateful Dead

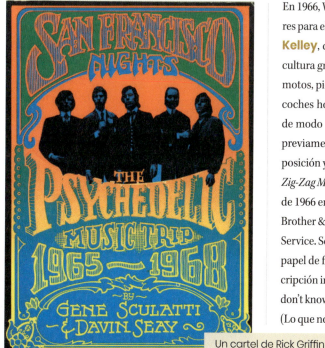

Un cartel de Rick Griffin

En 1966, Wilson se ocupó a tiempo completo de los pósteres para el Fillmore, hasta que fue reemplazado por **Alton Kelley**, de la Family Dog. Kelley, que no tenía una gran cultura gráfica pero a quien apasionaban los coches y las motos, pidió ayuda a un diseñador de decoraciones para coches hot-rod, **Stanley Mouse**. Ambos colaboraron de modo complementario: Kelley reelaboraba imágenes previamente existentes, Mouse era brillante en la composición y la tipografía. De Mouse & Kelley cabe destacar *Zig-Zag Man*, póster para los conciertos del 24 y 25 de junio de 1966 en el Avaloon Ballroom de San Francisco con Big Brother & The Holding Company y Quicksilver Messenger Service. Se trataba de una clara reproducción del logo del papel de fumar Zig-Zag, y por este motivo había una inscripción irónica debajo en la que se podía leer: «What you don't know about copying and duplicating won't hurt you» (Lo que no sabes sobre copiar y duplicar no te hará daño).

# HUMAN BE-IN: EL INICIO DEL SUMMER OF LOVE

El póster para el Human Be-In fue un trabajo que reunió a Mouse, Kelley y Griffin, y que asumió una importancia histórica por el tipo de evento anunciado. Corría el 14 de enero de 1987, cuando en el Polo Fields, en el Golden Gate Park de San Francisco, los activistas políticos de Berkeley y los representantes de la Love Generation de Haight-Ashbury, se unieron a personas procedentes de todos los Estados Unidos para celebrar la nueva época de paz, amor y solidaridad, según los dictados del peace and love. En el escenario se alternaron poetas como Allen Ginsberg, Gary Snyder, Michael McClure, Lawrence Ferlinghetti y otros personajes de aquel pensamiento nuevo como Allen Cohen, Michael Bowen, Jerry Rubin, Richard Alper y el profesor Timothy Leary. En la manifestación actuaron también Jefferson Airplane, Grateful Dead y Quicksilver Messenger Service. Los presentes fueron unos treinta mil, y el evento daría inicio a la época llamada Summer of Love.

Para subrayar el carácter sacro del Human Be-In, entre las octavillas creadas por Michael Bowen y el manifiesto de Rick Griffin destacaba sobre todo la leyenda «Pow Wow», una manifestación religiosa de los nativos norteamericanos.

La versión de Mouse & Kelley no satisfizo a los dos grafistas, dado que el gurú que aparecía en el centro era fruto de las sugerencias de los organizadores y de quien participaba en el evento. Por otra parte, los colores entre rojo y verde utilizados de aquella manera no eran particularmente psicodélicos. Por el contrario, Griffin obtuvo el consenso con su versión y recibió de Chet Helms la invitación de trabajar con él.

Human Be-In (la versión de Rick Griffin y la de Mouse & Kelley)

LA SEMILLA DE UN NUEVO ARTE

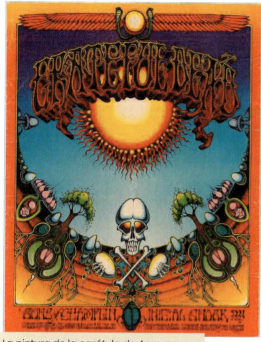

La pintura de la carátula de *Aoxomoxoa*

Rick Griffin – *Flying Eyeball*

Mouse & Kelley trabajaron también con **Rick Griffin**. Originario de Texas, como Chet Helms, Griffin frecuentó el mundo del surf del sur de California. Había sido colaborador de la revista *Surfer*, y había formado parte de un colectivo de artistas-músicos, los Jook Savages. Con el grupo llegó a San Francisco en 1965, dando vida al Jook Savage Art Show, un espectáculo que obtuvo un gran éxito en parte gracias al cartel realizado para la ocasión. En este punto, Griffin decidió ejercer como grafista plenamente y al año siguiente diseñó unos veinte pósteres para Graham y Helms. Su técnica, basada en el dibujo a tinta china, contemplaba la introducción del color gracias a la impresión litográfica.

Cartel de Griffin para un live de Quicksilver Messenger Service y Kaleidoscope

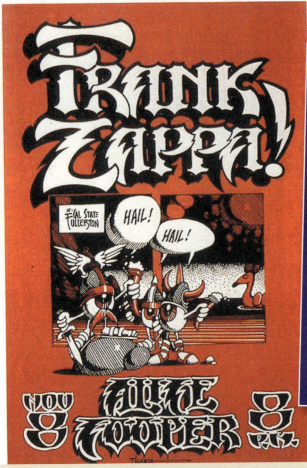

Póster de Rick Griffin para un concierto de Frank Zappa y Alice Cooper; a la derecha: cartel del mismo autor para un directo de Doors y Allman Joy (más tarde Allman Brothers Band)

Rick Griffin y Mouse & Kelley se suelen asociar con los Grateful Dead. En efecto, Griffin trabajó con ellos hasta su muerte, acaecida en 1991, y además de los pósteres, diseñó muchas carátulas para la banda, a partir de *Aoxomoxoa*, su tercer álbum. Después de haberlo conocido a Garcia en el backstage de un concierto, Griffin le propuso la idea de lo que sería *Aoxomoxoa*, nacido como póster para un concierto que se convertiría luego en la carátula del álbum. Según el grafista, en la base estaba la representación del Edén: en el paraíso terrestre hay un sol ardiente, el cielo azul intenso y luego árboles, setas, huevos, espermatozoides, en el centro una calavera con los huesos para representar el ciclo de la vida y de la muerte; finalmente, dos braseros humeantes. Todo muy psicodélico, incluida la extraña tipografía según la cual el nombre de la banda se podría leer como «I ate acid» (comí ácido), indicando el uso de drogas.

Entre los pósteres más famosos de Rick Griffin recordemos el realizado para los shows en el Avalon entre el 12 y el 14 de enero de 1968 con Quicksilver Messenger Service y Kaleidoscope en el programa, y el llamado flying eyeball, para la serie de conciertos en los primeros cuatro días de febrero de 1968 en el Fillmore de San Francisco, con Jimi Hendrix, John Mayall & the Bluesbreakers y Albert King.

LA SEMILLA DE UN NUEVO ARTE

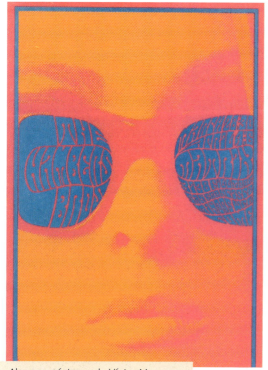

Algunos pósteres de Víctor Moscoso

El último gran grafista de San Francisco fue el español **Víctor Moscoso**. A diferencia de los otros, Moscoso realizó estudios académicos y, antes de comenzar a frecuentar el mundo hippie del Avalon Ballroom, era docente del San Francisco Art Institute. Su estilo se caracterizaba por la manipulación de los colores y por la creación de efectos ópticos. En virtud de los modestos honorarios por estos trabajos, Moscoso no trabajó sólo para Family Dog o Bill Graham. Y muy pronto entendió que sus pósteres, junto a los de los otros colegas, se convertirían en clásicos, y que en consecuencia podría desarrollar su actividad de otro modo. Por este motivo, creó una sociedad independiente, la Neon Rose, y diseñó una serie de carteles para promover conciertos de Doors, Big Brother & The Holding Company, Chambers Brothers y muchos otros en los locales de San Francisco y de todo el país.

# Otras visiones psicodélicas

**LAS EXPERIMENTACIONES DE SAN FRANCISCO** crearon adeptos en los Estados Unidos y en el mundo. De esta manera, el arte de los pósteres pasó de ser un fenómeno contracultural a convertirse en mainstream, y de pura forma creativa a negocio.

Las inspiraciones eran de lo más variadas, del dadaísmo al art nouveau, del pop art de Andy Warhol a las visiones alteradas por los influjos del ácido lisérgico. Eran muchos (y muy luminosos) los colores, similares a los de los light shows, es decir, los particulares juegos de luz proyectados mientras que los grupos actuaban en el escenario. En el mundo de la psicodelia, todo estaba conectado: el póster se convirtió en el instrumento para invitar no a un simple show, sino para describir un tipo de evento que hoy se definiría como multimedia. Incluida la música.

Los Big Five de San Francisco eran amigos, cada uno con su propio estilo, pero también estaban dispuestos a dejarse influir mutuamente y constituyeron fuente de inspiración para otros grafistas de pósteres para el rock. Cuando Griffin, Mouse, Kelley y compañía abandonaron a Bill Graham, el empresario los reemplazó por

> «LOS CARTELES NO ANUNCIABAN TAN SÓLO UN EVENTO, COMUNICABAN EL ESPÍRITU DE LOS TIEMPOS Y DESCRIBÍAN VISUALMENTE LO QUE TOCARÍAMOS EN EL FILLMORE O EN EL AVALON»
>
> **Mickey Hart (Grateful Dead)**

su mujer, **Bonnie MacLean**, que después de haber sido distribuidora de octavillas y dedicarse a la contabilidad del Fillmore, se reinventó como grafista con grandes resultados. MacLean creó un estilo propio, con los rostros entre ensoñados y alucinados y los colores psicodélicos ya experimentados por Wes Wilson.

OTRAS VISIONES PSICODÉLICAS

Bonnie MacLean y algunos de sus pósteres

Además, Bill Graham amplió sus actividades y confió la mayor parte de los pósteres del Fillmore West a **Lee Conklin**, autor de la cubierta del álbum de debut de **Santana**, la banda por la que Graham había decidido apostar. Conklin creó más de treinta carteles para el local, dibujando figuras mutantes y grotescas que representaban perfectamente el imaginario de un trip psicodélico. Pero fueron muchos los grafistas que trabajaron con Graham para crear los pósteres de sus conciertos: artistas como Greg Irons, Randy Tuten, Dennis Loren y David Singer, por sólo citar algunos. O bien Bob Fried, que se trasladó de Nueva York a San Francisco y se inspiró en la escena preexistente (y en particular en Víctor Moscoso). Entretanto, otras ciudades de los Estados Unidos quisieron apropiarse de la experiencia psicodélica de San Francisco intentando personalizarla y encontrar un estilo propio también en el arte de los pósteres. En Chicago, por ejemplo, los equivalentes de Fillmore y Avalon se llamaban Aragon Ballroom y Kinetic Playground.

En Austin, Texas, estaba la Vulgan Gas Company, mientas que en Detroit el local de referencia fue el Grande Ballroom; el local abrió en 1928 como edificio polifuncional y en 1966 fue adquirido por Russ Gibb, profesor y dj local

La carátula del primer álbum de Santana, de Lee Conklin, y el póster del mismo autor con un dibujo casi idéntico, para un concierto en el Fillmore West

Cartel de Bob Fried para un concierto de los Canned Heat

Célebre póster de Gary Grimshaw para una serie de directos de los MC5

que junto al activista político John Sinclair lo convirtió en un dance hall al estilo de los de San Francisco. Gibb estuvo en California, conoció a Bill Graham y a la Family Dog, y después de aquellos encuentros decidió crear en Detroit algo similar. Para los pósteres, confió en **Gary Grimshaw**.

El abuelo de Grimshaw era diseñador en la General Motors, su tío era grafista y su tía ilustradora. Como Stanley Mouse, Grimshaw comenzó en el instituto decorando coches hot-rod, pero se divertía también diseñando camisetas. Fue compañero de escuela y amigo de Rob Tyner, futuro cantante del grupo protopunk **MC5**, y entre 1965 y 1966 prestó servicio militar en Vietnam en un portaaviones. En su último viaje por mar se detuvo en San Francisco y, después de sumergirse en la escena urbana, se convirtió

en grafista profesional, con un estilo original, aunque siempre influido por la psicodelia. Semanalmente, sin por ello bajar nunca el nivel cualitativo, Grimshaw creaba nuevos pósteres para el Grande Ballroom.

### «EL ARTE DE GARY GRIMSHAW HIZO QUE EL MUNDO FUERA UN MEJOR LUGAR»
#### Wayne Kramer (MC5)

Uno de sus carteles más conocidos y apreciados fue el que hizo para una serie de conciertos de los MC5, en el que utilizó la bandera de los Estados Unidos de manera irónica, uniéndola a una hoja de marihuana y a un felino alado, justo para subrayar que la banda era amiga del White Panther Party fundado por el mánager del grupo, John Sinclair. Por ironía de la suerte, sería justamente la marihuana la que crearía problemas a Grimshaw, que fue arrestado cuando lo pillaron en posesión de una cantidad de hierba superior a los límites permitidos por la ley.

Después de la detención de Grimshaw, Russ Gibb encargó los carteles de sus shows a **Carl Lundgren**, ya en activo y políticamente comprometido como John Sinclair y los MC5. El Grande Ballroom cerró en 1972.

En Los Angeles había una escena musical extremadamente variada. Allí, tras la borrachera surf de los Beach Boys, había nacido el folk rock con tintes psicodélicos de los Byrds, Mamas & Papas o Buffalo Springfield.

Por otra parte, también cabe destacar la extraordinaria aventura de los cantautores del Laurel Canyon, el arte excéntrico e irreverente de Frank Zappa, la poesía rock de los Doors. Y sin embargo, a parte de los de la **Pinnacle Productions Company**, en la escena angelina no emergieron artistas de pósteres comparables a los maestros de San Francisco. Entre los asociados a la Pinnacle, el más brillante fue **John Van Hamersveld**, ciertamente uno de los personajes más influyentes del arte pop del sur de California. Como Rick Griffin, Van Hamersveld procedía del circuito surf de principios de la década de 1960, y en parte gracias a este hecho se ocupó de algunas carátulas de los Beach Boys y de los Beatles para Capitol. La Pinnacle Productions, creada por él, era una agencia de promoción que organizaba conciertos rock en Los Angeles, sobre todo en el Shrine Auditorium. Los pósteres que Van Hamersveld diseñó para aquellos eventos se han hecho famosos por el uso particular de la tipografía. Uno de los más logrados es *Amazing Electric Wonders*, dos conciertos del 10 y 11 de noviembre de 1967 con **Buffalo Springfield**, **Grateful Dead** y **Blue Cheer**. Entre los más famosos está también el de 1968, conocido como *Indian*, que presenta en el centro a un nativo norteamericano y, alrededor, con un fondo de

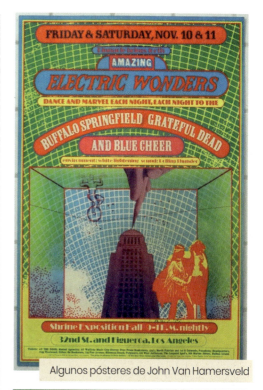

Algunos pósteres de John Van Hamersveld

colores psicodélicos, las leyendas con una tipografía especial que indican a los protagonistas de aquella velada, con Jefferson Airplane al frente y otros grupos y músicos, entre los cuales el célebre intérprete de armónica blues Charlie Musselwhite. Van Hamersveld también anunció conciertos en el Shirne de Cream y Jimi Hendrix y, en el curso de su carrera, diseñaría cerca de trescientas carátulas, además de idear pósteres para los Rolling Stones, Kiss, Blondie y los Cream cuando se reunieron en 2005.

En 1967, Chet Helms viajó a Londres para intentar exportar al viejo continente la cultura psicodélica nacida en San Francisco. Quería abrir un local, pero muy pronto comprendió que no lograría gestionar otro Avalon Ballroom a diez mil kilómetros de distancia y a ocho horas de huso horario. Según Helms, en Londres todavía iban por detrás de San Francisco, aunque ya circulaban las drogas alucinógenas, así como también existían los light shows. El club más importante era el UFO, situado en el 31 de Tottenham Court Road. Lo que hasta finales de 1966 fue un local de baile irlandés se transformó en un club psicodélico gracias al periodista y fotógrafo **John Hopkins** y el productor discográfico estadounidense **Joe Boyd**, que vivía en Londres desde hacía cierto tiempo. La velada de inauguración se celebró el 23 de diciembre y preveía las actuaciones de Soft Machine y Pink Floyd. El UFO Club, local al estilo de los de San Francisco, permaneció vinculado a los **Pink Floyd**, banda residente del local. Boyd también llamó a otros grupos y artistas, como Incredible String Band, Arthur Brown, Procol Harum y Jeff Beck. Pero el lugar era pequeño, y las cuentas no salían; el UFO cerró después de menos de un año, a finales de septiembre de 1967. Mientras que en Haight-Ashbury estaba la Family Dog, en Londres destacaba **Hapshash and the Coloured Coat**, sociedad nacida gracias a **Michael English** y **Nigel Waymouth**. El primero, diplomado en el Ealing College of Art y apasionado por el pop art, vendía gafas de sol con la bandera británica en Carnaby Street. Niel Waymouth no estudió grafismo, sino que era un diplomado en historia económica y frecuentó algunas escuelas de arte londinenses. Junto con su compañera Sheila Cohen y el sastre John Pearse inauguró la célebre tienda de moda Granny Takes a Trip, en el exterior de la cual dibujó algunos murales que atraían a curiosos y a potenciales clientes.

Michael English había creado el cartel para la velada inaugural del UFO Club que llevaba por título *Nite Tripper*. Ambos se conocieron gracias a Joe Boyd, que los presentó durante una velada en el UFO: Fue el mismo productor quien sugirió que crearan carteles para el local: de esta manera nació el UFO Festival. Con Hapshash and the Coloured Coat, English y Waymouth dieron vida a la versión británica del Summer of Love tanto para el UFO Club como para su sucesor, el Middle Earth, en Covent Garden, y para nuevos grupos como Pink Floyd, Soft Machine, Move y Tomorrow.

El crítico George Melly definió el estilo de Hapshash and the Coloured Coat como art nouveau, y se inspiraba en artistas

OTRAS VISIONES PSICODÉLICAS

Póster para un concierto de los Soft Machine promovido por la Osiris Poster Company

> «LOS PÓSTERES DE ENGLISH Y WAYMOUTH SON UNA SÍNTESIS DE DISNEY Y MABEL LUCY LLEVADA AL LÍMITE DE LA ILEGIBILIDAD»
> **George Melly**

como William Blake, Max Ernst y Hieronyumus Bosch. English y Waymouth son reconocibles por el uso de blanco, negro y plata, aunque el primer póster realizado por ellos mostraba unos labios rojos como único dibujo presente. El cartel sirvió para anunciar los conciertos de Bonzo Dog Doo-Dah Band y **Soft machine**, y procedía de una pintura de Man Ray (*En la hora del observatorio – Los amantes*). Las costosas tingas plateadas y doradas fueron una innovación en el trabajo del dúo: se podía observar también en el póster dedicado a los Soft Machine y producido por la Osiris Poster Company de Joe Boyd. Después de haber producido también dos álbumes, la asociación de Hapshash and the Coloured Coat se disolvió en 1969. En cualquier caso, los pósteres de Hapshash resultarían cotizadísimos, hasta el punto de que en 2008, un cartel para un concierto de Hendrix en el Fillmore fue valorado en 125.000 dólares por la casa de subastas Bonhams.

Entretanto, en Londres destacaba **Martin Sharp**, un grafista australiano que se había encargado con éxito de la edición británica de la revista underground *Oz*. Después de haberlo conocido casi por casualidad en la Pheasantry de Chelsea, donde se celebraban algunos conciertos, Sharp entabló amistad con Eric Clapton. Y con él comenzó una provechosa colaboración que llevó a la creación de algunas carátulas de los Cream (como la famosísima de *Disraeli Gears*) y varios pósteres del supergrupo formado por el mismo Clapton, Ginger Baker y Jack Bruce, como el cartel impreso en 1967 de **Big O** de Peter Ledeboer, una obra en la que se observaba el gran amor de Sharp por el collage. Un famoso póster de Sharp de 1968 retrataba a un Jimi Hendrix en versión psicodélica; el retrato procedía de una foto de Linda Eastman (futura esposa de Paul McCartney) y se utilizó para la primera antología de carteles rock, *Get on Down*, y para la carátula de *Hippie Hippie Shake*, película de Richard Neville.

La celebración de «Mr. Tambourine Man», éxito ya «antiguo» de Bob Dylan, se vehiculó a través de otro célebre de Sharp. Para «Sunshine Superman», de Donovan, el grafista fue también uno de los primeros en imprimir en litografía usando láminas doradas y plateadas, como lo hizo más tarde con el single «Wheels of Fire» de los Cream. También fue Sharp quien diseñó los pósteres de los conciertos en el UFO de los Dantalian's Chariot, banda famosa porque contaba con los mejores light shows del momento.

Si Martin Sharp era australiano, **The Fool**, fundado por Simon Posthuma y Marijke Koger, procedían de Holanda pero, como Sharp, se afirmaron en Inglaterra. La primera

## ROCK & ARTE

Jimi Hendrix en la versión psicodélica de Martin Sharp; a la derecha, célebre cartel del mismo autor para los Cream

teres, y en 1967 protagonizaron incluso la cubierta de la revista estadounidense *Life*.

En 1968, la demanda aumentó hasta tal punto que ya se podía hablar de mainstream. Pero no todos aceptaron la comercialización de su arte. Por este motivo, Mouse & Kelley renovaron su estilo logrando crear nuevos grafismos, incluso en las décadas de 1970 y 1980. Rick Griffin y Greg Irons comenzaron a trabajar también en cómics. Nigel Waymouth, después del tiempo transcurrido en el Granny Takes a Trip, se convirtió en pintor y retratista, mientras que Wes Wilson se retiró junto a su familia en la calma agreste de las Ozark Mountains.

La «madre de todos los festivales rock» siguió siendo el festival de Woodstock, aquellos tres días de paz,

obra pública del colectivo fue la decoración de la fachada de la Apple Boutique, propiedad de los Beatles en Baker Street.

La contracultura se iba imponiendo, la maquinara para imprimir los colores que caracterizaban los nuevos pósteres cada vez era más sofisticada. Wes Wilson, padrino de los manifiestos psicodélicos, y Rick Griffin, vieron crecer su éxito paralelamente al de los artistas que anunciaban mediante los pós-

Martin Sharp; a la derecha, un póster suyo con Bob Dylan en versión psicodélica

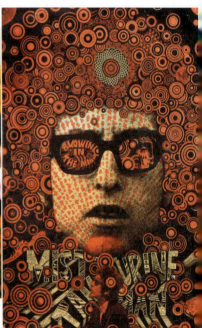

OTRAS VISIONES PSICODÉLICAS

## LOS PÓSTERES DE LOS GRANDES FESTIVALES (Y EL FIN DE UNA ÉPOCA)

En junio de 1967, en el ápice del Summer of Love, en Monterey, California, el primer festival rock auténtico de la historia dio inicio a una época de manifestaciones del mismo tipo que ha durado hasta nuestros días. El póster del Monterey International Pop Festival, con una mujer vestida con prendas hippies y una corbata roja muy vistosa, es una pieza de la historia del rock y fue ideado por el ilustrador, grafista y fotógrafo **Tom Wilkes**. Conocido por haber creado numerosas cubiertas de álbum (especialmente para los Rolling Stones, Wilkes también realizó después de Monterey las carátulas de *All Things Must Pass*, de George Harrison, *Harvest*, de Neil Young, así como el cartel y el packaging del *Concert for Bangladesh*, de 1971, evento organizado por George Harrison y que reunió en el escenario a invitados del calibre de Bob Dylan y The Band).

Carteles del Monterey International Pop Festival y del Concert for Bangladesh

El fenómeno de los festivales rock se extendió a Inglaterra. Y el de la Isla de Wight, tres ediciones entre 1968 y 1970, fue ciertamente el más importante. Los pósteres fueron creados por **David Fairbrother-Roe**, estudiante de arte en el Royal College of Art de Londres. Y si la segunda edición de 1969 se recordaría por el póster con la cita de una gran película de Hollywood como *King Kong*, de 1933 (y también porque Bob Dylan volvía a actuar en público después del accidente de moto cerca de Woodstock y, en consecuencia, después de casi tres años de ausencia), la tercera pasó a la historia por el cast estratosférico y por algunos desórdenes provocados por una parte del público que quiso acceder gratuitamente al festival. Y también porque aquella fue la última actuación en tierra británica de Jimi Hendrix.

Póster del Festival de la Isla de Wight (1970)

### «NUESTRA MISIÓN ES INTRODUCIR COLORES LUMINOSOS EN UN MUNDO DE LOS TRAJES DE SASTRE Y LOS SOMBREROS DE EMPLEADO»

**The Fool**

## ROCK & ARTE

Stanley Mouse con un manifiesto de los Grateful Dead

de Woodstock, el diseño de Skolnick comunicaba mejor el espíritu bucólico que caracterizaba el festival y, sobre todo, el mensaje de paz, amor y música. Como recordaría Skolnick, los honorarios simbólicos de quince dólares por aquel póster pasarían en segundo plano: aquel cartel se convirtió en su obra más famosa y le cambió la vida.

### «DURANTE UNOS MESES FUE FANTÁSTICO, REALMENTE CREÍAMOS EN UNA NUEVA UTOPÍA»
**Bill Graham**

Woodstock fue la apoteosis del sueño pero, en ciertos aspectos, también el inicio de una pesadilla: la pureza de intenciones de la Love Generation estaba a punto de dejar su lugar a un enfoque más comercial. El mundo descubrió que el mercado de los jóvenes era extraordinario para la música y para todos los elementos conectados a ella. Terminaba, pues, una época, un tiempo mágico. Incluso Bill Graham, el más businessman entre los hippies, un par de años después de Woodstock, decidió cerrar sus locales, el Fillmore East de Nueva York y el Fillmore West de San Francisco, porque aquel período había llegado a su término. La despedida a los fans que lo fueron a ver a su nuevo local de Nueva York llegó a través de un póster realizado por **David Singer**: «Thank You & Farewell» (Gracias y adiós), se podía leer antes de la última serie de conciertos del 25, 26 y 27 de junio de 1971, en los que, entre otros, actuaron los Allman Brothers. Con aquel cierre terminó también la época, cada vez más rica, de los pósteres.

amor y música que se desarrolló en la factoría de Max Yasgur en Bethel, en el estado de Nueva York. En poco más de 72 horas, desde la improvisación de «Freedom» de Richie Havens, en la tarde del 15 de agosto, hasta el himno estadounidense tocado por Jimi Hendrix al alba del 18 de agosto de 1969, se desarrolló una historia que cambió el mundo. Los organizadores del evento confiaron la realización del cartel del festival a **David Byrd**, grafista de estilo art nouveau, antiguamente colaborador de Bill Graham y autor de pósteres para Hendrix, Jefferson Airplane, Grateful Dead, Ravi Shankar, Traffic y otros. Sin embargo, al final se prefirió el trabajo con el célebre mástil de la guitarra y la paloma de la paz, ideado por el publicitario **Arnold Skolnick**. Según los organizadores

Arnold Skolnick

OTRAS VISIONES PSICODÉLICAS

El póster de Woodstock de David Byrd y el «oficial» de Arnold Skolnick

Póster que anuncia los últimos conciertos en el Fillmore East de Nueva York

# Los carteles punk y new wave

**EL SUEÑO HIPPIE SE HABÍA DESVANECIDO, EN EUROPA** se hablaba de rock progresivo, un nuevo género imaginativo que situaba la música en el centro: ya no interesaban las caras de los protagonistas, sino las sugerencias que sus notas provocaban. Grafistas, pintores e ilustradores se integraron con los músicos y se convirtieron en parte de la banda. Pero en el horizonte se asomaba ya la revolución punk.

Las semillas lanzadas por los artistas del CBGB's estaban encontrando terreno fértil en Londres gracias en buena parte a la intuición y a la clarividencia de Malcolm McLaren. Justamente él, el inventor de los Sex Pistols y de la moda punk junto a Vivienne Westwood, fue quien descubrió el arte visionario de **Jamie Reid**, el grafista punk por excelencia. Después de haber formado parte del grupo situacionista-revolucionario King Mob y haber colaborado con la revista política radical *Suburban Press*, Reid creó un estilo propio, basado en el collage de recortes de periódicos coloreados, con los que dio vida a una nueva y subversiva modalidad de comunicación.

Los caracteres usados parecían los de las letras de los secuestradores, pero en el material que Reid realizó para los **Sex Pistols** había de todo: la bandera británica desgarrada con pisapapeles e imperdibles, la tipografía recortada para el single «Anarchy in the U.K.», el cartel con los dos autobuses procedente de la revista situacionista estadounidense *Point Blank!* para «Pretty Vacant». Y luego los conciertos anulados, entre los cuales los anunciados en el póster con la leyenda *Never Mind the Bans*, que tenía que retomar el título del álbum *Never Mind the Bollocks Here's the Sex Pistols*.

Luego estaba el famoso retrato que Reid realizó de la reina Isabel II, con alfileres y ojos boca

## LOS CARTELES PUNK Y NEW WAVE

Cartel de Jamie Reid para promover *Anarchy in the U.K.*, de los Sex Pistols; a la derecha, póster de *Never Mind the Bans*, del mismo autor

### «MI TRABAJO SIEMPRE TUVO DOS CARAS: LA ESOTÉRICA Y LA POLÍTICA»
#### Jamie Reid

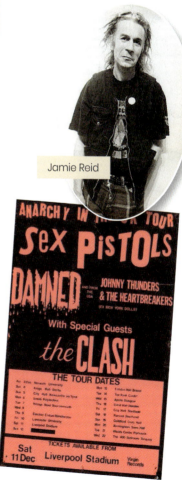

Jamie Reid

Cartel promocional para «Pretty Vacant», a la derecha, póster para el Anarchy in the U.K. Tour

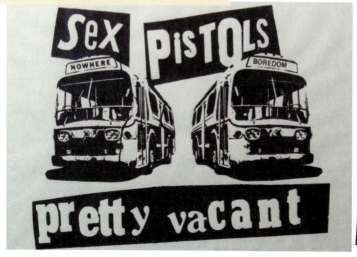

cubiertos con la inscripción «God Save the Queen», así como la invención del logo de los Sex Pistols. Estos trabajos en particular inspirarían a **Winston Smith**, el artista estadounidense famoso por los collage que embellecieron las carátulas de los Dead Kennedys y de otros artistas de la etiqueta Alternative Tentacles.

Si en el Londres del punk fue Jamie Reid quien creó escuela, en Manchester, patria de los Buzzcocks, fue **Malcolm Garrett**, ex estudiante del Manchester Polytechnic, que intentó modernizar la tradición con la particular utilización de caracteres tipográficos en un nuevo contexto. En los años ochenta, Garrett se convirtió en director creativo de Images & Co., agencia con sede en Londres, y comenzó a trabajar con Simple Minds, Duran Duran y Peter Gabriel. Su estudio sería el primero en explorar en el ámbito musical las potencialidades de los sistemas gráficos digitales.

Una vez hubo ardido rápidamente la llamarada punk, en los primeros años de la década de 1980, la new wave y el post-punk irrumpieron en la escena rock alternativa. Los pósteres de aquel período representaron un corte neto con el pasado: se volvía al blanco y negro, que había causado furor en los años cincuenta. El cartel volvió a presentar un diseño esencial, dominaban tonalidades y tonos dark, no había voluntad alguna de poner en evidencia los nombres de los grupos.

De la costa oeste estadounidense, patria de la psicodelia, y en particular de la zona de Santa Cruz, procedía la artista al que se atribuye la primicia de los carteles new wave: se trata de Susan Taggart, conocida como **Su.Suttle**. Después de la universidad comenzó a diseñar pósteres para los departamentos dramático y de música de la escuela, y luego para algunos promotores locales de música como The Catalyst. Aun sin poseer un auténtico estilo personal, Su.Suttle se definía como «neo-psicodélica». De hecho, sus pósteres más famosos –los de los conciertos de Talking Heads, Ramones o No Sister– no eran en simple blanco y negro. Es más, recordaban justamente el arte visionario de los grafistas de San Francisco. Por su parte, **Peter Saville** se convirtió en el grafista de **Joy Division**. También él, como Malcolm Garrett, frecuentó el Manchester Polytechnic y encontró una manera para unir el espíritu del momento con la tradición. En mayo de 1978 conoció al empresario y presentador Tony Wilson, que acababa de fundar la Factory, sociedad que inicialmente organizaba eventos en ciudades y que hacia finales de año se convirtió también en etiqueta discográfica. A cada «obra», la Factory atribuyó un código alfanumérico (sucedió también con el night club Haçienda, que se convirtió en FAC51). Saville diseñaba los carteles para diferentes eventos del local antes de crear la famosa carátula de *Unknown Pleasures*, primer álbum de los Joy Division, a partir del cual nacieron una serie de manifiestos promocionales, entre los cuales el FACT 10+4: se trataba de un gráfico comparado de las frecuencias de la señal procedente de un púlsar, o estrella

Uno de los pósteres promocionales para «God Save the Queen», de los Sex Pistols

## LOS CARTELES PUNK Y NEW WAVE

Póster de Malcolm Garrett para el single «Orgasm Addict», de los Buzzcocks; a la derecha, cartel para un concierto de los Ramones realizado por Su.Suttle

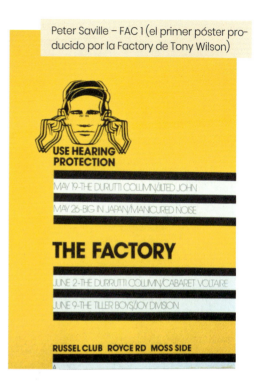

Peter Saville – FAC 1 (el primer póster producido por la Factory de Tony Wilson)

de neutrones, en particular del primer púlsar descubierto, el CP1919. A continuación, Saville colaboraría también con Roxy Music, New Order, King Crimson, Suede, Pulp y muchos otros.

> «LA CARÁTULA DE *UNKNOWN PLEASURES* ES UNA IMAGEN TANTO TÉCNICA COMO SENSUAL: MUCHA GENTE ESTÁ CONVENCIDA DE QUE REPRESENTA EL LATIDO DEL CORAZÓN»
> 
> **Peter Saville**

Entre los grafistas más importantes del hardcore, versión más extrema del punk que se desarrolló en la década de 1980, cabe destacar a **Raymond Pettibon**. Nacido en Tucson, Arizona, creció en Hermosa Beach, California, y se laureó en UCLA. Junto a su hermano Greg Ginn (director de SST Records), fundó la banda punk **Black Flag**: suyo era el logo del grupo con las cuatro barras negras. Especializado en

Logo de los Black Flag

Peter Saville – Poster «clásico» de *Unknown Pleasures*, de los Joy Division

ROCK & ARTE

Carteles para anunciar algunos conciertos de los Black Flag

dibujo a tinta china, Pettibon, que dejó el papel de bajista de los Black Flag para dedicarse al arte gráfico, se dio a conocer también por sus tiras de cómics con textos ambiguos, irónicos, desacralizadores. Casi todos sus primeros dibujos son en blanco y negro. Además de los que hizo para los Black Flag, también diseñó pósteres y carátulas para Foo Fighters, Sonic Youth, Minutemen, Mike Watt y muchos otros. Sus obras han sido expuestas en los museos más importantes y en las galerías más prestigiosas de los Estados Unidos. Pettibon ha recibido numerosos premios y reconocimientos en todo el mundo.

> «MIS DIBUJOS TIENEN LA INFLUENCIA DE WILLIAM BLAKE, DE GOYA Y DE LOS DIBUJANTES DE CÓMICS SATÍRICOS»
>
> **Ray Pettibon**

Raymond Pettibon – Cubierta de *Goo*, de los Sonic Youth

LOS CARTELES PUNK Y NEW WAVE

# BARNEY BUBBLES Y LOS HAWKWIND

Se trataba de una banda ejemplar, capaz de atravesar varias épocas, mundos y géneros musicales. Su sonido iba de la psicodelia al heavy metal, pasando por el punk; procedían de Londres y se hacían llamar Hawkwind. Se dieron a conocer en las reuniones hippies inglesas a finales de la década de 1960 gracias a una música que hubo quien definió como space rock. El grafista al que confiaron su imagen fue **Barney Bubbles**, y en el curso de la década de 1970 logró representar perfectamente el tipo de música del grupo. En realidad, Bubbles se llamaba Colin Fulcher, y entró en el mundo de la música casi por casualidad, después de haber creado pósteres para la Pirelli e ilustrado envoltorios de productos industriales.

En 1969, Bubbles fundó la Teenburger Design y se ocupó de sus primeras carátulas de discos: *In Blissful Company* de los Quintessence y luego el álbum de debut del grupo pub-rock Brinsley Schwarz. Una vez cerrada la brevísima aventura de la Teenburger Design, Bubbles trabajó como grafista de la revista underground *Friends*. En este período entró en contacto

Célebre póster de Barney Bubbles para los Hawkwind

con los Hawkwind, para quienes trabajó en la cubierta de *In Search of Space* y en la del triple álbum en directo *Glastonbury Fayre* (con los Hawkwind pero también Grateful Dead, David Bowie, Marc Bolan, Brinsley Schwarz y otros), y sobre todo dio vida al famoso póster que mostraba en el centro una figura inspirada en la publicidad de Moët & Chandon, y en los lados las palabras «Love» y «Peace» en caracteres psicodélicos. El manifiesto fundía estilos diversos como tour blank, art nouveau y psicodelia años sesenta.

En 1976, para promover el álbum antológico de los Hawkwind, Bubbles creó un póster inspirado en Cassandre, grafista publicitario francés de la década de 1930. De ahí en adelante, seguiría trabajando para el grupo, pero de forma anónima. La cita del arte fascista para el póster de la gira de 1976 después de la salida de *Astounding Sounds, Amazing Music* causó sensación: una elección irónica, dado que la banda era declaradamente anarquista o, en cualquier caso, antiautoritaria.

Justamente como los Hawkwind, Bubbles se supo renovar, especialmente en los momentos en los que llegaban nuevas escenas musicales que se iban alternando. Tras partir de imágenes retro, definió poco a poco un estilo propio que lo llevaría a trabajar, entre otros, con Elvis Costello e Ian Dury.

A mediados de la década de 1970, Bubbles comenzó a oler el nuevo aire que, partiendo del Bowery neoyorquino, estaba soplando sobre la vieja Inglaterra.

Póster para la gira promocional de *Astounding Sounds, Amazing Music*, de los Hawkwind

# Retromanía, ¡apasionante!

**SI LOS CD Y LOS MP3 HABÍAN SUSTITUIDO A LOS VIEJOS VINILOS**, los carteles de los años sesenta y setenta se exponen hoy en la Library of Congress y en los museos más importantes del mundo.

A partir de la década de 1990, el arte de los pósteres se reconoció como heredero del pop art. Y si el grafismo psicodélico de la década de 1960 se había inspirado en el art nouveau, en los años noventa nació una nueva corriente, que se inspiraba en las décadas anteriores. Las influencias eran de lo más variadas: cine y literatura de terror, kitsch, trash, películas de serie B, cómics, dibujos animados... En definitiva, todo lo que era *pasado* parecía convertirse en *moderno*: estábamos en plena «retromanía».

En aquellos años se hablaba, pues, de una segunda época de oro del arte de los pósteres. A veces, las referencias eran explícitas, como en el caso de **Jim Phillips**, grafista de Santa Cruz famoso por sus trabajos artísticos con surf y skateboard, pero también apasionado por la música y autor del hermoso póster para el concierto-tributo a Chet Helms, después de la muerte de éste.

Jim Phillips y, a la derecha, su póster para un concierto-tributo a Chet Helms

RETROMANÍA, ¡APASIONANTE!

Algunos pósteres de Frank Kozik

## «LOS PÓSTERES DEBERÍAN CONSTITUIR UNA FORMA DE ARTE MERECEDORA DE EXHIBIRSE EN UN SALÓN EN LUGAR DE ESTAR COLGADA EN UN POSTE DE TELÉFONO»

### Emek Golan

Pero el nuevo orden de cosas contemplaba que los carteles se convirtieran en merchandising, instrumento comercial que acompañaba la venta de camisetas, sudaderas, gorros u otros materiales oficiales vinculados con los artistas. Los mismos creadores de carteles comenzaron a desarrollar un enfoque empresarial: **Frank Kozik** fue el primer en dar vida al nuevo modelo. Nacido en España en 1962, de padre estadounidense y madre española, Frank se trasladó a Sacramento, California, para vivir junto a su padre, que servía en las fuerzas armadas. A los dieciocho años decidió seguir las huellas de su padre y aunque por poco tiempo, estuvo en la US Air Force. Luego se trasladó a Austin, Texas, y allí, en 1981, comenzó a crear carteleras para los grupos locales, pidiendo a cambio poder vender otros en los conciertos o por correo. El sistema todavía era ingenuo, como en las escenas punk y hardcore de los años ochenta, pero había ya una consciencia de crear algo artístico que pudiera entrar en la historia al mismo nivel que la propia música y los directos anunciados a través de los carteles.

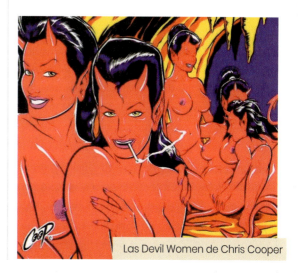

Las Devil Women de Chris Cooper

141

ROCK & ARTE

Póster de Chris Cooper para anunciar un concierto de los Green Day

Kozik trabajó con Pearl Jam, White Stripes, Beastie Boys, Green Day, Neil Young y Nirvana. A mediados de la década de 1990, en su currículum estaba también la dirección de algunos vídeos musicales, entre ellos «Pretty Noose» de los Soundgarden. En 1993 se trasladó a San Francisco para fundar dos años más tarde una etiqueta discográfica propia, la Man's Ruin Records. Durante este período diseñó y publicó más de doscientos sencillos y long plays, incluido el primer sencillo de los Queens of the Stone Age. La Man's Ruin Records prosiguió su actividad hasta 2001, año del cierre, y a partir de aquel momento Kozik comenzó a dedicarse a otras cosas, convirtiéndose en director creativo de Kidrobot, una compañía de juguetes. Por su parte, de Los Angeles procedía **Chris «Coop» Cooper**, diseñador famoso para las Devil Women, diablesas en versión soft-porno y cinematográfica, con un estilo años cincuenta inspirado en la pin-up Bettie Page. Coop realizaría varios pósteres para Green Day, Nirvana, Soundgarden y Foo Fighters.

En un cierto punto, tanto Kozik como Coop ampliaron el espectro de acción poniendo su arte al servicio de actividades comerciales como camisetas, muñecos de series de televisión, vasitos de licor, encendedores Zippo. Y, en la medida que retomaba los clichés estilísticos de las décadas de 1950, 1960 y 1970, el diseño se servía de un nuevo ordenador gráfico, que daba la posibilidad de imprimir en 3D sobre metal o vinilo. En general, los artistas de pósteres de este período no eran figuras marginales sólo para apasionados, sino que se convirtieron en estrellas. Obviamente, con el advenimiento de Internet, el fenómeno se amplificó.

## «HOY, LOS AMES BROTHERS SON LOS MEJORES ARTISTAS DE PÓSTERES EN CIRCULACIÓN»

### Frank Kozik

Los contratos de merchandising quedaban estipulados directamente por las casas discográficas, a fin de poder controlar cada aspecto de la promoción. Pero no todos aceptaron estas condiciones: los Pearl Jam, por ejemplo, reivindicaron la colaboración con los **Ames Brothers**, que se ocuparon de la promoción de sus conciertos. Coby Schultz y Barry Ament (verdaderos nombres de los dos grafistas de Montana) trabajaron también para Metallica, Neil Young, Radiohead, Coldplay, Sting, Phish, John Mayer, Snoop

Frank Kozik entre los juguetes de su Kidrobot

Algunos pósteres de los Ames Brothers

Dogg, Foo Fighters, Strokes, Hives y varios grupos indie-rock, además de para la MTV, diferentes festivales, la Super Bowl y las campañas publicitarias de Mini Cooper, Converse, Harley Davidson, Nike y muchas más.

En este período destacaron también los carteles de **Danny Garrett**, que había aprendido los trucos del oficio con el gran **Jim Franklin**, en Austin, Texas, en el Armadillo World Headquarters Club, en los años setenta, después de que el propio ilustrador le aconsejara abandonar la idea de dar vida a un cómic irónico. Garrett siguió el consejo de su amigo, pero mantuvo una cierta ironía en sus trabajos, como se puede observar en el póster de un directo de la década de 1980 de Jerry Lee Lewis o en el cartel de un concierto de Muddy Waters retratado como un «venerable».

**Mick Haggerty** se distinguió también por el humor en sus fotomontajes, así como por haber sido uno de los primeros artistas multimedia que trabajó en la industria musical. Nacido en Inglaterra, vivió y trabajó en Los Angeles. En tanto que freelance, además de sus papeles de director artístico para Virgin y Warner Bros Records, logró colaborar con muchísimos

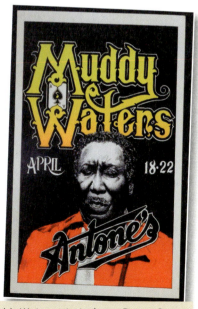

Muddy Waters retratado por Danny Garrett

ROCK & ARTE

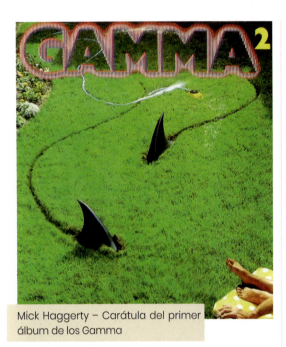

Mick Haggerty – Carátula del primer álbum de los Gamma

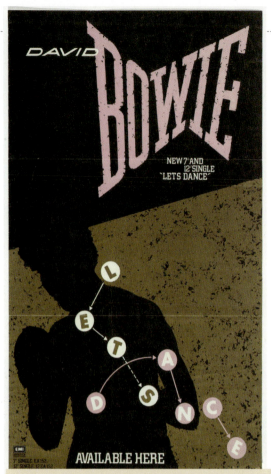

Cartel para promover *Let's Dance*, de David Bowie

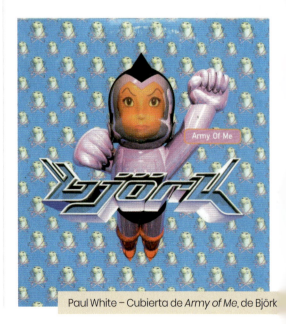

Paul White – Cubierta de *Army of Me*, de Björk

artistas, realizando grafismos memorables, por ejemplo el del primer álbum de los Gamma, de 1980, con dos aletas de tiburón que emergen del césped de un jardín. Abajo, a la derecha se pueden ver los pies de una mujer tendida sobre una tumbona, presumiblemente amenazada por aquellas dos presencias... La carátula sería revisada además con una rebanada de pan en lugar de la hierba para *Shark Sandwich*, primer álbum de los **Spinal Tap**, el grupo creado para la célebre película *This Is Spinal Tap*, brillante parodia del rock.

Haggerty realizó asimismo la carátula de *Ghost in the Machine* de los Police, con un display electrónico que mostraba a los tres componentes del grupo en versión digital. Pero en sus postres no sólo estaba presente la modernidad, sino también un sabor retro, como en el póster promocional de *Let's Dance*, de **David Bowie**, entre la imagen de la estrella de rock-boxeador y la inscripción «Bowie», que reproducía la tipografía de los artículos de boxeo Lonsdale. A continuación, Haggerty recortó elementos de la cubierta y los pegó en el póster para *Never Let Me Down*, otro álbum de Bowie.

# RETROMANÍA, ¡APASIONANTE!

Póster para los Gorillaz, realizado por Jamie Hewlett

En Londres seguían naciendo estudios especializados, como el **Stylorouge** (destacó el grafismo de Rob O'Connor para *The Seeds of Love*, de los Tears for Fears, que retomaba la psicodelia de la década de 1960 con el collage fotográfico), o el **Me Company** fundado por **Paul White**, que diseñó, entre otros, para los Sugarcubes de **Björk**. White también fue uno de los primeros en adoptar la modelación tridimensional para el uso en imágenes bidimensionales (gracias al software de Apple Infini-D), como en *Army of Me*, single de Björk. Por otra parte, la cantante islandesa y los Sugarcubes grabaron para la One Little Indian, etiqueta fundada, entre otros, por el propio Paul White.

La década de 1990 fue para Inglaterra la del britpop. Para los pósteres del período, la inspiración fue la del pop art y de los carteles psicodélicos de los años sesenta de Rick Griffin y compañía, aunque luego emergió en cualquier caso un cierto patriotismo que se oponía al estilo estadounidense, con frecuentes citas a la bandera británica y al imaginario mod. Quien destacó en este ámbito fue **Brian Cannon**, de Microdot, que diseñó uno de los primeros logos de los Oasis. Cannon unió a la perfección pasado y presente y se dio a conocer por el grafismo del grupo de los hermanos Gallagher, con los que, por otra parte, también trabajó el célebre artista psicodélico de Detroit **Gary Grimshaw**.

Cada uno tenía su estilo y su enfoque, como por ejemplo **Jamie Hewlett**, para los Gorillaz, el galés **Pete Fowler** para sus paisanos Super Furry Animals, **Paul Cannell** para los Primal Scream, el ya citado Stylorouge para los Blur y **Jenny Saville** para los Manic Street Preachers. En los Estados Unidos, Bill Graham seguía organizando conciertos. Había fundado la **Bill Graham Presents**, y durante los años noventa fueron numerosos los artistas que crearon pósteres para su nueva sociedad. Entre ellos estaba **Chris Shaw**, un antiguo estudiante del California College of Arts and Crafts, que creaba murales para los night clubs. Posteriormente, Shaw dibujó carteles para Pearl Jam, Foo Fighters, Hole y otros, usando colores vivos y tipografía de gran tamaño.

En la primera mitad de la década de 1990 se conocieron en la Bill Graham Presents **Ron Donovan** y **Chuck Sperry**, ambos de San Francisco. Sperry se unió posteriormente a otra sociedad creada por Donovan, la **Psychic Sparkplug**, donde el estilo de los dos abrazaba la psicodelia y el post-punk. Mientras trabajaba en la restauración de un mural que representaba a trabajadores en paro en la San Francisco de 1934, Sperry fue presentado a un capitán de bomberos que le propuso, a él y a su colega Donovan, alquilar un cuartel de este cuerpo en el barrio elegante de Pacific Heights. De esta manera, ambos colaboraron de 1997 a 2001 con el nombre de **Firehouse Kustom Rockart Company**, y de su asociación nacieron más de quinientos pósteres, al tiempo que imprimieron otros tantos para Frank Kozik, Rick Griffin, Stanley Mouse, Alton Kelley y Víctor Moscoso.

## ROCK & ARTE

Chuck Sperry – *Mind Spring*

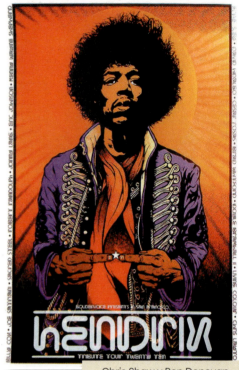

Chris Shaw y Ron Donovan – *Hendrix Tribute Tour*

## «LOS NUEVOS ARTISTAS DEL FILLMORE HAN CONTINUADO LA TRADICIÓN: ES UN GRAN CLUB AL QUE PERTENECER»
### Ron Donovan y Chuck Sperry

Donovan y Sperry se inspiraron en la teoría situacionista y en la voluntad de reconquistar el ambiente gráfico del espacio público, y su «animus politicus» los empujó hacia esta dirección.

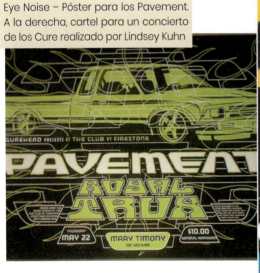

Eye Noise – Póster para los Pavement. A la derecha, cartel para un concierto de los Cure realizado por Lindsey Kuhn

Ambos comenzaron creando carteles contra Reagan y Bush. En aquel período, tanto para ellos como para muchos otros colegas, se organizaban ya muestras de carteles musicales, reconocidos finalmente como un arte propiamente dicho. Otro grafista importante del período fue **Thomas Scott**, laureado en el Instituto de Arte de Pittsburgh, que trabajó en varios estudios de Florida. A finales de la década de 1980, con el nombre de **Eye Noise**, comenzó a producir litografías offset para conciertos

RETROMANÍA, ¡APASIONANTE!

# LOS PÓSTERES EN LA ERA DE INTERNET Y DE LAS REDES SOCIALES

Con el advenimiento de Internet, la música se ha hecho accesible a todo el mundo, y los conciertos se han multiplicado, aunque, salvo raras excepciones, ya no son eventos únicos como antaño. Para anunciarlos sigue habiendo pósteres, pero este arte comienza a ser considerado casi un fin en sí mismo. En efecto, cada vez más a menudo ya no se compra el cartel como recuerdo del evento, sino sólo porque gustan el estilo, la estética o la trayectoria artística del diseñador. Hasta el punto que el cartel se ha transformado en un objeto de colección, intencionadamente producido en una tirada limitada. Finalmente, en la época de Internet, los pósteres ya no se cuelgan delante de locales o en los puntos estratégicos de la localidad en la que se celebra el concierto, sino más bien se publican en las redes sociales.

**Alan Hynes**, originario de Dublín pero residente en San Francisco desde hace años, es uno de los diseñadores más de moda entre los de la última generación. Brillante a la hora de crear marcas y de definir la identidad de imagen para sociedades comerciales, se ha hecho un nombre en el mundo del skateboard. Hoy en día es un buscado realizador de pósteres de conciertos (Jack White, Sigur Ros, Primus, etc.), que imprime en edición limitada y que se han convertido en codiciados objetos de colección. Sus obras se exponen en los museos de medio mundo y aparecen en el libro *The Art of Modern Rock*, la biblia de este tipo de arte.

Póster para un concierto de Jack White, realizado por Alan Hynes

Hynes trabajando

locales, como el que realizó para el directo con Belly y Radiohead como grupos principales, aunque su cartel más famoso sigue siendo el que hizo para un concierto de los Pavement, con el camión Chevy rediseñado gracias al software Adobe Illustrator, y luego resaltado en verde. **Lindsey Kuhn** se dio a conocer por la impresión serigráfica, como la que hizo para el concierto de los Cure de 1977. Más tarde logró unir su pasión por el skateboard con el del arte y proyectó también sobre tablas de skateboard. Su payaso vampiro, diseñado para un concierto de los Smashing Pumpkins de 1996, remitía claramente a la psicodelia.

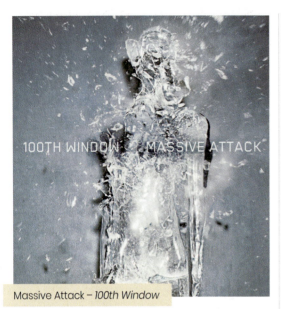

Massive Attack – *100th Window*

Casi todos los diseñadores del nuevo milenio usan el ordenador gráfico, y a menudo se asocian entre sí para crear auténticas agencias especializadas, como el **Tom Hingston Studio**, cuyos clientes principales proceden de la moda o de Hollywood, pero también de la música, como en el caso de Editors, Massive Attack y Grace Jones (para la confección del álbum de su retorno, en 2008, después de casi veinte años). También la carátula de *100th Window* de los Massive Attack, realizada con un software de vanguardia para un nuevo lenguaje visual, fue una creación del Tom Hingston Studio.

El ordenador ha reemplazado a lápices, pinceles, rotrings o aerógrafos, aunque las referencias a los grafismos psicodélicos siguen siendo evidentes hoy en día. Como lo demuestra el israelí de nacimiento pero californiano de adopción **Emek Golan**, grafista de última generación. Mientras que sus padres trabajaban en un kibbutz, Golan se apasionó tanto por el arte psicodélico de la década de 1960 como por la punk de la de 1980. Después de trasladarse a California, Golan comenzó a trabajar para Radiohead, Queens of the Stone Age, Pearl Jam y PJ Harvey, superando a menudo los límites del simple diseño de carteles y abordando la tridimensionalidad. No por casualidad, trabajó con metal, vidrio, plástico. A este respecto son ejemplares la creación de Gig Fossil, el alien de los Flaming Lips o la prensa de chapa para los Thievery Corporation, además del póster de metal impreso para el directo de Foo Fighters y Motörhead. Y la reunión de los Soundgarden de 2010 para un concierto en el Lollapalooza Festival de Chicago fue anunciada por el apocalíptico robot-pintor del póster de Emek Golan.

## «LOS CARTELES SON EL ARTE DE LA GENTE COMÚN»
### Emek Golan

En las paredes de la casa de la familia Golan había colgadas varias obras de arte, entre ellas los carteles de rock de su padre, que tanto influyeron en la creatividad de Emek que, desde niño, había comenzado a cultivar la pasión por el diseño, compitiendo con su hermano y su hermana. Con tan sólo nueve años había realizado ya los primeros carteles de anuncio para bandas de rock imaginarias, antes

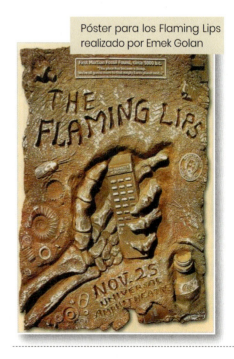

Póster para los Flaming Lips realizado por Emek Golan

# RETROMANÍA, ¡APASIONANTE!

Algunos pósteres de Emek Golan

de ocuparse de las octavillas para los grupos punk de sus amigos, hasta obtener su primer encargo tras diplomarse en la California State University de Northridge.

## «ME FASCINA LA UNIÓN ENTRE ARTE VISUAL Y TEXTO: CREA UN SENTIDO DE URGENCIA Y ACTUALIDAD, COMO UN TITULAR DE PERIÓDICO»
### Emek Golan

«Eran los primeros días después de la revuelta de Los Ángeles de 1992. Me pidieron que hiciera un póster para una manifestación-concierto en la fiesta del Martin Luther King Day. Los carteles se fijaban en los edificios en llamas y los periódicos de la época publicaban aquella imagen –recordaba Golan–; y fue entonces cuando entendí que los pósteres pueden ilustrar un evento histórico y que, de tal manera, deben ser valientes e importantes. La idea de la cartelera como algo superfluo, impreso para promover al grupo punk de un amigo y luego abandonadas al viento tras el concierto, siempre me ha parecido limitada.»

Otros diseñadores que merecen ser destacados fueron **Guy Burwell** o el colectivo de los **Designers Republic (tDR)**, grupo de Sheffield fundado en 1986 por Ian Anderson, que comenzó a diseñar octavillas y carátulas de discos para la Warp Records, pero también, más tarde, relojes para Swatch o la nueva bandera de Eslovenia. O bien como el londinense **Luke Drozd**, que descubrió por casualidad el arte de los pósteres después de haber

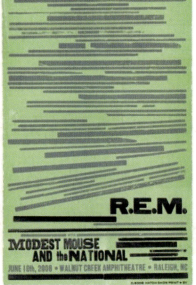

Pósteres recientes de la Hatch Show Print

creado uno para una muestra; o **Matthew Ferres**, que vende sus carteles online; o finalmente **Adam Pobiak**, que reelaboró el pasado con pósteres para el Bullet for my Valentine o la reina Isabel II en versión psicodélica para los Flaming Lips.

> «MÁS DE 40.000 PERSONAS VIENEN AQUÍ CADA AÑO SÓLO PARA VER LO QUE HACEMOS»
> Jim Sherraden (mánager de la Hatch Show Print)

También la **Hatch Show Print** prosiguió su actividad realizando pósteres para Bob Dylan, R.E.M., Neil Young o White Stripes. Actualmente la firma es propiedad de la Country Music Hall of Fame and Museum, que gestiona también el archivo, además de haber abierto al público la posibilidad de ver sus obras en un museo. Similar suerte le corresponde a la **Globe Poster Company**, ahora en manos del Maryland Institute College of Art, que ha creado el Globe Poster Archive justamente para la gestión del archivo.

Hoy, muchos pósteres se venden en las casas de subasta y por ellos se paga una fortuna, porque el grafismo de las diferentes épocas y la posibilidad de crear ediciones limitadas ha incrementado de forma desmesurada el interés de aficionados y coleccionistas.

Turistas visitando la Hatch Show Print

# EL ROCK EN UNA FOTO

## Las imágenes que han marcado la historia del rock

Jimi Hendrix arrodillado delante de su guitarra en llamas, Johnny Cash que, con desprecio, hace una peineta al mundo, los Who envueltos en la Union Jack. Pero también Jim Morrison súper sexy con el torso desnudo, Patti Smith andrógina con camisa blanca y corbata negra, los Ramones apoyados en una pared de Nueva York y los U2 en el desierto de California. Como también John y Yoko que se abrazan, desnudos en la cama. Son centenares las fotos que han fijado los momentos destacados de la historia del rock, que han contado su esencia y mostrado su lado más verdadero pero también más fascinante. Son imágenes que han marcado una época, contribuyendo a crear mitos y leyendas.

# Los artesanos de la fotografía

**EL ROCK ERA JOVEN**, y también quienes lo explicaban estaban dando sus primeros pasos. Los pioneros de la fotografía rock todavía eran simples aficionados, fans que se armaban de un equipamiento rudimentario e improvisaban, estimulados sobre todo por el amor por la música, como lo testimonian las historias de Henry Diltz, Elliott Landy y Jim Marshall, americanos los tres, amigos de los músicos que fotografían y presentes los tres en Woodstock.

De una manera ideal, los años cincuenta representaron la infancia del rock, la fase en la que éste comenzó a articular sonidos más complejos y a elaborar un lenguaje propio. La década de 1960 constituiría su juventud que, por definición, es el momento de los sueños y de la rebelión. Un período de emociones, alegrías, pasiones, esperanzas y, quizás por este motivo, de gran creatividad. Y de esta manera, estas primeras décadas fueron transmitidas de manera instintiva, desprovista de todo cálculo o truco, tal vez porque era la única manera de restituir intactas las embriagadoras «buenas vibraciones» que circulaban por el aire. También la fotografía rock estaba en una fase de artesanato primitivo, con toda su cruda y auténtica belleza. Las fotografías no se planificaban ni tampoco se retocaban; eran instantáneas. Pero por otra parte, no podría ser de otro modo: ¿se puede detener una revolución y pedirle que pose para una foto? Entonces lo que puede suceder es que un aparato fotográfico usado de 20 dólares o la visión de la primera diapositiva proyectada sobre una pared constituyan una especie de epifanía.

«Estaba de viaje con mi banda, el Modern Folk Quartet, y nos detuvimos en una tienda de artículos de segunda mano. Vi estas pequeñas máquinas fotográficas, compré una y comencé a usarla. Era fascinante observar el mundo desde aquella ventanilla y poderlo enmarcar. Cuando llegamos a Los Angeles, preparé una

Joni Mitchell en el Laurel Canyon

proyección entre amigos y, cuando la primera diapositiva brillante y coloreadísima impactó en la pared, pensé: "Por Dios, tengo que volverlo a hacer".» Así brotó de manera casi fortuita el amor por la fotografía de **Henry Standford Diltz**. Como sucede a menudo, la pasión llenó hasta tal punto su corazón que lo indujo a abandonar el camino recorrido hasta entonces para abrazar el nuevo. En este caso, había pocas dudas acerca de la sensatez de esta elección, si pensamos en lo efímera que fue la marca dejada por el grupo de amigos (el Modern Folk Quartet) con el que Diltz había comenzado a tocar en Honolulu en 1962. Allí, en las islas Hawaii, Henry frecuentó la universidad antes de terminar en Los Angeles después de un paréntesis en el Village de Nueva York. Carente de una formación técnica propiamente dicha, pero en virtud de los conocimientos madurados con el Modern Folk Quartet, Diltz se convirtió bien pronto en un extraordinario testimonio de una memorable época musical. La relación que desarrolló con sus sujetos, amigos antes que artistas, le permitió de hecho capturar su esencia con fotos de gran naturalidad.

Diltz se estableció en el Laurel Canyon, en las colinas de Los Angeles, donde fueron a vivir los mejores músicos de su generación.

## «ERA FASCINANTE OBSERVAR EL MUNDO DESDE AQUELLA VENTANILLA Y PODERLO ENMARCAR»
### Henry Diltz

«Nos encontrábamos a cinco minutos de Hollywood y, al mismo tiempo, estábamos en el campo, entre coyotes y mapaches. Al principio vivía solo, en un apartamento de un solo espacio con cocina incluida y una gran ventana que daba a la calle. Recuerdo que permanecía sentado durante horas con el incienso que quemaba y con el tocadiscos en el que sonaba Ravi Shankar. Frente a mi casa vivía Mark Volman, de los Turtles, los Mamas & Papas vivían en la misma calle, Stephen Stills residía allí cerca, y Joni Mitchell abajo, en la colina. Pero en el Laurel Canyon también estaban Frank Zappa, los Doors, los Byrds y muchas otras estrellas del rock.»

Los Buffalo Springfield frente al mural de un Club de Redondo Beach, California

ROCK & ARTE

Jimi Hendrix en Woodstock

Justamente Stephen Stills lo invitó un día a asistir a un concierto. Su nuevo grupo tocaba en un club en Redondo Beach, California, y Diltz se fue hasta allí con su máquina fotográfica. Lo atrajo un mural enorme lleno de colores situado fuera del local. Pidió a la banda, que acababa de terminar las pruebas de sonido, que posara para él. De esta manera nació su primer retrato de un grupo de rock de la nueva escena musical de Los Angeles. Ellos eran los **Buffalo Springfield**, y junto a los Byrds constituían la vanguardia de aquel movimiento.

Pocas semanas más tarde, Diltz vendió aquella foto por 100 dólares a la revista *Teen Set*. De esta manera comenzaba su carrera de fotógrafo. Diltz se convirtió en una especie de «insider-foto reporter» del ambiente creativo que estaba naciendo en las casas perfumadas de jazmín y eucalipto del Laurel Canyon. Sus fotos eran un precioso testimonio de una época de primigenia pureza, un período de perdida inocencia antes de que los homicidios de Charles Manson echaran una sombra inquietante sobre aquel ambiente idílico.

En 1967, Diltz era uno de los fotógrafos acreditados del Festival de Monterey. Y en 1969 estaba en Woodstock. En el mismo período, la Atlantic le había pedido que realizara la cubierta del álbum de debut de **Crosby, Stills & Nash**.

«El día antes de la sesión –recordaba–, Graham Nash y el director de arte Gary Burden atravesaron todo Hollywood en busca de una ubicación adecuada; el grupo quería un lugar "a mano y confortable", como su música. Encontraron una casita abandonada, con un sofá en el exterior, en una callejuela llamada Palm Avenue, cerca de Santa Monica Boulevard. En el momento de realizar las fotos, la banda no tenía nombre, y de esta manera nadie prestó atención al orden con que se sentaron los tres artistas, es decir, de izquierda a derecha, Nash, Stills y Crosby. Pocos

## LOS ARTESANOS DE LA FOTOGRAFÍA

Graham Nash, Stephen Stills y David Crosby en la sesión fotográfica para la carátula de su primer álbum (que luego saldría con el nombre de Crosby, Stills & Nash)

días más tarde, los tres eligieron el nombre de Crosby, Stills & Nash. En aquel punto querían repetir la foto en el orden adecuado, pero mientras tanto, el edificio había sido demolido; sólo quedaba un montón de leña. La foto se quedó como era y, durante años, cuando la gente se encontraba a David Crosby, le decía: "¡Encantado de conocerlo, señor Nash!"»

En aquel mismo año, Diltz realizó una de sus carátulas más famosas: *Morrison Hotel*, de los **Doors**. «Ray Manzarek y su mujer Dorothy estaban conduciendo a través del centro de Los Angeles –contaba Diltz– cuando vieron el Morrison Hotel. Volvimos allí todos y la banda se puso en posición, pero el chico de la recepción les dijo que necesitaba el permiso del propietario, que en aquel momento estaba fuera de la ciudad. Así que hicimos algunas pruebas delante de la ventana. Apenas el empleado dejó la recepción entramos corriendo e hicimos las fotos.»

### «QUERÍAN REPETIR LA FOTO EN EL ORDEN ADECUADO, PERO EL EDIFICIO HABÍA SIDO DEMOLIDO»
#### Henry Diltz

Años más tarde, en 2001, Diltz y sus socios Peter Blachley y Rich Horowitz fundaron una cadena de galerías fotográficas dedicadas a la historia del rock; la llamaron, no por azar, Morrison Hotel Gallery. Todavía hoy, en las diferentes sedes de la galería, se pueden admirar miles de imágenes que han embellecido libros, revistas y muestras en todo el mundo: de las fotografías impresionantes de Chuck Berry, Crosby Stills & Nash, Rolling Stones, a imágenes cálidas y sinceras de Paul McCartney, James Taylor, Joni Mitchell, Neil Young, Frank Zappa e Eagles.

## EL GIRO ELÉCTRICO DEL MFQ

Honolulu, Hawaii. Año 1962. Henry Diltz, Chip Douglas y Stan White frecuentaban el Greensleeves, la coffee house de Cyrus Faryar, y compartían con el gestor del local la pasión por la música folk. Por ello decidieron formar una banda, y eligieron el nombre de Modern Folk Quartet, en el intento de conjugar la tradición con un enfoque vocal innovador. En 1963 estaban en Los Angeles, donde actuaron en el Troubadour y donde se produjo su debut discográfico (*The Modern Folk Quartet*). Luego se trasladaron al Village de Nueva York y en 1964 publicaron un álbum para la Warner, comenzando a explorar sonoridades folk rock. Así, en 1965, pocos meses después del giro eléctrico de Dylan en el Festival de Newport, volvieron al Troubadour e hicieron su debut folk rock, suscitando reacciones similares a las recabadas por Dylan. «El público estaba estremecido –recordaba Faryar–, y algunos, cuando me vieron sacar una Rickenbacker, huyeron. Había un montón de puristas, gente con la fijación de los Apalaches. Requirió cierto tiempo conquistarlos, pero lo hicimos.»

La transición se completó en septiembre de 1965, cuando los cuatro, con la adición del batería de rock Eddie Hoh, se convirtieron en un quinteto.

Entre las fotografías más destacadas de Diltz: Neil Young, en su rancho del norte de California, con su perro; Paul y Linda McCartney abrazados para la cubierta de la revista *Life*; los Eagles para la cubierta del álbum *Desperado*, vestidos como pistoleros y bajo el efecto del peyote en el desierto de Joshua Tree; James Taylor para la cubierta del álbum *Sweet Baby James*; Linda Rondstadt en Santa Mónica, California.

Los Eagles y, al lado, la carátula de su álbum *Desperado*

Neil Young en su rancho del norte de California, con su perro

Paul y Linda McCartney

## LOS ARTESANOS DE LA FOTOGRAFÍA

The Doors: la cubierta de *Morrison Hotel*

Henry Diltz capturó los rostros más familiares de la música en algunos momentos extraordinariamente íntimos. Muchos de aquellos rostros no conocieron la vejez porque sus vidas se vieron trágicamente interrumpidas, y si se pregunta a Henry un recuerdo de estos, su respuesta es de afecto, admiración y añoranza: «Fueron estrellas fugaces que brillaron con una luz muy viva para luego apagarse de repente. Y esto les ha permitido ser recordados tal como eran; fue una manera distinta de dejar su huella». Entretanto, justamente en los años que se recordarían por las revueltas estudiantiles que inflamaron el mundo occidental, en una población del estado de Nueva York, medio millón de jóvenes dieron vida a una inolvidable congregación de rock, pacifista y pacífico, inmortalizado por el objetivo de Henry Diltz y por el de un puñado de colegas fotógrafos. A pocos kilómetros de distancia de aquel caos alegre, el cantautor más famoso de la historia estaba descansando, protegido por el tranquilo afecto de su familia. Para los Estados Unidos, 1968 fue un año convulso: los homicidios de Martin Luther King y Bobby Kennedy, las revueltas raciales, la guerra de Vietnam y la elección de Richard Nixon, pero para **Bob Dylan** fue una especie de período sabático, transcurrido en el es-

Henry Diltz con Paul y Linda McCartney

## ROCK & ARTE

Elliott Landy con su máquina fotográfica

tupendo retiro de Hi Lo La, la casa adquirida en Woodstock después de una agotadora gira mundial de dos años y el misterioso accidente en moto. Entre la publicación de *John Wesley Harding* (diciembre de 1967) y la de *Nashville Skyline* (abril de 1969), no hubo mucho que escribir o grabar: Dylan y su mujer Sara tenían tres niños que criar. De todos modos, los fans más acérrimos pateaban de impaciencia y, en torno a él, se estaba desarrollando un incontrolable torbellino de rumores. Se decía incluso que había muerto en aquel accidente de moto que, entre otras cosas, le había impedido participar en el Festival de Monterey. Para hacer callar a todo el mundo, Dylan aceptó realizar un reportaje fotográfico en su casa. Fue su amigo escritor, Al Aronowitz, que un tiempo antes le había presentado a los Beatles, quien contrató para la ocasión a **Elliott Landy**, de quien todos habían apreciado el trabajo hecho para *Music from Big Pink*, el debut de **The Band**, que tuvo lugar en Woodstock en la Pascua de 1968, en la «Gran Casa Rosa» en la que vivían los cinco músicos. El trabajo de Landy (que explicaría íntegramente en 2015 en *The Band Photographs*) había restituido el espíritu de un grupo que, de modo consciente, había evitado sonidos, colores y atmósferas psicodélicas tan de moda en aquel período.

En una época en la que los hippies sugerían a sus coetáneos que mataran (metafóricamente) a sus padres, el interior del álbum *Music form Big Pink* mostraba con orgullo una foto de The Band con los parientes más cercanos, en primer lugar con sus padres y madres. Las imágenes, sobre todo en blanco y negro, parecían retratar a cinco chicos de un siglo pretérito, a quienes se hubiera dado los instrumentos y equipamiento del futuro. «En casi todas las fotos de la Guerra civil se ve a personas de pie sobre las vías del tren, frente a montañas o bien en un contexto rural –recordaba Landy–, y tanto yo como la banda queríamos algo de este tipo; pero nada de trajes de época, sólo ropa de todos los días. Habíamos terminado por hacer las fotos en el patio frente a su Casa Rosa.» Aquellas sesiones documentan de forma genuina y cálida la palpable intimidad que se había creado entre los artistas y el fotógrafo; un retrato sincero y apasionado de un grupo de músicos deseosos de crear algo realmente auténtico.

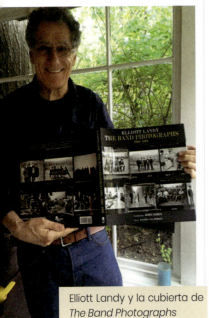

Elliott Landy y la cubierta de *The Band Photographs*

## LOS ARTESANOS DE LA FOTOGRAFÍA

Para Elliott Landy, que había comenzado en Nueva York en 1967 con un reportaje sobre el movimiento contra la guerra de Vietnam, el reportaje sobre Dylan representaba el bautismo de fuego, la consagración como fotógrafo de músicos rock. «Alquilé un Volkswagen escarabajo y llegué a su casa –recordaba–. El amigo Aronowitz nos presentó. Bob me confesó que le habían gustado muchísimo mis fotos a The Band. Mientras tomaba las fotos, Dylan cogió una guitarra, se sentó sobre un viejo neumático y se puso a tocar. En aquel momento pensé que millones de personas habrían pagado cifras astronómicas para poder estar a dos pasos de Dylan que tocaba para ellos. Bob parecía desenvuelto en su normalidad, era feliz, estaba enamorado de Sara y de su familia: escondiéndose del mundo para gozar de las alegrías de la paternidad.»

> «MIENTRAS TOMABA LAS FOTOS, DYLAN COGIÓ UNA GUITARRA, SE SENTÓ SOBRE UN VIEJO NEUMÁTICO Y SE PUSO A TOCAR»
> **Elliott Landy**

Después de aquellas fotos (publicadas en el *Saturday Evening Post*) y el feeling que se estableció entre ambos, Dylan pidió a Landy que volviera a fotografiarlo con su familia. Podría ser la ocasión para consolidar una relación de amistad pero también para realizar una serie de fotografías legendarias. Dicho y hecho. Una de estas, la que muestra a un Dylan sonriente mientras se ajusta el sombrero, se convirtió en la imagen de cubierta para

Bob Dylan en la sesión fotográfica para la cubierta de *Nashville Skyline*; a la derecha, The Band, en una fotografía con sus propios familiares, en el interior de *Music from Big Pink*

## ROCK & ARTE

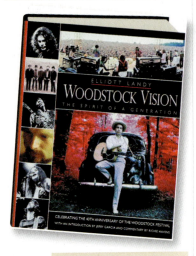

La cubierta de *Woodstock Vision: The Spirit of a Generation*

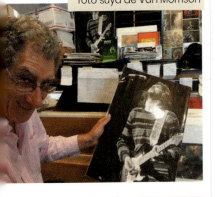

Elliott Landy muestra una foto suya de Van Morrison

Van Morrison, la cubierta de *Moondance*

## LANDY Y LA FOTOGRAFÍA

«Me encanta la fotografía. Siempre ha sido amable conmigo. Me ha llevado a lugares que he querido, me ha puesto en contacto con personas especiales y adorables y me ha permitido compartir algunas de mis experiencias más profundas. He sido afortunado. En los primeros días de mi carrera opté por fotografiar personas y eventos que, a continuación, serían importantes social y culturalmente, Pero cuando estaba fotografiando a Jim Morrison en el Hunter College Auditorium o a Janis Joplin en el Anderson Theater de Nueva York, ninguno de los dos eventos, ni entonces ni ahora, tenía ningún significado para mí, más allá de mi momentáneo amor por la música que estaban creando y la manera en que lo hacían. El estremecimiento, la inspiración del momento lo eran todo. Capturar un instante palpitante de experiencia gozosa y compartirlo con alguien, esta fue la razón principal por la que comencé a fotografiar. Y sigue siendo así. Nunca he sido un simple fan.»

Elliott Landy en *Woodstock vision: the Spirit of a Generation*, 1994

*Nashville Skyline*. Meses más tarde, en verano de 1969, Landy fue elegido fotógrafo oficial del Festival de Woodstock: tenía permiso para pasearse sin obstáculos por donde quisiera. Ello le permitió inmortalizar no sólo a los artistas que actuaban, sino también documentar a la multitud abigarrada que poblaba la granja de Max Yasgur: prendas de vestir chillonas, adoradores de divinidades exóticas absortos en meditación, jóvenes besándose, otros que juegan con el barro... Aquellas fotos constituirían el esqueleto de libros magníficos como *Woodstock Vision: The Spirit of a Generation* y *Woodstock 69, The First Festival*.

### «LO QUE SIEMPRE HE INTENTADO HACER ES DOCUMENTAR LO QUE VEÍA, NADA DE FICCIÓN O EFECTOS ESPECIALES»
#### Elliott Landy

En el mismo período, Landy volvió a trabajar con The Band, realizando la cubierta de su segundo álbum, mientras que al año siguiente le tocó el turno a *Moondance*, el tercer y espléndido disco de **Van Morrison**. Sus fotos a Jim

## LOS ARTESANOS DE LA FOTOGRAFÍA

Los Beatles en Candlestick Park; a la derecha, Jim Marshall con los Beatles

Morrison, Janis Joplin, Jimi Hendrix, Tim Buckley, Who, Frank Zappa o B.B. King, muchas de ellas realizadas en otros tantos memorables conciertos en el Fillmore East de Nueva York, señorearon en revistas prestigiosas como *Life*, *Rolling Stone* o *Newsweek*.

Posteriormente, Landy pasó a otras formas de arte, fotografiando a sus hijos y sus viajes, creando imágenes de flores impresionistas y abordando la fotografía caleidoscópica. Pero estaba claro que su mayor legado fue el de los años sesenta, en los que supo mostrar su principal cualidad, esto es, la capacidad de establecer un contacto humano, incluso antes que el visual, con sus sujetos. En 1962, cuando Elliott Landy tenía dieciocho años y estaba aprendiendo los rudimentos de la fotografía en el Baruch College de Nueva York, en un club de San Francisco se esperaba al gran saxofonista de jazz **John Coltrane**. Pero Coltrane se había perdido y no encontraba el local. Por suerte para él, un chico se ofreció a llevarlo a su destino, pero le pidió una cosa a cambio: «Le dije que lo llevaría al club si me dejaba hacer algunas fotos». El nombre de aquel joven era **Jim Marshall**.

James Joseph Marshall había nacido en Chicago el 3 de febrero de 1936, pero creció en San Francisco, en el barrio de Fillmore, a dos pasos del legendario y homónimo club de Bill Graham, cuna del rock psicodélico de la década de 1960. Desde adolescente, respiró la música y la poesía frecuentando los locales de North Beach y el mundo de los beatniks.

Jimi Hendrix mientras quema su guitarra en el Festival de Monterey

Este ambiente lo marcó de modo indeleble. Si ya desde niño se divertía jugando con una Kodak Brownie, en aquellos primeros años sesenta, Marshall, equipado con su fiel Leica M2, descubrió su vocación. Gracias en parte a aquel encuentro fortuito con John Coltrane.

### «YO VEO LA MÚSICA… SOY COMO UN PERIODISTA, SÓLO QUE USO UNA MÁQUINA FOTOGRÁFICA»
#### Jim Marshall

En 1962 estaba en Nueva York y realizó las carátulas de álbumes de etiquetas importantes, firmaba un reportaje sobre Thelonious Monk y documentó el Newport Folk Festival. Luego volvió a San Francisco, donde en 1966 fotografió a los Beatles en el Candlestick Park, en su último concierto verdadero.

Su camino ya estaba marcado. En 1967 estaba en Monterey, para el Monterey Pop Festival, donde tuvo el privilegio de inmortalizar a **Jimi Hendrix** mientras quemaba su Stratocaster y a Otis Redding en lo que sería su último gran concierto antes de su trágica muerte. Además de ser el primer estadounidense en inmortalizar a los Cream y a los Who, en 1969 Marshall fue uno de los fotógrafos oficiales de Woodstock.

En definitiva, durante la extraordinaria ascensión de la contracultura en los años sesenta, Jim Marshall parecía estar siempre en el lugar adecuado en el momento justo. Pero naturalmente no sólo era cuestión de suerte. Como cuando, el 4 de junio de 1969, **Johnny Cash** se dirigió a la cárcel de San Quintín porque quería celebrar un concierto para los detenidos. Junto a él, en aquel escenario, como ya el año anterior en la cárcel de Folsom, estaba Marshall, que cambio el ángulo de tiro de modo frenético, consciente de que se encontraba frente a un evento histórico, ansioso por lograr plasmar la pasión, la fuerza, la garra de aquel artista en una imagen. Así cuando, de repente, alguien, quizás el propio Marshall, pronunció las palabras «Hagamos una foto para el director» y Cash se giró con malos modos hacia él haciendo una peineta, Marshall fue rapidísimo, y regaló a la posteridad una de las imágenes más bellas y significativas de la historia del rock.

## «HACER FOTOS NO SÓLO HA SIDO UN TRABAJO; HA SIDO MI VIDA»
### Jim Marshall

La célebre foto de la peineta de Johnny Cash

En aquella foto está toda la poética de Marshall, su desinterés por la belleza convencional o la perfección técnica. Pero en cambio está su ambición por capturar al personaje y a la persona que hay detrás del personaje.
Con una presencia imponente y una personalidad vigorosa, Marshall era una especie de estrella del rock en persona (Annie Leibovitz lo definió una vez como «el fotógrafo rock por antonomasia») y sabía ser duro e irascible. Años más tarde describió Woodstock como un «caos organizado», liquidando aquella época con la definición «las porquerías de la Era de Acuario». En otra ocasión interrumpió un reportaje fotográfico con Barbra Streisand, que había sometido a dura prueba su paciencia. Pero las estrellas del rock lo apreciaban por su genuina espontaneidad y su enfoque directo, y de esta manera, también en la década de 1970 se mantuvo activo. En 1971 retrató a Miles Davis en el Fillmore West y a los Who en el Civic Auditorium, mientras que al año siguiente fotografió las sesiones de *Exile on Main St.* de los

## ROCK & ARTE

Backstage de los Rolling Stones

**Rolling Stones** y los acompañó en su gira estadounidense, captando momentos extraordinarios en el escenario o en su camaradería del backstage.

En los años siguientes, son incontables los ensayos fotográficos que publicó, que testimonian un hábil uso del blanco y negro a la hora de documentar el esplendor de las estrellas del rock y su vulnerabilidad detrás de bastidores, pero también su sincera preocupación por la condición humana.

## ¡ODIO ESA FOTO!

2 de enero de 2004. San Francisco, las 11 de la mañana. La bloguera Heather Clisby llama a la puerta de un apartamento del barrio de Castro completamente cubierta de los adhesivos «Jim Marshall alcalde». Un hombre de aspecto desaliñado le abre e inmediatamente le pregunta: «¿Te gusta el vodka?». «Mmmm, la verdad, Jim. Ni siquiera he desayunado...», es su incómoda respuesta. «Debbieeee, esto... no, ¡¡¡Lisa!!!», grita Jim. Una chica exasperada aparece en el umbral con una expresión de «¿Y ahora qué pasa?», y Jim le exhorta «Tráenos de beber». Poco después, Marshall sorbe su vodka y admite: «En realidad no soy un gran bebedor, tengo el vodka para los invitados, pero prefiero la cocaína». Heather recordará luego haberse sentido en presencia de algo grande. Prepara su equipamiento para la entrevista y se aventura con un comentario sobre la definición de Annie Leibovitz («Marshall es el fotógrafo rock»), y la respuesta que obtiene es desconcertante: «¡Yo no fotografía rocas, sino personas! ¡Ansel Adams fotografía rocas!». Entonces le pregunta por la foto de Cash, lo cual es el segundo error. Jim se inflama y se lanza en una auténtica invectiva: «¡Odio esa foto! Ojalá no la hubiera hecho nunca. Me ha costado dinero y dolor. La gente ha robado esa imagen y la ha usado para todo tipo de cosas: mis abogados no dan al abasto. ¿Sabes que incluso se pueden comprar pósteres baratos de esa foto?». Heather, a quien le encanta aquella fotografía, quiere preguntarle dónde, pero sensatamente reprime el impulso y se limita a comentar, comprensiva: «¡Oh, qué terrible, Jim!»

## LOS ARTESANOS DE LA FOTOGRAFÍA

Retrato de Janis Joplin en el diván con una botella de Southern Comfort

### «NO ES POSIBLE SEPARAR A JIM MARSHALL DE SUS FOTOGRAFÍAS, CAPTA EL ALMA DE TODO MÚSICO Y LO INMORTALIZA EN UNA LUZ LÍQUIDA»
#### Carlos Santana

El 24 de marzo de 2010, Marshall se encontraba en Nueva York para participar en una muestra que coincidía con la publicación de su nuevo libro, *Match Prints*. Lo encontraron muerto en su cama en el W Hotel de Lexington Avenue. Su legado queda bien resumido en las palabras de Carlos Santana, que lo recordaba así: «Del mismo modo que no se puede separar a John Coltrane o a Miles Davis de su música, no es posible separar a Jim Marshall de sus fotografías, captura el alma de todo músico y lo inmortaliza en una luz líquida.» El propio Marshall, preguntado por su éxito, respondía: «Cada vez que alguien me pregunta cómo he logrado aquellas fotografías respondo que a menudo he sido el único fotógrafo presente y que he obtenido esta accesibilidad gracias a una palabra: confianza.»

# Cuando la foto se convierte en arte

**A FINALES DE LA DÉCADA DE 1960**, el rock evolucionó adoptando formas y lenguajes más maduros. Lo mismo hicieron sus testimonios, que afrontaron su actividad de manera más sofisticada. Ya no les bastaba con documentar sólo con imágenes: sobre todo querían contar historias. Mick Rock lo hizo con Syd Barrett y David Bowie, Art Kane con los grandes jazzistas, pero también con Who y Jim Morrison. Y si Robert Mapplethorpe inmortalizaba a su musa Patti Smith, Anton Corbijn inventó una nueva imagen para los U2

El famoso festival de Altamont, con sus dramáticas secuelas, cerró definitivamente la época de las grandes aglomeraciones rock pacifistas. A partir de entonces, el espíritu del Summer of Love parecía que se había desvanecido, pero la vena creativa distaba mucho de haberse apagado, y encontró nuevos protagonistas, desplazándose al este, a la costa atlántica de los Estados Unidos, e incluso más allá del océano, a la vieja Inglaterra, donde, después de la disolución de los Beatles, la escena musical se mantuvo viva y chispeante tanto a cargo de grupos históricos como Who y Rolling Stones como de nuevos talentos como David Bowie y Syd Barrett, que estaban alcanzando con potencia la primera fila. Más tarde, la oleada punk haría tabla rasa, barajando de nuevo las cartas y trazando una nueva ruta. En todo este contexto, también la fotografía musical vivió una evolución propia, adquiriendo una dignidad profesional cada vez mayor, cuando no mostrando fundadas veleidades artísticas. Los fotógrafos ya no eran elementos insignificantes que cedían toda su preponderancia a las estrellas del rock, protagonistas indiscutibles, sino que se situaban a su mismo nivel, en una relación de recíproca influencia que terminaría por enriquecerlos a ambos.

«Tenía que fotografiar a **Syd Barrett** en su apartamento de Earls Court, pero cuando vi

Syd Barrett y el Pontiac Parisienne descapotable

aquel coche aparcado en la calle pensé: "Diablos, da igual. Tengo que utilizarlo". Era un Pontiac Parisienne descapotable, y parecía puesto allí a propósito. Mickey Finn, percusionista de los T. Rex, lo había comprado en una subasta y Syd se lo había cambiado por su Mini.»

> «NO HABÍA ESTILISTAS NI ASESORES DE IMAGEN: ¿QUIÉN SE LOS PODÍA PERMITIR? POR ESTE MOTIVO LAS IMÁGENES DE LOS AÑOS SESENTA Y SETENTA SON TAN AUTÉNTICAS»
> 
> **Mick Rock**

Corría el otoño de 1969, y **Mick Rock** estaba efectuando su primer encargo importante como fotógrafo. Tenía que realizar la cubierta de *The Madcap Laughs*, primer álbum como solista de Syd Barrett, que había dejado a los Pink Floyd un año antes. «Syd era un rockero fascinante, tenía un look de guapo maldito, mucho más interesante que cuando militaba en los **Pink Floyd**. Probablemente era el personaje más cool de Inglaterra. Se acababa de levantar de la cama, se había peinado y puesto un poco de sombra de ojos y se había vestido.»

A partir de aquel momento, Mick se especializó en la fotografía rock, hasta el punto de que se le recuerda hoy como «el hombre que inmortalizó los años setenta». En 1972 comenzó su colaboración con **David Bowie**, del que Rock se convirtió en fotógrafo oficial, documentando su ascenso con películas promocionales, carátulas de álbumes, pósteres, los vídeos de «Life on Mars?» y «Space Oddity» y miles de fotografías.

En aquel mismo período trabajó con **Lou Reed**, para el que realizó la cubierta de *Transformer* (1971) y más tarde la de *Coney Island Baby* (1976). Mick Rock entabló amistad con Bowie y Reed, a quienes conoció en Nueva York, y los recuerda siempre con gran afecto: «Era imposible hacer una foto fea a Bowie, poseía un talento único y desmesurado, tenía carisma, inteligencia, fascinación. Hablando de él, una vez Lou Reed me dijo: "Este muchacho lo tiene todo, ¡todo!".» A diferencia de otros de sus colegas, Mick Rock no se acercó nunca a la fotografía de un modo científico o consciente, y para

## ROCK & ARTE

David Bowie. Abajo, David Bowie, Iggy Pop y Lou Reed

él siempre fue algo totalmente directo y emotivo. Desde joven había practicado yoga y meditación, prácticas que le sirvieron para crear el vacío en su interior antes de comenzar a fotografiar, a fin de poder adaptarse a cualquier situación. «Para mí es una especie de juego de destreza de movimiento, de cambio de instrumentos hasta que se manifiesta aquella atmósfera especial.»

### «UN BUEN REPORTAJE FOTOGRÁFICO ME HACE SENTIR BIEN. PARA MÍ TIENE UN VALOR TERAPÉUTICO»
#### Mick Rock

Aun siendo un testimonio activo de los años setenta, Mick Rock reconocía las influencias, los fermentos y las pulsiones heredadas de la década anterior, la de la cultura hippie, de la revolución sexual, del LSD, el hachís y el amor libre. «Aquel período de experimentación que produjo personajes altamente creativos –explicaba– fue fruto de la nueva filosofía psicodélica. Yo mismo no habría sido fotógrafo si no hubiera usado drogas alucinógenas. La primera vez que cogí una máquina fotográfica y comencé a dis-

## CUANDO LA FOTO SE CONVIERTE EN ARTE

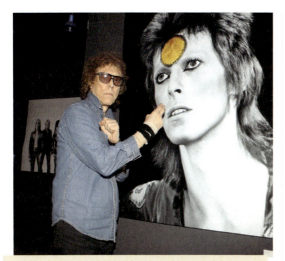

Mick Rock mostrando una foto suya de David Bowie

parar estaba bajo los efectos de un ácido. Luego descubrí que no había introducido el carrete...» Eran años llenos de color, emocionantes, un poco locos pero inolvidables, en los que todos, y los artistas en primer lugar, vivían cerca del límite y a menudo lo superaban. Mick Rock fue un personaje clave en la creación de imágenes fundamentales de aquel período. Además de las de Barrett, Bowie y Reed realizó también, entre otras, las carátulas de los álbumes *Raw Power*, de los Stooges, *Queen II* y *Sheer Heart Attack*, de los Queen, así como *End of the Century*, de los Ramones. En aquellos mismos años marcó otra etapa importante de su carrera convirtiéndose en director de fotografía de la película *The Rocky Horror Picture Show* (1975).

La imponente cantidad de fotografías acumuladas a lo largo del tiempo (que no se ciñeron a los irrepetibles años setenta) le permitió poder contar con material suficiente para publicar libros, preparar muestras en las ciudades más importantes del mundo (su retrospectiva en el Metropolitan Museum of Photography de Tokio en 2003 fue saludada como «una de las más excitantes muestras de imágenes de la cultura pop»), coleccionar premios y reconocimientos. En 2016 se realizó un documental titulado *Shot!*, que recorría toda su carrera.

Pero Mick Rock, residente en Nueva York desde hace muchos años, no es un tipo que se regodee en la nostalgia, y está muy atento a las novedades: «Siento curiosidad por las nuevas estrellas del rock, y a muchas ya las he retratado: Killers, Kasabian, Kaiser Chiefs, Razorlight, Raveonettes, Snow Patrol, Yeah Yeah Yeahs, etc. Ahora me gustaría trabajar con Antony and the Johnsons, Nine Black Alps y Bloc Party.» Pero sus ojos se humedecen cuando la conversación versa sobre los viejos amigos: «Lou Reed era un hombre dulce, con un gran sentido del humor. Los periodistas lo temían. Si alguno no había hecho bien sus deberes o le hacía preguntas estúpidas, podía ponerse realmente borde. Para ser su amigo no tenías que ser perezoso. Pero si te daba confianza, era increíblemente leal. No lo veía ni oía durante meses, y de repente aparecía en una muestra mía».

Poco antes de su muerte, en 2013, Lou Reed colaboró con Mick Rock en un libro de imágenes íntimas e inéditas, titulado *Transformer*. Lou confesó que «el volumen ha vuelto a dar vida a la energía de aquel período: es una bomba energética, y es precioso».

La deuda de reconocimiento de Mick Rock por David Bowie, Lou Reed, Iggy Pop, Syd Barrett y los demás es

Mick Rock

ROCK & ARTE

## COMIDA EN EL TREN

A partir de las fotos de Mick Rock se puede comprobar de manera evidente el grado de confianza que le concedían las muchas estrellas que inmortalizó. Una confianza testimoniada más tarde, y más recientemente, por el documental *Shot!*. Con Bowie, entre muchos, esta cercanía era más palpable que con ningún otro. Si se preguntaba a Mick la razón de este vínculo particular, Mick no dudaba: «Pienso que David simplemente confiaba en mí. Yo, por mi parte, me consideraba un guardián de su imagen. Mi respeto por él era profundo. He visto todas aquellas fotos de él que parecían muy exóticas, aunque de situaciones muy banales. Tengo fotos suyas en las que está comiendo, bebiendo café, fumando un cigarrillo antes de subir al escenario, creando. Incluso hice fotos de él durmiendo. Y luego está aquella famosa foto, que gusta a todo el mundo y que ha acabado siendo mi foto más popular, de él y Mick Ronson almorzando en el tren hacia Aberdeen. Aquella imagen resume realmente la Gran Bretaña en la primera era del glam rock: ¡incluso Ziggy Stardust tenía que comer un almuerzo de la British Rail!»

David Bowie y Mick Ronson

genuina. Y cuando se le pregunta por su estilo, no duda en responder: «Ellos han sido los primeros sujetos en formarlo.» Tanta modestia tal vez pueda sorprender, pero Mick Rock es así. Nunca se ha tomado demasiado en serio,

y ni siquiera hoy ha cambiado de idea. «Me gusta el mundo contemporáneo, me gustan las cosas que puedo hacer con Photoshop. Lo he usado para resucitar algunas fotos viejas mías de Syd, instantáneas infraexpuestas que había mantenido apartadas durante años. Hoy todo el mundo puede ser un gran fotógrafo. He visto algunas fotos hechas por mi mujer y por mi hija: son tan bellas que he añadido mi nombre. Ahora valen un montón de dinero.»

Existen fotógrafos instintivos como Mick Rock, y otros que esperan el momento con paciencia: cuando llega, ya están listos y realizan grandes fotos. Pero también hay algunos que tienen una idea y desde esa idea parten para construir algo. En el momento en que lo logran crean una obra de arte.

«Lo llevé al desierto y lo hice sentar en una mecedora. No quería su imagen estereotipada. El sol se estaba poniendo y esperé a que la luz se alineara con sus ojos.» De esta manera, **Art Kane** contaba cómo inmortalizó a Louis Armstrong en Death Valley. Antes de disparar, Kane partía siempre de una idea, aunque sólo esbozada, y el resultado a menudo era una audaz interpretación de aquella idea. La de Armstrong fue la primera foto que encarnaba plenamente su concepción, la que mostraba a Armstrong no sólo como músico, sino también como líder de una revolución jazz. De esta manera, en lugar de limitarse a fotografiarlo mientras tocaba la trompeta, alquiló un Cessna y voló con él hasta el Death Valley para poder retratarlo como el hombre de quien el propio Armstrong cantaba en una canción de 1929.

> «CON UNA SOLA FOTOGRAFÍA, MI PADRE ERA CAPAZ DE CONTAR LA HISTORIA DE UNA VIDA»
> **Jonathan Kane**

Art Kane, nacido como Arthur Kanofsky en Nueva York en 1925, pareció envuelto durante buen parte de su vida

CUANDO LA FOTO SE CONVIERTE EN ARTE

Louis Armstrong en el Death Valley

por un halo de magia. Durante la Segunda Guerra Mundial sirvió en el ejército estadounidense, en un escuadrón especial, «The Ghost Army», encargada de confundir al enemigo utilizando medios audiovisuales y fotográficos. Luego se diplomó en pintura en la Cooper Union en 1950, e inmediatamente después fue contratado como diseñador editorial en la revista *Esquire*. Más tarde, a los 27 años, pasó a *Seventeen* y se convirtió en el director artístico más joven de una gran revista de Nueva York. Pero a pesar de los éxitos en este trabajo y los reconocimientos obtenidos, Kane no se detuvo y frecuentó a partir de 1956 la School of Art, donde aprendió las enseñanzas de Alexey Brodovitch (que influiría a una generación entera de fotógrafos como Richard Avedon, Irving Penn y Diane Arbus) y desarrolló lo que se convertiría en su idea de narrativa fotográfica, recubriendo sus imágenes de metáforas y poesía.

La foto de Armstrong era de 1958, y en agosto de aquel mismo año, un domingo por la mañana, Kane se encontraba en la calle 126, en Harlem. Estaba esperando a Charles Mingus, Sonny Rollins, Thelonious Monk, Count Basie y otras leyendas del jazz a quienes había invitado para una foto de grupo que tenía que aparecer en un número especial de *Esquire*.

## «CON MIS FOTOS QUIERO COMUNICAR LOS ELEMENTOS INVISIBLES DE UNA PERSONALIDAD»
### Art Kane

Era una idea loca pensar que 57 entre los mayores nombres del jazz pudieran reunirse en una escalinata de Harlem a las diez de la mañana. Pero ahí estaban. La foto, recordada simplemente como *A Great Day in Harlem*, inspiró la producción de un documental del mismo título y fue utilizada en 2004 por Steven Spielberg como punto de inspiración narrativo para su película *La terminal*.
A partir de aquel momento, su carrera ya no conoció interrupciones y, en las dos décadas siguientes, Kane prestó su obra a las principales revistas de moda norteamericanas y europeas, creando campañas publicitarias sorprendentes e innovadoras, pero abrazando también el compromiso social, que lo llevó a documentar, o mejor dicho, a inter-

A Great Day in Harlem

ROCK & ARTE

Los Who envueltos en la bandera británica

pretar, la lucha por los derechos civiles de los afroamericanos y de los nativos de los Estados Unidos, el Vietnam, la pesadilla nuclear de Hiroshima, el consumismo y la creciente degradación ambiental.

Pero también resulta indudable que Kane debía gran parte de su popularidad al hecho de haber inmortalizado a casi todos los mayores músicos de rock en la cumbre de su fama. Una de las fotografías más célebres es sin duda la que apareció en *Life* en 1968 y que retrataba a los miembros de los **Who**, envueltos por la Union Jack, delante del Carl Schurz Monument de Nueva York. Kane contaba que «los Who habían sido los primeros en vestirse con chaquetas estampadas con la bandera británica, era el inicio de una rebelión contra las instituciones. Quería una ambientación que diera una idea de imperio y de tradición; por este motivo está el monumento al fondo». Pete Townshend, líder de la banda, tenía un recuerdo divertido de aquella sesión. Cuando Art Kane disparaba nos daba órdenes: "Vete ahí, haz esto, haz aquello, finge dormir, apoya la cabeza sobre su hombro". Más que un fotógrafo, parecía un director».

De forma comprensible, las reacciones de los lectores más maduros de *Life* fueron de otro tipo, y a la redacción llegaron numerosas cartas de

Bob Dylan

### «LA REALIDAD NO ESTÁ A LA ALTURA DE LAS EXPECTATIVAS VISUALES QUE GENERA»
### Art Kane

Los Jefferson Airplane

para construir cubos translúcidos para el set de **Jefferson Airplane**. Los cubos superpuestos formaban una pirámide de hielo en cuyo vértice se encontraba la cantante Grace Slick. El concepto era el de un impulso hacia arriba, vinculado a la idea del vuelo que el nombre del grupo evocaba, pero también se podía leer la alusión a los terrones de azúcar, comúnmente usados en aquella época para el consumo de LSD.

En el turbulento clima de los años sesenta y setenta, las imágenes de Art Kane valían tanto como cualquier ensayo

Jim Morrison en el Chateau Marmont

indignada protesta, cuyo tono queda resumido en frases del tipo: «¿Qué está sucediendo en vuestra revista? Gracias por haber expuesto a nuestra juventud a la nefasta e inmoral influencia de estos gamberros». Y sin embargo, como recordaba el hijo de Art, Jonathan Kane, «en aquella época nunca conocí a nadie entre los 10 y los 25 años que no hubiera arrancado la foto de los Who de su ejemplar de *Life* para colgarla en la pared de su habitación».

Dos años antes, en 1966, **Bob Dylan** acababa de dar su controvertido giro eléctrico, y Kane capturó toda su rabia en una fotografía. «Dylan no estaba acostumbrado a los fotógrafos que le decían qué tenía que hacer –contaba una vez más Jonathan–, y tampoco estaba del mejor humor, pero mi padre lo apremiaba diciéndole: "Necesito que me mires". A mi padre le gustaba la música de Dylan, era un gran fan suyo, pero no se habría ido sin obtener lo que quería. Y lo que quería era el contacto visual. Aquella mirada lo dice todo.»

Art Kane era un hombre carismático que sabía capturar la atención de cualquiera porque lograba convencer a sus sujetos de que se convertirían en parte de una imagen extraordinaria. Armado con la fuerza de sus ideas, Kane sabía ser muy convincente también con los editores, como cuando, también en 1968, obtuvo la aprobación de *Life* a su demanda de gastar miles de dólares, una suma en aquellos tiempos enorme para un reportaje fotográfico,

## KANE, EL ILUSIONISTA

«Art Kane era un ilusionista –escribía Guido Arari–, un maestro del impresionismo fotográfico que aún hoy suscita emociones y destila ideas.» Venecia amenaza continuamente con desaparecer, las estrellas de rock anuncian siempre algún nuevo mundo halagüeño, la soledad en la era de Internet todavía es más cósmica, los derechos civiles tienen que ser renegociados constantemente, la degradación ambiental nos empuja de una manera cada vez más rápida hacia la extinción, y Kane, siempre tan extraordinariamente actual, ya ha proyectado todo esto en un mundo fantástico que parece amplificar la realidad de hoy.

En pocos años ha revolucionado la fotografía, descubriendo nuevas técnicas y personalizando las existentes, a fin de liberarla de su presunta «veracidad». La fotografía de Kane es pura energía, potente imaginación: «La realidad ya no está a la altura de las expectativas visuales que genera –dijo una vez–. Más que documentarla simplemente con mis fotografías, estoy interesado en compartir mi manera de sentir las cosas.»

Art Kane junto a un panel con sus fotos

publicado, porque expresaban mejor que mil palabras la Weltanschauung de la época, la concepción de aquel mundo, su revolución contracultural. Como cuando Kane retrató a **Jim Morrison**, en el trastero de su vivienda en el Chateau Marmont de Beverly Hills, apoyado en el televisor encendido que parecía radiografiar su alma, explorando y transmitiendo sus pensamientos más recónditos. En definitiva, el objetivo de Kane supo capturar el espíritu de los más grandes artistas de todos los géneros musicales (Rolling Stones, Bob Dylan, Doors, Janis Joplin, Jefferson Airplane, Frank Zappa, Cream, Sonny & Cher, Aretha Franklin, Louis Armstrong o Lester Young), logrando transformarlos en otros tantos iconos. Pero Kane era mucho más que esto. Fue uno de los auténticos maestros de la fotografía del siglo XX. Sus imágenes visionarias influyeron en la consciencia social de muchas generaciones, dejando una marca en la cultura mundial.

«Art Kane ha sido hallado muerto en la vivienda de su ex mujer. Tenía 69 años. Causa del fallecimiento: un disparo de arma de fuego, presumiblemente infligido por él mismo.» Así rezaba, lacónico, el *New York Times*, en la edición del miércoles 24 de febrero de 1995. Se ignoran las razones de este gesto. Quizás, simplemente, quiso decidir él cuál sería su último disparo.

Sus fotografías se hallan hoy en día en las colecciones permanentes del Museum of Modern Art y del Metropolitan Museum of Art. Su trabajo sigue inigualado.

También Art Kane pensaba que, cuando la última barrera entre el fotógrafo y su sujeto cae, y la distancia se anula, el medio se convierte en mensaje, el instrumento se convierte en evento y la belleza fluye en estado

CUANDO LA FOTO SE CONVIERTE EN ARTE

Patti Smith – *Horses*

«No podía ser de otro modo: mi espada sonora protegida por la imagen de Robert –recuerda hoy Patti Smith–. No tenía ideas particulares; sólo quería parecer auténtica. Lo único que prometí a Robert que me pondría una camisa bonita, sin manchas. Así que fui al Ejército de Salvación en el Bowery y compré unas cuantas camisas blancas. Algunas eran demasiado grandes; la que me gustó llevaba unas iniciales bajo el bolsillo. Me recordaba una fotografía realizada por Brassaï en la que Jean Genet llevaba una camisa blanca con el nombre bordado y las mangas dobladas. En la mía habían bordado RV. Imaginé que la camisa podía haber pertenecido a Roger Vadim, que había dirigido la película *Barbarella*. Corté los puños para ponérmela bajo la chaqueta negra, que adorné con el alfiler en forma de caballo que me había regalado Allen Lanier. Robert quería hacer la fotografía en el ático de Sam Wagstaff, en Fifth

puro. Parecen palabras escritas a propósito para la que, de forma unánime, está considerada una de las más importantes cubiertas de todos los tiempos: el simple retrato de medio cuerpo de una mujer con una camisa blanca, una corbata negra, tejanos oscuros, una chaqueta apoyada en el hombro y un orgulloso aire de desafío. Detrás de ella, la pared brilla como su camisa, de tela blanca que ciega. Es la cubierta de *Horses*, debut discográfico de **Patti Smith**. La foto la realizó en un apartamento neoyorquino en 1975 el amante/amigo de hacía tiempo **Robert Mapplethorpe**.

Ambos eran coetáneos y, aunque todavía no tenían treinta años, eran ya veteranos desde hacía tiempo en la escena bohemia de Nueva York, la misma que había creado las bases para la revolución punk rock de la ciudad. Aquel álbum transformaría a Smith en una de las estrellas más grandes de la época, junto a los Ramones, Blondie y Talking Heads, consagrándola como «la suprema sacerdotisa del punk», que debía influir a todo el mundo, desde los R.E.M. hasta PJ Harvey.

Robert Mapplethorpe y Patti Smith

## ROCK & ARTE

Fotos de Robert Mapplethorpe

Avenue, porque allí había una bonita luz natural. La ventana esquinera proyectaba una sombra que creaba un triángulo de luz, y Robert quería utilizarla para la fotografía.»

Cuando Mapplethorpe realizó esta fotografía, él y Smith se conocían desde hacía casi una década. Se habían encontrado en 1967, en el primer día de Patti en Nueva York después de trasladarse desde Nueva Jersey. Posteriormente, ella lo describiría como «un pastor hippie» con «bellísimos rizos negros».

### «HACER GRANDES FOTOS SIGNIFICA HACER FOTOS POTENTES»
#### Robert Mapplethorpe

Robert Mapplethorpe había nacido en 1946 en Floral Park, en Queens. De su infancia dijo: «Vengo de la Norteamérica suburbana, un lugar tranquilo, un buen punto de partida... en todos los sentidos: no veía la hora de largarme». En 1963, Mapplethorpe se matriculó en el Pratt Institute, en la vecina Brooklyn, donde estudió dibujo, pintura y escultura. Influido por artistas como Joseph Cornell y Marcel Duchamp, experimentó diferentes materiales en collage mixtos, entre los cuales imágenes recortadas de libros y revistas. En 1970 adquirió una Polaroid de la artista y directora Sandy Daley y comenzó a producir sus fotografías para incorporarlas en los collage. En el mismo año, él y Patti Smith, a quien había conocido tres años antes, se trasladaron al Chelsea Hotel.

«Estaba buscando amigos en Brooklyn –recordaba Patti Smith–, porque me había ido de casa y nece-

CUANDO LA FOTO SE CONVIERTE EN ARTE

Andy Warhol

La body builder Lisa Lyon

sitaba un lugar en el que estar. Una vez llegué allí, descubrí que mis amigos se habían mudado, no sabía qué hacer. Un tipo que estaba allí me dijo: "Ve a preguntar a mi compañero de apartamento, quizás él sepa donde se han ido tus amigos". de esta manera entré en una habitación donde había una cama de hierro sobre la que estaba durmiendo un chico con cabellos largos y oscuros. Era guapísimo. Me quedé allí mirándolo hasta que abrió los ojos y me sonrió. Aquel fue mi primer encuentro con Robert Mapplethorpe.»

### «CUANTAS MÁS FOTOS VEAS, MÁS BRILLANTE SERÁS EN TANTO QUE FOTÓGRAFO»
**Robert Mapplethorpe**

Los dos se hicieron amantes, hasta que Mapplethorpe, hijo de una familia católica irlandesa, después de un viaje a San Francisco cobró consciencia de su homosexualidad. A pesar de ello, su relación de afecto no se agotó: ya no eran amantes, pero se convirtieron en compañeros artísticos y amigos.

«Cuando estábamos juntos, él no me contaba nada de sus "hazañas", y yo no le hablaba de otros hombres –confiaba Patti–, cuando estábamos juntos sólo éramos él y yo.»

A finales de la década de 1970, Patti, a menudo en gira con su banda, se trasladó a Detroit, después de haberse casado con el ex guitarrista de los MC5, Fred «Sonic» Smith. En aquellos años, la visión fotográfica de Mapplethorpe se hizo extrema e intransigente. Decidió dedicarse preferentemente a desnudos masculinos y femeninos, cosa que le venía de la experiencia en el mundo S&M (sadomaso-

ROCK & ARTE

Fotografía para la cubierta de *So*, de Peter Gabriel

quista, pero cuyo acrónimo significaba para él Sex & Magic), y de ahí nació en 1978 el *X portfolio*, una serie de fotografías revolucionarias para la época, equilibradas por el rigor y la precisión formal de la ejecución. Estaba fascinado por la locura y, al mismo tiempo, por el glamour, por el peligro de un infierno sexual y por la viciosa sugestión del bienestar», escribió de él Peter Conrad en las páginas de *The Guardian*.

El archivo fotográfico de Mapplethorpe comprende ciento veinte mil negativos y más de treinta mil Polaroid, entre ellas los estudios sobre los bodegones y los primeros planos de flores, imágenes de hombres que bailan desnudos llevando coronas, y las fotografías realizadas a Patti Smith, Andy Warhol y a la body builder andrógina Lisa Lyon. «Mapplethorpe fotografió a hombres gay desnudos cuando era inconveniente hacerlo –contaba Patti Smith–, lo hizo sin buscar excusas, vistiendo a la homosexualidad de masculinidad, grandeza y nobleza.»

«YO NO HAGO FOTOS, FORMO PARTE DEL EVENTO. Y EN ESTE SENTIDO NO ME CONSIDERO UN FOTÓGRAFO»
**Robert Mapplethorpe**

El cuerpo humano constituía el principal objeto de su fotografía. A través de una obra cargada de tensión sensual, vital y violenta, Mapplethorpe quizás podía escandalizar, pero al mismo tiempo fascinaba mediante la representación de un ideal de belleza y sabor clásico inmortalizada por un blanco y negro suave y refinado.

En 1986 se le diagnosticó sida, pero a pesar de su enfermedad, Robert aceleró sus esfuerzos creativos, ampliando el alcance de su investigación fotográfica y aceptando encargos cada vez más comprometidos. Después de *Horses*, Mapplethorpe encontró tiempo de realizar varias cubiertas de álbumes más. Entre las más significativas, las que hizo para Joan Armatrading (*Secret Streets*), Taj Mahal (*Taj*), Peter Gabriel (*So*), Philip Glass (*Songs from Liquid Days*), una vez más Patti Smith (*Dream of Life*) y Laurie Anderson (*Strange Angel*).

El día antes de su muerte, que se produjo cuando tenía 42 años (el 9 de marzo de 1989), Patti Smith le hizo una promesa: contar la historia de su vida y asegurar la supervivencia de su patrimonio fotográfico. Incluso después de tantos años, el relato de Patti Smith sigue plasmando plenamente el amor, la gratitud y el respeto recíproco de aquel período mágico. «Robert era un artista y siempre fue consciente de ello. No le intimidaba la tecnología o la falta de esta, imaginaba cosas graciosas que no podía realizar porque eran demasiado costosas. Obviamente sabía de fotografía, pero no le atraía lo que sucedía en la cámara oscura. Le gustaban más bien las Polaroid, por su honestidad. Y si tuvo éxito con la fotografía fue justamente en virtud de su inmediatez. La fotografía le permitió también acceder a la escultura, que le encantaba. Era un gran artista y de todos modos habría encontrado la manera de expresar su creatividad.»

La imagen de la última despedida de su amigo es hermosa y conmovedora: «Nos despedimos y salí de la habitación –recordaba Patti–, luego algo me impulsó a volver atrás. Robert se había deslizado hacia un sueño ligero. Me quedé mirándolo: estaba sereno, como un niño muy viejo. Abrió los ojos y me sonrió: "¿Ya has vuelto?". Luego se volvió a adormecer. La última imagen que tengo de él es similar a la de nuestro primer encuentro: un hombre que duerme cubierto de luz, que vuelve a abrir los ojos con la sonrisa de quien había reconocido a aquella que nunca le había sido desconocida.»

Grandes cambios se suceden a ritmos vertiginosos. Para estar a la última no basta con encontrarse en el lugar adecuado en el momento justo, es preciso también ser reactivo. La palabra clave es velocidad. Vale para los riffs de guitarra, pero también para las fotografías de los fotógrafos. Así, puede suceder que hay quien pase de la máquina fotográfica a la máquina tomavistas. Groningen, Holanda, 1972. En la Grote Markt, la plaza principal de la población, actúan los Solution, banda local de rock progresivo. El espacio está atestado de jóvenes con ánimo de fiesta y ansiosos de disfrutar del efímero verano holandés. Entre ellos hay uno armado con una máquina fotográfica, pero no tiene (todavía) el aspecto ni la edad de un profesional. Y, de hecho, no lo es. Aquella máquina es de su padre, y él no la ha usado nunca antes. «Tenía 17 años, y se celebraba este concierto. Quería estar allí desesperadamente, pero no tenía a nadie con quien ir. Así que busqué la cámara de mi padre, justo para darme tono. Ya que estaba allí, tomé algunas fotos y, ya puestos, las envié a un periódico que, increíblemente, las publicó.» Se trataba de **Anton Corbijn**, de Strijen, un pueblecito en la isla holandés de Hoeksche Waard, donde nació en 1955. Su madre era enfermera, su padre ministro del culto de una iglesia protestante. Para Anton, los Países Bajos, aunque cultural y socialmente vivos, eran «provincia», y su amor por la música no estaba lo bastante gratificado. Se puede decir que su carrera fotográfica comenzó como resultado de su deseo de acercarse, literalmente, al escenario.

Aquel primer éxito inesperado lo marcó de alguna manera, empujándolo a unir la pasión por la música con aquella, descubierta más recientemente, por la fotografía. Y de hecho, en 1974 siguió un curso en La Haya, y una vez terminado, trabajó como asistente de Gijsbert Hanekroot, en Amsterdam. En 1976 ya era jefe de fotografía de la principal revista de música pop holanesa, *Oor*. Luego, en 1979, decidió dar un giro a su vida: estimulado por la revolución punk que se estaba afirmando en aquellos tiempos y por su ya visceral amor por los **Joy Division**, se trasladó a Londres, simplemente porque sentía que debía vivir cerca de ellos. No es casual, pues, que una de sus primeras fotografías en el Reino Unido fuera de su banda preferida,

Anton Corbijn

## ROCK & ARTE

Los Joy Division

que él retrató de espaldas, de camino hacia el interior de un túnel, con sólo Ian Curtis ligeramente separado y con la cabeza inclinada hacia el objetivo. Todo ello rigurosamente en blanco y negro.

### «HAY FOTOS QUE PARECEN ANTICIPAR LOS ACONTECIMIENTOS»
#### Anton Corbijn

Imagen fascinante e indudablemente premonitoria, si se piensa en el destino quebrado del problemático cantante, que se quitará la vida tan sólo un año más tarde. «Hay fotos que parecen anticipar los acontecimientos –reflejaba a distancia de años el propio Corbijn–. Cuando sucede algo trágico, miras atrás a aquellas imágenes y te parecen como si anunciaran algo, te parece como si asumieran un nuevo significado, a la luz de estos hechos.» En aquellos primeros años londinenses, Anton colaboró con el *New Musical Express*, el semanario más importante de música en inglés, pero en 1982 se produjo el encuentro decisivo, con la banda irlandesa de los U2, con los que instauró una relación muy estrecha. Corbijn siguió a los U2 influyendo en su imagen artística y dejándose influir a su vez. Después del espléndido retrato en blanco y negro de la adolescente para la cubierta de *War* (1982), llegó la memorable de *The Unforgettable Fire* (1984), con las ruinas del Moydrum Castle, representando un lugar del alma en el que sufrimiento, vida, revuelta, derrota y libertad se cruzan continuamente en el eterno juego de la historia, casándose de forma magnífica con las atmósferas y los textos inspirados de Bono.

En 1987 fue también él quien firmó la carátula de *The Joshua Tree*, volviendo al blanco y negro y retratando a la banda con el trasfondo del Zabriskie Point. Al año siguiente firmó la cubierta de *Rattle and Hum*, con la célebre imagen de Bono desviando el foco hacia The Edge, empeñado en el solo de «Bullet the Blue Sky».

Con los trabajos sucesivos, el color fue entrando cada vez más a formar

CUANDO LA FOTO SE CONVIERTE EN ARTE

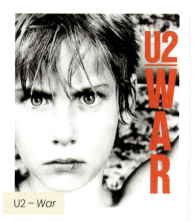

U2 – War

que nunca. Como con los U2, Corbijn es para los Depeche Mode un guía y un amigo, capaz de interpretar su alma artística, interviniendo directamente con sus visiones.

### «LA RELACIÓN ENTRE LOS U2 Y CORBIJN NO ES DE TRABAJO: ES UN MATRIMONIO»
**Michael Stipe (R.E.M.)**

parte de la narración visual del artista holandés, que ilustró a la banda de *Zooropa* y *Achtung Baby* a través de imágenes oníricas pintadas de azul y verde ácido.

Casi al mismo tiempo, Corbijn estableció un sólido vínculo con los **Depeche Mode**. Ya en 1980 se le encargó un retrato de ellos para una cubierta del *New Musical Express*. «Era una foto en colores –recordaba el mismo Corbijn–; Dave (Gahan, el cantante), estaba de frente, los otros estaban detrás de él. Enfoqué a estos dejando desenfocado a Dave, que llevaba una brillante camisa rosa. No creo que se lo esperase.»

Pasaron seis años y Corbijn encontró a la banda de Basildon, para la que rodó el videoclip del single «A Question of Time». Después de otra pausa de varios meses, caracterizada por la casi fatal sobredosis de Gahan, la colaboración entre la banda y el fotógrafo prosiguió con más solidez

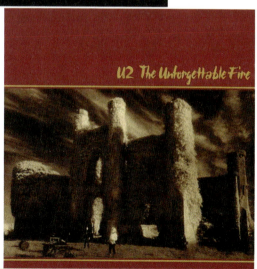

Arriba: U2 – *The Joshua Tree*; abajo: U2 – *The Unforgettable Fire*

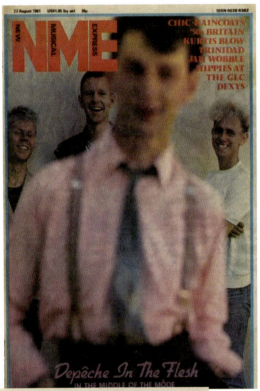

Los Depeche Mode en la cubierta del *NME*

no sólo un retrato fotográfico, sino retratando el alma entera que se oculta detrás del sujeto.»

La obra de Corbijn es muy vasta, y muchos de sus trabajos están publicados en revistas como *Vogue*, *Rolling Stone*, *US*, *Details*, *Elle*, *Max* y *Entertainment Weekly*. Por otra parte, su trabajo figura en cerca de cien cubiertas de álbumes para artistas como R.E.M., Bruce Springsteen, Eddie Vedder, Nick Cave, Metallica y muchísimos más.

### «CON U2 Y DEPECHE MODE, MÁS QUE FOTÓGRAFO ME SENTÍ PARTE DE LA BANDA»
#### Anton Corbijn

No menos copiosa e interesante es su producción de vídeos musicales, casi un centenar desde el primero, de los Palais Schaumburg, en 1983, hasta los últimos de los queridos Depeche Mode, en 2017, pasando por «Heart-Shaped Box», de los **Nirvana** (1993, ganador de dos premios MTV), así como Johnny Cash, Metallica y Coldplay.

De 1986 hasta la actualidad, Corbijn ha rodado casi todos los vídeos del grupo y realizado todas las cubiertas de los álbumes y de los sencillos de 1990 en adelante, ocupándose asimismo de la dirección y la escenografía de los conciertos.

La relación del fotógrafo holandés con los artistas va, pues, más allá de la colaboración laboral. Impresiona su capacidad por crear una relación humana y personal estrecha, que se refleja en sus retratos, impregnados de una belleza auténtica y evocadora, en la que los personajes nunca se muestran posando, sino que son captados de improviso durante sus gestos cotidianos. «Me fascinan estos detalles –afirma–, como el modo de fumar o de caminar, porque cada uno posee una actitud personal propia a la hora de llevarlos a cabo. Y justamente son estas pequeñas cosas auténticas y personales las que trabaja el artista, creando

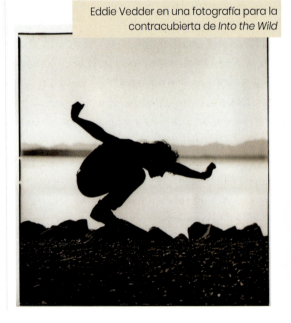

Eddie Vedder en una fotografía para la contracubierta de *Into the Wild*

Nirvana – algunas escenas del vídeo de *Heart-Shaped Box*

En 2007, Corbijn celebró su primer amor, el que le cambió la vida: los Joy Division. Rodó el largometraje *Control*, libremente extraído de la novela autobiográfica *Touching from a distance*, de Deborah Curtis, esposa de Ian. La breve vida del cantante aparece narrada de manera sobria, Corbijn no cae nunca en la gazmoñería, restituyéndonos un Curtis profundamente humano y decidiendo de forma respetuosa no mostrar el momento trágico del suicidio, procediendo por sustracción e imágenes evocadoras, como la final del vinilo de **Iggy Pop**, *The Idiot*, que todavía gira en el plato cuando el gesto fatídico ya se ha efectuado. Después de *Control*, la experiencia como cineasta se repitió en 2009 con *Linear*, que marcaba el retorno a la colaboración con los U2, y ponía en escena su álbum *No Line on the Horizon*. En definitiva, el trabajo de Corbijn es multiforme, enorme y precioso. Con sus imágenes perennemente en vilo entre sueño y realidad, logra hablarnos del intento de aferrar el alma de un sonido a partir de las apariencias, para desvelar la belleza y, finalmente, la verdad. Porque, en el fondo, como dice él mismo, «los músicos son verdaderamente una prolongación de la música que tocan». Pero sobre todo, porque «la música es donde todo comenzó. Era mi única obsesión en la vida y he logrado transformarla en amor por la fotografía. Ha sido mi inspiración y muy pronto se convirtió en mi sujeto. Quizás en el futuro ya no la siga como en otros tiempos, pero para mí siempre tendrá un gran significado.»

# Todo lo que las mujeres fotografían

**EN UNA SOCIEDAD EN CONTINUA Y RÁPIDA EVOLUCIÓN**, que condiciona incluso a un ambiente masculino y machista como el del rock, no puede ser motivo de estupor que la presencia femenina sea cada vez más importante. En el escenario, en la sala de grabación y detrás del objetivo. Buen testimonio de ello son, en tiempos y lugares diferentes, Astrid Kirchherr, Roberta Bayley y Annie Leibovitz.

El binomio mujeres y motores (leitmotiv de tantos éxitos), los movimientos pélvicos de Elvis, el lenguaje obsceno de Mick Jagger y la sensualidad tenebrosa de Jim Morrison: indudablemente, la virilidad fue durante mucho tiempo una característica del rock. Incluso muy exhibida. Resultaba difícil que una mujer, incluso de talento, emergiera en este contexto. Pero el impulso revolucionario de la nueva música (y de la nueva cultura) no podía dejar de romper también este tabú. Grace Slick, Janis Joplin y Patti Smith fueron las portaestandarte, los nombres destacados de un movimiento vasto y variopinto en el que las mujeres interpretaban con orgullosa desenvoltura el papel de líderes de bandas o se exhibían armadas tan sólo con su propio talento. Pero el cambio también estaba en los ojos del observador, y documentaba con diferente sensibilidad la revolución rock con aquella mezcla de candor y falta de prejuicios de los que sólo una mujer es capaz. Como aquella chica de Hamburgo que se sintió atraída por el bajista de una banda inglesa por entonces desconocida y que, pocos días más tarde, se lleva a aquellos chicos en su escarabajo Volkswagen, llevando consigo su máquina fotográfica. Y luego cortándoles el pelo...

Reeperbahn es la calle más conocida de St. Pauli, el barrio de luces rojas de Hamburgo. En 1960 estaba atestado de locales que los mojigatos

Astrid Kirchherr y Klaus Voormann; a la derecha, John Lennon en primer plano y Stu Sutcliffe al fondo

definirían todavía hoy como equívocos y que de todos modos podían reservar auténticas sorpresas. Una velada de 1960, en uno de estos locales, el Kaiserkeller, entraron **Klaus Voormann** y **Astrid Kirchherr**, una joven pareja de aspirantes a artistas (ilustrador él, fotógrafa ella). Klaus había estado allí hacía algunas noches cuando, vagando sin meta después de una pelea con su novia, se había sentido atraído por las notas procedentes del club, y salió poco después con la convicción de haber visto algo interesante. Así que llevó hasta allí a Astrid, venciendo su desconfianza inicial. «Estaba sucio, oscuro y maloliente, lleno de gente que normalmente no habría frecuentado», recordaba Kirchherr, una chica de buena familia y con buenos estudios.

> «EN AQUELLA ÉPOCA NO USABA NI FLASHES NI FOCOS ADICIONALES; BUSCABA SÓLO LA LUZ ADECUADA»
> **Astrid Kirchherr**

En un cierto momento de la velada, subió al escenario una banda inglesa. Los cinco chicos tenían un repertorio formado preferentemente por versiones de rock'n'roll. Astrid se sintió increíblemente atraída por uno de ellos. «Era guapísimo. Todos los otros saltaban por el escenario como locos, en cambio él se mantenía de espaldas al público, con gafas oscuras y un cigarrillo en los labios.» Aquella «él» se llamaba Stuart Sutcliffe, y era un joven fascinante nacido en Edimburgo pero que se había trasladado a Liverpool con su padre a los tres años de edad. Y allí conoció a los otros miembros de la banda, John Lennon, Paul McCartney, George Harrison (que todavía era menor de edad) y Pete Best. El nombre del grupo, obviamente, era **The Beatles**.

De forma descarada, Astrid pidió permiso para fotografiarlos y ellos, halagados, aceptaron. Había conquistado su simpatía y su confianza, hasta el punto de triunfar en la no fácil empresa de sacarlos de la cama a una hora insólita. «Me fui a buscarlos con mi escarabajo Volkswagen descapotable. Fueron muy profesionales y se tomaron la cosa en serio. En aquellos años yo hablaba un inglés deficiente, pero me las apañaba, con las manos y con los pies. Tuvieron paciencia y me ayudaron.»

Los días siguientes fueron frenéticos: la joven fotógrafo los arrastró por la ciudad, retratándolos en los muelles, en los parques de atracciones, en las vías del tren.

La antigua formación de los Beatles en el parque de atracciones de Hamburgo

Los Beatles estaban fascinados por sus maneras y sobre todo por su trabajo, a través del cual comenzaban a ver la importancia de la apariencia en el escenario. Mientras tanto, entre Stuart y Astrid nació un amor arrollador (a pesar de la presencia de Klaus Voormann, que se consolaría en 1966 diseñando la carátula de *Revolver*, séptimo álbum de los Beatles), y ambos se fueron a vivir juntos. Ella lo vistió de piel y le cortó el cabello, modelándolo como el suyo, con un largo flequillo en la frente. Este corte causó la hilaridad de John y Paul,

Los Beatles con el corte de pelo en forma de casco

pero no de George que, al contrario, pidió a Astrid que le hiciera el mismo corte. Poco después también los otros lo siguieron.

Existen pocas dudas acerca del hecho que Stuart tenía más talento para las artes figurativas que para la música. Por otra parte, ya se había distinguido en el Liverpool College of Art y, de hecho, justamente con la venta de una pintura suya había logrado reunir algunas libras y, convencido por Lennon, que lo quería en su banda, compró un bajo. En realidad no se podía decir que fuera un virtuoso de este instrumento, y para ocultar su incomodidad, se daba la vuelta de espaldas al público durante los conciertos. También en Hamburgo, Stuart se hizo notar por su vena artística, hasta el punto de que se ganó el acceso al Instituto de Arte. De esta manera, cuando los Beatles volvieron a Liverpool, él se quedó en Hamburgo con Astrid, aunque por desgracia el futuro de ambos fue trágicamente breve. En abril de 1962 murió en una ambulancia después de una hemorragia cerebral, probable consecuencia de una paliza sufrida tiempo atrás a cargo de una banda de teddy boys ingleses. La muerte de Sutcliffe no sólo fue una tragedia para Kirchherr, como ella misma recordaba: «Es fácil imaginar que perder al mejor amigo sea algo extremadamente doloroso. Para John fue insoportable, recuerdo

# EL CORTE DE PELO DE LOS BEATLES

George Harrison y John Lennon, en el estudio de Stuart Sutcliffe

Un ojo y una mano femenina para un decidido cambio de look. «Comencé con el pelo de Klaus (Voormann). Siempre me gustaron los hombres con el pelo largo y aspecto andrógino. A Klaus le gustaba aquel corte porque ocultaba el pequeño defecto de las orejas algo salientes. Luego intenté hacer lo mismo con Stuart y el resultado fue fantástico. Al principio, John se burlaba de Stu en la menor ocasión, pero luego, tanto él como Paul me pidieron que les hiciera el mismo corte. Y George estaba entusiasmado, porque tenía el mismo defecto en las orejas. Al final a todos les gustó aquel look, porque era nuevo y a ellos les quedaba muy bien.»

De los cabellos, Astrid Kirchherr pasó luego a los vestidos, vistiendo a los Beatles con camisas y trajes en lugar de chaquetas de piel y botas de vaquero.

que reía y lloraba al mismo tiempo. No fue fácil, éramos tan jóvenes... También Yoko Ono diría que no pasaba ningún día sin que John hablara de Stuart. «Cuando subimos a la buhardilla en la que Stu pintaba –proseguía Astrid Kirchherr– y tomé aquella serie de fotos de los rostros de John y George en la sombra, la idea había sido de John. Era su manera de despedirse de su mejor amigo.» La amistad entre Astrid Kirchherr y los Beatles prosiguió incluso después de la desaparición de Sutcliffe. A finales de 1962, ella pasó un período de vacaciones en las Canarias con George y Paul, y lo documentó con algunas fotos en colores, una elección insólita para una artista famosa por los retratos en blanco y negro. Eran instantáneas entre amigos en las que, a veces, era ella misma la que desaparecía. Su última vez como fotógrafa oficial de los Fab Four fue en 1964, cuando la Beatlemanía ya había contagiado el planeta, y Astrid explicaba, para la revista *Stern*, el backstage de la primera película de los Beatles, *A Hard Day's Night*. «Nos conocíamos tan bien que confiaban completamente en mí. Lo veía en sus ojos», recordaba Astrid.

En aquel lapso de tiempo, Kirchherr vivió entre Londres y Liverpool. Unos años más tarde, George Harrison le propuso abrir un estudio en Londres, pero ella se negó. «En aquella época sentía que no tenía la suficiente experiencia para gestionar un estudio en un país extranjero. Y luego no quería dejar Hamburgo.» La historia de Astrid, de Stu y de los Beatles aparece explicada en más de una película. La primera es *Birth of the Beatles* (1979), de Richard Marquand. La segunda es *Backbeat* (1993), de Iain Softley, en la que ella misma colaboró como asesora. La última es *In His Life: The John Lennon Story* (2006), película para la televisión dirigida por David Carson.

La carrera de Kirchherr sobrevivió a los Beatles. En 1967 se casó con el batería inglés Gibson Kemp, que había reemplazado a Ringo Starr en Rory Storm and the Hurri-

Paul McCartney y Astrid Kirchherr en las Canarias

«Crecí en la bahía de San Francisco, pero me trasladé a Nueva York en la primavera de 1974, después de un paréntesis de dos años en Londres. La Gran Manzana estaba en bancarrota, los alquileres baratísimos y la pobreza alimentaban la imaginación. En la escena musical, el brillo del glam se estaba desvaneciendo. Todos esperaban algo, la «next big thing». Para poderla vivir, o simplemente para estar ahí y observarla. Y de repente apareció. En enero de 1975, Terry Ork, el mánager de los Television, me pidió que trabajara el domingo por la noche como recepcionista en el CBGB's cuando tocaba su banda. Y aquello se convirtió en mi trabajo en los años siguientes, mientras venían a tocar cada vez más grupos. En noviembre de 1975 compré una Pentax Spotmatic y comencé a fotografiar las diferentes bandas que actuaban.»

canes, pero el matrimonio no superó el fatídico séptimo año. Luego trabajó como barwoman, como diseñadora de interiores, y luego para una editorial musical. A partir de mediados de la década de 1990 gestiona en Hamburgo, con su colaborador comercial Krüger, la tienda de fotografía K&K, que propone impresiones vintage personalizadas, libros y obras de arte. K&K organiza también convenciones y eventos sobre los Beatles. Posteriormente, Astrid ha desarrollado justamente su actividad en la edición musical, pero está fuera de duda que lo que marcó su destino fueron aquellos fabulosos primeros años sesenta, que ella recuerda con ternura. «Nunca pensé que pudiera estar orgullosa de lo que hacía, todo llegaba naturalmente, éramos amigos. Más tarde estuve y sigo estando orgullosa de lo que hicieron ellos.»

Casi quince años después de Astrid, y en la orilla opuesta del Atlántico, otra joven frecuentaba un club de rock. Corría el año 1975, y en el Lower East Side neoyorquino, el CBGB's era el local del momento. Allí actuaban bandas que constituían la vanguardia de una escena musical urbana nueva y alternativa. Como en otros clubs musicales, en la recepción había una chica. Pero esta tenía una cámara fotográfica.

## «TRABAJANDO PARA JOHN HOLMSTROM Y LEGS MCNEIL EN EL FANZINE *PUNK* APRENDÍ EL AUTÉNTICO SIGNIFICADO DE LA LOCURA CREATIVA»
### Roberta Bayley

De esta manera comenzó la carrera de fotógrafa del punk de **Roberta Bayley**, que había nacido y crecido en Pasadena, en California. El trabajo en el CBGB's le permitió entrar en contacto con los músicos más destacados de la naciente escena: Blondie, Richard Hell, Johnny Thunders & The Heartbreakers, los Ramones, Nick Lowe y Patti Smith se convirtieron primero en amigos suyos, y luego en sujetos de sus fotos. Una foto en particular la proyectó a la historia: la foto en blanco y negro de los Ramones apoyados en la pared de un callejón.

«En marzo de 1976, la revista *Punk* me encargó un reportaje fotográfico sobre los **Ramones**. Debía trabajar de día, así que, en lugar de emplear, como era habitual, una película Tri-Ex, compré un carrete de Plus X en blanco y

TODO LO QUE LAS MUJERES FOTOGRAFÍAN

Los Ramones

*The Ramones 1976* — Roberta Bayley

negro de grano muy fino. Fuimos al loft de los Ramones, en el 6 de East 2nd Street (hoy se llama Joey Ramone Place). Hice algunas fotografías allí dentro, bajo la enseña de la banda, pero luego pensamos en ir al aire libre, donde había una luz más apropiada. A pocos pasos de ahí había un solar, y allí comencé a disparar. Estábamos tranquilos, porque el reportaje era para una revista nueva y sin pretensiones; no nos dábamos cuenta de que al cabo de poco sería la más cool de toda Nueva York, y quizás del mundo. Disparé dos carretes de película, fotografié a los Ramones desde detrás de la valla, luego contra una pared. Los Ramones estaban relajados, se sentían entre amigos.

> «DISPARABA RÁPIDAMENTE PORQUE SABÍA QUE LOS ARTISTAS SE ENCUENTRAN INCÓMODOS DELANTE DEL OBJETIVO»
>
> **Roberta Bayley**

Debbie Harry y Roberta Bayley en el CBGB's

191

Cerca de una semana más tarde, Danny Fields, su mánager, llamó a *Punk*. Las fotos «profesionales» que Sire Records había encargado para la carátula del álbum no gustaban a nadie. El disco estaba a punto de salir y todavía no había imagen para la cubierta. Entonces Danny miró mis pruebas y eligió dos fotos, el fotograma decimosegundo para la cubierta y otro, en el que los muchachos estaban sonriendo, para la publicidad. Por las dos fotos me ofrecieron 125 dólares, una cifra ridícula. Pero a mí me gustaban los Ramones y me bastaba. De esta manera, con el permiso de la redacción de *Punk*, acepté. El resto es historia. Mi instantánea se convirtió en la foto símbolo de los Ramones, e incluso se consideró una de las mejores carátulas de todos los tiempos. Estoy muy orgullosa de ella, porque ellos fueron una banda extraordinaria y, de alguna manera, con aquella foto, entré a formar parte de su mundo.»

Después de los Ramones, también Richard Hell y los Heartbreakers de Johnny Thunders la llamaron para las cubiertas de sus álbumes.

Los Heartbreakers

A partir de aquel momento, Bayley estuvo en continuo movimiento: voló a Inglaterra y documentó asimismo la escena punk inglesa, trabajó con los **Blondie** durante un año, se fue de gira con los **Sex Pistols** por toda Norteamérica, contando su triste epílogo. Y atravesó los States con **Richard Hell** en un Cadillac de 1959.

«La cubierta de *The Heartbreakers L.A.M.F.* (1977) se realizó en el centro de Nueva York, en Crosby Street. Johnny Thunders y yo éramos amigos desde 1974, cuando él todavía tocaba con los New York Dolls. Poco después de la publicación de aquel disco, la banda

Joey Ramone en la cama con Debbie Harry (y el *New York Post* del «Son of Sam» a sus pies)

### TODO LO QUE LAS MUJERES FOTOGRAFÍAN

Joe Strummer

Sid Vicious

## ROBERTA BAYLEY CUENTA LA FOTO A LESTER BANGS

«¿La foto suya en camiseta Imperio y una botella de Martell? Era la primera vez que los de *Punk* coincidíamos con Lester. Estaba en el elegante Hotel St. Moritz, en Central Park, a cuenta de la revista *Creem*. Lester era un tipo muy tierno, sobre todo si estaba sobrio. Tenía una pasión incontenible por la música, incluso por la que no le gustaba. Lester procedía de Detroit, donde trabajaba en la redacción de *Creem*. En Nueva York se ambientó en seguida, se hizo amigo de músicos y escritores y pronto dejó *Creem*. Lástima que muriera tan joven; dejó un vacío enorme en aquel periodismo musical "gonzo", que encarnó más que nadie. Quién sabe qué pensaría de la música de hoy...»

dejó la compañía Track Records y por este motivo nunca me pagaron. Pero unos años más tarde, en Londres, mientras caminaba por Oxford Street, me topé con Lee Childers, el mánager de los Heartbreakers. Sin decir nada, abrió su cartera y me dio 300 dólares, el doble de lo que había cobrado por la cubierta de los Ramones.»

La amistad que la vinculó a los artistas y la confianza que estos depositaron en ella le permitió capturar imágenes de afectuosa intimidad.

«Debbie Harry era una estrella pero, al mismo tiempo, era una persona normal –recordaba Bayley–, no tenía ninguna actitud de diva, y gozaba de un gran sentido del humor.» También dijo: «Los **Clash** pasaron un montón de tiempo en Nueva York para grabar, y Joe Strummer me llamó poco antes de partir hacia Londres para una sesión fotográfica. Nos divertimos paseando por mi barrio, el East Village».

### «¿LAS MEJORES CONDICIONES PARA FOTOGRAFIAR? SENTIRSE COMO UNA MOSCA EN LA PARED»
#### Roberta Bayley

La mayor parte de las fotos de Bayley no partían de una pose, ella se limitaba a retratar lo que sucedía, en gira o en el escenario. Todos la conocían y, en consecuencia, nadie le prestaba atención. «Y este, en parte, el motivo por el

Lester Bangs

Annie Leibovitz

Leibovitz hizo su trabajo con la habitual personalidad y, antes de irse mostró a la pareja una Polaroid que anticipaba lo que sería el resultado final. «Has capturado perfectamente la naturaleza de nuestra relación», fue el comentario de Lennon. Más tarde, aquel mismo día, ambos se dirigieron a los estudios de grabación para volver a escuchar «Walking on Ice», el nuevo sencillo de Yoko, de aparición inminente. A su regreso, justamente frente al Dakota, un fan psicópata de Lennon, un tal Mark David Chapman, se acercó y descerrajó cinco disparos de su pistola calibre 38. Cuando Lennon llegó al Roosevelt Hospital, ya era cadáver.

que dejé de hacer fotos –confesaba–, porque en los años ochenta los artistas comenzaron a controlar su propia imagen, no se podía simplemente "salir" con Prince. En pocos años cambió todo. Entre los que seguían en vida, yo había fotografiado a todos los artistas que había querido; corría el serio peligro de perder mi estatus de aficionada. Colgué la cámara fotográfica y desaparecí. Estas fotografías son mi disco, la prueba de lo que he hecho.» Roberta Bayley vive y trabaja todavía en Nueva York, y sus fotografías se exponen en las muestras y en las galerías más prestigiosas del mundo.

Como hemos visto, también en el universo de la fotografía musical, las circunstancias que vinculan indisolublemente a un artista con una obra suya son de lo más dispares. Y si en el caso de Astrid o de Roberta se trató de coincidencias fortuitas de eventos nacidos bajo una buena estrella, otras veces sucedió que una fotografía estuviera más vinculada a un hecho funesto. La foto a John Lennon y Yoko Ono para *Rolling Stone* fue una de estas.

8 de diciembre de 1980. **Annie Leibovitz** se encontraba en el séptimo piso del Dakota Building, prestigioso edificio residencial en la calle 72 de Nueva York, donde desde 1973 vivían **John Lennon** y **Yoko Ono**. Fue Jann Wenner, fundador de *Rolling Stone*, quien la había enviado ahí, con el encargo de realizar una foto para la cubierta de la revista.

> «LA DE JOHN Y YOKO DESNUDOS ES LA FOTO POR LA QUE ME GUSTARÍA QUE SE ME RECORDARA, LA FOTO DE MI VIDA»
>
> **Annie Leibovitz**

Yoko Ono y John Lennon

TODO LO QUE LAS MUJERES FOTOGRAFÍAN

El 22 de enero de 1981, *Rolling Stone* estaba en el quiosco, y su cubierta mostraba a John, cuyo cuerpo desnudo envolvía al cuerpo vestido de Yoko. Él tenía los ojos cerrados, y la besaba en la mejilla. Ella lo miraba con ternura; ningún título o comentario, sólo el logo de la revista. Todas las páginas del número estaban dedicadas a John, con afectuosos y dolorosos recuerdos de Mick Jagger y de muchos otros artistas que lo habían conocido y amado. «La leyenda de John sobrevive también gracias a aquella imagen, su sinceridad y audacia al mismo tiempo», confesó Yoko Ono. Annie Leibovitz colaboró con *Rolling Stone* a partir de 1970, y desde 1973 fue su directora de fotografía, firmando 142 cubiertas que retrataban a las mayores estrellas de rock del momento, desarrollando una técnica propia inconfundible basada en el uso marcado por los colores primarios y las posturas extravagantes: Bruce Springsteen patinando sobre hielo, Jagger y Richards con el torso desnudo, Bob Dylan en un primerísimo plano con la mirada oculta por unas gafas oscuras, los Fleetwood Mac en la cama, todos juntos, en la cumbre de su éxito y de sus retorcidas dinámicas interpersonales.

Anna-Lou Leibovitz, nacida el 2 de octubre de 1949 en Waterbury, Connecticut, era una de las seis hijas de Sam, teniente de la Air Force, y Marilyn Leibovitz, profesora de danza moderna. En 1967 se matriculó en el San Francisco Art Institute, donde se declaró su amor por la fotografía. Después de una breve experiencia en un kibbutz en Israel, regresó a los Estados Unidos en 1970 y fue contratada por *Rolling Stone*, impresionando a Jann Wenner con su book, que incluía algunas imágenes de Allen Ginsberg. En 1975,

Mick Jagger y Keith Richards; a la izquierda, Bruce Springsteen sobre patines para una cubierta de *Rolling Stone*

la revista le ofreció la estupenda oportunidad de seguir a los **Rolling Stones** en gira.

En 1983 dejó *Rolling Stone* por *Vanity Fair* y, en el curso de la década, realizó numerosas campañas publicitarias de altísimo nivel.

Entre 1983 y 2005 realizó varias cubiertas para álbumes de músicos importantes, sobre todo de **Bruce Springsteen**, para quien firmó, entre otros, el célebre y vendidísimo *Born in the USA* (1985), pero también de Barbra Streisand, Patti Smith, Laurie Anderson o Cyndi Lauper. Leibovitz está considerada una de las mejores retratistas estadounidenses y encarna sin duda un nuevo tipo de fotografía, marcando, sobre todo para el específico mundo de la música, el paso desde una fase artesanal, basada en la espontaneidad y la inmediatez, a una más profesional o, mejor dicho, artística. Sus retratos originales e icónicos de

## ROCK & ARTE

Bob Dylan

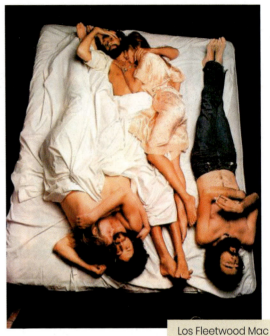

Los Fleetwood Mac

las estrellas de la música (pero también del cine, literatura, arte y política) son el resultado de disposiciones animadas e irónicas, que ella misma prepara con método y pasión, a través del encuentro con la personalidad a retratar: «Cuando digo que quiero fotografiar a alguien, significa en realidad que querría *conocer* a alguien, descubrir su personalidad».

Annie Leibovitz trabajando en el set de uno de los diferentes calendarios Pirelli que ha realizado

Sus referencias profesionales han sido Henri Cartier-Bresson, Robert Frank, Richard Avedon, Irving Penn, Helmut Newton y Diane Arbus, gigantes de la fotografía junto a los que ahora se la nombra frecuente y legítimamente.

### «OBSERVANDO LOS TRABAJOS DE LOS GRANDES MAESTROS DE LA FOTOGRAFÍA, MADURÉ LA CONSCIENCIA DE MI VOCACIÓN»
#### Annie Leibovitz

También los extraordinarios escritores con los que ha trabajado Leibovitz gracias a *Rolling Stone*, de Hunter S. Thompson (el inventor del «gonzo journalism») a Tom Wolfe, han sido una fuente de inspiración fundamental. «Nunca son particularmente ambiciosa –ha declarado–, sólo he amado lo que la fotografía representa. La cámara fotográfica te da la posibilidad de viajar con una finalidad.» No es casual que a partir de 1991, su colección de más de doscientas fotografías se encuentre en la National Portrait Gallery de Washington. Leibovitz fue la primera mujer en recibir tal honor.

## EL HELICÓPTERO DE NIXON DEJA LA CASA BLANCA

En 1974, Annie Leibovitz se hallaba en Washington en el día en que Richard Nixon, que acababa de dimitir, dejaba su despacho de la Casa Blanca. Annie contaba que todos los colegas habían apagado ya las cámaras fotográficas, pero ella estaba esperando el momento adecuado. «Estaba allí con toda la prensa acreditada en la Casa Blanca, y después del despegue del helicóptero presidencial, cuando enrollaron la alfombra, parecía que todo había acabado. Nadie disparaba fotos, excepto yo.» Se reía contando aquella aventura, y explicaba que *Rolling Stone* esperaba cubrir los eventos de aquellos días cruciales con un artículo del famoso «gonzo journalist» Hunter S. Thompson, pero cuando quedó claro que no llegaría ningún artículo, el editor de la revista cogió la foto de Leibovitz y la colocó en la página destinada a Thompson.

El helicóptero de Nixon deja la Casa Blanca

# GUITARRAS, CADILLACS, ETC.

## Cuando logos, instrumentos, automóviles, motos y memorabilia se convierten en obras de arte

La palabra «memorabilia» deriva del latín «memorabilis», es decir, «recuerdo», y designa en el mundo anglosajón a un objeto que ofrece la posibilidad de recordar a algo o alguien. Este término indica los objetos pertenecientes a un evento histórico, así como a una película o un acontecimiento deportivo sucedido en un pasado relativamente reciente. En el rock, los «memorabilia» se encuentran entre los objetos más buscados, más admirados por fans y coleccionistas.

# Basta la palabra

**A LO LARGO DE LOS AÑOS** se han convertido también en marketing, pero los logos rock fueron ante todo fruto de creatividad, signos distintivos que entraron en el imaginario colectivo de quien, en una simple inscripción, entrevió un sonido, una canción o todo un mundo artístico.

En abril de 1963, **Ivor Arbiter**, propietario de Drum City, tienda del West End londinense especializada en baterías e instrumentos de percusión, recibió una llamada de uno de sus dependientes. Había llegado a la tienda, le dijeron, un tal **Brian Epstein**, mánager de la banda **The Beatles**. Junto a él, el batería del grupo, **Ringo Starr**. Estaban allí porque querían comprar una nueva Ludwig. En aquel momento, Epstein y Arbiter acordaron el precio del instrumento, pero con una condición: que en la piel del bombo apareciera la marca Ludwig, porque el comerciante acababa de concluir un acuerdo con la firma constructora que preveía justamente este punto. «OK –dijo Epstein–, pero yo quiero que me diseñes la inscripción *The Beatles*». Dicho y hecho, Arbiter llamó a un artista local, **Eddie Stokes**, que pintó a mano aquellas letras que, al cabo de poco, se harían famosas en todo el mundo como «logo drop T». El artículo THE, colocado en la parte superior, iba en caracteres más pequeños que el nombre de la banda. La B inicial de Beatles era de mayor tamaño y en general la palabra BEAT de la inscripción resaltaba más, del mismo modo que la S destacaba gracias a una curvatura particular en la parte inferior. La batería le costó a Epstein 238 libras esterlinas, la inscripción apenas 5, si bien esta última se convirtió en parte fundamental de la difusión comercial de la música y de todo lo relacionado con el arte de los Fab Four.

Unos años más tarde, los Beatles fundaron la Apple Corps, compañía que se encargaba del material multimedia del grupo. La idea del logo (una manzana verde) fue de **Robert Fraser**, prestigioso galerista londinense y amigo de los Fab Four. Fraser contaba que Paul McCartney

Ringo tocando su batería Ludwig; a la derecha, el escaparate de Drum City

era un admirador de la obra surrealista de **René Magritte**. Y que, por este motivo, un día, el mismo Fraser llevó a casa de Paul la reproducción de una pintura del pintor belga que representaba una manzana verde con la inscripción «Au revoir». Aquel cuadro, conocido como *Le jeu de morre*, era una de las muchas obras pintadas por Magritte, que a menudo usaba las manzanas para sus trabajos (en uno de los más célebres, la fruta sustituía a un rostro masculino). La idea de Fraser de emplear la manzana y el nombre «Apple» gustó inmediatamente a Paul, pero también a John, George y Ringo, que vieron de esta manera cómo el fruto se usaba de manera singular también en la etiqueta de sus discos: en la cara A la parte exterior de la manzana, y en la cara B la interior.

Apple Records nació oficialmente en 1968 bajo la dirección artística de **Peter Asher**, del dúo Peter & Gordon. Peter era el hermano de la actriz Jane Asher (novia de Paul McCartney) y futuro mánager de James Taylor y de muchas otras estrellas del rock.

## «ME ENCANTABA MAGRITTE. SIEMPRE ME GUSTARON SU ESTILO Y SU SENTIDO DEL HUMOR»
### Paul McCartney

En el otro lado del mundo, unos diez años más tarde, nació otra compañía destinada al éxito, y su nombre remitía a la misma fruta: Apple Computer. De hecho, en 1976, **Steve Jobs** (súper aficionado al rock y otros estilos), con la elección de aquel nombre pretendía homenajear a los Fab Four. Eligió como logo una manzana mordida. En 2012 Jobs se convirtió en propietario de la marca de los Beatles después de que, a causa de un proceso realizado algunos años antes, los jueces permitieron al inventor de iPhone e iPad vender los temas de Lennon & McCartney en iTunes. La manzana verde y el logo de

*Le jeu de morre* de Magritte

ROCK & ARTE

Logo de Apple Records; a la derecha, Steve Jobs y el logo de su Apple Computer

# LED ZEPPELIN, UN LOGO ARTÍSTICO

El loco con la inscripción **Led Zeppelin**, diseñado por Storm Thorgerson y Aubrey Powell del estudio Hipgnosis, apareció por primera vez en el interior de *Houses of the Holy* (1973). Sin embargo, la marca que se asocia mayormente a los Led Zeppelin (a este respecto, ver las numerosas camisetas) es la de Swan Song Records, etiqueta fundada en 1974 y gestionada por Peter Grant. El «Swan Song Logo», nombre por el que se lo conoce, está inspirado en *Evening (Fall of Day)*, cuadro del siglo XIX del pintor estadounidense **William Rimmer**, que representa a Apolo, el dios griego de la luz, de la música y de la curación. Según otras fuentes, el logo representaría a Ícaro, hijo de Dédalo, en los últimos momentos de su vida.

El primer álbum de los Led Zeppelin publicado por Swan Song fue *Physical Graffiti*, de 1975, que permitió, pues, añadir otro logo para caracterizar el merchandising oficial de la banda.

El Swan Song Logo

The Beatles aparecen todavía en los discos y en el material de vídeo que se sigue publicando, porque la licencia para su utilización en el campo musical sigue vigente.

Una vez experimentado por los Beatles, el uso del logo de la banda en el bombo de la batería se convirtió en una costumbre. Un amigo de Ringo, **Keith Moon**, batería de los Who, fue uno de los que más insistieron en tenerlo. En realidad, el logo del grupo fue creado por **Brian Pike** y apareció por primera vez en el manifiesto que anunciaba los conciertos Maximum R&B que se programaban cada martes por la noche de los años 1964 y 1965 en el Marquee Club de Londres. El póster, ideado por Kit Lambert y Chris Stamp (mánager de la banda inglesa) mostraba a **Pete Townshend** inmortalizado en el famoso gesto del molinillo, con el logo en blanco y negro. La H aparecía unida entre el artículo THE y el nombre del grupo, mientras que la O se alargó para transformarse en una

La batería de Keith Moon con el logo de los Who; a la derecha, el logo de los Who en la versión con el círculo de la RAF

especie de flecha o, quizás de manera más prosaica, en algo que subrayara la masculinidad de los componentes de la banda. Posteriormente Townshend (ex estudiante del Ealing Art College) quiso dar un poco de color al logo superponiendo el nombre al círculo-diana de la Royal Air Force, emblema de la aeronáutica militar del Reino Unido, que pasaba así de ser un símbolo institucional a transformarse en uno de los signos distintivos del mod.

> «MI PADRE CLIFF FORMÓ PARTE DE LA RAF: EL CÍRCULO DE LA AERONÁUTICA, UNIDO AL LOGO DE LOS WHO, ES UN PEQUEÑO HOMENAJE A ÉL»
>
> **Pete Townshend**

Otro estudiante del Ealing Art College, **Freddie Mercury**, creó el logo de su banda: el Queen Crest. Freddie plasmó su idea poco antes de que saliera el álbum. En realidad, la marca similar al blasón del Reino Unido no saldría hasta *A Day at the Races* (1976), en su versión más famosa y conocida.

En el logo había cuatro figuras correspondientes a los signos del zodíaco de los miembros de los **Queen**: **Roger Taylor** y **John Deacon** eran Leo, el Cáncer era **Brian May**, mientras que las dos hadas blancas simbolizaban a Virgo (Freddie Mercury). En el centro se veían la Q de la banda y la corona de la reina británica envuelta con un anillo en llamas. El amarillo y el naranja eran los colores principales, junto a la tonalidad púrpura, otra referencia real. El gran fénix coronaba todas las figuras presentes en el Queen Crest, que aparecía en versiones diferentes en las carátulas de *A Night at the Opera* (1975), *Greatest Hits II* (1991) y *Queen Rocks* (1997).

Queen Crest

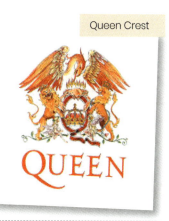

## ROCK & ARTE

John Pasche en compañía de sus «lenguas»

Los Beatles, los Who y otras bandas inglesas de éxito habían reforzado su identidad con logos inconfundibles. Los **Rolling Stones** no podían quedarse atrás. Y de esta manera, en primavera de 1970, **Jo Bergman**, asistente personal de Mick, Keith y compañía decidió orientarse al Royal College of Art para buscar al mejor alumno al que confiar el póster de la inminente gira europea de los Stones. En la escuela le recomendaron a **John Pasche**. Aquel joven estudiante parecía encajar con sus ideas. Pero para valorar mejor sus cualidades artísticas, Jagger fue al College of Art: visitó la muestra del chico, organizada para su graduación, y lo conoció. «Mick poseía una pintura de la diosa Kali que le gustaba muchísimo –contaba Pasche–; en aquellos tiempos, la India y su imaginario causaban furor en Europa, pero yo deseaba crear algo que fuera más allá de las modas y que tuviera un toque rebelde, antiautoritario.»

### «CUANDO CONOCÍ A MICK JAGGER, LO PRIMERO QUE ME LLAMÓ LA ATENCIÓN FUERON SUS LABIOS»
#### John Pasche

En aquel momento, John Pasche tuvo una inspiración: la lengua de la diosa Kali y los labios de Jagger le parecieron una mezcla perfecta: representaban la actitud revolucionaria de la banda y al mismo tiempo mostraban una connotación sexual natural. La famosa lengua gustó hasta tal punto a la banda que fue adoptada como símbolo. Su primera aparición tuvo lugar en *Sticky Fingers*, el álbum de 1971 con la carátula realizada por Andy Warhol. En ella aparecía un primer plano frontal de un pantalón vaquero que, inicialmente, suscitó mucha polémica, y los Stones, quizás distraídos por ello, se olvidaron de pedir el copyright de la «lengua» a nivel internacional, hasta el punto de que una marca alemana, hábilmente, lo registró como marca en Alemania, utilizándolo durante un cierto período para sus prendas de vestir.

El entonces estudiante John Pasche, de veinticuatro años, recibió apenas 50 libras esterlinas para la realización del diseño. En 1972, visto el éxito obtenido por el logo, recibiría 200 libras más como bonus.

En 2008, el Victoria & Albert Museum adquirió por 92.500 dólares el diseño original, que entretanto se había convertido en un icono del rock, hasta el punto de merecer ser considerado a todos los efectos una pieza de museo. John Pasche trabajó con Mick Jagger y sus socios entre 1970 y 1974 para diseñar algunos carteles de sus conciertos, luego puso su arte al servicio, entre otros, de Paul McCartney y Who. Posteriormente, el grafista se convirtió durante unos años en director creativo del South Bank Center Arts Complex de Londres, antes de seguir trabajando como diseñador *freelance*.

# AEROSMITH, LOS STONES BOSTONIANOS

El logo de los Aerosmith

Incluso antes de convertirse en la «versión norteamericana» de los Stones, en 1971 los **Aerosmith** ya contaban con **Ray Tabano** como guitarrista. La contribución en la historia del grupo por parte del viejo amigo de **Steven Tyler**, más que musical, hace referencia justamente a la creación de logo que aún hoy identifica a la banda de rock bostoniana. Las alas con la letra A bien evidente en el centro, rodeada por un círculo, se encuentran sobre el nombre del grupo escrito con una tipografía psicodélica. Parecía perfecto para el segundo álbum *Get Your Wings*, de 1974. Posteriormente, la inscripción Aerosmith quedaría pegada al propio logo.

La paternidad del nombre Aerosmith se atribuye a **Joey Kramer**. Mientras escuchaban *Aerial Ballet* de Harry Nilsson, el futuro batería de los Aerosmith y su novia se pusieron a pensar en un nombre para su banda de la época. Buscaban un sustantivo que contuviera el término «aero». Aerosmith, semejante a *Arrowsmith*, les había parecido apropiado. Lástima que no gustara a nadie en el grupo. Pero Joey lo guardó en el cajón y lo volvió a sacar cuando empezó a tocar con Steven Tyler. **Tom Hamilton**, bajista de la banda, lo recordaba a la perfección: «Cuando nos lo propuso, le dijimos: "¿Pero esto no es el título del libro que te hacen leer durante las clases de inglés?" Luego nos explicó que se deletreaba de manera diferente. No significaba nada, pero nos gustó el sonido, muy rock'n'roll...».

La cubierta de *Permanent Vacation* de los Aerosmith, con el típico logo del grupo

El logo experimentó un *restyling* parcial a cargo del artista **Shepard Fairey** en 2012, con ocasión de los cincuenta años de actividad de la banda.

Justamente mientras que en Londres los Beatles estaban acariciando la idea de crear Apple, en California, un cartel gigante anunciaba por primera vez un álbum de rock. Corría el mes de enero de 1967, cuando en el Sunset Strip de Los Angeles señoreaban los rostros de **Jim Morrison**, **Ray Manzarek**, **Robby Krieger** y **John Densmore (The Doors)**, junto al logo de la banda y una inscripción: «Break on through with an electrifying album». El logo de los Doors aparecía en los primeros tres álbumes de la banda, y luego en el siguiente *Waiting for the Sun*, de 1968, así como en los directos y en las recopilaciones posteriores a la muerte de Morrison. Pero nadie sabe con certeza quien lo creó, y de hecho son muchos los que atribuyen su paternidad a **Bill Harvey**, director de arte de Elektra en la década de 1960. Harvey, autor de varias carátulas como las de **Judy Collins**, **Tim Buckley**, **Love** y **Paul Butterfield Blues Band**, falleció a principios de la década de 1990; sin duda fue él quien aprobó el trabajo, que luego fue ejecutado, según sus palabras, por «un joven asistente de Elektra Records.» El artículo THE presentaba una tipografía casi psicodélica, adoptada directamente de la de Paul Butterfield Blues Band, grupo producido por la misma etiqueta y muy admirado por el guitarrista de los Doors,

## ROCK & ARTE

Los Doors y el famoso póster para anunciar su primer álbum

La tipografía usada para la inscripción Doors parecía la misma que la de la E de Elektra, un indicio más que confirmaba la tesis de la elaboración en el interior del equipo creativo de la etiqueta californiana.

> «MI VERSIÓN DEL LOGO DE LOS DOORS TIENE LAS DOS "O" QUE SE APOYAN EN LA MISMA LÍNEA Y SE REFLEJAN CORRECTAMENTE»
> **Art Chantry**

Robby Krieger. La única diferencia era que, en este caso, se escribía en mayúsculas en lugar de minúsculas. La fuente es la misma que se usó para el título del citado *Waiting for the Sun*. También marcó su época el estilo con el que se escribió el nombre de la banda, sobre todo en virtud de las dos O situadas de modo especular (o como alas de mariposa), que daban una identidad precisa a la marca.

En la década de 1980, el logo de los Doors fue modificado ligeramente por **Art Chantry**, un grafista de Seattle asociado a menudo con carátulas y pósteres de grupos como Mudhoney o Soundgarden. A Chantry le habían encargado algunos calendarios rock, y uno de estos correspondía justamente a la banda de Jim Morrison. «Para

## LA CALAVERA DE LOS GRATEFUL DEAD

En la década de 1960, el mejor tipo de LSD, el llamado Owsley Purple, lo hacía a mano **Augustus Owsley Stanley III**, benefactor de la humanidad, genial ingeniero de sonido y magistral técnico de sala en la corte de los Grateful Dead. Owsley había sido el primer individuo en el mundo en sintetizar él mismo la sustancia capaz de alterar las percepciones de la mente humana.

En un día de lluvia, mirando por la ventana de su casa, Owsley (llamado «Bear», el oso) vio un cartel a lo largo de la calle. Ante sus ojos se le apareció como un círculo, con la parte superior anaranjada y la inferior azul, y una barra blanca atravesándolo. «Era el logo de una marca, pero no lograba leer su nombre –recordaba Stanley–, y en aquel momento pensé: si el naranja fuera rojo y si la barra blanca se convirtiera en un rayo, obtendríamos una marca única, con la que personalizar las fundas de las guitarras y las cajas de todo el equipamiento». Sus píldoras mágicas, unidas a la contribución del artista **Bob Thomas** y a la herencia de los amigos grafistas Mouse & Kelley (creadores de la carátula con «calaveras y rosas» de 1971), hicieron el resto. Thomas diseñó una calavera estilizada roja y azul con un rayo blanco para la cubierta de *Steal Your Face*, doble en directo de 1976. A partir de aquel momento, aquella calavera se convirtió en el logo oficial de los Grateful Dead.

El logo de los Grateful Dead

BASTA LA PALABRA

Art Chantry; a la derecha, el logo de los Doors en la nueva versión del mismo grafista

aquel trabajo tenía que recuperar un logo de los Doors –recordaba–, y dado que no lo encontraba, lo fotocopié de una carátula antigua, pero la copia quedó tan mal que decidí rediseñarlo. Y fue entonces cuando encontré el error, y corregí los ángulos de modo que las "O" se reflejaran de manera regular.» A partir de aquel momento, la versión de Chantry pasó a ser la oficial. Elektra cambió el logo tanto para *Morrison Hotel*, de 1970, como para *L.A. Woman* del año siguiente, y hoy la marca retocada por Art Chantry aparece en cualquier objeto vinculado a los Doors, junto a las fotos de **Joel Brodsky**, para entendernos, las que presentan a Jim Morrison con el torso desnudo o con el mismo «Rey Lagarto» con los brazos y las manos hacia adelante.

Cuando a mediados de la década de 1970 California todavía era el faro artístico y cultural del mundo, en una Nueva York corrupta y en profunda crisis económico-social estaba naciendo una nueva escena musical.

Desde Queens hasta un pequeño local del Bowery, cuatro falsos hermanos imponían su mezcla de rock descarnado, rudimentario, ruidoso y muy rápido. Poseían la vena melódica de los Beach Boys, el enfoque de los Velvet Underground y la energía de los primeros grupos de hard rock: se hacían llamar **Ramones**.

**Arturo Vega** era, de hecho, un miembro anexo a la banda: se ocupaba del escenario y de su iluminación, y era el portavoz y el confidente de los músicos. Se dice que, salvo en dos ocasiones, siempre estuvo al lado de los Ramones en los 2.200 conciertos que celebraron de 1974 a 1996. A él se debía la creación del logo del grupo, una

Contracubierta del primer álbum de los Ramones y Arturo Vega

revisión del sello del presidente de los Estados Unidos que se pudo ver por primera vez como hebilla de un cinturón en la contracubierta del primer álbum.

En lugar de la rama de olivo, Vega diseñó una rama de manzano porque, como sostenía, «los Ramones eran más estadounidenses que un *apple pie*». Finalmente, dado que Johnny Ramone era un fanático del béisbol, Vega decidió que el águila empuñara un bate en lugar de las flechas. La inscripción «Look Out Below» se modificó en «Hey Ho Let's Go», texto procedente de «Blitzkrieg Bop». En torno al círculo señoreaban los nombres de los componentes del grupo. El logo, originariamente concebido en color, se usaría la mayor parte de las veces en blanco y negro, tanto a causa del minimalismo de cierto punk como por los costes de impresión.

> «EL SELLO DEL PRESIDENTE ERA PERFECTO PARA LOS RAMONES: ÁGUILA Y FLECHAS PARA SIMBOLIZAR FUERZA Y AGRESIVIDAD, PARA USARLAS CONTRA CUALQUIERA QUE HUBIERA OSADO ATACARNOS»
> **Arturo Vega**

Antes de la revolución punk, habían sido los grupos de hard & heavy, para los cuales los ritos y simbología siempre habían revestido una gran importancia, quienes desarrollaron marcas y logos destinados a la gloria. En 1973, el nombre del grupo capitaneado por **Gene Simmons** y **Paul Stanley** pasó de ser **Wicked Lester** a denominarse **Kiss**. Un nuevo guitarrista entraba a formar parte de la banda, **Ace Frehley**, quien creó un logo que se hizo muy popular y que, después del arrollador éxito de la banda, se aplicó en innumerables gadgets, desde llaveros a preservativos, pasando por muñecos y juke-box, generando un negocio increíble.

Las S finales del logo se diseñaron como dos rayos y querían indicar la potencia de la banda, así como una cierta agresividad que no gustó en Alemania, hasta el punto de que, en 1979, la tipografía se redondeó para eliminar el «efecto SS», evitando de este modo más discusiones y polémicas. Según Paul Stanley, el beso que da el nombre al grupo tenía que ser simplemente una mezcla de sensualidad y transgresión.

La calavera, tan amada por los Deadheads, era en realidad uno de los elementos más familiares de los metaleros. Como lo demostraba uno de los logos más amados por los aficionados al rock: el War-Pig, conocido también como Snaggletooth, Iron Boar o Little Bastard, que señorea en la carátula del álbum de debut de los **Motörhead** (1977). Lo inventó un grafista estadounidense, **Joe Petagno**, que después de haber trabajado en el estudio Hipgnosis con Storm Thorgerson, vincularía su nombre justamente al de los Motörhead. «Conocí a Lemmy mientras estaba haciendo unos trabajillos para los Hawkwind –recordaba–; él acababa de abandonar el grupo y buscaba a alguien que creara un logo para su nuevo proyecto, los Motörhead.»

> «LEMMY Y YO TUVIMOS ALGUNAS IDEAS EN EL PUB QUE ESTABA EN LA ESQUINA DE SU OFICINA EN LONDRES. UN PAR DE SEMANAS MÁS TARDE HABÍA NACIDO EL SNAGGLETOOTH»
> **Joe Petagno**

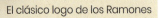
El clásico logo de los Ramones

BASTA LA PALABRA

Kiss en concierto con el logo a sus espaldas

Cubierta del primer álbum de los Motörhead

En 2007, el diseñador comunicó que no quería ceder al management del grupo los derechos sobre el uso del Snaggletooth. Por ello, con el álbum *Kiss of Death* se interrumpió la larga relación profesional y de amistad. El Snaggletooth se volvió a proponer en las versiones antiguas y se diseñó de nuevo de manera muy semejante al original, a cargo de **Terje Aspmo**, para *Aftershock*, de 2013 y *Bad Magic*, de 2015. Por su parte, la Cruz de Hierro, otro símbolo del grupo que se combinó a menudo con la calavera, frecuentemente fue objeto de polémicas, en virtud de las cuales se acusó a Lemmy y sus compañeros de propaganda nazi.

En el mundo hard & heavy, muchas marcas fueron fruto de la creatividad de los propios músicos. Como por ejemplo la de los **Iron Maiden**, que fue obra del bajista **Steve Harris**, aunque mucha gente sostiene que procedía del cartel de *The man who fell to Earth* (*El hombre que vino de las estrellas*), la película de Vic Fair con David Bowie.

La cubierta de *Let There Be Rock* con el famoso logo de los AC/DC

## UNA MARCA DE ALTO VOLTAJE

La famosa inscripción de la banda australiana **AC/DC** fue el fruto de una idea del director artístico de Atlantic Records, **Bob Detrin**, y del diseñador **Gerard Huerta**. La tipografía gótica se inspiraba en la famosa Biblia de Johannes Gutenberg, el inventor de la imprenta de caracteres móviles. El rayo que dividía en dos el nombre de la banda y el color rojo completaron una idea de rock y de energía que hizo su debut oficial en la cubierta del tercer álbum del grupo, *Let There Be Rock* (1977). Era la manera más adecuada de completar el significado de «alternate current / direct current», anotado en un electrodoméstico por Margareth Young, hermana mayor de los dos guitarristas Angus y Malcolm, y perfecto para visualizar espíritu y energía de la banda. Gerard Huerta, nacido y educado en el sur de California, se había licenciado en el Art Center College of Design y se convirtió en un especialista en la creación y en el diseño de marcas tanto para la música (Arista Records, Blue Öyster Cult, Boston, Isley Brothers, Willie Nelson, Ted Nugent) como para realidades diferentes, como Swiss Army Brands, HBO, Pepsi, Eternity de Calvin Klein y muchos otros.

## ROCK & ARTE

El logo de los Metallica

El logo de los Korn

Sí es cierto que fue **James Hetfield**, líder de los **Metallica**, quien creó el logo del grupo, caracterizado por las aristas en la letra inicial y en la final. La marca apareció por primera vez en la carátula del primer álbum, *Kill 'Em All* (1983), y a continuación experimentó algunas variaciones. La más sustancial fue la que se ve en *Load* (1996), mientras que el retorno a la vieja inscripción se produjo en el álbum *St. Anger* (2003). Hetfield diseñó también otras figuras para el grupo, como la estrella ninja y el personaje espantoso a medio camino entre una calavera y un diablo con los dientes agudos.

La inscripción **Korn**, con la R al revés, fue diseñada por el cantante del grupo, **Jonathan Davis**, y recordaba la de la famosa secuencia «REDRUM» de la película *El resplandor*, extraída del libro de Stephen King (el niño protagonista escribía en una puerta REDRUM, con la D y la segunda R al revés; en la escena siguiente, la madre leía a través de un espejo la inscripción, que se convertía en MURDER, es decir, «asesinato»). El logo apareció en el segundo álbum, *Life is Peachy* (1996). Posteriormente, **Fred Durst**, de los **Limp Bizkit**, tatuaría el logo de los Korn en la espalda de Brian Welch, guitarrista del grupo nu-metal estadounidense.

Al parecer, también el logo de los **Nirvana** fue concebido por el líder de la banda, **Kurt Cobain**. Apareció por primera vez en un flyer durante la fiesta de lanzamiento de *Nevermind* (1991). Más o menos en el mismo período, la marca comenzó a usarse en varias camisetas del grupo. A los Nirvana se les asoció también la cara con la sonrisa incierta, con la lengua afuera, dos X en lugar de los ojos y con una génesis misteriosa. La tesis más acreditada reza que la cara era similar a la que aparecía junto a la inscripción «Have an Erotic Day!», bajo la enseña del Lusty Lady Strip Club, un local para adultos en el centro de Seattle. Otros, en cambio, sostienen que es el smile de The Acid House, club frecuentado por Cobain, o bien un sketch para indicar la expresión de un borracho o drogado, un mendigo o inclu-

Flyer para el lanzamiento de *Nevermind* de los Nirvana, con el smile; a la derecha, camiseta del grupo de Kurt Cobain

so de alguien del público durante una actuación de los Nirvana. La teoría más fantasiosa, y sin duda la más divertida, señala que el smile sería una caricatura de **Axl Rose**. Los **Guns N' Roses** nunca gustaron a Cobain, como se reflejaba en varias declaraciones del tipo: «Rebelarse quiere decir bajar al campo contra gente como los Guns N' Roses.» La tipografía empleada para el logo de los Nirvana era la llamada Onyx, elegida casualmente por **Lisa Oarth**, ex directora artística de Sub Pop Records, la etiqueta que publicó el álbum de debut de los Nirvana, *Bleach*. Parece ser que Oarth pagó al tipógrafo **Grant Alden** para que eligiera la fuente más adecuada.

## TAFKAP: UN ARTISTA, UN SÍMBOLO

«Prince es el nombre que me dio mi madre cuando nací. Warner lo cogió, lo registró y lo utilizó como instrumento de marketing para promover mi música. Me he convertido en una pieza utilizada para producir más dinero para Warner.»

En 1992, Prince decidió cambiar su nombre para seguir publicando su propia música. «No quería adoptar otro nombre convencional. La única alternativa aceptable para mí y para mi identidad es el Love Symbol, un símbolo que no se pronuncia, una representación de mí y de lo que trata mi música», explicaba el artista de Mineápolis.

El Love Symbol (una fusión de los símbolos sexuales masculino y femenino) servía pues para identificar los nuevos álbumes. Después de un breve período, el artista norteamericano comenzó a usar el acrónimo **TAFKAP**, es decir, «The Artist Formerly Known As Prince», para luego pasar a hacerse llamar, «simplemente», The Artist. El logo seguía siendo el mismo.

El 16 de mayo de 2000, una vez finalizado el contrato con Warner, Prince volvió a usar su verdadero nombre, aunque por entonces el logo ya estaba registrado.

El Love Symbol; a la derecha, Prince con la guitarra en forma de logo

### «EL PASO DECISIVO PARA LA LIBERACIÓN DE LAS CADENAS QUE ME ATABAN A LA WARNER FUE EL DE CAMBIARME EL NOMBRE»
**Prince**

# Guitar Town

**EL CULTO DEL ROCK NUNCA HA CONOCIDO** límites. Por ello, desde siempre, los fans sueñan con tener entre sus manos los objetos que han pertenecido a sus artistas favoritos. Con tal de poseer los codiciados recuerdos que «cuanto más raros, mejor», estarían dispuestos a todo…

Los precios que alcanzan a la venta algunos «objetos preciosos», comenzando por las guitarras que han hecho historia, son realmente estelares. En el campo del rock, hoy más que nunca, el mercado de las rarezas no conoce la palabra crisis. Especialmente en lo referente a algunos instrumentos legendarios, como las guitarras de **Jimi Hendrix**…

En la histórica actuación en el Monterey International Pop Festival, Hendrix subió al escenario con una Stratocaster blanca que había pintado en el camerino, poco antes de subir a escena. «Vi que tenía rotuladores y colores junto al instrumento –recordaba su amigo **Eric Burdon**–, y comenzó a pintar la caja: parecía un guerrero navajo antes de la caza.»

En el dibujo que hizo Jimi se observa una cierta predilección por las flores (tema que luego retomó en otra guitarra suya, una Gibson Flying V utilizada en Francia en la gira entre 1967 y 1968 y hoy expuesta en el Hard Rock Café de Londres).

El guitarrista de Seattle se había preparado de este modo antes de la batalla de Monterey, donde la víctima del sacrificio sería justamente su Fender. La historia es bien conocida: presentado por su amigo Brian Jones, guitarrista y fundador de los Rolling Stones, Hendrix, al final de *Wild Thing*, último tema programado, se arrodilló ante la guitarra y comenzó a rociarla con alcohol para luego prenderle fuego, simulando un acto sexual con el instrumento, en una especie de rito catártico que concluyó con la destrucción de la Fender. «Decidí quemarla y destruirla como si fuera un sacrificio: se sacrifican las cosas que se aman, y yo amo mi guitarra», explicaría posteriormente Jimi.

En 2012, los restos de la Stratocaster incendia-

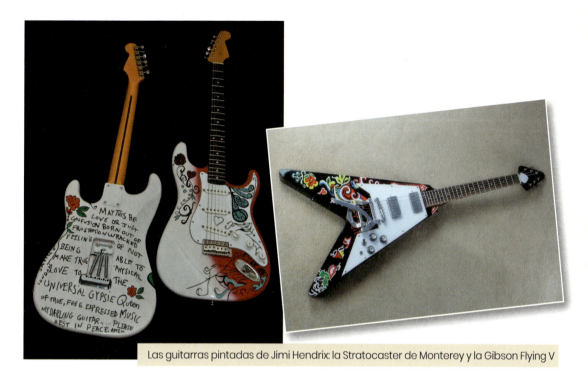

Las guitarras pintadas de Jimi Hendrix: la Stratocaster de Monterey y la Gibson Flying V

da en el Festival de Monterey, después de haber sido durante años una de las piezas más importantes expuestas en el EMP, el Experience Music Project de Seattle, se subastaron por 237.000 libras esterlinas.

Además de la pericia musical, en lo concerniente a la personalización del instrumento (y aunque nunca pintó sus guitarras), **Eric Clapton** no fue menos que Hendrix. Entre los muchísimos ejemplares utilizados en su carrera, la Stratocaster con caja negra denominada Blackie fue su preferida, desde el punto de vista puramente estético, la más famosa entre las guitarras de Slowhand fue la Gibson SG denominada The Fool, del período Cream. Tocada por Clapton entre mediados de 1966 y finales de 1968, fue adquirida para sustituir a la Les Paul Standard «Beano» utilizada con John Mayall & The Bluesbreakers. Fue Robert Stigwood, mánager de los Cream y productor cinematográfico, quien tuvo la idea: previendo la gira estadounidense del súper trío quería que su espectáculo fuera todavía más espectacular y, sobre todo, acrecentar su atractivo en el escenario. De este modo, decidió confiar su trabajo al colectivo holandés **The Fool**, que se había afirmado en el Swingin' London creando pósteres y decorando la fachada de la Apple Boutique, propiedad de los Beatles. **Marijke Koger**, fundadora de The Fool, cuenta que el diseño de la guitarra de Clapton «representa el poder que tiene la música de elevarse por encima de todo como fuerza del bien». En la parte frontal de la caja se puede ver un querubín alado sentado a caballo de una nube; en la mano izquierda sostiene un triángulo y en la derecha una especie de cuchara que debería servir como baqueta. Alrededor hay estrellas amarillas de seis puntas así como círculos azules, verdes y amarillos, que adornan el resto del cuerpo angelical. Finalmente, en la parte ancha del plectro aparecen pintados el sol y una cadena montañosa. La guitarra la posee actualmente un coleccionista anónimo que se la adjudicó en subasta por 500.000 dólares. La historia de la Dragon Telecaster, de **Jimmy Page** (que tiene en común con Clapton el hecho de haber

## ROCK & ARTE

tocado con los Yardbirds), es diferente. Entre los instrumentos más usados por el guitarrista de los **Led Zeppelin**, estaba una Fender Telecaster de 1959 que había decidido embellecer primeramente con vidrios que reflejaban las luces del escenario, y más tarde retirando el barniz original en favor del dibujo de una especie de dragón chino, de modo que el instrumento fue rebautizado como Dragon Telecaster. Page recibió esta guitarra como regalo de Jeff Beck, en señal de reconocimiento por haberlo introducido en los Yardbirds en lugar de Clapton. La usó posteriormente en los primeros conciertos de los Led Zeppelin y para las grabaciones del álbum de debut de la banda, pero también para el célebre solo de «Stairway to Heaven». Más tarde, Jimmy Page reemplazo la Dragon Telecaster por otras guitarras (entre las cuales una bellísima Gibson EDS-1275 de dos mástiles).

> «LA GUITARRA DE CLAPTON ES UNA REPRESENTACIÓN DEL BIEN CONTRA EL MAL, DEL PARAÍSO CONTRA EL INFIERNO»
> **The Fool**

En 1998, tras volver de una gira, Page se encontró la guitarra repintada de manera diferente por un amigo que creía que este cambio le gustaría. A la hora de llevar a cabo esta operación de maquillaje, se había alterado el sonido de la guitarra. En aquel momento, Page recuperó el mástil montándolo en otro modelo, la Botswana Brown. Del cuerpo original no quedó rastro alguno... como tampoco del dragón.

Sí continua viva la Gibson Les Paul negra de 1957 que perteneció a **Keith Richards**, expuesta en su momento en una vitrina de Exhibitionism, la muestra dedicada a los Rolling Stones inaugurada en 2016 en la Saatchi Gallery de Londres. Pintada a mano por Richards, la guitarra se utilizó para algunas sesiones de grabación en los Olympic

The Fool, guitarra de Eric Clapton

La Dragon Telecaster y Jimmy Page

Sound Studios, y apareció en el vídeo de «Sympathy for the Devil (One Plus One)» rodado por el gran cineasta francés Jean-Luc Godard. En el diseño no se reconocía un motivo preciso: en su lugar se observaban algunas líneas de colores psicodélicos que se entrelazaban entre sí y una media luna, todo ello realizado simplemente con rotuladores. En las notas explicativas de Exhibitionism que describían el instrumento, se explicaba que Keith Richards había decidido pintarlo «durante un aburridísimo momento de pausa, a la espera de entrar en la cárcel». En aquel momento, en efecto, la estrella del rock estaba siendo investigado por posesión y uso de estupefacientes.

También **George Harrison** pintó una de sus guitarras, una Fender Stratocaster Sonic Blue de 1961. Fue adquirida por **Mal Evans**, mánager de la gira de los Beatles, que también había comprado otra idéntica para John Lennon. Corría el año 1967, el año del Summer of Love, cuando, como recordaba el introvertido Beatle, «todos comenzaron a pintarlo todo, y yo también quise probar con mi guitarra». Para aquella ocasión, Harrison había utilizado barniz fluorescente y algunos esmaltes que le había prestado su mujer de entonces, **Pattie Boyd** (las pinturas en el clavijero), que habían convertido aquella guitarra, rebautizada como Rocky por él mismo, en un instrumento realmente particular.

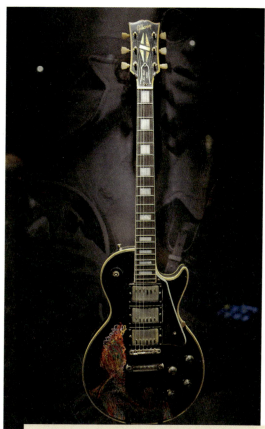

La Gibson Les Paul negra de 1957 de Keith Richards

## «UNA NOCHE COGÍ UN POCO DE BARNIZ FLUORESCENTE Y COMENCÉ A PERSONALIZAR MI GUITARRA»
### George Harrison

La guitarra se muestra perfectamente en la actuación en directo de «All You Need Is Love», en el marco de *Our World*, el primer programa de televisión en mundovisión, que se emitió en antena el 25 de junio de 1967. Posteriormente apareció en la película *Magical Mystery Tour*, durante «I Am the Walrus».

Rocky, que está hoy en posesión de la familia Harrison, se pudo admirar públicamente en el Concert for George en el Royal Albert Hall de Londres, un sentido tributo al ex Beatle, el 29 de noviembre de 2002, un año exactamente después de su muerte. Para la ocasión, la guitarra la tocó Andy Fairweather-Low, por entonces guitarrista de Eric Clapton, en «My Sweet Lord».

Si tantos músicos han personalizado su instrumento pintándolo o embelleciéndolo a cargo de auténticos artistas, también ha habido quien lo ha ensamblado de modo artesanal tomando piezas de aquí y de allí. Como hizo **Eddie Van Halen**, con lo que luego llamó Frankenstrat (juego de palabras entre Frankenstein y Stratocaster). La guitarra,

## ROCK & ARTE

Dhani Harrison, hijo de George, junto a las guitarras de su padre; a la derecha, Rocky, la guitarra repintada por George Harrison

# THE MAGICAL MYSTERY PIANO

En la película *Magical Mystery Tour* destacaba también el Piano Mágico tocado por **Paul McCartney** y proyectado por **Douglas Binder** y por el pintor **Dudley Edwards** (que después de la realización de aquella obra se fue a vivir a casa del propio McCartney durante unos seis meses).

El trabajo con este piano comenzó en septiembre de 1966, y se completó al mes siguiente. «En el momento de elegir los motivos y la decoración nos dijimos que queríamos algo que transmitiera alegría», contaba Edwards quien, combinando simples formas geométricas, una serie de colores vistosos, el arte folk primitivo y algunos elementos art déco, dio vida al Piano Mágico y a lo que él mismo definió con simpatía como «imágenes de parque de atracciones».

Justamente en aquel piano tan coloreado Paul compuso «Getting Better», «Sgt. Pepper's Lonely Hearts Club Band», «Fixing a Hole» y «Hey Jude».

El piano de *Magical Mystery Tour* sigue perteneciendo a sir Paul, y se conserva en la sala de música de su casa de Londres. Volvió a aparecer en público, tocado por el propio McCartney, en los Grammy Awards de 2014; en aquella ocasión, también Ringo Starr estaba en el escenario.

«La manera de pintar aquel piano por parte de Dudley Edwards contribuyó a mi diversión a la hora de tocarlo», declaró el ex Beatle hablando de su Piano Mágico.

Paul McCartney mientras toca su Piano Mágico en los Grammy Awards de 2014

en principio totalmente negra, se pintó en la versión más conocida en colores rojo, blanco y negro. Eddie la había ensamblado arrancando literalmente las pastillas de una Les Paul y montándolas en el cuerpo de una Fender. Más que estética, su elección tenía un sentido de búsqueda de un sonido original. Desde 1983, la Kramer reprodujo la primera réplica, autorizada oficialmente por el propio guitarrista.

Si la búsqueda de Van Halen se orientó preferentemente hacia la acústica, otros decidieron poseer un modelo único con una forma original, si no directamente extraña. En este sentido, **Bo Diddley**, con sus Cigar Box Guitar rectangulares, fue uno de los primeros. Su ocurrencia se originó en una vieja tradición popular según la cual se usaban materiales pobres o utensilios ya existentes (ánforas, peines, tablas para lavar o, en el caso que nos ocupa, cajas de cigarros) para transformarlos en instrumentos. Del mismo modo, el bluesman del Misisipi concibió la Cigar Box Guitar, aunque en realidad procedió paulatinamente. Por suerte para él, después de haber construido varios ejemplares, la firma Gretsch acudió en su ayuda creando un modelo *ad hoc*. Corría el año 1958: a partir de

### «PENSÉ QUE SI TOCABA UNA GUITARRA RECTANGULAR TODO EL MUNDO SE MORIRÍA DE ENVIDIA»
**Bo Diddley**

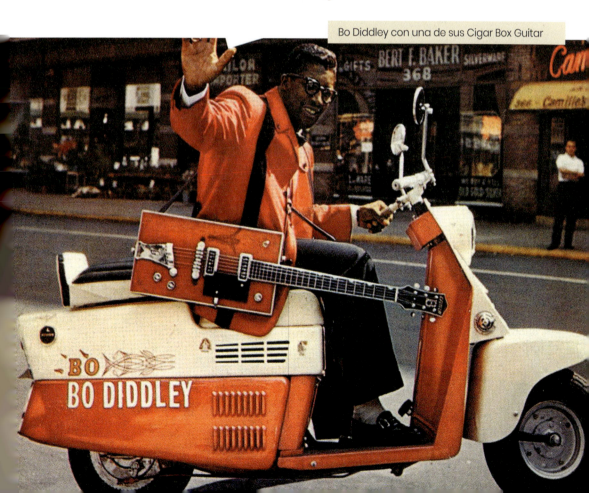

Bo Diddley con una de sus Cigar Box Guitar

## ROCK & ARTE

Billy Gibbons y Dusty Hill (ZZ Top) con las Spinning Fur Guitar

aquel momento, Bo Diddley asoció su imagen a aquellas graciosas guitarras rectangulares, imitadas por muchos y tocadas por los mayores guitar heroes de la historia. Como **Billy Gibbons**, de los **ZZ Top**, que justamente recibió como regalo de Bo Diddley una Gretsch modelo Jupiter Thunderbird.

«Te mando pieles de oveja que compré cuando estuve en Escocia, quiero que las pongas en una guitarra.» De esta manera, Billy Gibbons se dirigió a **Dean Zelinsky**, creador de las Spinning Fur Guitar que fueron famosas en todo el mundo gracias al vídeo de «Legs», de 1983 (también el bajista Dusty Hill llevaba piel en torno a su instrumento). Además de trabajar con otros guitarristas como Zakk Wylde y **Johnny Winter**, Zelinsky había proyectado para el líder de los ZZ Top, la llamada Dean ML.

**John Bolin** y su House of J.B. fueron otros lutieres que ayudaron a Gibbons en la realización de instrumentos originales, como una Gibson cuya caja reproducía la forma del estado de Texas, o la celebérrima Muddywood Guitar, construida con madera de la cabaña de la Stovall Plantation de Clarksdale en la que había vivido el legendario bluesman Muddy Waters. La guitarra está expuesta en el Delta Blues Museum, y también la cabaña está allí, reconstruida fielmente después de que las maderas originales se mostraran en diferentes House of Blues. En la colección de Billy Gibbons destaca la Gibson Les Paul Standard Burst de 1959 denominada Pearly Gates. Pero uno de los instrumentos más particulares del guitarrista texano es, sin duda, la Birdfish de **Ulrich Teuffel**. El lutier alemán creó un instrumento con un diseño ultramoderno, que también tocó **Kirk Hammett** de los **Metallica**. Una guitarra que, como la describió Teuffel en su página oficial, es un «icono que rompe las convenciones: no son muchos los que se atreverían a tocarla.»

Birdfish, la guitarra futurista de Ulrich Teuffel

# VOX AC 30: UN AMPLIFICADOR DE LEYENDA

Proyectado por **Dick Denney** y **Tom Jennings**, propietarios de Jennings Musical Industries (J.M.I.) de Dartford, en Kent, el Vox AC-30 se distinguía también por el diseño con los típicos rombos que permitían reconocer a su constructor.

Los primeros en disfrutar de las prestaciones de este amplificador formidable fueron los **Shadows** de **Hank Marvin**, que lo utilizaron para grabar su éxito más grande, «Apache» (1960).

El número 30 se refería a los vatios, que sin embargo, el 15 de agosto de 1965, pasaron a ser muchos más para el concierto de los **Beatles** en el Shea Stadium de Nueva York. En aquel caso se precisaba una mayor potencia, que de todos modos no resultó suficiente, de modo que los Fab Four se vieron obligados a conectar sus instrumentos con el sistema de difusión del estadio, sin obtener ni siquiera así los efectos esperados.

Gracias a aquel memorable concierto, Vox comercializó nuevos amplificadores de 100 vatios. Pero para alcanzar los oídos de 56.000 fans chillando, se necesitaba algo más.

El Vox AC30

También **Prince** se hizo famoso con sus guitarras custom. Además de la Hohner Telecaster leopardo y la Fender Stratocaster placada en oro, el duende de Mineápolis ha tocado con guitarras de las formas más dispares. Una de ellas es la Cloud Guitar.

La estrella del rock había encargado el instrumento a **Dave Rusan**, lutier amigo suyo de Mineápolis, que realizó la guitarra en 1983, un año antes de la proyección de *Purple Rain*.

Rusan trabajaba en Knut Coupé Music, una tienda bastante conocida en la ciudad, fundada por un guitarrista local, **Jeff Hill**. Prince iba a menudo ya desde finales de los años setenta, cuando todavía estudiaba en el instituto. Pero incluso después de haber firmado contrato con Warner, continuó siendo un cliente fiel.

Rusan había escuchado las primeras demo de Prince producidas por **David Z**, pero hasta mediados de 1983 no recibió el primer encargo auténtico del artista. «Había ido a trabajar a Londres en otra tienda durante unos nueve meses –recordaba–, y cuando volví al Knut estaba Prince en el mostrador. Él y Jeff se fueron a la trastienda y hablaron durante un buen rato, luego Jeff volvió y me dijo: «Prince está a punto de hacer una película. Necesita una guitarra, se la harás tú».

Efectivamente, Prince necesitaba un instrumento que funcionara perfectamente, pero con un diseño insólito, como el del bajo de **André Cymone**, amigo de infancia del propio Prince, así como su ex bajista. Cymone, entre otras cosas, había recibido como regalo del propio Prince, en 1978, aquel gracioso instrumento, cuando ambos

## ROCK & ARTE

Prince y su Cloud Guitar

estaban grabando el primer álbum, *For You*. Cymone no tenía dinero para adquirirlo, y Prince se lo había prestado.

### «QUIERO TENER UN INSTRUMENTO QUE SE PAREZCA A MI NOMBRE»
#### Prince

La guitarra creada por Rusan presentaba una caja de arce canadiense que se prolongaba a modo de rizo (un estilo que recuerda el de las mandolinas Gibson de principios del siglo XX). Posteriormente, el arce se combinó con otra madera que permitía aligerar el peso del instrumento. Desde el primer ejemplar, Rusan creó otros tres, dos para Prince y uno para la Warner (aunque de este último se ha perdido el rastro). Los tres ejemplares nacían de color blanco, pero dos de ellos se pintaron respectivamente de color melocotón y amarillo. Otro lutier, **Andy Beech**, reprodujo al parecer 27 nuevos ejemplares de Cloud Guitar; muchos se vendieron en la página oficial de Prince, uno al Smithsonian Instituto. Otros ejemplares son los creados por la firma Schester, y otros se exponen en varios Hard Rock Cafe del mundo, todos numerados y certificados (aunque no por Prince).

Beech, lutier de D'haitre Guitars en Bellingham, Washington, creó una réplica de la célebre Love Symbol Guitar, el instrumento que Prince tocó durante el show en el intermedio de la Superbowl 2007. Beech había seguido en detalle las instrucciones de Prince, sin por ello conocer nunca en persona a la estrella del rock, cosa que sí le sucedió a **Jerry Auerswald**, lutier alemán que creó en primer lugar esta guitarra y que ya había dado vida a su extraña Model-C. Corría el año 1993: un año antes, el artista de Mineápolis había cambiado su nombre por el logo denominado Love Symbol, y estaba a punto de adoptar el acrónimo TAFKAP (The Artist Formerly Known As Prince), que luego se convirtió simplemente en The Artist. Las instrucciones de Prince al lutier fueron simples y directas: «Quiero que la guitarra se parezca a mi nombre.»

# SHURE 55 UNIDYNE: EL CETRO DEL REY

Proyectado por el ingeniero electrónico **Ben Bauer**, el Shure Model 55 Unidyne se presentó a cargo de la propia compañía Shure como «el primer micrófono unidireccional de elemento simple. El diseño de elemento simple ha propiciado que los micrófonos sean más pequeños, menos costosos y, en consecuencia, más accesibles a todo el mundo.»

El Shure 55 Unidyne dio voz a los presidentes de los Estados Unidos y a líderes carismáticos como **Martin Luther King**, quien lo usó en la célebre Marcha por la Paz. Pero como testimonian varias fotos de la época, el Unidyne era sobre todo el micrófono de **Elvis Presley**, hasta el punto de que se bautizó como «Elvis mic».

El 8 de enero de 1993, coincidiendo con el 58 aniversario del nacimiento de Elvis, el United States Postal Service (la agencia independiente del gobierno del país responsable del servicio de correos) realizó algunos sellos conmemorativos de Elvis. Se imprimieron más de 500 millones de ejemplares, y se vendieron más de 127 millones, según datos de 2007. Elvis llevaba su mechón habitual, y una de sus célebres chaquetas. Pero sobre todo, sostenía su Shure 55 Unidyne.

Elvis con el Shure 55 Unidyne

# Born To Be Wild

**ROCK Y MOTORES: MUCHAS ALEGRÍAS Y POCOS DOLORES.** Porque realmente son muchas y variadas las simbiosis entre ambos mundos, hasta el punto de haber creado un binomio difícilmente separable.

Ford Thunderbird es sinónimo de rock'n'roll. Poseían uno **Chuck Berry**, **Gene Vincent**, **Bill Haley** y también **Elvis**. Chuck Berry cantaba una canción que se llamaba «Jaguar & Thunderbird», refiriéndose justamente a las dos marcas de automóviles. Lo mismo hizo Marc Cohn en 1991 con la intensa y romántica balada «Silver Thunderbird». También está el mito del Cadillac: de Elvis a **Johnny Cash**, de **Dolly Parton** a Bob Dylan, protagonista de un anuncio publicitario en 2007. **Keith Moon**, batería de los Who, tenía una pasión por los **Ferrari**, si bien es más célebre el incidente en el que terminó directamente en la piscina del Holiday Inn de Flint, en Michigan, con un coche diferente al italiano (hay quien dice un **Rolls Royce**, hay quien dice un **Lincoln Continental**). Existe una famoso foto de **Bruce Springsteen** en la que aparece el Boss con un **Chevrolet Corvette**, que adquirió tras el éxito de Born to Run, como él mismo cuenta en su autobiografía. Entre los centenares de estrellas del rock apasionadas por los automóviles se cuentan **Eric Clapton**, que posee una envidiable colección de Ferraris, y el ex líder de AC / DC **Brian Johnson**, que llegó a presentar algunos programas de televisión dedicados a este tema. No fueron menos **Rod Stewart** y **Neil Young**, quien publicó un libro sobre las historias relacionadas con sus coches y su familia, mientras

El Cadillac de oro de Elvis

Bruce Springsteen con su Chevrolet Corvette

que el batería de los Pink Floyd **Nick Mason** es un experto en automóviles de época; posee un buen número, tiene una escudería propia (Ten Tenths), y escribió el best seller *Into the Red*, junto al piloto **Mark Hales**. Como en el caso de los instrumentos musicales, hubo quien decidió personalizar sus automóviles con dibujos y colores únicos y particulares. Es el caso del **Rolls Royce** de **John Lennon**. El artista adquirió el vehículo el 3 de junio de 1965, en plena Beatlemanía. Primero se transformó en limousine; luego, hizo sustituir los asientos traseros por una cama de matrimonio e hizo añadir un radioteléfono, un televisor, un minibar y una instalación que permitiera transmitir música en el interior y el exterior del coche. Originariamente, este Rolls estaba pintado de negro; la versión psicodélica se realizó en el período de *Sgt. Pepper's*, a cargo de un colectivo holandés, **The Fool**, con la supervisión del propio Lennon. Según la por entonces señora Lennon (Cynthia), a John le vino la inspiración después de adquirir un carrito gitano (aparcado en el jardín de su casa de Weybridge) pintado justamente por los mismos artistas de The Fool. Pero hay quien sostiene que fue Ringo quien empujó a John a decorar su coche.

Inicialmente, Lennon se dirigió a la **J.P. Fallon Ltd**, una compañía constructora de carrozas Surrey, que luego encargó a un artista local, **Steve Weaver**, que realizara esta obra. Al final, el Rolls, pintado en amarillo brillante

John Lennon con su hijo Julian y su Rolls Royce

## ROCK & ARTE

Detalles del Rolls Royce de John Lennon

con ricas decoraciones psicodélicas en estilo zíngaro, recordaba mucho al carrito gitano de John.

> «JOHN HABÍA COMPRADO UN CARRITO GITANO A SUS AMIGOS DE THE FOOL, Y QUISO QUE SU ROLLS ROYCE TUVIERA EL MISMO ESTILO. ERA EL AÑO DE *SGT. PEPPERS*»
>
> **Cynthia Lennon**

El coche lo utilizaron todos los Fab Four entre 1966 y 1969, y en 1970 lo condujeron por los Estados Unidos varias estrellas del rock como los **Rolling Stones**, **Bob Dylan** y **Moody Blues**. Posteriormente, John Lennon y Yoko Ono lo donaron al Cooper-Hewitt Museum de Nueva York para regularizar 220.000 dólares en impuestos. El Rolls se expuso allí durante un par de años, antes de que lo retiraran. El 29 de noviembre de 1985 se vendió en una subasta de Sotheby's por 2.300.000 dólares, y la Ripley's International la donó a los Museos de British Columbia, en Canadá. A partir de 1996, la Bristol Motors se hizo cargo del Rolls Royce Phantom V, que se expone en algunas ocasiones especiales, como sucedió la última vez del 29 de julio al 2 de agosto de 2017 para The Great Eight Phantoms, un evento para presentar un nuevo modelo, pero también una manera de celebrar el año del quincuagésimo aniversario de la publicación de *Sgt. Pepper's*.

También **George Harrison** tuvo un coche personalizado, un **Mini Cooper S**, adquirido en 1966 y presente en la película *Magical Mystery Tour*. También este coche, originariamente de color negro metalizado, fue decorado por el colectivo **The Fool** de **Simon Posthuma** y **Marijke Koger**. Repintado en rojo, fue embellecido por algunos símbolos místicos tomados del libro *Tantra Art: Its Philosophy and Physics*, para subrayar la pasión de George por el arte, la cultura y la religión india. Tras la muerte de Harrison, en 2001, su viuda Olivia aceptó exponer el Mini de George en el Chelsea Flower Show de 2008, la mayor y

Versión conmemorativa del Mini Cooper S de George Harrison

## ELVIS: NO SOLO COCHES

Su jet **Convair 880** –bautizado **Lisa Marie**, como su única hija y que hoy se encuentra en Graceland, la mansión real cercana a Memphis– tiene grifos de oro, una habitación con cama de matrimonio, una sala de conferencias y una instalación estéreo con 50 altavoces.

En otro avión privado, Elvis había hecho aplicar asientos de terciopelo rosa y fucsia. Este avión se vendió por «solo» 430.000 dólares (cuando en realidad el coleccionista anónimo que lo subastó esperaba ganar tres millones y medio), ya que el jet no estaba en perfectas condiciones.

más importante exposición floral de Gran Bretaña, como parte de la muestra «George Harrison Garden». El coche hizo una aparición asimismo en el ámbito del Goodwood Festival of Speed de 2009, competición automovilística de coches de época. En el mismo año, la compañía Mini creó una edición especial 2009 inspirada en el de George Harrison para celebrar el 50 aniversario del primer Mini, producido en 1959. El coche, que se donó a Olivia Harrison, se subastó posteriormente a favor de la Material World Charitable Foundation, organización sin ánimo de lucro creada por George en 1973.

En 2001, **Paul Weller** personalizó también un Mini Cooper para la beneficencia. La recaudación obtenida fue a parar a dos organizaciones sin ánimo de lucro, Nordoff Robbins y War Child, y la subasta estuvo activa durante un mes en Internet. «Siempre me han gustado y he conducido Mini –contaba Weller, apodado The Modfather–, y por ello, cuando se me presentó la oportunidad de proyectar un Mini Cooper propio, quise crear algo que reflejara mi estado de ánimo.»

El jet Lisa Marie de Elvis

> «PINTÉ UN MINI CON LOS MISMOS COLORES DE LA ÉPOCA MOD QUE HABÍA USADO PARA REALIZAR UNA CAMISA»
>
> **Paul Weller**

Paul Weller y su Mini «Mod»

Tan famoso como el Rolls Royce de John Lennon fue el **Porsche 356SC Cabriolet** adquirido por **Janis Joplin** en 1968 y personalizado por su roadie **Dave Richards** a petición de la cantante. En el coche se pintaron todas las cosas que Janis adoraba: desde los montes Tamalpais, que veía todos los días desde la ventana de su casita en Larkspur, hasta los retratos de los músicos de su banda, Big Brother & The Holding Company. Y si en su capó señorea un diseño indio, diseminados por todas partes encontramos símbolos y referencias de la contracultura hippie. «Janis iba a todas partes con aquel coche, recorría cada día la bahía de San Francisco. Cuando lo aparcaba, a su alrededor encontraba las cartas y los mensajes que le dejaban los fans en el limpiaparabrisas», recordaba Laura Joplin, hermana y biógrafa de Janis. Al final de un concierto un ladrón lo robó y luego lo pintó de gris para que pasara desapercibido. Después de recuperarlo, la estrella del rock mandó pintar de nuevo las decoraciones originales y utilizó el Porsche en sus últimos dos años de vida.

## «ALLÍ DONDE FUERA JANIS CON SU PORSCHE PSICODÉLICO, LOS FANS LA RECONOCÍAN»

### Laura Joplin

Parecía como si el coche hubiera desaparecido, pero en realidad lo guardaban los padres de Janis en su garaje, para luego cederlo a su mánager **Albert Grossman**, que lo utilizó como segundo coche durante muchos años en Nueva York. Posteriormente el coche fue objeto de una restauración, en la década de 1990, antes de que se expusiera, en 1995, en el Rock and Roll Hall of Fame Museum de Cleveland. En diciembre de 2015 se vendió en subasta por 1.700.000 dólares. El director de Sotheby's, **Ian Kelleher**, declaró que el «356SC de Janis Joplin es, sin duda, uno de los Porsche más importantes de todos los tiempos. Es un modelo fantástico que trasciende el arte, la cultura pop y los movimientos sociales, espléndido y revolucionario, como lo fue su poseedora».

# BORN TO BE WILD

Janis Joplin y su Porsche; a la derecha, el coche de la estrella del rock expuesto en el Rock and Roll Hall of Fame Museum de Cleveland

También **Billy Gibbons**, de los **ZZ Top** es un apasionado coleccionista de automóviles. En 1976 nació su *Eliminator*, un hot rod (coche histórico norteamericano notablemente modificado), obtenido, a petición del propio líder de los ZZ Top, a partir de un **Ford Coupé** de tres ventanillas de 1933, con un motor Corvette. El logo del grupo situado a ambos lados de la carrocería fue el toque final. El coche apareció por primera vez en la carátula del álbum *Eliminator*, de 1983, y se convirtió en un auténtico símbolo del grupo, a partir de los primeros vídeos en los que aparece, es decir, en «Gimme All Your Lovin'», «Sharp Dressed Man» y «Legs».

El Eliminator se expuso a menudo en las muestras y en otros eventos, mientras que los dos **Trabant** de los **U2** están aparcados permanentemente en el Hall of Fame de Cleveland y en el Hard Rock Cafe de Dublín, después de haber dado la vuelta al mundo durante la gira que comenzó en febrero de 1992 para promover el álbum *Achtung Baby*. En realidad, el **ZooTV Tour**, que concluyó en Tokio el 10 de diciembre de 1993, contaba con un escenario enorme con 4 megapantallas, 36 monitores y 11 Trabant colgados en la parte superior como parte del sistema de iluminación.

El coche alemán se utilizó también para la carátula del disco y para una de las versiones del vídeo de «One», obras ambas del fotógrafo y director holandés **Anton Corbijn**. La idea de usar el Trabant en función de la coreografía de los espectáculos se le ocurrió al responsable

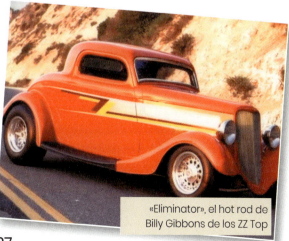

«Eliminator», el hot rod de Billy Gibbons de los ZZ Top

## ROCK & ARTE

# PINBALL WIZZARD, LOS «MILLONES» ROCK

En *Tommy*, de los **Who**, primera ópera rock de la historia, uno de los elementos más importantes era el **millón** o **flipper**. Tommy, el protagonista, que se ha vuelto ciego, mudo y sordo tras un trauma infantil (ha asistido al homicidio del amante de su madre por obra del padre), se «despierta» gracias al millón, del que se convierte en un campeón indiscutible. La superficie inclinada y los dos botones que pulsa para decidir, entre habilidad y fortuna, a dónde tiene que dirigir la bola de acero, han animado los bares de todo el mundo y entusiasmado a millones de jóvenes entre finales de los años sesenta y principios de los ochenta.

El primer modelo era de la firma **Gottlieb**, y nació en 1947. Posteriormente, tras la estela del éxito del rock, la compañía estadounidense produjo un millón dedicado al punk, mientras que **Bally** construyó uno en honor del heavy metal, no antes de haber creado un modelo sobre los **Kiss**. Entre los más famosos se encuentran, sin duda, los millones dedicados a estrellas de rock o grupos específicos como **Guns N' Roses**, realizados en 1994 por **Data East**, que en ese mismo año lanzó también un modelo para celebrar justamente *Tommy* de los Who.

Entre los más recientes hay uno de **Stern** dedicado a **Metallica** con doce temas del grupo que se pueden escuchar mientras se juega. La compañía de Chicago produjo en 2017 una nueva línea de millones dedicados a los **AC/DC**, ya agotados y disponibles actualmente tan solo en la versión premium, a casi 9.000 dólares cada uno.

También son muy famosos los flippers creados en honor a los **Rolling Stones**: el más célebre es el de 1980 concebido por la firma Bally de Chicago, del que se construyeron 5.700 ejemplares y disponible todavía por un precio que oscila entre los 3.000 y los 4.500 dólares.

El millón de *Tommy*, de los Who

de escena **Peter Williams**. Todos estos coches habían sido pintados con colores vistosos para luego venderlos al finalizar la gira. Totalmente diferentes desde el punto de vista conceptual, pero también auténticos símbolos de la contracultura, otros medios de transporte pintados y personalizados han entrado por pleno derecho en el imaginario colectivo. El más famoso es el **School Bus Harvester** usado por los **Merry Pranksters**, los alegres burlones de **Ken Kesey**. El autobús iba dotado de un potente sistema de audio (cajas acústicas en el techo y altavoces en el interior) y de cojines y colchones en lugar de asientos. El amarillo de la carrocería original estaba cubierto de colores psicodélicos. Inicialmente, en el autobús no aparecían los símbolos de la paz típicos de la cultura hippie; más bien, en la parte frontal, donde en general se indica el destino del autobús, señoreaba la inscripción

Los U2 y los Trabant

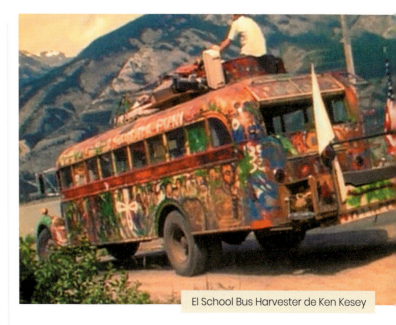

El School Bus Harvester de Ken Kesey

«Further» (más allá), mientras que en la parte trasera se especificaba que el medio transportaba una «extraña carga» (weird load). Después del último viaje al Festival de Woodstock, en 1969, el Harvester de los Pranksters quedó aparcado en la factoría de Kesey (su segunda casa), en Oregon, y allí permaneció abandonado.

Otro símbolo de la revolución contracultural era el minibús **Volkswagen**. Nació en 1949 y tuvo diferentes nombres (VW Panel Van en el Reino Unido, VW Bus en los Estados Unidos, etc.), pero el más conocido es **Bulli**, término alemán que se deriva de la contracción de Bus y Lieferwagen, furgón). También se emplea a menudo el apodo **Kombi**, abreviatura de Kombinazionenwagen. Al ser un descendente del Escarabajo, conocido como Type 1, el Bulli fue definido como Type (o T) 2. Sus años de oro fueron los del período de Woodstock. Los Bulli de aquella época, a menudo de segunda o tercera mano, se readaptaban a las exigencias de los hippies (de hecho, el minibús se convirtió en una especie de prototipo de la furgoneta camper), y casi siempre se pintaba con colores psicodélicos.

## ROCK & ARTE

Volkswagen coloreadas en versión hippie

Los VW Van de aquel período siguen siendo objeto de culto: en 2014, un modelo de 1963 se vendió en subasta en las Vegas por 198.000 dólares. A finales de 2013 cesó la producción del Bulli, pero en el salón de Detroit de agosto de 2017 se presentó un nuevo modelo denominado **I.D. Buzz**, eléctrico y con dirección autónoma, previstos para que estuvieran en el comercio hacia 2019.

Las **motos** también representaron mucho para la cultura rock, desde las de gran cilindrada, como las **Harley Davidson**, hasta las scooter, como las **Vespa** y las **Lambretta**, muy amadas por los mods.

A finales de la década de 1960 marcaron una época las **chopper**, que se convirtieron en leyenda gracias a *Easy Rider*, la película dirigida e interpretada por **Dennis Hopper**, con **Peter Fonda** y **Jack Nicholson**. Sus Harley «choperizadas» se hicieron más esbeltas eliminando las partes consideradas superfluas, y presentaban los depósitos pintados: el de Wyatt/Captain America (Fonda), con barras y estrellas, el de Billy (Hopper), rojo con arabescos llameantes amarillos y naranjas. Las motos de la película las proyectaron **Clifford Vaughs** y **Ben Hardy**. Vaughs trabajaba para la emisora de radio KRLA de Los Ángeles y, en verano de 1966, cuando Peter Fonda fue arrestado por posesión de marihuana, testimonió en su favor; un tiempo más tarde, Hopper y Fonda fueron a ver a Vaughs en su casa en West Hollywood y decidieron customizar las Harley para la película que tenían en menta. Peter Fonda sostenía que había sido determinante en la elección de los colores de las motos.

> «ESCRIBÍ LA HISTORIA DE *EASY RIDER* Y ELEGÍ PERSONALMENTE EL VESTUARIO Y EL ESTILO DE NUESTRAS MOTOS»
> **Peter Fonda**

La producción de *Easy Rider* adquirió cuatro o cinco modelos; dos quedaron destruidos en la célebre y dramática escena final, mientras que una de las piezas originales (la moto de Wyatt/Captain America) se subastaría en 2014 por 1.035.000 dólares.

**BORN TO BE WILD**

Las motos de *Easy Rider*

El **juke box** fue un símbolo y un punto de referencia para varias generaciones. El primer modelo se había experimentado en una sala del Royal Palais de San Francisco a partir de noviembre de 1889. Se trataba de un fonógrafo Edison clase M, instalado en el interior de un mueble de madera de roble. Para escuchar la canción seleccionada bastaba una moneda de cinco centavos. El audio todavía se tenía que perfeccionar, se oía poco y mal, pero el invento estaba resultando revolucionario. **Fred Mergenthaler**, propietario del Royal Palais, no había dudado ni un instante a la hora de adquirirlo, y de este modo entró directamente en la historia: el suyo era el primer juke box que operaba en un lugar público. En los primeros seis meses de servicio, la caja mágica había recaudado más de 1.000 dólares.

Los juke box más célebres y legendarios fueron los **Wurlitzer**, que comenzaron a difundirse a partir de la década de 1940. Se reconocían por su diseño y por los colores vistosos, gracias a la utilización de luces de neón. El diseñador **Paul Fuller** logró crear juke box realmente cautivadores, en lo que se definiría la edad de oro de este particular medio de difusión de la música. El primer modelo de la nueva época fue el **Wurlitzer 850** de 1941, en el que se veía el mecanismo interior. En el momento en que se depositaba el disco en su alojamiento específico, y

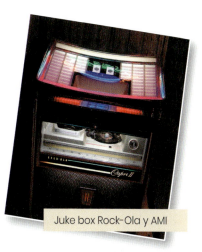

Juke box Rock-Ola y AMI

231

## ROCK & ARTE

Wurlitzer 1015 y Wurlitzer 850 «Peacock»

durante la escucha del tema, se creaban efectos prismáticos, gracias a los reflejos y a los diferentes colores presentes en el interior del aparato. La forma de estos juke box innovadores ya no era cuadrada, sino de arco; posteriormente se produjeron muebles que se adaptaban perfectamente a cualquier tipo de modelo. Las marcas principales, además del histórico Wurlitzer, fueron **Rock-Ola**, **Seeburg** y **AMI**. El juke box más apreciado, el más atractivo desde el punto de vista del diseño y quizás el más conocido (gracias en parte a la serie de televisión *Días felices*) fue el **Wurlitzer 1015**. Proyectado asimismo por Fuller, preveía dos columnas laterales en las que se creaban con neones efectos de color amarillo, verde, violeta, rojo y naranja. El efecto era prodigioso, especialmente si se pensaba en que el conjunto (incluso el funcionamiento de los mecanismos de selección y audio de los 78 rpm) funcionaba y se regulaba a partir de un dispositivo realmente rudimentario.

El juke-box más artístico, pero también el mayor y más codiciado por los coleccionistas, sigue siendo el Wurlitzer 850 de 1941, denominado **Peacock**. Además de las luces de neón de colores, mostraba en la parte frontal un vidrio taraceado en el que aparecían dos pavos reales estilizados de estilo belle époque. Era un homenaje de Fuller a los locos años veinte y al estilo romántico que tanto apreciaba.

El valor de los juke box, en general, ha caído respecto a hace unos veinte años; incluso un raro Peacock, restaurado y perfectamente en funcionamiento, puede ser adquirido hoy por «solo» 25.000 euros.

# HARD ROCK CAFE: EL MAYOR MUSEO ROCK DEL MUNDO

Se llaman **Hard Rock Cafe** y, desde 2007 (adquiridos por una cifra cercana a los mil millones de dólares) son propiedad de una tribu de nativos estadounidenses, los seminolas. Hoy, los Hard Rock Cafe son más de 200, incluidos hoteles y casinos inaugurados en los años siguientes. Están presentes en 68 países.

Todo comenzó el 14 de junio de 1971 en Old Park Lane, en Londres, cuando dos jóvenes estadounidenses, **Isaac Tigrett** y **Peter Morton**, decidieron lanzar un local que pudiera acoger cultura, intercambios y... hamburguesas. El primer lema, «Save the Planet», copiado de algunos grafitis londinenses, se transformó muy pronto en «**Love all, Serve all**» (Ama a todos, sirve a todos), inspirado en las enseñanzas de Sathya Sai Baba, el predicador indio fallecido en 2011.

*El logo de Hard Rock Cafe*

Diferentes estrellas del rock habían comenzado a frecuentar el local de Old Park Lane para comer o beber algo intercambiando cuatro chismes; uno de los primeros clientes asiduos fue Ringo Starr. Otro Beatle, Paul McCartney, inauguró con un espectáculo de sus Wings la tradición de los directos en el Hard Rock Cafe. La idea del logo era de Isaac Tigrett, y según se dice nació a partir de una reelaboración de la marca Chevrolet. Pero el autor del diseño original fue Alan Aldridge, creador de carátulas legendarias como *A Quick One* de los Who y *Captain Fantastic and the Dirt Brown Cowboys*, de Elton John. Comercializado a continuación en innumerables objetos de merchandising, el logo Hard Rock Cafe señorea todavía orgullosamente en las camisetas del local, la «más vendida de la historia»: se calcula que se venden unos 10 millones de camisetas cada año en los Cafe de todo el mundo.

*Interior de un Hard Rock Cafe*

Los recuerdos colgados en las paredes de los 200 locales, o contenidos en las vitrinas específicas, son los auténticos tesoros de los Hard Rock Cafe. Una tradición iniciada por Eric Clapton, que fue el primero en donar una guitarra suya al local de Old Park Lane, seguido por Pete Townshend y por centenares de estrellas del rock.

En la actualidad, entre los objetos expuestos en los locales y los archivados en el gigantesco almacén de Orlando, Florida, hay unas 77.000 piezas, la colección de rock más importante, numerosa y envidiada del buen mundo, y es por ello que el Jim Billie, jefe de la tribu de los seminolas y propietario de Hard Rock Cafe, puede afirmar: «Hoy somos el mayor museo de rock del planeta».

# EL ROCK EN LA PANTALLA

## Las gestas de las estrellas del rock en el cine y en la televisión

El rock y sus protagonistas han sido objeto de los relatos de centenares de directores de cine. Primeramente en formato de documental, con maestros del género capaces de captar sin filtros las emociones que ofrecían los artistas al público. Luego con auténticas historias: las de los músicos y sus canciones. Finalmente, cuando la tele se erigió definitivamente en medio de comunicación de masas, mediante una nueva forma de expresión artística: el videoclip.

# Documentar una emoción

**LA FORMA DEL DOCUMENTAL MUSICAL** es, injustamente, poco conocida. De hecho son muchas y muy logradas las obras del género en las que se han conjugado perfectamente sensibilidad artística y exigencia divulgativa. Entre estas destacan las de un especialista de Chicago como D.A. Pennebaker, del alemán Wim Wenders y del más europeo de los directores estadounidenses, Martin Scorsese.

Hay quien podría pensar que no hay nada más fácil que rodar un documental. En el fondo, bastaría colocar la cámara, asegurarse que está en posición estable, regular el foco y el evento se contaría por sí mismo. Nada más lejos de la realidad. De hecho, las dificultades a la hora de realizar un documental a veces son incluso mayores que las de una película propiamente dicha. En parte porque, en este caso, la libertad de maniobra del director es muy limitada: raramente puede decidir el momento de las tomas, así como la ubicación, y la mayor parte de las veces debe invocar a Zeus para que le conceda la luz más adecuada. En consecuencia, captar la íntima esencia de un personaje o restituir inalteradas las vibraciones que produce un evento puede convertirse en una hazaña. Especialmente, si el evento en cuestión es un megaconcierto en el que decenas de artistas, confirmados o desconocidos y de comportamientos imprevisibles se exhiben delante de multitudes enormes. O, peor todavía, si el actor principal es una estrella mundial, insociable, caprichosa y con un ego desbordante. Exactamente como **Bob Dylan**... «A principios de 1965, Albert Grossman, mánager de Dylan, me preguntó si me gustaría ir a Inglaterra, de gira con Bob, para una gira que yo debería documentar. No sabía mucho sobre él, quizás había escuchado solo "The times They Are A-Changin'" en la radio, y probablemente había leído un par de artículos. Nada más. Pero

DOCUMENTAR UNA EMOCIÓN

Bob Dylan (y Allen Ginsberg al fondo) en una escena de *Dont Look Back*

El director Pennebaker filmando a Bob Dylan

nunca me habían propuesto nada parecido, y la cosa me intrigaba. Así que decidí aceptar. Y acerté.»
**Donn Alan «Penny» Pennebaker**, nacido en 1925 en Evanston, suburbio de Chicago, ex fotógrafo de *Life* y semidesconocido autor de documentales, filmó pues en toma directa, entre bastidores, lo que sería la última gira «solista y acústica» del gran cantante de folk estadounidense.

> **«UN AÑO DESPUÉS DE DONT LOOK BACK ME PIDIERON QUE RODARA UNA PELÍCULA SOBRE UN FESTIVAL MUSICAL EN MONTEREY, EN CALIFORNIA. ACEPTÉ SIN VACILAR»**
> **D.A. Pennebaker**

El documental resultante (*Dont Look Back*) retrataba a un Dylan muy joven pero ya estrella consciente y carismática, intratable y áspera, aunque a veces sonriente. Tras una primera secuencia, que se convirtió en un videoclip *avant la lettre* para el lanzamiento del single «Subterranean Homesick Blues», rodada en la parte trasera del Hotel Savoy de Londres y con la colaboración de un cameo del poeta **Allen Ginsberg**, las imágenes siguientes parecían casi robadas. Nadie daba nunca la impresión de actuar o en cualquier caso de advertir la presencia de la cámara. El propio Dylan parecía querer mostrarse sin filtros o censuras, aunque en definitiva (y ni más ni menos como haría constantemente en las décadas venideras) no decía mucho de sí mismo. Aquella experiencia inició al director de Illinois a la música rock, que justamente en aquellos años memorables estaba conociendo un impresionante florecimiento. El Summer of Love estaba por llegar, y «Penny» resultó ser su observador privilegiado. Y fue el elegido para contarlo. Tenía una cámara y sabía usarla. A principios de la década de 1960, California era la meta ideal, la tierra de los sueños, el lugar en el que estaba naciendo un nuevo estilo de vida. En Monterey, para documentar el International Pop Festival, Pennebaker y su equipo llevaron a cabo un trabajo extraordinario, consagrando a artistas del calibre de **Jimi Hendrix** y **Janis Joplin**, pero sobre todo testimoniando el espíritu de aquellos días gracias a la hábil alternancia entre las tomas de las actuaciones y las del público tan vistoso, reacciones incluidas. Valga como ejemplo el estupefacto y admirado «Uauuu!!!» de **Cass Elliot** (cantante de los Mamas and Papas) al final de un increíble «Ball and Chain» de Janis

ROCK & ARTE

El público del Festival de Monterey; a la derecha, «Mama» Cass Elliot

Joplin. Y si los **Who** demolieron sus instrumentos con su habitual y rabiosa despreocupación, en Monterey Jimi Hendrix ofreció a la historia el incendiario sacrificio ritual de su Stratocaster. Para Pennebaker, justamente el guitarrista de Seattle representaría la mayor sorpresa de aquel festival, el primero en la historia del rock.

«John Phillips, de los Mamas and Papas, uno de los organizadores, me había dicho que invitaría a este bluesman tan excéntrico –recordaba Pennebaker–, y cuando Jimi comenzó a tocar pensé: "Pero esto no es blues". Luego, después de oír su versión de "Like a Rolling Stone", tuve que cambiar de opinión, y me dije que aquel muchacho era un genio. Después de *Dont Look Back* y *Monterey International Pop Festival*, la carrera de Pennebaker despegó. En 1971 dirigió con pericia *Sweet Toronto*, que documentaba la no muy memorable actuación de la Plastic Ono Band, en el Toronto Rock and Roll Revival Festival. En 1973 tomó parte en un proyecto decididamente más significativo, la película concierto de *Ziggy Stardust and the Spiders from Mars*, que inmortalizó la actuación de despedida de **David Bowie** al personaje que lo había consagrado como estrella mundial.

> «AQUELLA NOCHE, LA IMPACIENCIA DE BOWIE ERA EVIDENTE: ESTABA A PUNTO DE MORIR ZIGGY»
> **D.A. Pennebaker**

Los Who en Monterey

DOCUMENTAR UNA EMOCIÓN

 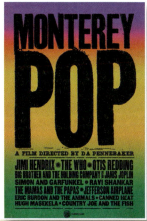

Brian Jones y Jimi Hendrix en Monterey; a la derecha, el cartel del documental sobre el Festival de Monterey

En 1989, Pennebaker y su mujer Chris Hegedus, con quien D.A. trabajaba desde 1982, recibieron un encargo de los **Depeche Mode**. La banda inglesa quería que el director grabara la gira que le acercaba a su 101º concierto, en el Rose Bowl de Pasadena, en California. «No los conocía y resultó una sorpresa. Eran espíritus libres, de los que no se encuentran a menudo. Quería hacer una película tipo *El mago de Oz*, una cosa hollywoodiense. Ellos estuvieron magníficos, y nos divertimos mucho: es mi película preferida».

> «UN DOCUMENTALISTA ES UNA PERSONA AFORTUNADA, COMO UNO QUE VA A LAS VEGAS Y GANA AL BLACK JACK»
>
> D.A. Pennebaker

En los años siguientes (y hasta hoy), Pennebaker no conoció pausas y siguió, con pasión y energía inmutables, documentando arte, música, cultura y sociedad, enfrentándose a los temas más dispares, desde la campaña presidencial de Bill Clinton de 1992 en *The War Room* (1993), hasta la gira de 2004 de varios grandes de la música norteamericana (Bruce Springsteen, Pearl Jam, James Taylor, Jackson Browne), con *National Anthem: Inside the Vote for Change Concert Tour*, hasta el punto de que los miembros de la Academia le concedieron en 2013 un merecido Oscar por el conjunto de su carrera. De todos modos, es innegable que su nombre permanece indisolublemente vinculado a *Dont Look Back*, al Festival de Monterey y a aquel irrepetible verano de 1967. «Me sentí invitado a una fiesta –confesó–, era desconocido para la mayoría, y sin embargo me pidieron que documentara aquel evento. No sabía mucho de cómo se rodaba una película de concierto, ni de cómo se dirigía una compañía. Pero tuve la fortuna de contar con personas que entendían el rock y el cambio que aquella música estaba vehiculando».

Como muchas veces documentó Pennebaker, la música popular está vinculada de forma indisoluble con la

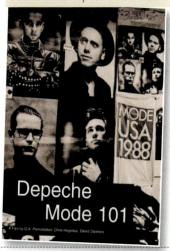

El cartel de *Depeche Mode 101*

ROCK & ARTE

## PENNY EN ITALIA

Sábado 24 de junio de 2017: en Bolonia se alcanzan los 40 grados. A las tres de la tarde, un grupo de estudiantes de periodismo musical se encuentra delante de la entrada del Hotel Majestic, a la espera de D.A. Pennebaker, que junto a su mujer Chris Hegedus ha sido invitado por el Festival del Cinema Ritrovato a la proyección de la película restaurada de su *Monterey International Pop Festival*. Con una extraordinaria disponibilidad, este joven de 92 años concede una entrevista a un grupo de jóvenes italianos y luego una participación en su programa de radio. Penny y Chris, sonrientes, se acomodan en el bar del hotel. «Su oído ya no es muy bueno. Por favor, marcad bien las palabras», recomienda Chris. Obviamente se habla de Monterey, de Dylan, de Janis Joplin... Al final, la grabación de vídeo no se podrá utilizar: durante todo este tiempo, Penny ha estado mirando a los jóvenes en lugar de mirar a la cámara. De hecho, está acostumbrado a permanecer detrás del objetivo.

Pennebaker y Chris Hegedus

época y el lugar que la ha generado. A veces, su fuerza emotiva o su carga energética son tan potentes que superan cualquier adversidad. Como sucedió en la segunda mitad de la década de 1990 en Cuba, isla fascinante y misteriosa que vivió en su piel dictaduras, revoluciones y torpes pero sanguinarios intentos de invasión. A pesar de todo, la proverbial alegría de vivir de los cubanos es una llama que no se apaga nunca. Para mantenerla viva está también la pasión por la música, testimoniada por muchos artistas tan extraordinarios como desconocidos. A menos que un afamado director alemán, **Wim Wenders**, decida contar esta historia...

Wenders recuerda: «**Ry Cooder** acababa de volver de La Habana y quiso que escuchara algunas grabaciones. "Pienso que es un buen material", me dijo. Era mucho mejor que bueno: nunca había oído nada tan cálido, vivo y rico en experiencias». El director escuchó aquellas cintas toda la noche y, a la mañana siguiente, llamó a Cooder para recabar información acerca de aquella música y aquellos artistas fantásticos. «No son precisamente unos chavales...», le dijo el guitarrista estadounidense, que luego comenzó a hablarle de las vidas extraordinarias de **Rubén González**, **Compay Segundo**, **Ibrahim Ferrer**, **Omara Portuondo** y otros artistas cubanos octogenarios que tocaban en el Buena Vista Social Club en la década de 1950. Por entonces, Cuba se hallaba bajo la dictadura de Batista. Después de la revolución, el local fue clausurado y aquellos músicos tan brillantes, depositarios de músicas antiguas y preciosas, terminaron limpiando zapatos o enrollando cigarros.
Wenders se quedó fascinado por las historias de aquellos viejos músicos y por la belleza de sus canciones. Y de este modo, después de un año de gestación, decidió reunir a una compañía cinematográfica y dirigirse a Cuba junto con Ry Cooder (que entretanto había producido un álbum con lo mejor de las músicas de aquellos ancianos). De esta manera nació uno

DOCUMENTAR UNA EMOCIÓN

Ry Cooder circulando por Cuba en un sidecar junto a su hijo (y percusionista) Joachim; a la derecha, el cartel de la película *Buena Vista Social Club*

de los más hermosos documentales musicales de todos los tiempos: *Buena Vista Social Club*.

> «EN CUBA, LA MÚSICA FLUYE COMO UN RÍO. HE QUERIDO HACER UN DOCUMENTAL QUE FLOTARA SOBRE ESTE RÍO SIN INTERFERIR EN SU CURSO»
> **Wim Wenders**

Gracias a Ry Cooder y a la película de Wim Wenders, aquellos músicos volvieron a los escenarios. El director grabó las sesiones, los entrevistó y los grabó en concierto primeramente en Amsterdam y luego en el Carnegie Hall de Nueva York. Contó la historia de cada uno, mostrándolos en sus ciudades, en el interior de sus casas y finalmente en el escenario, utilizando con admirable sobriedad su música como seductor hilo conductor. El 7 de septiembre de 1999, la película documental *Buena Vista Social Club* se estrenó en el cine y fue un éxito de crítica y de público que superó toda expectativa.

La colaboración entre Wenders y Cooder había comenzado en 1984 con *Paris, Texas*, película para la que el guitarrista californiano firmó una espléndida banda sonora, y prosiguió en 1997, antes de *Buena Vista*, con las músicas de la película *El final de la violencia*. Al año siguiente, el director alemán realizó otro documental musical, *Willie Nelson at the Teatro*, una especie de making of del álbum *Teatro* del legendario «outlaw» texano. Aquel largometraje fue una pequeña perla: Wenders logró fijar los instantes más destacados del proceso creativo (las miradas cómplices de los músicos y sus interacciones, los silencios, las pausas entre una actuación y la siguiente), sin alterar en ningún momento el ritmo del relato y sobre todo sin sacrificar nunca una sola nota. Una obra perfecta que ha trascendido el valor de la música de Willie Nelson.

## ROCK & ARTE

Una escena de *Buena Vista Social Club*

## «EL ROCK ME HA SALVADO LA VIDA, NO LO TRAICIONARÉ NUNCA»
### Wim Wenders

Por otra parte, el vínculo entre música e imágenes, casi tan antiguo como el propio cine, ha formado parte integrante desde siempre de la obra de Wenders. En sus películas, la banda sonora se convierte casi siempre en el motor que mantiene a la película en movimiento, como sucedió en *Lisbon Story*, con el seductor neo fado de los **Madredeus**. Su genuina pasión por el rock y otras músicas está impulsada todavía hoy por una curiosidad insaciable (en su sitio web se puede encontrar por ejemplo su playlist del momento) que lo lleva a revelar talentos olvidados o poco conocidos, o bien a experimentar con nuevas modalidades de expresión. De este modo, en 1990, Wenders se aproximó a la particular forma fílmica del videoclip. El grupo de rock irlandés **U2**, en el ápice de su éxito después de *Joshua Tree* y *Rattle and Hum*, le pidió que tradujera en imágenes la nueva versión de «Night and Day», el clásico de Cole Porter de 1932, y que formó parte de la recopilación *Red Hot + blue*.

La experiencia con Bono y sus socios se repitió en 1993 con el vídeo de «Stay (Faraway, So Close!)», canción que remitía explícitamente al título de la homónima película de Wenders (secuela de *El cielo sobre Berlín*), y que el director alemán desarrolló narrativamente transformando los cuatro músicos en otros tantos ángeles que observan la melancolía humana en la álgida atmósfera berlinesa. La amistad y la colaboración con los U2 resultó duradera y, en 2000, produjo un nuevo vídeo, *The Ground Beneath Her Feet* y, en el mismo año, una película, *The Million Dollar Hotel*, para la cual Bono, además de ser coautor del tema, cantó y escribió junto a Brian Eno y Daniel Lanois todas las canciones de la banda sonora.

Willie Nelson dirigido por Wim Wenders

242

## DOCUMENTAR UNA EMOCIÓN

Wim Wenders con Bono

Bono en el vídeo de «Stay (Faraway, So Close)»

Unos años más tarde, cuando el Congreso de los Estados Unidos nombró «The Year of the Blues» al año 2003, Wenders rodó *The Soul of a Man*, uno de los siete documentales ideados y producidos por Martin Scorsese para el proyecto *The Blues*. Mezclando hábilmente ficción y documental, *The Soul of a Man* (*El alma de un hombre*) cuenta la historia de tres bluesmen –**Blind Willie Johnson**, **J.B. Lenoir** y **Skip James**– a través de películas de archivo, grabaciones originales y versiones de sus canciones, interpretadas magistralmente (y filmadas todavía mejor) por Lou Reed, Bonnie Raitt, Beck, Nick Cave, Cassandra Wilson y muchos más. La primera parte de la película, en blanco y negro, está ambientada en la década de 1920 y narra, con secuencias reconstruidas pero muy creíbles, la desafortunada vida de Blind Willie Johnson y los debuts de Skip James. La segunda parte, en color, se desarrolla en los años sesenta y cuenta el regreso sobre los escenarios de Skip James y la vida de J.B. Lenoir, esta vez gracias a

Una escena de *The Soul of a Man*

## ROCK & ARTE

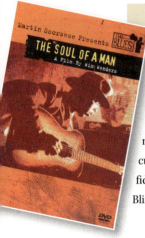

El DVD de *The Soul of a Man* de Wim Wenders

secuencias originales de época, rodadas por un par de estudiosos suecos. Desempeñando el cometido de unir los diferentes momentos (y estilos) de la película, hay una voz en off que, en la ficción cinematográfica, es la de Blind Willie Johnson.

voz de Fabrizio De André («Quello che non ho») y el piano de Ludovico Einaudi, y luego porque el protagonista (un *alter ego* del propio Wenders) en cierto punto se encontraba con Lou Reed.

«Los directores de cine temen ir más allá –sostenía Wenders–. En cambio, los cantantes parecen no tener miedo a nada. Hay canciones audaces sobre la vida y la muerte, sobre la oración, sobre la fe, sobre Dios, sobre el diablo, sobre el dolor, sobre la justicia, sobre la libertad. Basta escuchar a Nick Cave, los U2, Tom Waits, Bob Dylan. Pienso que el cine debería encontrar la misma audacia y asumir el riesgo de temas que tocan la existencia, que podrían ayudarnos a soportar mejor las dificultades de la vida cotidiana.

### «CUANDO VI *THE SOUL OF A MAN* ME EMOCIONÉ. QUISE GRABAR INMEDIATAMENTE UN ÁLBUM DE BLUES»
#### Eugenio Finardi

En 2008, Wenders desembarcó en Sicilia para rodar *Palermo Shooting*, la historia de un desmotivado fotógrafo de éxito, interpretado por Campino, líder del grupo de rock alemán Toten Hosen. La película no obtuvo los favores del público y de la crítica, quizás por el tema que se afrontaba, la muerte. Pero una vez más, las reflexiones del cineasta se vehiculaban con la música. Ante todo con la estupenda banda sonora, que comprendía entre otras, la

### «HE PERDIDO LA CONFIANZA EN LA ESTRUCTURA CLÁSICA DEL CINE QUE CUENTA HISTORIAS»
#### Wim Wenders

En 1974, en el curso de su primera entrevista en inglés, Wenders había afirmado (parafraseando a Lou Reed) que su vida la había salvado el rock'n'roll. Más de cuarenta años más tarde, el director explicaba que «el rock es la única forma de arte contemporánea, más allá del cine, que me hace sentirme en casa. Siempre ha sido así, incluso cuando no entendía los textos de las canciones. Durante años escuché a los Rolling Stones sin saber de qué hablaban, pero no era importante, porque su fuerza de evocación era insuperable».

Cuando Pennebaker conoció a su futura compañera de vida, Chris Hegedus, y Wenders estaba comenzando a rodar *El amigo americano*, otro «amigo» estaba a punto de documentar uno de los conciertos más legendarios de la historia del rock. El 25 de noviembre de 1976, en el Winterland Ballroom de San Francisco, The Band, el fabuloso grupo capitaneado por Robbie Robertson y que durante

Wim Wenders y Lou Reed

## BUENA VISTA, AYER Y HOY

El Conjunto, llamado como el club de La Habana que cerró en la década de 1950, nació a partir de la colaboración entre el guitarrista estadounidense Ry Cooder y el líder de banda cubano Juan de Marcos González. Ambos llamaron a otros músicos cubanos para que grabaran un álbum en tan solo seis días. Muy pronto el juego se convirtió en un fenómeno global gracias al poderoso impulso del documental de Wim Wenders, nominado a los Oscar. En las últimas dos décadas, han cambiado muchas cosas. Seis de los miembros originales de los Buena Vista (Ibrahim Ferrer, Compay Segundo, Rubén González, Orlando Cachaíto López, Pío Leyva y Manuel Puntillita Licea) han fallecido. Así, aunque la cantante Omara Portuondo y el guitarrista Eliades Ochoa siguen activos, el grupo ha dado la vuelta al mundo como una orquesta de formación cambiante, aunque con el mismo repertorio.

También Cuba ha cambiado. En la década de 1990, tras el derrumbe soviético, comenzó a abrirse al mundo exterior: el turismo de masas está empezando, y las compañías discográficas comienzan su caza al tesoro en la isla.

Hoy, Cuba es uno de los destinos más populares del Caribe, con las reformas económicas en marcha, las restricciones comerciales suavizadas y un deshielo en las relaciones con los Estados Unidos en curso. Si bien es cierto que estos cambios se habrían producido igualmente, los músicos de Buena Vista Social Club ejercieron un papel innegable a la hora de cambiar la percepción de su país.

*Omara Portuondo, hoy*

varios años acompañó a Bob Dylan, estaba a punto de subir al escenario por última vez. Para celebrar el evento, invitaron a varios amigos músicos, como Neil Young, Eric Clapton, Van Morrison o el propio Dylan. A otro «amigo», que no por casualidad era el mismo de Pennebaker y de Wenders, le correspondió filmar este «Último vals». Su nombre, **Martin Scorsese**.

La música es parte fundamental de la vida de Scorsese desde que era un chiquillo de origen italiano, que nació el 17 de noviembre de 1942 en Nueva York, en Queens, y que creció en Little Italy.

*Martin Scorsese, cuando era niño*

> «LOS DISCOS DE MI PADRE Y LA GUITARRA DE DJANGO REINHARDT SON MI PRIMER RECUERDO: EN CASA NO HABÍA LIBROS, SOLO MÚSICA A TODO VOLUMEN: JAZZ, ROCK, CLÁSICA»
>
> **Martin Scorsese**

De izquierda a derecha: el director del documental *Woodstock* Michael Wadleigh, Renee Wadleigh y Martin Scorsese

El Scorsese cineasta tocaba con la mano la música desde su primer encargo importante, es decir, cuando en verano de 1969 fue contratado como asistente de dirección y montaje del documental de Michael Wadleigh sobre el festival de Woodstock.

Tres años más tarde, participó en calidad de supervisor en el montaje de las secuencias de *Elvis on Tour*, la última película que contaba con el Rey del rock'n'roll como protagonista; una película bien distinta a las que hizo en exclusiva Presley durante siete años, hasta 1967, con la Paramount, ya que era un documental que contaba las gestas de Elvis durante la gira de 1972 en los Estados Unidos.

Scorsese siempre ha dado mucha importancia a la banda sonora, hasta el punto de que, en cierto momento, decidió confiar en un amigo, un guitarrista y compositor que trabajaría con él a lo largo de ocho películas: **Robbie Robertson**, de The Band, el grupo del discutido giro eléctrico de Bob Dylan. Fue Jonathan Taplin, el manager de la gira de The Band, que había producido ya *Malas calles* para Scorsese, quien los presentó. La primera impresión del director no fue muy favorable, pero muy pronto ambos se hicieron amigos. En la casa de Martin en Los Angeles, en Mulholland Drive, donde se trasladó Robbie en cierto momento, ambos pasaron noches a base de música y cocaína que favorecieron una relación que se consolidó en base a una creatividad mutuamente estimulada.

Martin Scorsese y Robbie Robertson

> **«HE VIVIDO UNOS MESES EN CASA DE MARTIN, PERO ME TUVE QUE MARCHAR: TODO EL DÍA ESCUCHABA MÚSICA A UN VOLUMEN INSOPORTABLE»**
> **Robbie Robertson**

«Hemos estado juntos en la trinchera, nos ha estallado una bomba al lado pero hemos sobrevivido.» De esta manera describía Robertson la turbulenta vida rock'n'roll californiana con Scorsese que muy pronto se transformaría en una duradera amistad. En parte por este motivo, Robbie pidió a Martin que se ocupara de la dirección de *The Last Waltz* (*El último vals*), la película del concierto de adiós de The Band; después de dieciséis años de carrera, el grupo había decidido en efecto poner la palabra fin a su historia. El último directo

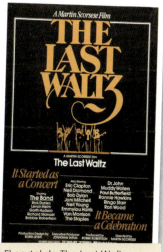

El cartel de *The Last Waltz*

La caja de *The Blues*

tuvo lugar en San Francisco en 1976, el día de Acción de Gracias. Fue un espectáculo memorable; la banda reunió a un puñado de amigos como Bob Dylan, Neil Young, Emmylou Harris, Dr. John, Muddy Waters, Ringo Starr, Ronnie Hawkins o Eric Clapton.

> «MARTIN SCORSESE ES EL DIRECTOR CON MEJOR INTUICIÓN PARA LA MÚSICA»
>
> **Robbie Robertson**

En realidad, *The Last Waltz* nació como un simple intento de documentar aquel gran concierto, pero luego se convirtió en un proyecto más amplio, capaz de narrar la historia de un grupo formidable y lo que sucedía entre bastidores en aquel evento histórico. La película vio la luz en 1978, y se presentó fuera de concurso en el Festival de Cannes. Después de la disolución de The Band, Robertson prosiguió su colaboración con Scorsese, escribiendo para él las bandas sonoras de *Toro salvaje*, *El rey de la comedia*, *El color del dinero*, *Casino*, *Gangs de Nueva York*, *Infiltrados*, *Shutter Island* y *El lobo de Wall Street*. El propio Scorsese siempre ha defendido la importancia de la música en sus películas; aun hoy, la considera un elemento capaz de influir incluso el desarrollo de la trama: «A menudo, las canciones han precedido a la película –explicaba–, son una especie de storyboard sonora: a partir de «Jumpin' Jack Flash» y «Be my Baby» nacieron las imágenes de *Malas calles* en la pantalla». En 1977, Scorsese firmó *New York, New York*, un musical importante tanto por el vínculo ya consolidado con Robert de Niro como por la célebre canción («Theme from New York, New York») interpretada por Liza Minnelli y que luego se convertiría en legendaria interpretada por Frank Sinatra.

En 2003, Scorsese produjo *The Blues*, una serie de documentales dedicados a la música del diablo, siete películas con retratos íntimos de algunos bluesmen. El primer documental de la serie contaba con Scorsese en el papel de director, mientras que en otros, este papel lo desempeñaban nombres del calibre de Clint Eastwood y Wim Wenders.

También era de Scorsese *No Direction Home*, documental de 2005 dedicado a **Bob Dylan**. El título, que retomaba un verso de «Like a Rolling Stone», se refiere al período que comenzó en 1961, antes de la publicación del álbum de debut de Dylan, hasta 1966; comprendía los inicios, la parte de folk revival, el giro eléctrico y la retirada temporal de los escenarios tras el accidente de moto de Bearsville, cerca de Woodstock. Completaban el documental una rara entrevista a Dylan y los testimonios de otras personas que frecuentaron en aquel período a «His Bobness», entre los cuales las novias históricas (como Suze Rotolo, con él en la foto de la carátula de *The Freewheelin' Bob Dylan*, o Joan Baez), el poeta Allen Ginsberg, el músico folk Dave Van Ronk y muchos otros.

En años más recientes, Scorsese contó la vida de un ex Beatle, firmando *George Harrison. Living in the Material World*. El documental lo produ-

## ROCK & ARTE

Bob Dylan en *No Direction Home*

jeron el propio director y la viuda de **George Harrison**, Olivia, que facilitó material de archivo de su difunto marido, venciendo una reticencia que la había llevado a declinar peticiones análogas. La película apareció en 2011 y narra la historia de George Harrison desde sus debuts hasta los éxitos con los Beatles, resaltando su papel en los Fab Four, sus viajes por la India y su pasión y competencia por el arte, la música y la cultura india. La obra aparece enriquecida por entrevistas a personas cercanas a George, como Olivia y su hijo Dhani, sus ex compañeros y las otras personas que gravitaban alrededor de los Beatles, como su amigo de infancia (y jefe de Apple Records) Neil Aspinall o el histórico productor George Martin, junto a otros artistas y personajes famosos que gozaron de su amistad o lo conocieron y frecuentaron, como Eric Clapton, Pattie Boyd, Phil Spector, Tom Petty, Ravi Shankar y Klaus Voorman.

## «EL CINE ME HA ACERCADO A LOS MITOS DE LA MÚSICA»
### Martin Scorsese

Otra relación muy fuerte es la que se estableció entre Martin Scorsese y los **Rolling Stones**. El director, gran amigo de Mick Jagger, captó momentos fundamentales del grupo en el documental *Shine a Light*, de 2006. Las fenomenales tomas del concierto, con primeros planos estremecedores, se alternaban con filmaciones, entrevistas de archivo y pequeños backstage, como por ejemplo un «Happy Birthday» dedicado al ex presidente de los Estados Unidos Bill Clinton, presente junto a su mujer Hillary (la recaudación del evento fue a parar a la Clinton Foundation). Los directos que se filmaron fueron dos: el del 29 de octubre y el del 1 de noviembre en el Beacon Theatre de

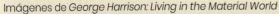

Imágenes de *George Harrison: Living in the Material World*

DOCUMENTAR UNA EMOCIÓN

El cartel de *Shine a Light* y una foto del backstage

Nueva York, pero el montaje final se limitó a la segunda sesión. El evento celebraba el triunfal *A Bigger Bang Tour*: ambas sesiones presentaban el mismo repertorio y contaron con invitados en el escenario como Jack White, Buddy Guy y Christina Aguilera, que efectuaron dúos con los Stones. Hubo una dedicatoria especial para Ahmet Ertegun, cofundador de Atlantic Records y presidente del Rock and Roll Hall of Fame & Museum. De todos modos, el productor discográfico no pudo disfrutar del evento: por una cruel broma del destino, resbaló y se golpeó la cabeza en el backstage del primer concierto, y falleció unos días más tarde, el 14 de diciembre.

## *VINYL*: SCORSESE & JAGGER PRODUCTORES DE TELEVISIÓN

En 2016, Martin Scorsese y **Mick Jagger** produjeron *Vinyl*, una serie de televisión protagonizada por un productor discográfico imaginario pero verosímil, llamado Ritchie Finestra, fundador de la American Century, interpretado por Bobby Cannavale. La serie narra los difíciles inicios, el éxito de Finestra y de su etiqueta, y luego el rápido declive tras el cual se ve obligado a tratar la venta a Polygram e incluso a convertirse en cómplice de un homicidio.

La idea de *Vinyl* fue de Mick Jagger, que la había propuesto a Scorsese a mediados de la década de 1990. En primer lugar ambos intentaron desarrollar el material para un largometraje, luego pensaron en hacer una serie de televisión, cuyo episodio piloto dirigió Scorsese. Aunque en principio se pensó en producir también una segunda temporada, HBO se hizo atrás y decidió, a la luz de la escasa audiencia, anular el proyecto.

Foto del set de *Vinyl*

# Historias de rock'n'roll

**YA SEAN LAS OBSESIONES Y LOS TRAUMAS** infantiles de una estrella del rock o la refinada biografía de una celebridad planetaria, son muchísimas las historias rock que esperan que alguien las cuente. Es lo que, de manera bien dispar hicieron el británico Alan Parker y los estadounidenses Cameron Crowe, Todd Haynes y Jim Jarmusch.

El mundo del cine, cuyo paradigma encarna Hollywood, aunque también su alma más comercial, siempre anda en busca de historias que contar. La vida de una estrella del rock, con su mezcla de genialidad y desorden, constituye a menudo el punto de partida ideal para este tipo de empresa. Por ello, varios directores, tanto autores confirmados ansiosos de explorar nuevas temáticas como cineastas debutantes deseosos de testimoniar el nacimiento de una escena musical, deciden beber del inmenso patrimonio de la iconografía rock. Sin embargo, el resultado no puede ni debe prescindir de los habituales cánones del cine: el reparto, el guion, la escenografía, además, obviamente, de la mano del director. Pero hay algo cierto: la banda sonora deberá ser, y la mayor parte de las veces será, algo potente. Y esta es la razón principal que impulsa al espectador a comprar la entrada. Por otra parte, si se va al cine a ver *The Wall*, lo mínimo que uno espera es oír a David Gilmour cantando «Comfortably Numb».

Corría el año 1982. En San Francisco, **Alan Parker** estaba comenzando a filmar *Después del amor*, su sexta película, cuando una conversación casual con el dirigente de EMI Bob Mercer lo llevó a conocer a **Roger Waters**. «Waters es la antiestrella del rock –recordaba Parker–, me hizo acomodar en la cocina para luego contarme su historia, mostrando fragmentos de demos que había hecho en casa. Era un material tosco y rabioso: el aullido primordial de Roger, que sigue siendo el corazón de toda la obra.»

Más tarde, comentando los largos y extenuan-

# HISTORIAS DE ROCK'N'ROLL

Alan Parker; a la derecha, cartel de la película *The Wall*

tes meses de elaboración de la película, Parker sorprendió a todo el mundo declarando: «Honestamente, nunca debería haber hecho *The Wall*», y aunque añadía que estaba orgulloso de ello, añadió que «la realización de la película fue demasiado humillante como para recordarla con placer. Habitualmente despacho el asunto diciendo que fue un período difícil pero altamente creativo».

### «CUANDO PARTICIPO EN ALGÚN FESTIVAL, *THE WALL* NO FALTA NUNCA, Y ES EMBARAZOSO ADMITIR QUE ODIÉ HACERLO»
#### Alan Parker

La razón principal de la frustración de Parker fue la difícil relación establecida con dos personalidades muy fuertes y poco inclinadas a contemporizar, como Roger Waters y el dibujante **Gerald Scarfe**. Este último fue el creador de la extravagante escenografía del espectáculo *The Wall*, y colaboró con Waters en la elaboración de las ideas incluso antes de que Parker entrara en el proyecto. El propio Waters admitió más tarde: «¿Podéis imaginar a tres megalómanos en la misma habitación? Lo sorprendente es que de todo ello saliera algo bueno». Una vez ultimadas las tomas de *Después del amor*, Parker volvió a Londres y se puso manos a la obra. «Nuestro mayor problema –recordaba– fueron los 380 skinheads contratados para la secuencia del simposio fascista. Fue difícil convencerlos de que no la emprendieran a patadas contra alguien».

Al final, tras 61 días, 977 escenas, 4.885 golpes de claqueta y 120 km de película (y 15 minutos de animación), las tomas estaban terminadas. Se precisaron 8 meses de montaje para comprimirlo todo en 99 minutos de película, que se proyectó en el Festival de Cannes de 1982. Las reacciones fueron excelentes y contribuyeron a convertir a Parker en uno de los directores británicos de mayor fama.

Director, escritor, productor, Alan Parker (nacido en Islington, Londres, el 14 de febrero de 1944) había comenzado como copy publicitario, imponiéndose rápidamente como autor y director de spots, que a finales de la década de 1960 revolucionaron el mundo de la publicidad. Muy pronto

## ROCK & ARTE

Algunas escenas de la película *The Wall*

dirigió un par de películas breves para la televisión. Luego, en 1976, su primer largometraje, *Bugsy Malone*, singular musical con acordes infantiles ambientado en el Nueva York de la década de 1920, con bandas mafiosas rivales que desencadenan una guerra terrible a base de tartas en la cara y ametralladoras de lionesas. Con su segunda película, *Expreso de medianoche*, brutal historia de un joven estadounidense que huye de una prisión turca donde ha sido encarcelado por posesión de drogas, Parker obtuvo éxito y honores en Hollywood, por ejemplo con una candidatura al Oscar a la mejor dirección y sobre todo un Oscar a la mejor banda sonora, firmada por Giorgio Moroder. Ello le valió la credibilidad necesaria para obtener financiación para sus proyectos. Así, en 1979 realizó *Fama*, celebración de la juventud y del arte en Nueva York. La película ganó dos Oscar, a la mejor banda sonora y a la mejor canción. Michael Gore, su autor, escribiría dos años más tarde la música de *Footloose*, mientras que Irene Cara, que cantaba el tema e interpretaba el personaje de Coco Hernández, se convirtió en una estrella mundial en 1983 con *Flashdance* («What a Feeling»).

*Fama* contaba los sueños y frustraciones de un grupo de jóvenes que frecuentaban la High School of Performing Arts de Manhattan, y el encuentro positivo de público y crítica dio vida a un *spin-off* televisivo y a un musical de idéntico y duradero éxito.

Después de las fatigas de *The Wall* (1982), Parker, con solo 38 años, se volvió a zambullir en el trabajo y siguió realizando películas con una impresionante regularidad, a menudo con igual éxito entre crítica y público.

> «TODOS LOS QUE CONOCÍA QUERÍAN FORMAR PARTE DE UNA BANDA PARA HUIR DEL MUNDO EN QUE VIVÍAN»
> **Alan Parker**

En aquel período se le propuso rodar *The Commitments*, adaptación de la novela de Roddy Doyle. «Después de varias películas en los Estados Unidos, tenía ganas de volver a casa y reencontrar mis raíces», explicó.

Cartel de *Expreso de medianoche*

Cartel de la película *The Commitments* y fotografía del set con la banda al completo

## «ANDREW STRONG TENÍA SOLO DIECISÉIS AÑOS, PERO MOSTRABA UNA SEGURIDAD EXTRAORDINARIA»
### Alan Parker

Parker voló a Irlanda y comenzó a trabajar en la historia de este joven dublinés, apasionado por la música, que pretendía convertirse en el mánager de la mayor banda de soul y rhythm and blues de la historia. Decepcionado por las primeras y desastrosas actuaciones, el protagonista decidía confiar en sus amigos y reunió un grupo formidable que soñaba con actuar junto al gran Wilson Pickett (encuentro que no se produciría por muy poco).

«El Northside de Dublín me recordaba los escenarios de mi juventud», contaba el director. Inicialmente, Parker había pensado contratar a un par de estrellas irlandesas como Van Morrison y Rory Gallagher. Después de que estos rechazaran la oferta, comenzó una larga serie de audiciones (al final se visionaron hasta 65 bandas). Para encarnar el papel del cantante Deco Cuffe, el favorito parecía ser Robert Arkins, pero cuando se presentó en el casting Andrew Strong (hijo del vocal coach de la película, Rob Strong) y se midió con «Mustang Sally», de Wilson Pickett, el papel de Deco recayó en él. A Arkins se le confió el papel del mánager Jimmy Rabbitte, mucho más comprometido porque, como explicaba Parker, aquel personaje «es el pegamento que mantiene toda la película».

El director recordaba con placer los meses de trabajo: «Cada día era una alegría, nunca hubo un capricho por parte de nadie... Muchos actores eran músicos comprometidos o en busca de un contrato, con una vida nómada; ninguno de ellos tenía teléfono, así que les dimos móviles para poderlos encontrar, cosa que en 1990 era una novedad». Las escenas habladas se rodaron de manera convencional y disciplinada, las secuencias propiamente musicales se realizaron con una técnica documentalista que permitía cantar en directo captando la espontaneidad de cada momento gracias a la utilización de máquinas de toma múltiple. «Cuando los dejé libres para improvisar –recordaba el director– se soltaron, batiendo todos los récords de palabrotas en un set cinematográfico.»

La película que cuenta con una banda sonora acertada (que a su vez se vendió de manera significativa) y con la indudable empatía que el grupo de jóvenes aspirantes a músicos lograba transmitir, gustó muchísimo a público y crítica.

Madonna en el papel de *Evita*

## «NO HE CONOCIDO A NINGÚN IRLANDÉS A QUIEN NO LE GUSTARA *THE COMMITMENTS*»
### Alan Parker

Después de la feliz experiencia dublinesa, en 1996 Parker se sumergió en la historia argentina para realizar *Evita*, transposición cinematográfica del musical de Andrew Lloyd Weber. Para el papel de la discutida primera dama eligió a **Madonna**, por entonces en la cumbre de su popularidad. La película, pese a las críticas controvertidas, fue un éxito. Cabe destacar que, una vez más, Parker no quería dirigirlo y fue prácticamente contratado a la fuerza por el productor Robert Stigwood. «Al final estoy contento –declaró más tarde–, pero trabajar con Madonna no fue fácil. Cuando estaba trabajando en *The Commitments*, estaba deseando llegar al set, con *Evita* me sucedió justamente lo contrario.»

Mientras Alan Parker estaba rodando *The Commitments* en Dublín, el mundo del rock miraba hacia el noroeste de los Estados Unidos, puesto que Seattle se había convertido en la capital del sonido del fin de milenio. En poco tiempo, en el estado de Washington florecieron centenares de bandas caracterizadas por un intento común de conjugar punk y metal, en busca de un sonido que vehiculara su estado de ánimo nihilista. Era el grunge. El cine no fue indiferente a aquella nueva, violenta y poderosa oleada de energía.

## THE WALL: LA CANCIÓN ELIMINADA

Las escenas de la canción «Hey You» mostraban a la policía británica con el equipamiento de antidisturbios enfrentándose a la multitud. En la fase de postproducción, Roger Waters y Alan Parker observaron el montaje de lo que habían filmado y, mientras lo miraban, sintieron que la película estaba adquiriendo un cariz deprimente. Así, de manera impulsiva, decidieron cortar «Hey You», tanto para aligerar el tono, como por la excesiva longitud del material ya editado. En el comentario al DVD que apareció a continuación, Roger Waters y Alan Parker explicaban que la mayor parte de las tomas de «Hey You» existía todavía en los negativos originales y se había empleado en varias escenas en el resto de la película, así como muchas otras (incluida una de Pink lanzando objetos a las paredes en el hospital militar). Por otra parte, al menos una secuencia de «Hey You» que no aparecía en la película se empleó en el tráiler original.

Roger Waters

## «EN MIS PELÍCULAS HAY UNA IDENTIDAD QUE LAS HACE MÍAS Y AL MISMO TIEMPO DE QUIEN LAS ESTÁ MIRANDO»
### Alan Parker

«Soy un coleccionista compulsivo. Lo conservo todo: una cinta, un recibo, una foto, una revista, un carnet, un número de teléfono inactivo desde hace años. Todo. Es una especie de dependencia, como todas las manías, de hecho. Se llega a un punto en el que las cajas te poseen. Un día me topé con un polvoriento contenedor con la inscripción "Pearl Jam – Stuff/90s". Lo había conservado para un día de lluvia. Y fíjate, aquel día llovía.» En aquella tarde húmeda (lo cual no es excepcional en Seattle), mientras hurgaba entre sus cajas, **Cameron Crowe** dio con una de aquellas bolsas que se encuentran en el bolsillo de los asientos de los aviones. Y había una inscripción en bolígrafo, «From Eddie», con una cinta en el interior, con las primeras demos, las que partieron de Seattle hacia San Diego, con las bases musicales en las que un tímido surfer y empleado de gasolinera, el por entonces jovencísimo **Eddie Vedder**, había grabado su intensa voz de barítono que, inmediatamente, había hechizado a sus futuros compañeros de aventura. De este modo nació *Pearl Jam Twenty* (2011), el tributo personal de Crowe a los veinte años de carrera de la banda.

## «LOS PEARL JAM SON LA BANDA DE ROCK MÁS FIABLE E IMPREVISIBLE»
### Cameron Crowe

Se trata de una película de hecho didáctica, muy lejos de la mayor parte de los biopics tanto desde el punto de vista de los contenidos como del técnico. El relato de Crowe, que evita minuciosamente los tonos laudatorios, fluye a través del curso de las imágenes y las músicas. La mano del autor se advierte en el titánico trabajo de montaje y en la elección de las canciones de la banda, que no se limitan a soportar la historia, sino que se convierten en narraciones en sí mismas. El cuadro que Crowe pinta es sincero y apasionado, exactamente como el objeto de su relato. *Pearl Jam Twenty* retrotrae al espectador a hace treinta años. En 1986, Cameron Crowe (nacido en Palm Springs, California, el 13 de julio de 1957), enamorado de una joven

Cameron Crowe con Eddie Vedder y el cartel de *Pearl Jam Twenty*

## ROCK & ARTE

Una escena de *Singles* y la carátula de la banda sonora

del noroeste y deprimido por la estancada atmósfera de Los Angeles, se trasladó a Seattle para comenzar de nuevo. Aquella chica era Nancy Wilson, de la banda de rock Heart. Fue ella quien introdujo a Crowe en la efervescente escena musical de la ciudad, quien le permitió frecuentar los mejores locales y lo puso en contacto con los jóvenes desarrapados músicos que tocaban cada noche, a menudo después de ocho horas de trabajo en las cafeterías. El joven director, que ya tenía a sus espaldas dos guiones, una dirección, y sobre todo una precoz carrera de periodista musical, se enamoró en seguida de aquellos sonidos y de aquel espíritu. Y desarrolló la idea de una carta de amor a Seattle, lo cual se convirtió en una película: *Singles*. La historia narrada seguía el ritmo de la música; en efecto, había actuaciones en directo de **Alice in Chains** y **Soundgarden**, y un joven Eddie Vedder, que junto a otros miembros de los **Pearl Jam**, Stone Gossard y Jeff Ament, formaba el núcleo de la ficticia banda de Cliff Poncier (Matt Dillon): los Citizen Dick.

> «SIEMPRE ME HAN FASCINADO LAS EMOCIONES QUE BROTAN DE LA INTERACCIÓN ENTRE MÚSICA E IMÁGENES»
> 
> **Cameron Crowe**

«La primera vez que se reunió todo el cast –recordó Crowe en una entrevista a *Rolling Stone*– fue en el OFF Ramp, un local situado en un barrio no céntrico de Seattle. Era la segunda vez que los Pearl Jam tocaban en grupo con su nuevo cantante. Eddie había leído el guion y escrito una canción sobre las relaciones entre las personas, titulado *State of Love and Trust*, que se convirtió en el corazón de la película.»

Pero la Warner Bros era escéptica y mantuvo la película en un cajón durante nueve meses, dudando acerca de su viabilidad. Luego, después del clamoroso éxito de *Nevermind*, de los Nirvana, la banda sonora de *Singles* se lanzó oportunamente al mercado, el 30 de junio de 1992, casi tres meses antes del estreno en salas de la pelí-

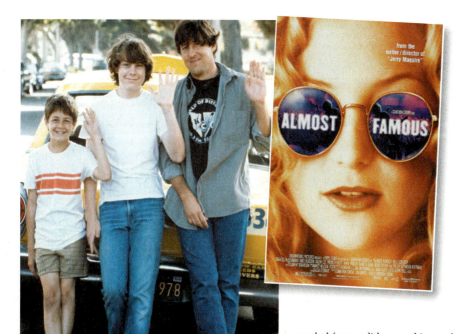

Cameron Crowe en el set de *Almost Famous* y, a la derecha, el cartel de la película

cula. Lo cual, en efecto, era algo bastante insólito, pero que tuvo el mérito de crear expectativa para la película. Paradójicamente, el retraso atrajo sobre Crowe la crítica fácil de querer aprovechar el éxito del grunge, que entretanto se había convertido en un fenómeno planetario.

## «CASI FAMOSOS ES MI PELÍCULA MÁS PERSONAL»
### Cameron Crowe

«Cuando era joven me había encantado la manera con que Mike Nichols había utilizado las canciones de Simon & Garfunkel para *El graduado*. Con *Singles* intenté recrear aquel tipo de emoción», confesaba Crowe. En este sentido, *Singles* fue preparatorio de los trabajos posteriores. En 2000 se estrenó *Almost Famous* (en España, *Casi famosos*), la obra más autobiográfica de Crowe. Análogamente a lo que había sucedido con el jovencísimo protagonista de la película, Crowe había sido contratado por *Rolling Stone* con solo quince años. Es más, el fundador de la revista, Jann Wenner, le había escrito una carta de ánimos en la que, proféticamente, se podía leer: «Quien sabe, quizás te conviertas en el cronista más joven de la historia de *Rolling Stone*». Dicho y hecho: mintiendo acerca de su edad y bajo el ala protectora de su mentor Lester Bangs, afamado y controvertido crítico musical, Crowe se encontró muy pronto entrevistando a grandes nombres del rock, llegando a seguir las giras de **Led Zeppelin** y

Una escena de *Roadies*

## ROCK & ARTE

**Allman Brothers Band**. No es casual, pues, que *Almost Famous* esté lleno de canciones de estos músicos. Y si bien es cierto que todos los trabajos de Crowe como director de cine son, de alguna manera, la expresión de su amor por la música, *Almost Famous* es algo más; es un viaje interior hacia años en los que el rock'n'roll imprimía una señal indeleble en el alma, una época en la que las hormonas de la adolescencia irrumpían, el amor resultaba hiriente y las estrellas del rock llegaban a ser consideradas divinidades.

Una secuencia fundamental, decididamente autobiográfica, es aquella en la que William descubre los discos que le ha dejado su hermana bajo la cama antes de irse de San Diego.

«Rodé aquella escena varias veces –explicaba Crowe–, cada vez cambiando el orden de los discos, pero comenzando siempre por *Pet Sounds* de los Beach Boys; aquel álbum fue lo más dulce y más triste que haya oído nunca. No creía que pudiera realizar algo igualmente profundo, pero estaba seguro de querer hacer una película sobre lo que significaba amar *Pet Sounds*».

Después del proyecto *Pearl Jam Twenty*, en 2016 Crowe situó su cámara entre bastidores de los conciertos rock, contando a través de la serie de televisión *Roadies* la vida y el trabajo de los técnicos que hacen posible una gira musical. Como es habitual, lo hace con pasión y competencia, exhibiendo sensibilidad en

### LA LLAMADA ENTRE LESTER BANGS Y WILLIAM MILLER (DE *ALMOST FAMOUS*)

*Bangs:* ¡Eh, amigo! He entablado amistad con ellos. Escucha, la amistad es el licor con el que te alimentan: quieren embriagarte para darte una ilusoria sensación de pertenencia.
*Miller:* Ha sido divertido.
*Bangs:* Porque te hacen sentir bien. Eh, yo te conozco, tú no eres guay.
*Miller:* Lo sé. Incluso cuando pensaba que lo era, sabía que no lo era.
*Bangs:* Esto es porque NOSOTROS somos guays. Las mujeres siempre serán un problema para nosotros. La mayor parte del gran arte del mundo remite justamente a este mismo problema. Las personas de aspecto atractivo no tienen espina dorsal. Su arte no dura. Nunca. Se cepillan a las chicas, pero nosotros somos más inteligentes.
*Miller:* Sí, al final lo he entendido.
*Bangs:* Sí, el gran arte se refiere al conflicto y al dolor, el sentimiento de culpa y el deseo y el amor disfrazado de sexo, y el sexo disfrazado de amor. Y, admitámoslo, tú tienes una gran ventaja.
*Miller:* Me alegra que estés en casa.
*Bangs:* Siempre estoy en casa. Soy un gafe.
*Miller:* ¡Yo también!
*Bangs:* El único valor verdadero en este mundo en bancarrota es lo que compartes con alguien cuando eres un gafe.
*Miller:* Ahora me siento mejor.
*Bangs:* Oye el consejo que te doy: sé que piensas que aquellos tipos son tus amigos. ¿Quieres ser un auténtico amigo para ellos? Sé honesto y despiadado.

# HISTORIAS DE ROCK'N'ROLL

Todd Haynes

la elección de las músicas y excediéndose quizás únicamente en la profusión de buenos sentimientos.

Cameron Crowe escribió varios artículos sobre Bob Dylan para *Rolling Stone*. En 1985 llegó a firmar las notas del libreto del box set *Biograph* de cinco long plays. En 2011, con ocasión del setenta aniversario de «His Bobness», Crowe eligió «Buckets of Rain» como su canción dylaniana preferida. Existen muchísimas películas con Dylan, sobre Dylan o inspiradas en Dylan, y quién sabe si también Crowe tuvo algún día la tentación de dirigir una película de alguna manera vinculada a él. Sin embargo, a día de hoy existe un solo director que haya contado la vida de Mr. Zimmerman obteniendo su aprobación. Se llama **Todd Haynes**, y nació en Encino, en California, en 1971.

Se había dado a conocer entre los aficionados al rock en 1998 con su tercer largometraje, *Velvet Goldmine*. La película narraba la historia de Brian Slade, joven divo del glam rock, influido en sus inicios por el cantante rebelde estadounidense Curt Wild.

En Londres, en 1975, Slade alcanzó el ápice de la notoriedad. Miles de jóvenes lo adoraban, lo emulaban pintándose las uñas y explorando libremente su sexualidad. Pero el personaje de Maxwell Demon, creado por él, ya era una jaula que le impedía realizarse artísticamente de forma plena, y por ello Slade escenificó su asesinato. Sin embargo, cuando los fans descubrieron el fraude, su estrella cayó de repente, y con igual rapidez Slade fue olvidado. Diez años más tarde, Arthur Stuart, periodista *freelance*, recibió el encargo por parte de un diario de escribir un artículo sobre la historia de aquel falso homicidio. Arthur creció en Manchester, desde niño era un fan de Slade, y aceptó con alguna reticencia el encargo, comenzando de esta manera a indagar sobre la suerte de su héroe de antaño. Desde siempre, Haynes había mostrado interés por el arte: ya desde su infancia rodaba películas como aficionado y pintaba. Ya adulto, había frecuentado la Brown University, licenciándose en semiótica, para luego trasladarse a Nueva York, donde había realizado su primer cortometraje, *Superstar: The Karen Carpenter Story* (1988), que contaba la triste y breve vida de la batería-cantante pop estadounidense y que tenía la singular característica de servirse de muñecas Barbie en lugar de actores y actrices. La película tuvo un cierto éxito en varios festivales, pero pronto fue imposible verla a causa del proceso iniciado por los derechos musicales por Richard Carpenter, hermano de Karen y asociado artístico suyo.

Esta primera obra anticipaba muchos de los aspectos peculiares de la producción de Haynes (siete películas como director de 1991 a 2017), autor ciertamente no convencional, por los temas tratados y por las soluciones técnicas adoptadas. Y efectivamente, también su debut de 1991 con su primer largometraje, *Poison*, basado en textos de Jean Genet, se caracterizaba por un guion com-

Cartel de *Superstar: The Karen Carpenter Story*

259

## ROCK & ARTE

Escenas de *Velvet Goldmine*; abajo, el cartel de la película

plejo (que anticipaba en cuanto a su esquema el de *I'm Not There*) y por los temas que afrontaba (sobre todo la homosexualidad en la cárcel), que no dejaron de suscitar polémicas. Así, después de una segunda película, *Safe*, premiada en el Sundance Film Festival en 1995, llegó el turno a *Velvet Goldmine*, donde Haynes combinaba su amor por el glam rock y el estilo visual de las décadas de 1960 y 1970 para contar una historia de ascensión y caída. La película, muchos de cuyos diálogos provienen de textos de Oscar Wilde, se planeó con música de **David Bowie**, y no es casual que el título sea una de sus canciones de los setenta. Pero cuando Bowie se enteró de que el tema se basaba en dos biografías suyas no autorizadas, amenazó con acciones legales. De este modo, las canciones de Bowie no se utilizaron, y el guion se reelaboró a fin de evitar semejanzas demasiado explícitas entre Brian Slade y la estrella del rock.

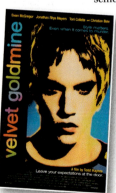

También se consideró para la banda sonora a Courtney Love, viuda de Kurt Cobain, pero después de haber visto algunas escenas, ésta abandonó el proyecto lamentando el hecho de que el personaje de Curt Wild le recordaba demasiado a su difunto marido.

La presunta semejanza entre Cobain y Wild (objetivamente impresionante) fue desmentida por Haynes, que como máximo la consideraba fortuita, y que admitió, en cambio, haberse inspirado en Iggy Pop. Al final la banda sonora se recopiló basándose preferentemente en el repertorio de Roxy Music y Stooges, cuyos temas son reinterpretados por Mark Arm, Thom Yorke y por los mismos actores. Cabe señalar la versión de los Placebo de «20th Century Boy», de Marc Bolan.

La película, cuya estructura es de forma evidente una cita a *Ciudadano Kane*, de Orson Welles, tuvo un gran éxito de público, y el vestuario suntuosamente kitsch de la diseñadora británica Sandy Powell le valieron una nominación a los Oscar de 1999.

> «CON SUS PERSONAJES, BOWIE CREÓ MUNDOS DE FICCIÓN: QUISE RECONSTRUIR SU PARÁBOLA ARTÍSTICA EN UN UNIVERSO PARALELO»
> **Todd Haynes**

Después del intenso *Far from Heaven* (*Lejos del cielo*), Haynes volvió a hablar de música en 2007, con su obra

# HISTORIAS DE ROCK'N'ROLL

Cate Blanchett es Jude en *I'm not There*; a la derecha, el cartel de la película

más ambiciosa y sofisticada, el atípico biopic *I'm not There*, un fascinante proyecto que reconstruía la vida y el recorrido musical del rostro más conocido de la música folk, **Bob Dylan**. Se trataba de un tributo decididamente poco convencional, estructurado en episodios, cada uno de los cuales con actores diferentes personificando las multiformes caras de Dylan.

## «A DYLAN NO LE INTERESABA UN BIOPIC CONVENCIONAL, POR ESTE MOTIVO ME AUTORIZÓ ESTA IDEA»
### Todd Haynes

Marcus Carl Franklin es Woody, un afroamericano de once años que se desplaza en los vagones de mercancías y remite claramente a Woody Guthrie, del que se libera poco después de que una anciana lo empuja a «vivir su propia época y a tocar su propia música». Christian Bale es Jack Rollins, el primer folk guitar hero. Ben Whishaw es el poeta Arthur Rimbaud, en un retrato que representa la transición de lo político a lo personal. Heath Ledger es Robbie, autor inconformista que encarna el lado oscuro de Dylan: egoísta, reaccionario, misógino. Richard Gere es el fuera de la ley Billy the Kid, ahora un vagabundo entrado en años que se fuga. Pero quien se queda con la escena es Cate Blanchett; la espléndida actriz australiana interpreta a Jude (que podría sonar como «Judas»), el Dylan que, abrazando la guitarra eléctrica, traiciona la tradición acústica del folk.

A lo largo de su camino, los distintos Dylan van encontrando sucesivamente a Ginsberg, Warhol, James Baldwin, Guthrie, los Beatles...

El montaje de la película es rigurosamente asíncrono, con las vicisitudes de los diferentes personajes entrelazándose, lo cual quizás complica el disfrute, especialmente para quien no está acostumbrado, pero por el contrario crea una suspensión temporal que plasma la compenetración de los diferentes aspectos de la personalidad dylaniana, captada en todas sus facetas. Porque el artista necesita

## ROCK & ARTE

# TODD HAYNES: «BOB DYLAN, EL PRIMER PUNK»

«Pensad en Newport, en el giro eléctrico –afirmaba Todd Haynes–, aquello era puro punk: el volumen, la distorsión, la rabia. Fue una agresión al público. Para mí, aquel fue el nacimiento del punk. Y luego, en la gira europea subsiguiente, Dylan se alimentó activamente de la rabia y de la hostilidad del público, y empleó esta hostilidad para alimentar el proceso creativo. Si esto no es punk...». Justamente lo que Iggy Pop haría años más tarde. Pero para Dylan, el sacrilegio fue todavía mayor. «Pensad en lo espantoso que pudo ser enfrentarse con aquel tipo de hostilidad después de ser adulado durante años por todo el mundo –explicaba Haynes–. Dylan supo usar el miedo como un instrumento creativo. Este es un signo de gran e intransigente determinación.»

Todd Haynes con algunas imágenes de Bob Dylan a sus espaldas

cambiar, transformarse. Aunque sea para sobrevivirse a sí mismo y al mundo. En este sentido, la actuación de Cate Blanchett representa idealmente la clave de la evolución de Dylan.

La banda sonora está constituida por dos CD con treinta y tres versiones de Dylan a cargo de casi otros tantos artistas, entre los cuales The Million Dollar Basher, grupo constituido para la ocasión.

La película ganó el León de Plata en la muestra de Venecia de 2007, mientras que Cate Blanchett se hizo con la Copa Volpi, también en Venecia, y el Golden Globe de 2008 como mejor actriz no protagonista.

Diez años antes de que Haynes realizara su proyecto sobre Bob Dylan, un colega suyo se estaba midiendo con otro icono rock norteamericano: Neil Young. Corría el año 1995 cuando **Jim Jarmusch** (nacido en Akron, Ohio, el 22 de enero de 1953), director, guionista, actor, productor cinematográfico y compositor, considerado ya como una de las figuras más importantes más importantes del cine independiente estadounidense, afrontaba a su manera un género clásico, el western. Rigurosamente en blanco y negro, *Dead Man* contaba con un jovencísimo Johnny Depp que vagaba herido por Arizona y se cruzaba en su camino con un indio llamado Nadie, que lo acompañaría hasta el final. La banda sonora de la película está compuesta por **Neil Young** y consiste en 13 temas entremezclados con partes instrumentales del propio Young y partes vocales de Depp leyendo versos del poeta inglés William Blake. La colaboración entre director y músico aparece testimoniada en un videoclip que acompaña el tema de la película y que muestra a Neil Young improvisando en una sala de grabación, siguiendo al mismo tiempo las imágenes de la película en una pantalla.

Dos años más tarde, Jarmusch dirigió *Year of the Horse*, el documental que narraba una gira de Neil Young con los Crazy Horse. Alternando entrevistas de backstage con Young y los miembros de la banda con actuaciones en vivo de las giras de 1976, 1986 y 1996, el largometraje ofrecía una mirada reveladora sobre la cruda belleza y la evolución creativa de la banda. «Cuando comencé a hacer *Year of the Horse* –explicaba Jarmusch– no tenía ni idea de qué saldría. No sabía

HISTORIAS DE ROCK'N'ROLL

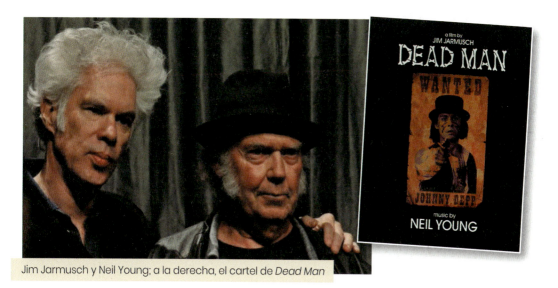

Jim Jarmusch y Neil Young; a la derecha, el cartel de *Dead Man*

si sería solo un vídeo para una canción o un largometraje. Lo único que tenía en la cabeza era el look de Neil, determinado por la utilización de un súper 8 que le confería un aspecto descarnado, muy tosco, semejante al sonido de su música». Las imágenes de *Year of the Horse* parecen alteradas por el tiempo, a veces tan desenfocadas que evocaban pinturas de impresionistas como Seurat o Monet. El aspecto de baja fidelidad permitía a Jarmusch unir de manera uniforme su filmación contemporánea con la película rodada por la troupe de Young en 1976 y en 1986.

### «UNA VEZ TERMINADA UNA PELÍCULA, LO MÁS IMPORTANTE ES LA MÚSICA»
#### Jim Jarmusch

En 1972, siguiendo las huellas periodísticas de su madre, Jarmusch se matriculó en la School of Journalism de la Northwestern University, pero ya al año siguiente se trasladó a la prestigiosa escuela de cine de Columbia y luego a la New York University, donde se convirtió en asistente de Nicholas Ray, el director de películas como *Johnny Guitar* o *Rebelde sin causa*. En aquellos años, Jarmusch participaba en la escena neoyorquina del CBGB's, y en el curso de su carrera casi nunca dejó de tocar o de formar parte más o menos activa de un grupo. Así, pues, no resulta sorprendente la importancia que atribuye a la banda sonora en sus películas. De hecho, Jarmusch no se limita a insertar música: se puede decir que más bien la entrelaza profundamente con sus imágenes hasta convertirla a ella misma en narración, hasta el punto de que a menudo los momentos más emocionantes no provienen tanto de los actores o de los diálogos como de la música que los acompaña.

*Permanent Vacation* (1980) fue al mismo tiempo su tesis de diplomatura y su primer trabajo como director, y en ella ya se intuyen los modos, los estilos y las

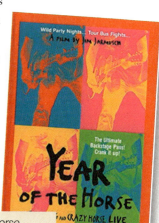

Cartel de *Year of the Horse*

263

## ROCK & ARTE

John Lurie en *Bajo el peso de la ley*

temáticas de toda su obra futura. Para empezar, entre los intérpretes figuraba el saxofonista **John Lurie** (de los Lounge Lizard), que se convertiría en su actor de referencia, así como en el primero de una larga serie de músicos empleados como actores.

### «LAS CANCIONES DICEN COSAS QUE LOS PERSONAJES NO PUEDEN DECIR»
#### Jim Jarmusch

Jarmusch ponía en escena a inadaptados, personas que viven en los márgenes de la sociedad, hijos de su mirada desilusionada en relación con el mito del sueño americano, mientras que su estilo de dirección debía mucho a los maestros europeos (en los nueve meses en que vivió en París, Jim se vio profundamente influido por el movimiento surrealista), y se basaba en el uso del blanco y negro y del plano secuencia. Así, en *Permanent Vacation* se nos contaba la historia de un saxofonista de técnica y estilo demasiado innovadores que, incapaz de ir acorde con los tiempos en que vivía, caía en una depresión y se arrojaba desde el tejado de un edificio. La crítica y el público dirigen su atención hacia Jarmusch, pero hasta 1984, cuando se presentó en Cannes y ganó el premio Caméra d'Or con la road movie *Extraños en el paraíso* (*Stranger than Paradise*), la historia de dos estafadores que se pierden en Florida. Rodada con un presupuesto bajo, hasta el punto de que utilizó descartes de la película *El estado de las cosas*, de Wim Wenders, aparecía de nuevo John Lurie, en el papel protagonista, pero también como autor de la banda sonora, para la que prescindió del saxo y de su banda, componiendo música para un cuarteto de cuerda.

Al año siguiente, Jarmusch conoció a Roberto Benigni y lo llamó para rodar *Bajo el peso de la ley* (*Down by Law*), junto al habitual Lurie (que escribió los temas originales de la banda sonora) y a **Tom Waits**. Más tarde, en 1987 actuó de nuevo en *Helsinki-Napoli*, de Mika Kaurismäki. En 1989 actuó para el hermano de Mika, Aki Kaurismäki, en *Leningrad Cowboys Go America*, la historia de un grupo rockabilly finlandés, llamado Leningrad Cowboys, que decidía intentar fortuna en los Estados Unidos.

En ese mismo año Jarmusch dirigió su cuarto largometraje: *Mystery Train*, película en cuatro episodios ambientados en Memphis, la ciudad del rock'n'roll, del rhythm'n'blues, de la Stax, de los Sun Studios y de Elvis Presley. Justamente es el Rey, o mejor su fantasma, quien se aparece a Nicoletta

Tom Waits, John Lurie y Roberto Benigni en *Bajo el peso de la ley*

Braschi en uno de los episodios, mientras que **Joe Strummer** interpreta en el tercer episodio un personaje de look rockabilly que ha perdido en un solo día el trabajo y la novia, pero que se va moviendo armado, frecuenta los locales para negros (que se burlan de él llamándole Elvis) y selecciona en el juke-box *The Memphis Train*, de Rufus Thomas. «Si Strummer no hubiera aceptado, nunca habría rodado *Mystery Train*», diría Jarmusch a propósito de la película, que cuenta en su cast con Roberto Benigni, Tom Waits, Steve Buscemi e Iggy Pop.

Jim Jarmusch en *Leningrad Cowboys*

Dos años más tarde, en 1991, apareció *Noche en la tierra* (*Night on Earth*), película compuesta por cinco episodios que narraba con ironía las dinámicas relacionales en el interior de cinco taxis en diferentes ciudades del mundo: Los Angeles, Nueva York, París, Roma y Helsinki. Acompañaba esta vuelta al mundo la música escrita específicamente por Tom Waits, que con su estilo nocturno reforzaba la cohesión entre los episodios y caracterizaba todo el clima de la película.

En 2008, Jarmusch recibió un encargo de Iggy, que le propuso realizar un documental sobre los **Stooges**, la banda de la que había sido líder de 1967 a 1974, y que había vuelto a formar en 2003 después de una larga carrera como solista. Ninguno de los dos imaginaría que la película requiriera tantos años para completarla (se estrenó en 2016) y que mientras tanto, uno a uno, casi todos los miembros de la banda (salvo Iggy) acabaron falleciendo. El resultado final fue el frenético documental *Gimme Danger*, que tomaba el título de una canción de *Raw Power*, tercer álbum de los Stooges, y contaba la historia del grupo a través de vídeos de archivo, fotografías inéditas y nuevas secuencias animadas que colmaban las lagunas. El largo paréntesis antes de la reunificación de 2003 presentaba una interesante divagación sobre Nico, la actriz y cantante alemana conocida en gran parte por el álbum con

## ROCK & ARTE

El cartel de *Gimme Danger*

los Velvet Underground producido por Andy Warhol, que había vivido unas dos semanas con los Stooges, y el encuentro de Iggy Pop con David Bowie.

Hacia el final de la película se mostraban varios grupos punk de los años setenta, de los Damned a los Sex Pistols, interpretando en concierto temas de los Stooges. Y este tal vez era el mejor testimonio del legado de la banda de Michigan, una herencia tardía, que había crecido de modo silencioso, pero no por ello menos importante.

> «GIMME DANGER ES MÁS UN ENSAYO QUE UN DOCUMENTAL. ES MI CARTA DE AMOR POR LA MAYOR BANDA DE LA HISTORIA DEL ROCK»
>
> **Jim Jarmusch**

El lautista Josef Van Wissem y Jim Jarmusch a la guitarra

## JARMUSCH, DIRECTOR MÚSICO

La actividad del Jarmusch músico es tan abundante como poco conocida. En la década de 1980 fue teclista y cantante de los Del-Byzanteens, una banda new wave de Nueva York, con un solo álbum en su activo (*Lies to Live By*, 1982). En 2005 colaboró en la recopilación de *Dreddy Kruger Presents... Think Differently Music*. En 2009, al no encontrar la banda sonora adecuada para su *The Limits of Control*, fundó los Bad Rabbit, con quienes compuso la música para la película. En 2011 participó en el disco del lautista holandés Josef Van Wissem, tocando la guitarra eléctrica. Después de esta participación, ambos grabaron en 2012 el álbum *Concerning the Entrance into Eternity*, e inmediatamente después *The Mystery of Heaven*. En 2015, Jarmusch y Carter Logan (su compañero en los Bad Rabbit) actuaron en Nueva York, en el festival Silent Films, Live Scores, para comentar musicalmente las imágenes de cuatro películas mudas del gran artista surrealista Man Ray.

# El arte del videoclip

**EN 1981, EL NACIMIENTO DE MTV** marcó un punto de inflexión. Lo que primeramente se veía como un medio de promoción accesorio muy pronto fue ennoblecido por directores de fama. Así, John Landis realizó el vídeo más costoso de la historia, Julien Temple produjo decenas de clips para innumerables artistas, y Spike Lee se convirtió en el director preferido por las estrellas de la música negra.

La segunda mitad de la década de 1970 fue un período de grandes cambios. La oleada punk contribuyó a la renovación con la brutal y purificadora energía de las revoluciones, haciendo tabula rasa de las convenciones y de todas las modas. Todo este fermento fue el laboratorio que llevaría a las rarezas de los años ochenta, una década de fuertes contradicciones pero que probablemente se tenga que revalorar porque fue capaz de producir artistas importantes. Del mismo modo que no se puede ignorar el hecho de que haya realidades que por su historia particular y su valor artístico no puedan adscribirse a la categoría de fenómenos pasajeros, y en consecuencia su abandono solo puede ser provisional. Ciertamente, el blues es uno de ellos: una especie de patrimonio refugio, para quien, aun orientando la mirada hacia el futuro, no quiere olvidar su pasado. La mirada atenta y la inspiración creativa de los directores no podían ser indiferentes a este hecho, tanto si se trataba de realizar obra de amplio aliento como «simples» videoclips.

22 de abril de 1978: en el escenario del Saturday Night Live, show televisivo de gran éxito, en antena desde 1975 en la NBC, actúan por primera vez los hermanos Jake y Elwood Blues, los **Blues Brothers**. Los encarnaban los actores **Dan Aykroyd** y **John Belushi**, miembros del cast del programa desde hacía tiempo, que se presentaron con traje y sombrero oscuros y gafas de sol, acompañados por músicos de talento. Fue un éxito inmediato, hasta el punto de que al cabo de poco tiempo publicaron su

# EL ARTE DEL VIDEOCLIP

Los Blues Brothers en el *Saturday Night Live* y, a la derecha, el cartel de la película

el punto de encarnar plenamente la categoría de *cult movie*. Las razones fueron muchas: una serie infinita de chistes fulminantes, una dirección que no evitó los excesos, sino que incluso los buscaba, y los gobernó hábilmente produciendo efectos hilarantes, un ritmo irresistible que no conocía pausas, un cast extraordinario y, obviamente, la banda sonora, que muchos juzgan como la mejor de la historia. James Brown, John Lee Hooker, Ray Charles, Aretha Franklin, Cab Calloway y, naturalmente, la Blues Brothers Band, interpretaban, entre una y otra escena, clásicos soul, blues y R&B con sana y contagiosa energía. En aquella época, no resultaba tan fácil como parecía.

primer disco, *Briefcase Full of Blues*, una recopilación de temas de la tradición soul y blues reinterpretados a la manera crepitante de la banda de los hermanos imaginarios. En aquel año, sobre todo John Belushi se convirtió en una estrella, gracias en parte a la participación en *Desmadre a la americana*, comedia goliardesca demencial de gran éxito, así como en la tercera película del joven director **John Landis** (nacido en Chicago el 3 de agosto de 1950). Landis, que en pocos años había pasado de chico de los recados en la 20th Century Fox a ayudante de producción y más tarde de dirección, se convirtió en el mejor candidato para dirigir a Aykroyd y a Belushi en el momento en que ambos decidieron realizar una película sobre los Blues Brothers. El guion era del propio Aykroyd, en colaboración con Landis, que trabajó sobre todo con las tijeras, canalizando hábilmente la exuberancia creativa del actor. «Me encanta Danny –diría el director–, además de ser un gran actor también es un tipo estupendo, excéntrico y adrenalínico.» La historia de los hermanos en misión por cuenta de Dios, que volvían a reunir la antigua banda para salvar el orfanato en el que habían crecido, a pesar las modestas recaudaciones y las severas críticas iniciales (al menos en los Estados Unidos), se convirtió muy pronto en un gran éxito mundial e intergeneracional, hasta

> «EN LA ÉPOCA DE LOS BLUES BROTHERS, SOLO SE OÍAN POR AHÍ A LOS BEE GEES, LOS ABBA Y LA MÚSICA DISCO»
> **John Landis**

John Landis y John Belushi

## ROCK & ARTE

Michael Jackson en una escena del videoclip «Thriller»

Hasta el punto de que la Universal se negó a publicar la banda sonora, sosteniendo que nadie, a parte de la comunidad negra, compraría el disco. Landis y la producción se dirigieron entonces a una etiqueta histórica como Atlantic Records, desde siempre «casa» de la música negra. La discográfica de los hermanos Ertegun aceptó la propuesta, pero vetó la presencia de John Lee Hooker (que por ironías del destino, unos diez años más tarde ganaría el Grammy y un disco de platino con *The Healer*).

La producción de la película tampoco fue un camino de rosas. Aparte de que repentinamente se disparó el presupuesto, John Landis debía gestionar a John Belushi, cuyos serios problemas de dependencia de la cocaína perjudicaban a menudo los tiempos de producción y la regularidad de las tomas. Existen varias anécdotas al respecto. Valga por todas ellas el hecho de que Belushi no se quitaba nunca las gafas de sol, excepto durante unos pocos segundos en el cara a cara con la vengativa novia abandonada en el altar (interpretada por Carrie Fisher). Y se dice que el propio Landis fue agredido por Belushi después de que el director echara en el inodoro una montaña de cocaína tranquilamente extendida sobre la mesa de su autocaravana. Pensando en el triste final de la vida de Belushi (que murió de sobredosis en 1982, con solo 33 años) quizás no estamos muy lejos de la realidad.

Entretanto, Landis prosiguió su febril actividad como director, realizando prácticamente una película al año, si bien con desenlaces artísticos y de público muy irregulares. En 1983 se estrenó *Un hombre lobo americano en Londres*, una película de terror muy meritoria y no desprovista de ironía que le valió a su colaborador **Rick Baker** el Oscar para el mejor maquillaje.

Entre los muchos espectadores de la película había uno particularmente ilustre e interesado. Se trataba de **Michael Jackson**, estrella mundial del pop, que propuso al director de Chicago el rodaje del videoclip de «Thriller», el single extraído del álbum homónimo.

# EL ARTE DEL VIDEOCLIP

Imágenes de los vídeos de «Black or White» de Michael Jackson y (abajo) de «Spies Like Us» de Paul McCartney

## «MICHAEL SE QUEDÓ PRENDADO POR LOS EFECTOS ESPECIALES DE RICK BAKER EN UN HOMBRE LOBO AMERICANO EN LONDRES: TAMBIÉN ÉL QUERÍA TRANSFORMARSE EN MONSTRUO»

### John Landis

«Jackson tenía 24 años y una ética del trabajo asombrosa –recordaba Landis–, era joven, alegre, no propiamente infantil, pero con el entusiasmo de un niño. Entre nosotros se estableció una relación especial; Michael se presentaba a menudo en nuestra casa, veíamos juntos dibujos animados de aquellos años, se fiaba de mí. Perderlo fue una tragedia enorme.»

A pesar de las iniciales resistencias de Sony, que consideraba que el proyecto era antieconómico, «Thriller» se rodó, y el resultado fue un auténtico cortometraje del que emergieron todo el talento y la energía de Jackson, la minuciosidad, la atención por los detalles, el perfeccionismo que lo hicieron célebre.

John Landis hoy

Sigue siendo el videoclip más costoso de la historia, pero su éxito fue indiscutible, y las ventas del álbum (estimadas en unos 100 millones de copias) alegraron la vida a los dirigentes de la casa discográfica.

Entre una película y otra, Landis dirigió vídeos para **B.B. King** («My Lucille», 1985) y **Paul McCartney** («Spies Like Us», 1986), para volver a trabajar con Michael Jackson en 1991 en el vídeo de «Black or White».

Pero en 1998 se produjo el regreso más clamoroso y quizás más esperado. De nuevo con Dan Aykroyd, el

# RICK BAKER: EL MAGO DE LOS EFECTOS ESPECIALES

Uno de los secretos del éxito duradero de *The Blues Brothers* fue sin duda el indudable número de cameos y citas que, aun escapando en su mayor parte a una primera visión, se iban descubriendo poco a poco en las siguientes, con lo cual resultaba necesario y muy agradable volver a ver la película. Entre estas, es significativa la del baño público en la que el líder de los Good Ole Boys descubre los grafiti y la publicidad del show de los Blues Brothers en el Palace Hotel: el nombre «**Rick Baker**» puede verse escrito en rojo a la derecha de la ilustración de Jake y Elwood. Baker fue el creador de efectos especiales para el maquillaje de *Slok* (1973) y después de *The Blues Brothers* lo llamó Landis para *Un hombre lobo americano en Londres* 81981) y para el videoclip de Michael Jackson «Thriller» (1983).

*Rick Baker maquillando a Michael Jackson en el set de «Thriller»*

incansable director escribió y realizó la secuela *Blues Brothers 2000*. Sin embargo, el resultado fue decepcionante, y no soportaba la inevitable comparación con el original, sobre todo por la importante ausencia de John Belushi. Y ello a pesar de un *cast* tan prestigioso como nutrido (B.B. King, Taj Mahal, Eric Clapton, Jimmie Vaughan, Steve Winwood, James Brown, Sam Moore, Eddie Floyd y Wilson Pickett), al que no acompañaba un guion flojo y poco adecuado y, según el propio Landis, demasiado condicionado por las presiones de la productora. «De repente, la comedia transgresora del original se había transformado en un inocuo producto de entretenimiento, listo para servirlo a las familias el domingo por la tarde», comentaría poco después del estreno de la película. Pero no fue más que un compás de espera que no extinguió el entusiasmo irreverente de este chaval que describía así su relación con el cine: «Casi todo lo que se lee sobre el *show business* es falso: la verdad es bastante peor. Pero el producto, el cine, es fantástico. Y yo lo sigo amando incondicionalmente.» En 1976, cuando los Blues Brothers todavía no existían y John Landis no era más que un joven ayudante de dirección, toda Inglaterra y Londres en particular tenían que enfrentarse a una grave crisis económica y social. Había miseria, violencia, marginación y degradación moral. En este contexto, cuatro chavales insolentes derribaron el orden constituido cantando «No future». «El East Side londinense estaba constituido por viejos almacenes abandonados que conferían al conjunto un aspecto desolado de abandono. Pero a mí me encantaba vagar por aquellos lugares tristes y aparentemente olvidados. Un domingo por la tarde oí unas notas que el viento me llevaba: eran las de "Whatcha Gonna Do About It", una canción de los Small Faces que me gustaba mucho. Siguiendo la música, llegué a un almacén del siglo XVIII con las puertas abiertas de par en par. Una vez estuve dentro, me di cuenta de que la banda que tocaba estaba masacrando "mi" canción. Incluso habían cambiado el texto, que ahora era "I want you to know that... I hate yoooooouuuu" (Quiero que sepas que... te odiooooo). Los cuerpos de los músicos eran siluetas que destacaban ante los ventanales del almacén y parecían graciosos mutantes, hombres-insecto procedentes del espacio. Tenían las piernas huesudas, con enormes zapatos en los pies, llevaban jerséis de angora con rayas negras y azules, y lucían un extraño corte de cabello en cresta. Inmediatamente me di cuenta de que estaba asistiendo a algo extraordinario.»

Este fue el primer y fulminante encuentro de **Julien Temple** con el

## EL ARTE DEL VIDEOCLIP

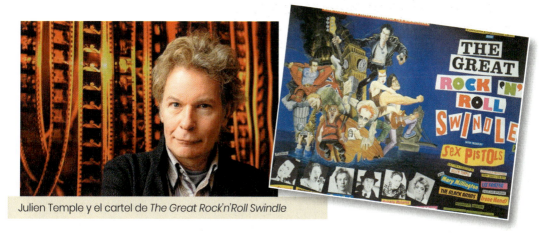

Julien Temple y el cartel de *The Great Rock'n'Roll Swindle*

punk. Temple –nacido en Londres en 1953– era un estudiante de Cambridge apasionado por el cine de Jean Vigo y una gran energía que todavía no sabía cómo canalizar. Hasta aquel día. «Nunca supe quiénes eran aquellos chicos –confesaba–, pero pensé que había visto el futuro. Así que decidí filmarlos, y por ello me pasé las semanas siguientes buscándolos, en balde. Luego me topé con el póster de una banda llamada **Sex Pistols**... Asistí a su primer concierto, en medio de una multitud de criaturas variopintas, y me quedé prendado. Al día siguiente birlé una cámara, la desmonté y la llevé conmigo al siguiente concierto de los Pistols. Lo grabé todo sin que me pillara **Malcolm McLaren**, que no permitía que nadie filmara a su banda.» Muy pronto se convirtió en amigo de los Sex Pistols, y tras aquella breve y rudimentaria filmación vinieron muchas otras, todas ellas orientadas a documentar la ascensión de la banda entre 1976 y 1977, hasta *The Great Rock'n'roll Swindle*, el primer largometraje de Temple, de 1980.

En realidad, la banda renegó ampliamente de la película (Johnny Rotten legó a definirla como «un montón de basura») porque se había plegado demasiado al punto de vista del mánager, Malcolm McLaren, que se atribuyó absolutamente la paternidad del éxito del grupo (según él, un puñado de chavales que no sabían nada de música). No es casual que en la película se definiera a McLaren como «The embezzler» (El malversador), por la cínica habilidad con la que sabía manipular a la banda y arrancar contratos (y jugosos anticipos) a las diferentes etiquetas discográficas. A partir de entonces, y prácticamente hasta hoy, Temple ya no se ha detenido. Ha realizado casi un centenar de videoclips musicales que, a partir de 1981, encontraron en MTV su canal de difusión principal.

Carteles de *The Filth and the Fury*, *There'll Always Be an England* y *Never Mind the Baubles*

David Bowie en el set de *Absolute Beginners* y, a la derecha, el cartel de la película.

## «¿MI PRIMERA PELÍCULA? IMÁGENES ROBADAS, FILMADAS CON UNA MÁQUINA ROBADA: ES LA QUINTAESENCIA DE MI CINE»
### Julien Temple

Pero el vínculo entre Julien y los Sex Pistols no se rompió nunca. A intervalos casi regulares, Temple recuperó material de su cuarto trastero, lo montó con tomas y entrevistas nuevas y ofrecía un documental sobre ellos. Como en 2000, con *The Filth and the Fury*, una especie de resarcimiento tardío para la banda, en el que se cuenta de nuevo la historia de los Pistols, pero esta vez desde su lado, confutando la teoría según la cual Malcolm McLaren era la única fuerza creativa del grupo. En 2007 apareció *There'll Always Be an England*, que documentaba el concierto en la Brixton Academy. Y finalmente, en 2013, *Never Mind the Baubles*, extraordinario documento que proyectaba una luz incluso noble sobre la banda, testimoniando el concierto de Navidad de 1977, en el que los Sex Pistols actuaron ante una multitud de endemoniados hijos de los bomberos, en huelga contra la política económica del gobierno.

*Absolute Beginners* (1986), adaptación de la novela de Colin MacInnes realizada como un musical rock, resultó un paréntesis desafortunado. La película contaba con un *cast* interesante, con **David Bowie**, Patsy Kensit, Sade o Ray Davis entre otros, y tal vez por su notable presupuesto, produjo enormes expectativas que por desgracia no se vieron satisfechas. Por una vez, crítica y público estuvo de acuerdo a la hora de decretar el fracaso. Se salvaba tan solo la banda sonora, en particular el tema homónimo, de David Bowie, que se convirtió en un éxito. Temple salió algo maltrecho de la experiencia, hasta el punto que para poder trabajar tuvo que autoexiliarse en los Estados Unidos. A lo largo de los años, siguió produciendo videoclips para artistas renombrados: Janet Jackson («When I Think of You»), David Bowie («Blue Jean», «Day-In Day-Out»), Neil Young («Hey Hey My My», «Rockin' in the Free World», «Harvest Moon»), Tom Petty («Free Falling», «Yer So Bad»), Whitney Houston («I'm Your Baby Tonight»), Duran Duran («Too Much Information»), Paul McCartney

# EL ARTE DEL VIDEOCLIP

Keith Richards en *The Origin of the Species*

(«Beautiful Night») y muchos más. Más esporádicamente se dedicó a los largometrajes, en su querida (y evidentemente más familiar para él) forma del documental.

> «HABÍA LEÍDO AQUEL LIBRO CUANDO ERA ADOLESCENTE, Y ME HABÍA FASCINADO. QUERÍA TRANSFORMAR *ABSOLUTE BEGINNERS* EN UN MUSICAL QUE CAPTASE LA ATMÓSFERA DE LONDRES A FINES DE LOS AÑOS CINCUENTA»
>
> **Julien Temple**

En 2006 realizó *Glastonbury*, que ilustraba la historia del festival inglés homónimo de 1970 a 2005. Y sobre todo, en 2007 firmó *Joe Strummer: The Future Is Unwritten*, en re-

## JULIEN TEMPLE Y LA AVENTURA DE MTV

«En los años ochenta, cuando comenzó el fenómeno del vídeo musical, me di cuenta de que todo lo que había hecho siempre podía verlo cualquier persona. Estilo, técnica y contenidos que desde siempre me pertenecían estaban produciendo los resultados esperados: todo ello gracias a MTV. En aquel momento, sobre todo en Londres, éramos tres o cuatro los que manejábamos el cotarro, había muchísima libertad a la hora de idear, realizar y producir vídeos musicales. Era un nuevo medio que podía alcanzar a un público enorme casi instantáneamente. Para nosotros fue una fuente de inspiración muy importante. A veces tenías una idea mientras todavía estabas en la cama, y tres semanas más tarde estabas en México, en Los Angeles o en Estocolmo con una banda para transformar aquella idea en realidad. Las casas discográficas ni siquiera imaginaban lo que estábamos haciendo y hasta qué punto podíamos ser increíblemente subversivos. Fue algo fantástico.»

Una imagen de «*Free Fallin'*», videoclip de Tom Petty

275

## ROCK & ARTE

Michael Jackson y Spike Lee

cuerdo a su amigo y miembro de los **Clash**. La técnica, que mezclaba hábilmente materiales de archivo, fotografías, entrevistas de época y testimonios de artistas que conocieron a Strummer o se inspiraron en él, era la misma que había convertido a Julien Temple en un ídolo para todos los aficionados al rock. Siguieron, hasta hoy, una larga serie de trabajos, entre los que destacan *Sexual Healing* y *Midnight Love*, ambos dedicados al rey del soul **Marvin Gaye**, y el magnífico *The Origin of the Species*, relato en primera persona de **Keith Richards** que, a través de fotos de familia y filmaciones, nos restituye un retrato de artista inédito con un ánimo inesperadamente amable, dotado además de un humor desacralizador.

En definitiva, no hay duda de que Julien Temple ha sido, y sigue siendo, un testimonio autorizado de su época, y que supo utilizar la cámara como una lente de aumento capaz de ir más allá de los hechos y los personajes.

Si John Landis y Julien Temple rodaron videoclips de éxito con Michael y Janet Jackson, un colega estadounidense de ambos hizo algo más: dirigió y produjo un documental apasionado y conmovedor que partía de una frase emborronada por Michael en una carta amarillenta conservada por su archivista. «Quiero ser el mayor artista de todos los tiempos», escribía el pequeño Michael Jackson, anotando con candidez sus sueños. «Había entendido ya hacia donde quería ir, lo que habría deseado ser... No hubo magia alguna: Michael Jackson luchó duramente, día tras día, para hacer realidad todo lo que deseaba.»

## «LA GENTE HA OLVIDAD QUE MICHAEL JACKSON CREÓ MÚSICA EXCELENTE»
### Spike Lee

Así presentó **Spike Lee** el largometraje *Jackson's Journey from Motown to Off the Wall*, que realizó en 2016 para celebrar y contar la historia de Michael. El documental recorría la parábola de un chaval dotado en efecto de un enorme talento, pero también de una ética muy sólida del trabajo, capaz de pasar de sencillos como «ABC» al álbum de 1979 *Off the Wall*, convirtiéndose entretanto en un hombre, un artista, una estrella mundial. Para presentar todo esto al público, Spike Lee seleccionó material de archivo y realizó entrevistas a colaboradores del cantante, familiares y personajes famosos, trazando un cuadro de 360 grados sobre cómo Jackson logró convertirse en el rey del pop.

«No he hecho más que unir los puntos... –explicaba Lee–, tenía una sola finalidad: explorar su enfoque hacia la música, recordar a la gente las cosas increíbles que hizo y cómo las hizo. Lo había probado con *Bad*, lo volví a hacer con *From Motown to Off the Wall*.» El primer contacto de Lee con Michael Jackson se remontaba a 1996, cuando el cantante, que había contribuido a financiar la película *Malcolm*

Una imagen del vídeo de «They Don't Care About U

Spike Lee con la camiseta de *Bad 25*; a la derecha, el cartel del documental

X, lo llamó para que dirigiera el vídeo de «They Don't Care About Us». La primera versión del vídeo mostraba a Jackson cantando en una prisión, pero las escenas de violencia preocupaban a los directivos de MTV, que eliminaron el vídeo de la playlist. Jackson y Lee realizaron entonces una nueva versión, ambientándola en la favela de Santa Marta en Río de Janeiro, en Brasil, a pesar de la abierta contrariedad de las autoridades estatales, que temían una mala publicidad para la ciudad, candidata a albergar los Juegos Olímpicos de 2004.

En 2009, tras la muerte de Jackson, que se produjo el 25 de junio, Spike Lee rodó un vídeo de tributo titulado *This Is It*. En 2012 le tocó el turno a *Bad 25*, documental que celebraba los veinticinco años del álbum.

Shelton Jackson «Spike» Lee (Atlanta, Georgia, 20 de marzo de 1957) ha firmado algunos videoclips que han pasado a la historia, en primer lugar «Fight the Power», de los **Public Enemy** (con escenas de su primer gran éxito *Do the Right Thing – Haz lo que debas*), pero también «Cosas de la vida», de Eros Ramazzotti. Desde su debut, Lee reservó un papel importante a la música y a la musicalidad, ya se tratara del ritmo palpitante del diálogo o de una electrizante banda sonora hip-hop. Desde siempre, una de sus obsesiones fue la de llevar la esencia de la cultura negra a la gran pantalla;

la música, que forma parte integrante de esta cultura, nunca lo ha traicionado, y ha llegado allí donde las palabras y las imágenes a veces no bastan.

Hijo del músico de jazz Bill y de la profesora de materias humanísticas Jacquelyn, Spike frecuentó el Morehouse College de Atlanta, que había contado entre sus aulas a Martin Luther King. A la hora de decidir su orientación de licenciatura, eligió cine, radio, televisión y prensa.

En 1982, después del traslado de la familia a Brooklyn, Spike dirigió su primer largometraje, *Joe's Bed-Stuy Barbershop: We Cut Heads*. De hecho, fue su tesis de licenciatura en la New York University, pero ganó varios premios y recabó un inesperado éxito de público. Su verdadero debut se produjo en 1986: *She's Gotta Have It (Nola Darling)*, una comedia sofisticada cuya banda sonora corría enteramente a cargo del padre de Spike.

> «STRANGER THAN PARADISE, LA PELÍCULA DE JIM JARMUSCH, ME CAMBIÓ LA VIDA»
> **Spike Lee**

## ROCK & ARTE

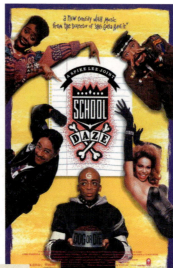

Carteles de *Nola Darling* y *School Daze*

La melodía de Bill Lee reflejaba la embriagadora oleada de emociones juveniles, ocultando apenas, con su despreocupación, la fijación de los textos en los celos sexuales. Animado por el buen resultado de *Nola Darling*, Spike se sacó del cajón un guion escrito en la época de la universidad, titulado *Homecoming*, ambientándola en una universidad únicamente para negros, con la idea de hacer un musical. *School Daze* (en castellano *Aulas turbulentas*, 1988) fue el primer musical afroamericano de la historia del cine.

Al cabo de tan solo un año se estrenó *Do the Right Thing* (en castellano, *Haz lo que debas*). En este caso, toda la película gira en torno a la música, de Radio Raheem a Mister Señor Love Daddy, la voz de la radio de la ciudad, pasando por Buggin'Out y llegando, obviamente, a los Public Enemy. Si *Do the Right Thing* pasó a la historia, de hecho, fue sobre todo por la escena de obertura sobre las notas de *Fight the Power*, en la que Tina (Rosie Perez) desencadenaba su rabia moviéndose furiosamente como un púgil en una escalera de Brooklyn. El tema, escrito por los Public Enemy a propósito para la ocasión, se convirtió en un himno de la lucha por los derechos de la minoría afroamericana. La película le valió a Lee una nominación a los Oscar por el mejor guion original.

Escenas de *Haz lo que debas*

EL ARTE DEL VIDEOCLIP

Denzel Washington en *Malcolm X*

# EL CASO RODNEY KING

La película *Malcolm X* se abría con una voz en off del líder afroamericano y con las imágenes de la paliza de Rodney King, el taxista que muy a su pesar se hizo famoso tras la detención por parte de agentes del departamento de policía de Los Angeles.
La escena de la paliza fue filmada y difundida por un espectador, George Holliday, y suscitó una protesta pública entre los que consideraban, probablemente con razón, que la detención había sido motivada por motivos raciales. El proceso a los agentes de policía implicados tuvo lugar en la primavera de 1992, pocos meses antes de que *Malcolm X* se distribuyera en las salas. La absolución de los agentes desencadenó las revueltas de Los Angeles, que se prolongaron durante varios días entre fines de abril y principios de mayo de aquel año.

Spike Lee y Rodney King

# ROCK & ARTE

Spike Lee y el Oscar

> «LA CANCIÓN DE STEVIE WONDER ES IDÉNTICA A MI MODO DE RODAR: ES DIRECTA, TE LLEGA INMEDIATAMENTE, Y FUNCIONA PERFECTAMENTE PARA LA PELÍCULA»
> **Spike Lee**

Al año siguiente, Lee dirigió para Stevie Wonder el videoclip de «Make Sure You're Sure». Al cabo de poco se estrenaba ya en las salas *Malcolm X* (1992), cuya banda sonora, una espléndida recopilación de clásicos, corría a cargo de Terence Blanchard y de Branford Marsalis.

«He intentado condensar en aquellas tres horas y media de película el amor de Malcolm X por la música, así como toda la experiencia musical afroamericana –recordaba Lee–, que añadía: El mejor uso de una canción que nunca se ha hecho en una película se produce con "A Change Is Gonna Come", de Sam Cooke en *Malcolm X*. Fue increíble.» La escena en cuestión es, en efecto, conmovedora y potente, y es la del último día de la vida de Malcolm X, excelentemente interpretado por Denzel Washington.

*Mo' Better Blues* (1990), la película que Spike Lee dedicó a su padre Bill, es la que presenta la banda sonora más codiciada. Enteramente jazz y casi íntegramente compuesta por **Terence Blanchard**, trompetista de Nueva Orleans, miembro de los Jazz Messengers, que ha acompañado a Spike Lee durante buena parte de su carrera. Inicialmente Lee pensó titular su película *A Love Supreme*, en homenaje a la obra maestra de **John Coltrane**, pero Alice Coltrane le negó la autorización, aunque permitió de todos modos que utilizara las notas: los primeros diez segundos más famosos de la historia de la música jazz. En este punto de su carrera, el ascendente que Spike Lee lograba ejercer sobre los músicos negros era notable, y le permitía importantes colaboraciones. De hecho, el compositor de la banda sonora de *Jungle Fever* (1991) fue nada más y nada menos que **Stevie Wonder**, que regresaba tras una pausa de seis años. Una pequeña joya cuyo punto culminante se producía en la canción homónima.

Spike Lee y Stevie Wonder

Si el mundo del cine debe a Spike Lee numerosas grandes películas, el de la música sin duda le es deudor por el nacimiento de los **Crooklyn Dodgers**, el supergrupo hip-hop formado por Masta Ace, Buckshot y Especial Ed, todos ellos de Brooklyn, que se unieron convencidos por el director. Su primer single, «Crooklyn», aparece en la poderosa banda sonora de la película homónima de 1994, la más autobiográfica entre las obras de Lee, que cuenta de manera bastante fiel su infancia. La banda sonora tiene la particularidad de contener (con la excepción del tema de los Crooklyn Dodgers) únicamente música compuesta en la década de 1970, período en el que está ambientada la película. Posteriormente los Dodgers rodaron el vídeo de «Crooklyn» con Mike Tyson y Michael Jordan, y se volvieron a presentar dos años más tarde para la nueva película de Spike Lee, *Clockers*. Producido por Martin Scorsese, es una dura acusación contra las drogas, el uso de las armas y el género musical gangsta rap. «Está dirigido a los habitantes del gueto de Nueva York. Quise exponer sus contradicciones para hacer comprender que nacer negro y pobre no significa necesariamente nacer gángster, traficante, drogado, bailarín o rapero, sino que se puede también estudiar, tener un trabajo, crear una familia.» En el año 2000, Spike Lee realizó *Bamboozled*, una de sus obras más particulares y controvertidas, en la que satiriza sobre la blaxploitation de la industria del entretenimiento norteamericana. Para ello compuso la banda sonora de manera anómala para sus estándares, buscando entre las piezas menos conocidas de artistas negros que le gustaban. *Bamboozled* fue una especie de minstrel show del nuevo milenio: revisaba los shows en los que, a partir del siglo XIX, los negros bailaban y cantaban con la cara pintada para entretener al público blanco.
En 2007, Spike Lee dirigió el documental *Lovers & Haters*, sobre la cantante Mariah Carey y, en 2009, *Passing Strange*, basado en el musical homónimo. En 2015 se atrevió a más: para su película de terror *Da Sweet Blood of Jesus* (*La sangre de Cristo*) publicó una llamada en las redes sociales e invitó a los fans a mandarle pistas inéditas que pudiera usar en la banda sonora. Recibió más de 800 respuestas, que escuchó una a una, hasta seleccionar finalmente doce. Nunca se había hecho nada similar. El estilo visual de Spike Lee se caracteriza por un fuerte cromatismo, imágenes con colores particularmente cálidos y vivos, y por primerísimos planos en los que los personajes miran fijamente a la cámara (y acaso vomitan insultos, como en *Do the Right Thing*). El objetivo último, que ha declarado varias veces, es hacer crecer el respeto por la belleza del color de la piel (obviamente negra) y al mismo tiempo sensibilizar al pueblo negro respecto de un profundo conocimiento de su propio pasado, reivindicando el mérito de haberlo hecho con el dinero del sistema y con coraje, evidenciando asimismo los muchos errores y prejuicios de los propios negros.

En 2016, Spike Lee recibió un Oscar por el conjunto de su carrera.

# BLUE SUEDE SHOES

## Cuando la moda es rock

---

Elvis, Beatles, Rolling Stones, David Bowie, Prince o Elton John se han convertido en personajes icónicos gracias en parte a su imagen y vestimenta particulares, que por otra parte han hecho ricos y famosos a sastres, peluqueros y maquilladores. Los artistas, en el escenario, en las carátulas de los discos o en las fotos promocionales, muestran con orgullo nuevos, originales y a menudo excéntricos modos de vestir que muy pronto se transforman en moda (y a veces incluso en una auténtica manía) para los fans o, en general, para todos los adolescentes.

# Long Live The King!

**LOS ÚNICOS CLIENTES DE UNA** de las tiendas más famosas de los Estados Unidos que proponen una moda alternativa son negros. Pero solo gracias a un blanco que, con apenas diecisiete años, se acercó al escaparate de aquella tienda en la mítica Beale Street de Memphis, se produciría el primer cambio significativo. Porque, también en cuanto a moda, la revolución rock también llevaba la firma de su indiscutible soberano: Rey Elvis.

«Haz lo que te parezca, pero deja ya mis zapatos de gamuza azul», cantaba Carl Perkins en 1955. Posteriormente lo haría también **Elvis Presley**, con una versión exitosa del mismo tema. «Blue Suede Shoes» permite comprender de qué modo incluso un simple par de zapatos puede convertirse en un símbolo. En aquellos fantásticos años cincuenta, el cabello solía lucir un tupé, las chaquetas eran casual o deportivas, las camisas iban desabrochadas mostrando el pecho y con el cuello siempre levantado. Y nunca un solo color, sino mínimo dos, a veces alternados entre camisa y cuello. Y para los hombres funcionaba perfectamente el rosa, una tonalidad considerada hasta aquel momento como preferentemente femenina. Los pantalones eran largos y, preferentemente, negros; más tarde llegaría la hora de los tejanos. Por su parte, las mujeres llevaban el cabello con mucho volumen, un maquillaje acentuado y un pañuelo en torno al cuello. Los zapatos eran sin talón, los vestidos muy ligeros con escotes en forma de corazón y el busto muy ceñido. Las faldas eran de tubo, y las camisas, de cuadritos, se anudaban sobre el ombligo.

Cada época, cada decenio lograría expresar su propia libertad a través de la música y... a través de la moda. De hecho, un personaje como **Little Richard** no solo lanzó las bases del rock'n'roll, sino que lo hizo aplicándose rímel y una base de maquillaje, o reuniendo sus cabellos engominados al estilo pompadour: una manera de hacerse notar, hasta el punto de que se le definió como «el padrino del glam».

Por el contrario, artistas como **Buddy Holly** se afirmaron por un look en absoluto vistoso. «Buddy buscaba un par de gafas lo menos evidentes posible –contaba el doctor J. Davis Armistead, oculista de uno de los padres fundadores del rock'n'roll–, y las que elegimos al principio no nos convencían: no iban acorde con su imagen artística. Mientras estaba de vacaciones en Ciudad de México, encontré esta montura mexicana, Faiosa, de plástico negro, decididamente imponente. Inmediatamente pensé que irían de maravilla con Buddy, y así fue.»

## «SI ELVIS ES EL REY DEL ROCK, YO SOY LA REINA»
### Little Richard

Gracias a Buddy Holly, a Roy Orbison y a muchísimos personajes más (como **Elvis Costello**, que rendía homenaje justamente a Buddy Holly con un look análogo y las mismas gafas), lo que podía considerarse un simple accesorio se convirtió en parte integrante de una determinada manera de presentarse ante el público, así como en un elemento inequívoco de cierto estilo de vida. No es casual que las gafas contribuyeran a definir la imagen de **John Lennon**, inicialmente reacio a llevar cualquier montura, y que luego se convenció después de admirar el look de Buddy Holly. Pero también fueron importantes las de Janis Joplin (¿quién no recuerda sus gigantescas gafas redondas con las lentes violeta?), Elton John (había mucho para elegir), Roger McGuinn de los Byrds (y sus gafas rectangulares con las lentes de colores), Bono (que llevó varios modelos, en concierto o no, e incluso dio unos al Papa) o Slash, con sus inevitables gafas de sol. Estos son solo los ejemplos más clamorosos de los centenares de estrellas del rock que convirtieron a este accesorio en una auténtica «marca de fábrica». Así como lo son

La clásica imagen de Little Richard en los años cincuenta, maquillado y con el cabello en estilo pompadour

Buddy Holly con su famosa montura negra

## ROCK & ARTE

Elvis Costello con las mismas gafas de Buddy Holly en primer plano y en la carátula de *My Aim Is True*

John Lennon con varias gafas que lo hicieron famoso

los **Blues Brothers** y sus Ray-Ban Wayfarer, rigurosamente negras, inmortalizadas por decenas de miles de músicos, más o menos famosos, antes o después de ellos.

Pero hablemos de las vistosas gafas de Elvis. Fue una vez más él quien, para bien o para mal, trazó el camino, lo corrigió o, incluso, lo dirigió. Como sucedió a principios de la década de 1950; si los blancos comenzaron a vestirse como los negros, justamente fue gracias a «The King of the Rock», que se quedó encantado frente a los escaparates de Lansky Brothers, una tienda en el número 126 de Beale Street, en Memphis. El joven Presley, que en aquella época tenía diecisiete años, admiraba aquellas prendas que costaban demasiado dinero para él. Después de comenzar a trabajar vendiendo prendas militares a bajo precio, inicialmente representativo

John Belushi y Dan Aykroyd, las Ray-Ban de los Blues Brothers

de la moda posbélica de los jóvenes, los hermanos Guy y Bernard Lansky habían cambiado de estrategia: ahora producían y comercializaban prendas originales, de colores, poco habituales, pero que vendían a un precio caro.

## «NOS INSPIRÁBAMOS EN LO QUE PASABA EN LA CALLE»
### Bernard Lansky

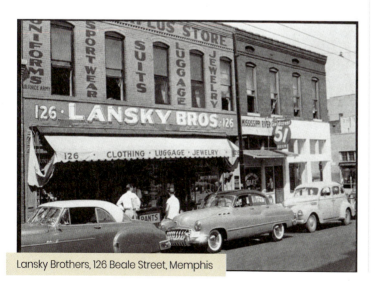
Lansky Brothers, 126 Beale Street, Memphis

«En aquellos años no había manera de encontrar una camisa blanca porque, por culpa del racionamiento, las telas por metro eran rarísimas –explicaba **Bernard Lansky**–, y en consecuencia, al no poder encontrar materiales tradicionales, decidimos utilizar tejidos extraños. E hicimos de la necesidad virtud: en caso contrario, habríamos acabado vendiendo lo habitual, las clásicas prendas masculinas.»

Un límite que para el creativo Lansky, auténtico espíritu rock, se transformaría en una oportunidad, en un desafío valiente y original. Porque, ya desde el principio, rock'n'roll había significado inconformismo. Y ni siquiera en los primeros tiempos nadie se atrevía a vender aquella ropa tan excéntrica. Por el contrario, después de que la feliz intuición del comerciante de Beale Street comenzara a dar sus frutos, fueron muchos los que siguieron sus huellas.

«No nos planteábamos límites en los colores y en la altura de los cuellos –recordaba también Lanksy–, vendíamos trajes completos, camisas, corbatas y sombreros realizados con tejidos varios y con los cortes de tela más dispares que lograba encontrar por ahí.» La indumentaria que proponía Lansky era exactamente la que atraía a Elvis, que en Beale Street encontró varios artículos en sus dos colores preferidos, el negro y el rosa. Incluso cuando Presley comenzó a te-

Elvis y Bernard Lansky

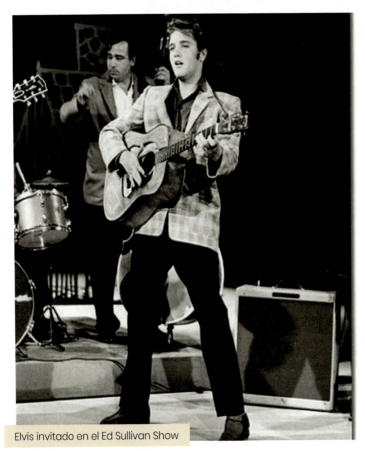
Elvis invitado en el Ed Sullivan Show

ner como mánager al coronel Parker, Lansky mantuvo un papel relevante en la carrera del Rey. De hecho, el 9 de septiembre de 1956, cuando Elvis apareció por primera vez en el Ed Sullivan Show, el espectáculo de televisión más popular de los Estados Unidos, Bernard estaba con él en Nueva York para elegir las prendas adecuadas. Para aquella ocasión, el Rey se puso justamente una chaqueta de Lansky a rayas grises con dos botones y con solapas de terciopelo, combinada con pantalones negros. La velada la vieron cincuenta y cuatro millones de telespectadores, una tercera parte de la población estadounidense de aquel entonces.

En marzo de 1957, Elvis se trasladó a Graceland. En aquellos días, Hal Lansky, hijo de Bernard, solía ir a casa de Presley con un furgón lleno de prendas de vestir que, de forma ineludible, volvía vacío a la tienda. En efecto, Elvis compraba prendas de vestir para sí mismo, pero también para sus amigos más fieles, para aquel círculo mágico de colaboradores apodado irónicamente por él «Memphis Mafia». Para su banda de devotos, Elvis elegía sombreros Dobbs de ala ancha, camisas con mangas crespadas, pantalones de perneras anchas pero ceñidas en los tobillos y botas de charol.

Lansky sabía perfectamente que podía contar con un anuncio publicitario formidable, y por entonces

Carl Perkins, Roy Orbison, Johnny Cash y Jerry Lee Lewis

cambió su manera de trabajar: para Elvis elegía siempre algo diferente, porque él *tenía* que ser único. De este modo, Lansky se creó una fama sólida que le atrajo, obviamente, a muchos nuevos clientes, entre ellos muchos divos del rock'n'roll. Comenzaron a vestir su ropa Jerry Lee Lewis, Roy Orbison y Carl Perkins, aunque también bluesmen como B.B. King o Rufus Thomas.

> «CUANDO PRESLEY SE HIZO FAMOSO, ENTENDÍ QUE TENÍA QUE SEPARARLO DEL RESTO DE MÚSICOS A LOS QUE VENDÍA ROPA: EN EL ESCENARIO Y EN LA TELEVISIÓN, ELVIS TENÍA QUE PARECER ÚNICO»
> **Bernard Lansky**

Entretanto, en la segunda mitad de la década de 1950, Elvis comenzó a frecuentar también otras tiendas, en particular Squire's Clothes, en Hollywood, donde elegía sus trajes de concierto para su guitarrista Scotty Moore y su bajista Bill Black. Pero los vestidos más icónicos, más

Elvis con sus amigos de la «Memphis Mafia»

## ROCK & ARTE

originales y transgresores siempre eran los suyos. Entre otros, uno de los más célebres era el de lamé de oro de 24 quilates (que al parecer costó diez mil dólares), que el rey se puso para la carátula de la recopilación *50.000.000 Elvis Fans Can't Be Wrong*, publicada en marzo de 1960, cuando Presley regresó a casa después del servicio militar en Alemania.

Aquel vestido extraordinario lo había creado **Nudie Cohn**, sastre de Hollywood especializado en trajes western. Nudie, que en realidad se llamaba Nuta Kotlyarenko, era un inmigrante ruso que también había diseñado tangas para strippers o bóxers para púgiles, pero que vio cómo su carrera despegaba gracias a aquel vestido para Elvis. Posteriormente, muchas otras estrellas del country y del rock acudieron al Nudie's Rodeo Tailors, en Lankershim Boulevard, en North Hollywood, para comprar prendas de estrás adornadas con diamantes artificiales y cosas similares. Entre estos, los **Flying Burrito Brothers** (el célebre vestido de Gram Parsons con las hojas de marihuana bordadas), John Lennon, ZZ Top, Elton John o Cher. Pero también John Wayne, Tony Curtis, Robert Mitchum y Ronald Reagan. Nudie también fue el sastre que convirtió a **Johnny Cash** en «The Man in Black», con un simple traje, chaqueta y pantalón, completamente negros. Uno de los ayudantes de Cohn,

Gram Parsons y el famoso conjunto con las hojas de marihuana bordadas

Elvis con el vestido de lamé de oro de 24 quilates. El Rey lo llevaba para la carátula de *50.000.000 Elvis Fans Can't Be Wrong*

Johnny Cash, «The Man in Black»

Dwight Yoakam y Marty Stuart, divos del country, con vestidos de Manuel Cuevas

**Manuel Cuevas**, se convertiría en su heredero artístico y, tras la muerte de Nudie, vestiría a las mayores estrellas de la música country moderna, con un estilo bastante parecido al del gran maestro. La moda de Elvis cambió con el paso del tiempo, y las modificaciones principales se pueden observar sobre todo a finales del largo contrato cinematográfico con Paramount, otro tiro que dio en el blanco el coronel Parker, que de esta manera había garantizado al Rey una carrera más allá de la música. En 1968 entró en la leyenda con el conjunto de piel negra y los pantalones tipo tejano que usó en el famoso *'68 Comeback Special*, el programa de televisión que marcó el gran regreso musical de Elvis después de años rodando películas.

> «ELVIS CON EL MONO DE PIEL NEGRA... LA QUINTAESENCIA DE LA SEXUALIDAD. EN EL *COMEBACK SPECIAL* SU MÚSICA SANGRABA...»
>
> **Greil Marcus**

Elvis con el conjunto de piel negra en el '68 Comeback Special

## ROCK & ARTE

La prenda la diseñó **Bill Belew**, de IC Costume Company, que a partir de aquel momento también proporcionó a Elvis prendas *casual*. En ciertos aspectos, la ropa de IC retomaba las líneas lanzadas por Lansky, como la chaqueta negra de principios de los años setenta o las camisas de clores vistosos y cuellos largos y puntiagudos. Legendaria en este aspecto fue la chaqueta deportiva de lana roja, bordada de seda del mismo color, con un cuello de piel y una capa separable, que el Rey llevó en 1974.

> «EL LOOK DE ELVIS ES ICÓNICO, UNA CONTINUA FUENTE DE INSPIRACIÓN PARA TODOS»
> **Beyoncé**

La ropa de Las Vegas y del período en el que Elvis sufría visiblemente de sobrepeso también era de Belew, incluidos los accesorios. Los célebres jumpsuit (monos de una sola pieza) se convirtieron en un símbolo de aquella época, y uno de estos en particular pasó a la historia: el de tela negra, bordada con seda y con un cuello verde, que Elvis llevó en 1971 en el curso de algunas veladas en el Hilton de Las Vegas. También fue el IC Costume de Belew quien creó el cinturón de Las Vegas, la capa y el mono con el cuello alto lleno de estrás, elementos imprescindibles para el look del Elvis de aquel período. En el documental *Elvis on Tour*, de 1972 (donde supervisó el montaje un tal Martin Scorsese), el Rey llevaba justamente una capa roja con mono a juego; pero en este caso el diseño no era de Belew, sino de otro modista hollywoodiense, **Bob Mackie**. En definitiva, Belew fue en buena parte responsable de la moda que hizo famoso a Elvis, pero la modernizó. Tampoco Lansky permaneció inactivo, y en un cierto momento propuso prendas de vestir en un estilo importado del Viejo Continente; en efecto, en Londres estaba sucediendo algo, concretamente en Carnaby Street. Elvis siguió, pues,

Elvis en jumpsu

siendo fiel al viejo Lansky, cuyas prendas siguió vistiendo h el día de su muerte.

> «LA IMAGEN ES UNA COSA, PERO EL SER HUMANO ES OTRA»
> **Elvis Presley**

# ELVIS Y EL PELUQUERO ESOTÉRICO

Poca gente sabe que, cuando era niño, el Rey era rubio, y posteriormente, como sucede a menudo, su pelo pasó a ser castaño claro. Pero entonces, ¿de dónde venían aquellos cabellos tan negros, incluido el mechón? Al principio, el joven Elvis usó torpemente betún negro para zapatos. Luego, a partir de 1956 y cada vez con mayor frecuencia, recurrió al Miss Clairol 51 D, Black Velvet, un tinte que se aplica en casa.

En Memphis, su peluquería preferida era Jim's Barber Shop, en el 207 de Mean Street; a partir de 1964, **Larry Geller** se convirtió en su peluquero personal. Geller acudía para prestar sus servicios al Rey en su casa de Bel Air, en Perugia Way, en Beverly Hills. Al cabo de poco, la relación entre el peluquero y Elvis se transformó en una amistad; parece incluso que Larry fue quien introdujo al Rey en la espiritualidad, la parapsicología, las religiones y lo sobrenatural.

En este sentido, Elvis compraba libros sugeridos por su peluquero, al que definía como un «gurú», y al que incluso regaló un Cadillac blanco. Pero en un momento dado, el coronel Parker decidió expulsar a Geller y quemó todos los libros adquiridos por el Rey por sugerencia del peluquero, pues consideraba que eran temas que de alguna manera podían influir negativamente en Elvis.

Elvis con Larry Geller

Arriba, a la izquierda, Elvis castaño; abajo, a la izquierda, Elvis con el cabello negro; a la derecha, Elvis en el Jim's Barber Shop

# Carnaby Street, la calle de la moda

**LA CONTRACULTURA JUVENIL ENLOQUECÍA** en el Londres de los años sesenta. Carnaby Street, con sus tiendas que se estaban abriendo por entonces, se convirtió en la calle que revolucionó la moda. Cuando el look preferido parecía ser el elegante de los teddy boys primero y de los mods más tarde, Mary Quant inventó la minifalda, símbolo de estilo y metáfora de libertad. Pero también en la moda se vivía el gran dualismo que marcó la historia del rock: Beatles contra Rolling Stones.

A principios de la década de 1950, el primer movimiento juvenil inglés fue el de los teddy boys, expresión de una subcultura en virtud de la cual los jóvenes llevaban una indumentaria inspirada en parte en los dandies del período eduardiano, que los sastres y los estilistas de Savile Row habían intentado relanzar en el Reino Unido después de la Segunda Guerra Mundial. A menudo, aunque de forma errónea, el fenómeno se consideró una versión europea del rockero norteamericano encarnado por James Dean o Marlon Brando: pelo engominado, cazadora de cuero, camiseta blanca, botas, navaja.

Zoot suit norteamericanos (Cab Calloway)

Teddy boys y teddy girls ingleses de los años cincuenta

En realidad, el movimiento de los teddy boys nació antes del advenimiento del rock'n'roll y fue algo auténticamente británico. Llamados en principio «Cosh Boys», cambiaron de definición en 1953 cuando el *Daily Express* acuñó para ellos la etiqueta «Teddy», diminutivo de «Edwardian». Su indumentaria se componía de chaquetas redingote que recordaban los zoot suit norteamericanos de principios de los años cuarenta, estilo **Cab Calloway** o Louis Jordan: chaquetas con hombreras, largas hasta las rodillas, cuellos forrados de terciopelo o de tejido leopardo, y bolsillos con vuelta a juego. Los pantalones eran de tiro alto, estrechos y a menudo cortos, para mostrar los calcetines.

### «LOS TEDDY BOYS FUERON LOS PRIMEROS HIPSTERS»
#### Amy Haben

Para completar el conjunto, camisas blancas con el cuello alto, largo y blando (conocidas también como «Mr. B», por que las hizo famosas el gran **Billy Eckstine**, líder de banda de la era Swing e icono de estilo), elegantísimos chalecos bordados, corbatas estrechas llamadas «Slim Jim» o, como alternativa, la cinta de cuero típica de los cowboys. Los trajes eran en su mayor parte de sastrería y, en consecuencia, muy caros. Los zapatos de los teddy boys eran clásicos Oxford de piel o de terciopelo, con bordados en la punta y tacón bajo. El cabello iba engomado, con mechón peinado hacia atrás o (en la variante «Boston») con un corte cuadrado en torno a la nuca. Las teddy girls también usaban chaquetas redingote combinadas con faldas estrechas justo por debajo de la rodilla (llamadas «pencil skirt»), tejanos con vuelta, zapatos bajos.

Lennon y McCartney luciendo como teddy boys

También les gustaba llevar sombreros de paja normales o de típico estilo chino, alfileres con camafeo y elegantes bolsos de mano. Les encantaba hacerse largas trenzas o colas de caballo, especialmente cuando se importaron de Norteamérica las faldas plisadas y los pantalones estrechos y cortos, estilo torero.

Las teddy girls no se vestían de esta manera exclusivamente por puro gusto estético: rechazaban la austeridad subsiguiente al conflicto bélico, y les gustaba la idea de confeccionarse ellas solas sus propios vestidos. En efecto, se trataba de chicas de catorce o quince años que trabajaban en la fábrica o en la oficina, y que no podían permitirse vestidos de modista.

A los teddy boys les gustaba el jazz y el skiffle, e inventaron un baile, el Creep. Comenzaron a emborracharse de rock'n'roll en la segunda mitad de la década de 1950, cuando desembarcó en Europa la película *Semilla de maldad*, que contenía música de Elvis Presley, Bill Haley y Eddie Cochran.

En el Liverpool de finales de los cincuenta, John Lennon, Paul McCartney y George Harrison se vistieron de aquella manera y lucían la clásica actitud de teddy boy: descarado, rebelde, inconformista.

La misma moda volvería a estar en auge unos quince años más tarde con el advenimiento del rockabilly.

Entretanto, y cada vez más, Londres se convertiría en capital mundial de la cultura juvenil, la ciudad más admirada y codiciada del mundo. En 1958, el escritor inglés Colin MacInnes, con su novela *Absolute Beginners*, fue el primero en describir Londres como «swinging», es decir, «de moda». Una vez superado el período crítico de la reconstrucción sobre las masacres de la Segunda Guerra Mundial y de la austeridad de la década siguiente, el Londres de finales de los años cincuenta y primeros de los sesenta era una metrópolis burbujeante en la que nacía una contracultura nueva y exuberante. Clubs musicales y cafeterías se constituyeron en lugares de encuentro y socialización, las tiendas trendy de Carnaby Street o King's Road se convirtieron en proveedores de esta suerte de «uniformes», mientras que el jazz, el rhythm & blues, el beat y el rock'n'roll representaron la banda sonora ideal. Muy pronto, aquel apodo («swinging») quedó certificado también más allá del océano por la revista *Time*. Corría el 15 de abril de 1966 cuando, en la revista más importante de los Estados Unidos salía un gran artículo dedicado justamente a las nuevas tendencias de la capital británica.

> «EN CARNABY STREET PARECÍA COMO SI VIVIERAS UNA PELÍCULA: UNION JACKS COLGADAS, PERCHEROS LLENOS DE VESTIDOS POR LA CALLE, MÚSICA A TODO TRAPO Y UNA ENERGÍA NUNCA EXPERIMENTADA HASTA ENTONCES»
> **Ringo Starr**

Gracias en parte a las transmisiones de Swinging Radio England, se oficializó el mito de la «Swinging London», una mezcla de hedonismo, pasión, optimismo, creatividad

Carnaby Street en los años sesenta

y transgresión que revolucionó la moda, la cultura, las expresiones artísticas y los estilos de vida.

La moda alternativa parecía concentrarse en una calle del Soho que cambió radicalmente el look de los jóvenes ingleses: Carnaby Street.

Es una calle que cuenta con una historia antigua, que se remonta a fines del siglo XVII. Un edificio al este de la zona, la Carnaby House, dio nombre a la calle que comenzó a contar con una cierta notoriedad a principios del siglo XIX, cuando se desarrolló allí un pequeño mercado. En 1854, una epidemia de cólera infectó la zona, pero la crisis se pudo contener y resolver. No se volvió a hablar de Carnaby Street hasta 1934, cuando Amy Ashwood, primera mujer del líder jamaicano Marcus Garvey, y su compañero de la época, el músico Sam Manning, héroe del calypso, abrieron en el número 50 el Florence Mills Social Club. El establecimiento era tanto un local de jazz como un lugar de encuentro para aficionados y adeptos de la cultura panafricana. Pero tan solo veinticinco años más tarde, en 1958, en Carnaby Street apareció la primera boutique, His Clothes, de **John Stephen**, etapa obligada para todos los mods. Cuando en 1964 **Pete Townshend** la visitó por primera vez, estaba sin blanca. Un año más tarde, se dice que los Who lograron gastar allí hasta cien libras cada semana.

El estilo de los mods –nietos del modernismo, movimiento filosófico de finales del siglo XIX que luego se transformó en una forma expresiva literaria, poética y, sobre todo, pictórica y arquitectónica– se caracterizaba por una imagen elegante y por costumbres y valores que distinguían a sus seguidores de otros grupos existentes por entonces, dándoles la posibilidad de vivir según una óptica de pertenencia. Un joven mod debía vestirse con prendas y objetos vistosos, llevar chaquetas estrechas de tres botones y la obligatoria parka verde, llevar los cabellos cortados de manera geométrica irreprensible. Finalmente, tenía que poseer un scooter italiano, una Lambretta o una Vespa, cuyo primer modelo se convirtió, de hecho, en el símbolo más distintivo de pertenencia al género. En cuanto a las chicas, vestidos o minifaldas

## ROCK & ARTE

Los Who vestidos de mod. Algunos mods con sus Vespa y Lambretta

pasaban del blanco y negro a los colores pastel, las «geometrías» eran bienvenidas, el maquillaje pesado de los ojos predominaba sobre todo el resto. Who, Kinks y Small Faces fueron los portaestandartes de los mods.
Tras la estela de His Clothes, se fueron instalando otras tiendas como Was Lord Kitchener's Valet, donde se vendía ropa militar y que ya estaba causando estragos en

De derecha a izquierda: Dandie Fashions, I Was Lord Kitchener's Valet, His Clothes, Hung On You

Portobello Road; Hung On You en Cale Street, la tienda de Michael Rainey que se convirtió en punto de conjunción entre indumentaria dandi y primeros albores del flower power; Dandy Fashions en King's Road, creación de Tara Browne, heredero de Guinness, muerto trágicamente en 1966 en un accidente de coche e inmortalizado por los versos de John Lennon en «A Day in the Life».

Dandie Fashions era una de las tiendas preferidas de Brian Jones, de los Rolling Stones, mientras que, justamente como respuesta a la tienda de John Stephen, Harry Fox y Henry Moss abrieron Lady Jane, la primera tienda femenina de Carnaby, a la que siguieron las de Mary Quant y Foale and Tuffin. Así, en la primavera de 1966, Carnaby Street se convirtió en «la calle de la moda beat, rock y mod». Algún local, como el Roaring Twenties o el cercano Marquee, se unió más tarde, hasta el punto de que cada día se podían encontrar allí a miembros de algunas de las bandas más legendarias del Swinging London, como Rolling Stones, Yardbirds, Small Faces, Who y, obviamente, Beatles.

Aquí nacieron las primeras boutiques, y entre las más famosas estaban las de **Mary Quant**. A ella se debe la invención de la minifalda, popularizada por la célebre modelo **Twiggy**. Aquella «falda cortísima» había de liberar a las mujeres de ciertos esquemas preconcebidos y vinculados a la época victoriana. Al parecer, el nombre minifalda nació porque el coche preferido de Mary era el Mini Minor, el nuevo modelo de coche urbano que enloquecía en el Swinging London, que también gustaba a estrellas del rock como **George Harrison** o **Marc Bolan**.

Twiggy con minifalda

> «LAS AUTÉNTICAS INVENTORAS DE LA MINIFALDA FUERON MIS JÓVENES CLIENTAS DE KING'S ROAD. ENTRABAN EN MI TIENDA, SE PROBABAN LAS PRENDAS Y ME DECÍAN: LO QUIERO MÁS CORTO»
> **Mary Quant**

Mary Quant abrió su primera tienda (Bazaar) en King's Road en 1955 junto a su futuro marido Alexander Plunket Green, propietario del restaurante de la planta superior. Mary tenía tan solo veintiún años, pero sus cuellos de plástico blanco sobre vestidos o jerséis, sus medias de colores combinadas con suéteres, los cardigans de hombre usados como vestidos y sus pijamas extravagantes pronto causaron furor.

Bazaar, la primera tienda de Mary Quant

Veruschka con un vestido de Mary Quant

## «NO HAY NADA MEJOR QUE CARNABY STREET PARA DESCRIBIR EL ESPÍRITU DEL SWINGING LONDON»
### Time

La Boutique de Mary Quant en Carnaby Street. A la derecha: Jean Shrimpton con un vestido de Mary Quant

En 1965, Diana Vreeland, directora de *Vogue*, escribió que «Londres es la ciudad más de tendencia del mundo», y en 1966 Mary inauguró en Carnaby Street la tienda que la haría famosa, gracias en parte a los artículos que se le dedicaron puntualmente en la revista *Queen*, que popularizó la moda femenina de la época, desde la minifalda («una prenda práctica –decía Quant–, que permite que las chicas se suban a los autobuses ágilmente») y vestidos y

## DAVID BAILEY, EL FOTÓGRAFO DEL SWINGING LONDON

«Si habías nacido en el East End de Londres en los años treinta, no tenías mucha elección: podías convertirse en boxeador, ladrón de coches o, como máximo, músico.» Y en cambio, **David Bailey** se convirtió en un profesional del objetivo. Profesionalmente, comenzó como ayudante del fotógrafo de moda John French, para luego trabajar, a partir de 1960, como *freelance* para la edición británica de *Vogue* y luego para la estadounidense, francesa e italiana. El Swinging London era un terreno fértil para utilizar el objetivo como mejor le parecía. Los protagonistas de sus fotos eran auténticos iconos de los años sesenta: personajes del calibre de Beatles, Rolling Stones, Who, Michael Caine, Peter Sellers, Marianne Faithfull y Sandie Shaw. En 1960, su primera musa fue Jean Shrimpton, por entonces de dieciséis años, hermana menor de Chrissie, una de las novias de Mick Jagger. Las bellas mujeres que Bailey frecuentaba fueron muchas, y entre estas cabe recordar a dos chicas de la Factory de Andy Warhol, como Baby-Jane Holzer y Nico. Más tarde David coincidió con Catherine Deneuve, con quien se casó en 1965. La actriz

Catherine Deneuve y David Bailey

se presentó en tejanos a la ceremonia, mientras que el testigo fue Mick Jagger. En 1967, después de ver algunas fotos que el marido había hecho a Penelope Tree, Deneuve predijo el futuro: «Me parece que te irás con esta chica...», le dijo. Y así fue. El divorcio llegaría en 1972 sin particulares consecuencias.

En aquel mismo período se estrenó *Blow Up*, la película de Michelangelo Antonioni, inspirada justamente en la vida de Bailey. El film está ambientado en el Londres de aquellos años, y entre los protagonistas aparecen Jane Birkin y la modelo Veruschka, dos iconos de aquella época londinense.

«David Bailey —escribió el artista Brian Clarke— tuvo solo dos amores: la fotografía y las mujeres hermosas. Es difícil cual de los dos lo mantuvo más ocupado. Pero he observado que iba con una bella mujer cada vez, pero raramente se ponía menos de dos o tres máquinas fotográficas en bandolera.»

accesorios divertidos e innovadores que llevaban modelos seductoras como Jean Shrimpton (la mejor pagada), la filiforme Twiggy, Peggy Moffit, Penelope Tree o Veruschka, que se convirtieron en iconos femeninos de la época junto con Marianne Faithfull, sensual musa de los Rolling Stones, Jane Birkin, cantante y actriz provocante, o Vanessa Redgrave, actriz de gran personalidad y talento.

La figura de Astrid Kirchherr se trata más profundamente en otro capítulo de este libro, dedicado a las grandes mujeres de la fotografía rock, pero Astrid también tuvo un papel importante en la moda. A principios de la década de 1960, los **Beatles** actuaron en Hamburgo en el Star Club, y allí conocieron a esta joven fotógrafa y al artista Klaus Voormann, que en aquel momento era su novio. Según

## ROCK & ARTE

Mia Farrow en *La semilla del diablo*. Vidal Sassoon con Mia Farrow

Siguiendo el ejemplo de Astrid y Klaus, también los futuros Fab Four cambiaron de look; fue justamente ella quien inventó el corte de pelo más famoso de la historia del rock, el de casco, que desencadenaría la beatlemanía. Y aquel mismo corte, adaptado a las mujeres, sería la marca de fábrica de **Vidal Sassoon**, el peluquero de las estrellas, que haría legendario Mia Farrow en 1968 interpretando el papel de Rosemary Woodhouse en la película de Roman Polansky *La semilla del diablo*.

contaba Kirchherr: «Había oído hablar de los rockeros, personajes extraños que usaban brillantina para peinarse el cabello hacia atrás, pero antes de los Beatles, nunca había visto a uno en carne y hueso... Cuando nos conocimos se quedaron perplejos. Para ellos, nosotros dos íbamos vestidos de manera extraña, con camisetas polo negras y pantalones de terciopelo también negros. Además, yo llevaba el cabello de un centímetro de largo.» Por entonces los Beatles llevaban cazadoras de cuero y lucían con orgullo sus mechones rock'n'roll.

Pero a los Beatles les correspondía también una nueva manera de vestir, especialmente tras la aparición en escena de Brian Epstein, el mánager que desde 1961 se hizo cargo de la suerte del grupo. Epstein acudió a **Douggie Millings**, ya apreciado por la indumentaria de Sammy Davis Jr., y le pidió que trabajara en el look de los Beatles: el éxito de los cuatro coincidiría con el de su tienda en el West End.

Dougie Millings con los Beatles y las chaquetas que creó

> «INVÉNTATE ALGO DIFERENTE. QUE NO NOS PAREZCAMOS A LOS SHADOWS»
> 
> **Los Beatles a Dougie Millings**

1965: los Beatles en el Sea Stadium de Nueva York

«Conocía ya a Brian porque le habíamos hecho trajes para Gerry Marsden –contaba Millings–. A finales de 1962 me trajo a cuatro chicos con un extraño corte de cabello. Llegaron a bordo de un descapotable californiano, muy de moda, y me dijeron: "Invéntate algo para nosotros". Así que tuve la idea de las chaquetas con cuello redondo. No digo que hubiera inventado aquel modelo, pero le añadí un toque personal: el puño crespado con gemelo y los cuatro botones delante.» Se trataba, en realidad, de trajes que Pierre Cardin había intentado proponer en Francia, pero con escasa aceptación. Llevados por los Beatles, fueron un éxito: todo el mundo quería vestirse como ellos, peinarse como ellos, comportarse como ellos. Millings creó los trajes para los Fab Four también para otras grandes ocasiones. Fueron suyos, por ejemplo, los vestidos de la película *Help!* y los del concierto del 15 de agosto de 1965 en el Shea Stadium de Nueva York, donde los cuatro actuaron ante 56.000 personas. Los Beatles recurrirían al sastre hasta 1967, período en que la revolución psicodélica también les influyó a ellos.

## «EL PLAN NO ERA ABSORBER A LOS BEATLES, SINO MÁS BIEN CREAR A LOS ANTI-BEATLES»
### Keith Richards

Los **Rolling Stones** eran lo opuesto a los Beatles; y también en su look se observaba el contraste estudiado minuciosamente por su mánager, **Andrew Loog Oldham**. Oldham había trabajado como «asistente-escaparatista-chico para todo» de Mary Quant y luego con el mismo Brian Epstein. Según la reconstrucción de Keith Richards en su autobiografía *Life*, «Epstein lo había despedido tras un duro enfrentamiento». Para Oldham, los Stones se convirtieron en un «instrumento de venganza» contra el mánager de los Beatles, justamente gracias a su manera de ser. De hecho, después de un inicial titubeo del propio Oldham, el mánager decidió secundar a Jagger y sus socios, que muy pronto ya no se vestirían iguales entre sí, con cha-

Los Rolling Stones en los años sesenta, todos con trajes diferentes

Baby-Jane Holzer con minifalda

El Paraphernalia en Nueva York

quetas y peinados similares. «No queríamos ser como los Fab Four, buenos chicos emperifollados de la misma manera, como si llevaran uniforme –seguía explicando Richards–, muy pronto, Andrew decidió llevar este asunto hasta las últimas consecuencias. Y, de hecho, el concepto quedaba sintetizado en la fatídica pregunta; "¿Dejarías que tu hija saliera con uno de los Stones?". Aquello fue un golpe de genio, hasta el punto de que, una vez archivado este punto, pudimos participar finalmente en el gran juego del *show business* sin dejar de ser nosotros mismos.»

Entretanto, el Swinging London desembarcó en Nueva York gracias a una modelo como Baby-Jane Holzer, que llevaba la minifalda de Mary Quant. Pronto se aprovechó el revendedor inglés Paul Young, que gestionaba este tipo de negocios y decidió abrir una tienda en Manhattan. Así nació en 1967, entre la calle 66 y la 67, en Madison Avenue, Paraphernalia. La tienda era muy particular: mobiliario de acero y vidrio cromado, música rock de fondo y bailarinas. A menudo, a nivel experimental, también se abría por la noche. **Andy Warhol** sabía como pocos sobre nuevas tendencias; el genio del pop art describió así las diferentes tiendas de ropa que se iban abriendo en los alrededores: «Entrabas a probarte algo y sonaba "Get Off of My Cloud" a todo volumen. Se compraban vestidos en la misma atmósfera en la que probablemente se llevarían. En las pequeñas boutiques, los vendedores siempre eran elegantes y relajados, como si la tienda fuera una habitación de su apartamento. Estaban sentados, hojeando revistas, mirando la televisión, fumando marihuana». En el interior de Paraphernalia trabajaban jóvenes talentos como **Betsey Johnson**, una chica de veintiún años que había estado en Londres de viaje gracias a un premio organizado por la revista para la que trabajaba, *Mademoiselle*.

Betsey Johnson con John Cale

«LO MÁS GRATIFICANTE PARA MÍ ES ESTAR SENTADA EN MI MÁQUINA DE COSER Y LEVANTARME SOLO CUANDO HE CREADO ALGO NUEVO»

**Betsey Johnson**

Allí aprendió a ver cómo cambiaba la moda, de Mary Quant en adelante, y comenzó a diseñar prendas en un estilo por así decir «british». Licenciada en la Syracuse University como Lou Reed, en un cierto momento Johnson también entró en el ambiente de la Factory de Warhol. Inicialmente, en 1967, diseñaba los vestidos para Edie Sedgwick y para una de las películas de la Factory, *Ciao Manhattan!*, luego comenzó a frecuentar a los **Velvet Underground**, primero con Sterling Morrison y luego con John Cale, con quien se casó en 1968, aunque se divorciaron al año siguiente.

Para el grupo, Johnson confeccionó un traje de terciopelo para Cale, uno de terciopelo estampado marrón y verde con tachuelas para Sterling Morrison y Maureen Tucker, y uno de ante gris para Lou Reed. Muchas personalidades femeninas destacadas llevaban la ropa de Betsey Johnson: bellezas como Twiggy, Penelope Tree, Brigitte Bardot o Raquel Welch, pero también Janis Joplin, en sus primeros conciertos con Big Brother & The Holding Company, se presentó en el escenario con un minivestido plateado. La psicodelia estaba por llegar.

# Mellow Yellow: tintes psicodélicos

**NUEVOS COLORES CARACTERIZARÍAN** el mundo de la moda. En California, el flower power dio en la diana. En Londres, nuevas tiendas como Granny Takes A Trip modificaron posteriormente la idea del look. Incluso los Beatles sufrirían estas influencias psicodélicas, como se puede ver en la carátula de *Sgt. Pepper's*, y abrirían, con escasos resultados, su Apple Boutique. Jimi Hendrix y Janis Joplin fueron dos de los artistas más originales también en cuanto a look, pero muchos prefirieron mezclar estilos, o incluso no lucir ninguno, justamente para encarnar plenamente el espíritu hippie.

Usando los términos «Granny», entendido como influencia del pasado, y «Trip», como viaje alucinógeno, nació Granny Takes A Trip, tienda inaugurada en diciembre de 1965 en el 488 de King's Road, en Londres. Los motores de la iniciativa fueron el estilista **John Pearse**, ex mod y ex aprendiz de sastre de Hawes & Curtis en Savile Row, el diseñador gráfico **Nigel Waymouth**, del colectivo Hapshash and the Coloured Coat, y la actriz **Sheila Cohen**, coleccionista de vestidos vintage. La fachada de la tienda, que cambiaba como los vestidos en el escaparate, era famosa: en 1967 era un gran retrato de Jean Harlow en estilo pop art, y para mirar al interior era preciso espiar a través de la boca de la actriz.

«Las primeras personas que frecuentaron nuestra tienda fueron los gays de Chelsea y las debutantes –explicaba Waymouth–, luego comenzaron a llegar las estrellas pop. Entraba un montón de personas famosas, y grupos como como los Animals se fotografiaban en el exterior de la tienda.»

# MELLOW YELLOW: TINTES PSICODÉLICOS

Granny Takes A Trip, en King's Road

La Apple Boutique y su mural exterior pintado por The Fool

Y obviamente estaban los **Beatles**, que en período del *Sgt. Pepper's* experimentaron la influencia post Carnaby Street de tiendas psicodélicas justamente como Granny Takes A Trip.

## «FUIMOS LA PRIMERA TIENDA BISEXUAL DE EUROPA: NO NECESITÁBAMOS HACER PUBLICIDAD»
### John Pearse

Los Fab Four fueron más lejos, y encontraron inspiración en otro colectivo, **The Fool**, de Marijke Koger y Simon Posthuma. Ambos eran propietarios de una de las primeras «head shop» inglesas (tiendas que venden accesorios relacionados con el consumo de cannabis y otras drogas, o todo lo que concierne a la contracultura), situada en Goswell Road, en Islington, pero se hicieron famosos por sus trabajos con algunos grupos rock. En efecto, diseñaban el vestuario de concierto para **Hollies** y **Procol Harum**, vestuario e instrumentos (por ejemplo la famosa Gibson SG de Eric Clapton) para los Cream, pintaron el Mini de George Harrison así como muchas de sus guitarras, emperifollando el piano de John Lennon, y «vistieron» a los Fab Four para *One World* de la BBC, el show de televisión en mundovisión en el que interpretaron «All You Need Is Love». Así, cuando los Beatles decidieron abrir una tienda de ropa de su propiedad, lo hicieron «con la complicidad del colectivo». La Apple

Instantáneas alternativas y foto del backstage para la carátula de *Abbey Road*

Boutique se abrió en Baker Street el 5 de diciembre de 1967, con una fiesta en la que participaron John Lennon, George Harrison y sus respectivas mujeres, Eric Clapton, Jack Bruce, Cilla Black y Kenneth Tynan. Solo se podía beber zumo de manzana, ya que la tienda todavía no tenía licencia para bebidas alcohólicas. Dos días más tarde, la Apple Boutique se abrió al público, con prendas de vestir diseñadas por The Fool, por ejemplo.

Inicialmente, el director de la tienda fue Tony Bramwell, reemplazado más tarde por Pete Shotton, amigo de los Beatles y miembro de los Quarrymen, el primer grupo de John Lennon en Liverpool. Las prendas de vestir eran caras, y el negocio cerró muy pronto sus puertas y acabó siendo un desastre financiero. Después de apenas siete meses no quedaba ya nada en aquella esquina tan vistosa gracias a las paredes interiores y a los murales exteriores pintados por The Fool. Sus prendas de vestir no gusta-

ron, como tampoco se entusiasmó nadie con el álbum (producido por Graham Nash) que The Fool grabó poco a poco del cierre de la tienda. Entretanto, los Beatles intentaron otro experimento abriendo Apple Tailoring, en King's Road, otra tienda de vestir. Sin embargo, quien ayudó en aquel período a los Fab Four en su look personal fue **Tommy Nutter**, sastre de Savile Row, famoso por haber vestido a varias estrellas de la música y del cine.

## «EN SAN FRANCISCO, LAS CHICAS HIPPIES NO SE MAQUILLABAN NI IBAN A LA PELUQUERÍA»
### Country Joe McDonald

Suyos fueron los trajes que llevaba el grupo en la célebre carátula de *Abbey Road*. Si para los otros tres Beatles, el

## MELLOW YELLOW: TINTES PSICODÉLICOS

Dougie Millings y John Lennon

nombre de **Dougie Millings** sería solo un recuerdo, para Paul McCartney se convirtió en el de un gran amigo. En efecto, Paul siguió frecuentando al sastre en virtud de aquella relación especial, y no solo por ello. En efecto, en 1972 Macca pidió a Millings que creara el vestuario de la gira de los Wings y, dos años más tarde, el de la carátula del álbum *Band on the Run*. En aquella época, el diseñador trabajaba también para otros artistas como Bill Haley, Temptations y Tom Jones. Una vez jubilado, comenzó a escribir poesía, incluida la que regalaba a Paul McCartney y que se puede ver ahora en la oficina de la sociedad de Paul en Soho Square, a pocos metros del pequeño local en el que ambos se habían conocido cincuenta años antes. En Londres, además de las boutiques, había zonas enteras de mercadillos, como Portobello Market o Kensington Market.

Nacido como mercado tradicional en el siglo XIX, el de Portobello comenzó a acoger puestos de antigüedades entre finales de los años cuarenta y principios de los cincuenta. En la década de 1960 se convirtió en una meta para los artistas que querían encontrar su look justo, el accesorio más caprichoso, la prenda que podía hacer morir de envidia a amigos y colegas. **Jimi Hendrix** fue uno de los visitantes más asiduos de Portobello, le encantaba ir con sus «novias» y se detenía encantado frente a los stands de fruslerías. Y si encontraba algo que le gustaba no se lo pensaba dos veces, como la vez que se le vio comprando (en John Lewis, en Oxford Street) un par de pantalones de terciopelo turquesa en compañía de su novia Kathy Etchingham.

Kensington Market abrió en 1967 en un edificio de cinco plantas en el lado sur de Kensington High Street. Se trataba de un lugar alternativo en el que se vendía de todo y donde se encontraban tiendas diferentes a lo habitual. En Kensington trabajaban muchas personas relacionadas con la música, como un por entonces desconocido **Freddie Mercury**, que primeramente vendía sus obras

Portobello Market en los años sesenta y Kensington Market en los setenta

Lloyd Johnson (Heavy Metal Kids)

Jimi Hendrix con una de sus tan amadas chaquetas militares

creadas en el Ealing Art College y luego se ocupó del vestuario que llevaba su primer grupo, los Smile.

Otro personaje que trabajaba en el Kensington Market era el ex mod **Lloyd Johnson**: su comercio se llamaba Heavy Metal Kids, al que acudían entre otros los Beatles, Bob Dylan y los Faces de Rod Stewart y Ron Wood. Su legado mod lo llevó a diseñar el vestuario de la película *Quadrophenia*. Jimi Hendrix no solo frecuentó Portobello, sino también Kensington Market y otros mercadillos londinenses. Allí adquirió los pantalones acampanados combinados con chaquetas militares, bandanas de seda y una miríada de accesorios como los medallones o las bufandas.

## «MIS DISEÑOS ERAN PURO ROCK'N'ROLL»
### Lloyd Johnson

Después del período de Kensington Market, muchos se trasladaron, mientras que otras tiendas, como el famoso Biba, proporcionaron vestidos a Twiggy y a Brigitte Bardot. Pero a la que iba pasando el tiempo se vio que la gente iba siendo cada vez más reacia a «ponerse vestidos». En los Estados Unidos hubo quien, como **Janis Joplin**, se hizo famosa por su estilo gitano con encajes antiguos, seda y satén, boas de plumas de avestruz, cabellos desgreñados y muchas joyas, justamente como aparece en la carátula de *Pearl*. La idea de aquel look fue de **Linda**

MELLOW YELLOW: TINTES PSICODÉLICOS

## THEMIS, LA TIENDA DE LA NOVIA DE JIM MORRISON

También **Pamela Courson**, novia de **Jim Morrison**, decidió abrir una tienda de moda, en el 947 de North La Cienega Boulevard de Los Angeles. Themis nació con la importante contribución financiera de Jim y con la idea de aprovechar la onda del período, gracias a las prendas y accesorios que la propia Pamela elegía en Europa, sobre todo en Londres. Pero la aventura de Themis duró poco, tanto por los problemas de droga de Pamela como por su escasa capacidad empresarial. «¡Jim, tu así llamada compañera cósmica está gastando cifras siderales!», le había dicho al respecto el teclista de la banda, Ray Manzarek. La tienda permaneció abierta entre 1969 y 1971.

Themis, la tienda de Pamela Courson y Jim Morrison

**Gravenites**, esposa de Nick Gravenites, músico conocido y bastante apreciado en el San Francisco de los años sesenta. Linda era una de las dos grandes amigas de Janis y la ayudó a crear aquella imagen hippie chic que convirtió a la chica texana en un icono rock.

Pero también la otra cómplice, **Peggy Caserta** (amiga, amante y «compañera de meriendas» de Janis) tuvo un papel en el vestuario de Joplin. De 1965 a 1968, Peggy fue la titular de la boutique Mnasidika, en el 1500 de Haight Street, en el corazón del barrio hippie de Haight-Ashbury. Su tienda fue la primera hippie store auténtica de San Francisco, así como el lugar preferido de Janis para adquirir prendas de vestir o simples accesorios.

Mnasidika, la tienda de Peggy Caserta

Sesión fotográfica para la carátula de *Pearl*, de Janis Joplin

La filosofía de los hijos de las flores no preveía reglas. Todavía menos en cuanto a vestuario. Por ello, los sombreros de cowboy o los colbacs podían coexistir con prendas como el caftán de Oriente Medio o las igualmente apreciadas casacas Nehru; así, el viejo Oeste se encontraba con Oriente, África se fundía con el Renacimiento, entre prendas, vestidos y accesorios de varios tipos. La ropa era generalmente de segunda mano, ya que la idea era la de una moda pobre, por lo que locales como el Salvation Army Store de Haight-Ashbury en San Francisco fueron muy frecuentados, justamente porque vendían prendas a bajo precio. La gente se vestía con tejanos a menudo rasgados y cubiertos con topos de colores. Bandanas y collares completaban el look hippie. Fueron también muchos los que decidieron hervir en lejía y colorear durante el lavado sus vestidos, para que fueran más vistosos, en pleno estilo psicodélico, eran las prendas denominadas tie-dye.

Camisetas y otras prendas tie-dye

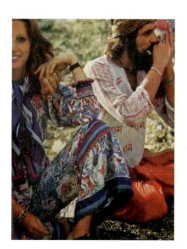

Varios ejemplos de moda hippie

Los hijos de las flores a menudo iban descalzos, o bien con sandalias o botas. El cabello y la barba cada vez eran más largos. Y sobre todo, no se plegaban a las oblilgaciones: por ello, la mayor parte de las chicas ni siquiera llevaban sujetador, considerado un instrumento de opresión. Es más, muchos tampoco llevaban ropa...

# Es rock todo lo que reluce

**LOS ARTISTAS BUSCABAN ESTILISTAS APASIONADOS** por el rock para que la música y la imagen se fundieran en un todo. Las visiones personalizadas del look, con todas las exageraciones imaginables, llevaron al nacimiento del glam. Grupos como los T.Rex de Marc Bolan y los Roxy Music de Bryan Ferry se dieron a conocer también gracias a su apariencia. Nacía asimismo la leyenda del extraterrestre andrógino Ziggy Stardust, y justamente gracias a David Bowie, el glam se hizo realidad.

Detrás de la necesidad que tiene la música de aparentar también está la voluntad de crear nuevos personajes; una tendencia que a menudo puede resultar exagerada, transformándose en una mera ostentación, incluso en una auténtica parodia. Y sin embargo, funciona. Al menos funcionó en la época del glam o del glitter, durante la cual los vínculos entre rock y moda se estrecharon. Y no solo fueron los artistas los que buscaron la complicidad con el mundo de la moda. Uno de los primeros diseñadores aficionados por la música que intentó hacer coexistir ambos aspectos fue **Ossie Clark**.

Su entrada en el mundo de la moda se produjo en 1964 gracias a la tienda Quorum de Alice

Ossie Clark

Pollock, en Ansdell Street, en Kensington Market. La popularidad de Clark despegó con un desfile en Little Venice para Quorum, y sus relaciones privilegiadas con muchos artistas le permitieron trabajar en un contacto cada vez más cercano con el rock. Ossie era amigo de Brian Epstein, mánager de los Beatles, y conocía a **David Gilmour**, porque en aquel momento el futuro guitarrista de los Pink Floyd ejercía de chófer de la furgoneta de Quorum. Después del desfile de Little Venice, la tienda se trasladó a Radnor Walk y, a partir de aquel momento, Ossie Clark entró en contacto con personalidades destacadas como Pattie Boyd y Marianne Faithfull. Luego Clark se hizo amigo de **Brian Jones**. Al parecer, llegó a hablar con él el 3 de julio de 1969, el mismo día en que se encontró a Brian muerto, ahogado en su piscina.

Brian Jones con un atuendo de Quorum

> «EL PERSONAJE ERA TAN IMPORTANTE COMO LA MÚSICA. LOS HIPPIES QUERÍAN PAZ Y AMOR. NOSOTROS QUERÍAMOS FERRARIS, RUBIAS Y NAVAJAS»
> **Alice Cooper**

Jones, que durante un tiempo había vivido en Radnor Walk, a menudo compraba camisas de flores en la tienda de Ossie Clark. Posteriormente también Keith Richards se convirtió en cliente de Quorum, aunque el ápice del éxito del estilista llegaría al conocer a **Mick Jagger**. Para él diseñó de hecho varios monos glam usados durante la gira norteamericana de 1972. También era suyo el majestuoso abrigo que Jagger llevaba en el curso de la gira por los Estados Unidos de 1969, incluida la desgraciada noche de Altamont, el 6 de diciembre del mismo año. Pocos años más tarde, los problemas con la droga y sus escasas capacidades de gestión y financieras representaron la decadencia del mito de Ossie Clark, literalmente

Mick Jagger en Altamont con el abrigo diseñado por Ossie Clark

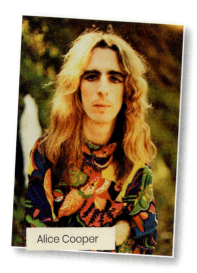
Alice Cooper

barrido por el advenimiento del punk. Pero entre su bisexualidad declarada y sus propias creaciones se comenzaba a entrever lo que se definiría como glam.

## «ME VISTO PARA MATAR, PERO CON GUSTO»
### Freddie Mercury

Si se consideró a Clark como un precursor del glam, **Tommy Roberts** se le reconoció como uno de los más importantes estilistas del género. Roberts debía su fortuna a una serie de intuiciones como, por ejemplo, la de estampar eslóganes en las camisetas o utilizar imágenes como la de Mickey Mouse antes de que Disney percibiera sus potencialidades comerciales. Su tienda más importante era Mr. Freedom, inaugurada en 1973 en el Covent Garden, justamente donde se encontraba el mercado de fruta y verdura. A partir de la feliz idea de Roberts, en el Covent Garden nacieron otras tiendas. La particularidad de Mr. Freedom era la de ser la primera tienda dividida por secciones (hombre, mujer, niño) y que vendía también objetos particulares o kitsch.

Tommy Roberts, que primeramente había sido un teddy boy y luego un mod, estuvo siempre vinculado a la música; además de ser mánager de un grupo, los Kilburn and the High Roads del difunto Ian Dury, diseñó ropa para Jimi Hendrix, Elton John (para su primera portada en *Rolling Stone*) y David Bowie. Sus zapatos con alas se exponen en el interior del museo permanente del Victoria and Albert Museum.

Entre las estrellas de rock atraídas por Mr. Freedom estaban Marc Bolan, Mick Jagger y Nick Drake, el cual, en la carátula de *Bryter Layter*, tenía delante de sí un par de zapatos bastante de moda en aquel momento, las famosas *brothel creeper* con suela de goma muy alta, que había adquirido en aquella tienda. Pero sin duda Roberts vendió calzado más importante. Sobre todo botas. De hecho, el diseñador creó botas con tacones cubiertos de lentejuelas para Gary Glitter y el propio Elton John.

Otro de los artistas precursores de la escena glam fue **Marc Bolan**. Cuando todavía usaba su verdadero nombre, Mark

Camisetas con los personajes de Walt Disney de Mr. Freedom

Interior de Mr. Freedom

Nick Drake en primer plano y en la carátula de *Bryter Layter*

Feld, era un mod. El cambio de look, que coincidió con el inicio de su carrera con los T.Rex, así como su nombre artístico, se lo debía a su mánager, Chelita Segunda. Fue ella quien lo llevó a Anello e Davide, una tienda en Drury Lane, en Londres, para que le tomaran las medidas para unos zapatos hechos a mano.

> «LAS PERSONAS SON OBRAS DE ARTE, Y SI TIENES UNA CARA BONITA, MEJOR JUGAR UN POCO CON ELLA. SI NO, QUÉ ABURRIMIENTO, ¿NO?»
> **Marc Bolan**

El paso siguiente fue presentar a Marc a **John Lloyd** y a Zandra Rhodes, que comenzaron a vestirlo con chaquetas femeninas de satén y lo animaron a maquillarse, usando incluso un hilo de eye-liner. Bolan quería ir más allá, hasta el punto que pidió poderse maquillar como su mánager antes de subir al escenario para un concierto. El artista visitaba a menudo Alkasura, tienda en King's Road, cerca de Granny Takes A Trip, propiedad de John Lloyd. Allí, además de las chaquetas de satén con cerezas estampadas, buscó a menudo camisetas decoradas con estrellitas brillantes.

Lloyd, también inventó los looks de artistas como **Rod Stewart** o **Gary Glitter**, antes de suicidarse en 1974. Entretanto, Mr. Freedom había cambiado de localización, al desplazarse a locales más amplios en Church Street, en Kensington Market, para cerrar definitivamente en 1974. Monos, petos, personajes de cómics, calcetines de lana a rayas y parches se convirtieron en parte integrante de la moda de aquel período gracias a aquella tienda. Por su parte, Tommy Roberts abrió en 1977 un nuevo negocio, sustancialmente con los mismos tipos de prendas a la venta: City Lights, en Short Gardens, en un antiguo almacén para plátanos en desuso.

En King's Road se dieron a conocer

Gary Glitter en los años setenta

## ROCK & ARTE

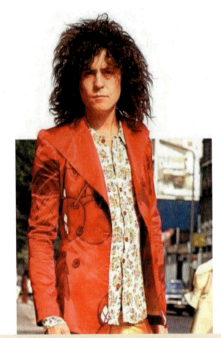

A la izquierda, Marc Bolan con las botas con tacones, a la derecha, el mismo líder de los T.Rex con una chaqueta de satén con cerezas estampadas

también diseñadores como **Peter Golding**, que se inspiraba en la música en su tienda Ace. Golding fue el primero en producir tejanos de colores, y entre sus clientes estaban Freddie Mercury, Rod Stewart, Marianne Faithfull, David y Angie Bowie, Gary Glitter o Elton John. Le apasionaba tanto el blues que Indigo Records le publicó el álbum *Stretching the Blues*, cuando su tienda cerró definitivamente en 1985. Golding logró trabajar en una red internacional en la que también estaba Nudie Cohn. Entre sus clientes famosos no debe olvidarse a **Bryan Ferry**, aunque la historia del líder de los Roxy Music y de su relación con el binomio música y moda está vinculada al nombre de **Antony Price**. Los dos eran amigos y lograron crear una alianza perfecta, dado que de un lado los Roxy Music prestaban mucha atención a todos los detalles relacionados con su aspecto, y del otro Antony Price, que había estudiado en el Royal College of Art (como Ossie Clark), logró crear

# ES ROCK TODO LO QUE RELUCE

De izquierda a derecha, en sentido horario: carátula abierta de *For Your Pleasure* de los Roxy Music; carátula del primer álbum de los Roxy Music; interior de la carátula de *For Your Pleasure*

prendas femeninas que se adaptaban a la perfección a esta nueva fase de rebelión que a menudo desembocaba en looks andróginos. Incluso en los interiores de las carátulas (como en los del primer álbum de los Roxy Music) se pueden observar las prendas del diseñador.

## «BRYAN FERRY FUE EL PRIMERO QUE ALIÓ MÚSICA Y MODA»
### Antony Price

«Trabajé mucho en aquellas prendas –explicaba Price–, la de murciélago y los cuellos con las puntas larguísimas los inventé yo, inspirándome en un imaginario demoníaco... Tanto yo como los chicos éramos contrarios a los pantalones acampanados y a los cortes de pelo en forma de casco.» El diseñador diseñó también el vestuario para la carátula del segundo álbum de los Roxy Music, *For Your Pleasure*, incluido el de vamp de los años cuarenta que llevaba Amanda Lear.

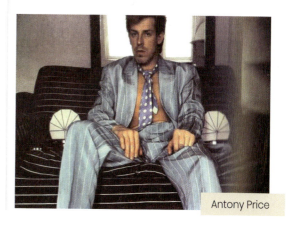

Antony Price

## ROCK & ARTE

Los Kiss

En cuanto a los directos, Price se ocupaba también de los vestidos de toda la banda, incluidas las coristas; Bryan Ferry se fue transformando poco a poco en un dandy con trajes refinados y esmóquines impecables, aunque se inspiraba en Otis Redding o en los artistas de Stax, que usaban vestidos o chaquetas cortas que también le iban muy bien a él. Fueron muchos los vestidos nacidos de la colaboración entre el diseñador más influyente del glam y el cantante. Desde el esmoquin blanco para el segundo álbum solista de 1973, *Another Time, Another Place*, pasando por el militar de 1975 que llevaban también las coristas para la gira inglesa de los Roxy Music, hasta el traje rosa del vídeo de 1979 «Angel Eyes» y la cazadora de piel negra de la carátula del álbum solista *The Bride Stripped Bare*. Elton John y David Bowie también pidieron a Price que diseñara prendas específicas para ellos, mientras que también vistió a Mick Jagger en estilo de jugador de fútbol americano.

El público que apreciaba a Roxy Music y Lou Reed (en la fase de *Transformer* en adelante) o que adoraba las versiones más extremas de Alice Cooper, Iggy Pop (con y sin Stooges) y de los Kiss, se vestía justamente como sus artistas favoritos.

Pero el personaje que encarnó más y mejor el estilo glam fue **David Bowie**, si bien de un modo personal, creativo y muy original. Bowie fue un transformista tanto desde el punto de vista musical como desde el del look. Su primer período de éxito fue justamente el del glam. Su ascensión comenzó probablemente a partir de la carátula destinada al Reino Unido de *The Man Who Sold the World*, de 1970. Allí, Bowie llevaba un vestido diseñado por **Michael Fish** que había creado también la indumentaria con la que Mick Jagger había subido al escenario de Hyde Park para el histórico concierto del 5 de julio de 1969, dos días después de la muerte de Brian Jones. A partir de aquel momento, Bowie comenzó la fase andrógina (para entendernos, la de Ziggy Stardust) que se manifestaba con vestidos de escena importantes, gracias en parte a la influencia de su mujer Angie Barnett y del coreógrafo y mimo Lindsay Kemp, del que como se sabe, tomó lecciones.

Entre las prendas más famosas de aquel período están las diseñadas por **Freddie Burretti** y por **Kansai Yamamoto**. El primero, inglés e íntimo amigo de Bowie, se autodefinía como «diseñador de vestidos». Entre sus creaciones más famosas destaca el mono que llevó Bowie en la célebre actuación en Top of the Pops para presentar *Starman* (6 de julio de 1972).

> «FREDDIE BURRETTI ES TELEPÁTICO: TODO LO QUE PIENSO LO TRANSFORMA ÉL EN REALIDAD»
> **David Bowie**

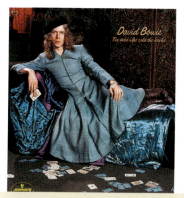 

Carátula de *The Man Who Sold the World* de David Bowie; David Bowie con el célebre mono que llevó en Top of the Pops en 1972

Kansai Yamamoto comenzó a participar en desfiles en Londres en 1971, y estaba considerado un portaestandarte de la revolución japonesa de las formas. Entre las prendas creadas para la gira de *Ziggy Stardust*, a partir de 1972, era particularmente digno de consideración el mono Space Samurai, que Bowie llevó en combinación con los hakama, pantalones de hombre tradicionales de Japón, que van junto al kimono. Por otra parte, en el curso de los espectáculos, Bowie seguía la tradición nipona del teatro kabuki de los onnagata, es decir, los actores masculinos especializados en papeles femeninos. También remitió al hikinuki, la capacidad de cambiarse la ropa en el escenario gracias a varias capas de tejido que se iban descubriendo poco a poco durante el show y revelaban todos juntos nuevos vestidos de escena, diferentes a los anteriores. Kansai Yamamoto contaba que le habían convencido para ir a Nueva York y asistir a un concierto de Bowie, ya que el artista tenía una sorpresa. Y efectivamente, el diseñador se quedó estupefacto cuando vio entrar en escena a Ziggy Stardust con uno de sus vestidos,

A la izquierda, David Bowie en versión Ziggy Stardust, a la derecha con el mono Space Samurai

concebido originariamente para una mujer. Los principales vestidos del Duque Blanco se expusieron en *David Bowie Is*, muestra que recabó mucho éxito en todo el mundo y que fue inaugurada por primera vez en 2013 en el Victoria and Albert Museum de Londres. La exposición acogió más de trescientos objetos de recuerdo, entre ellos sesenta vestidos que llevó Bowie en el curso de su carrera, incluidas las prendas ya citadas, pero también el Pierrot del vídeo de «Ashes to Ashes», diseñado por **Natasha Korniloff**, y el célebre abrigo con la bandera británica, concebido por **Alexander McQueen** y que llevó el Duque Blanco para la foto de la carátula de *Earthling*, álbum de 1997. En el caso de Bowie, la necesidad de aparentar del glam o del glitter se fue transformando cada vez en una consciencia diferente.

Algunos atuendos célebres de David Bowie

## BOWIE Y EL TOKYO POP, «UN VESTIDO DE MODA VOLUMINOSA»

«Algunos, cuyo ideal está representado por la danza libre como medio de expresión inmediata, rechazan netamente estas prendas "antinaturales". Después de los primeros saltos la prenda quedaría destruida. Pero hay quien ve en ellos nuevas posibilidades para superar los límites del puro movimiento del cuerpo.» Son palabras de **Oskar Schlemmer** en su Ballet Triádico, uno de los vértices más altos del Bauhaus para la danza moderna, que se escenificó por primera vez en 1922 en lo que por entonces era la República de Weimar. Los trajes caricaturescos que llevaban los bailarines recordaban el célebre Tokyo Pop de **David Bowie**. Aquel body suit de vinilo blanco y negro, de perneras anchas, fue uno de los vestidos más famosos entre los que llevó el artista, aunque solo apareció en escena una vez con él, el 10 de marzo de 1973, en el Long Beach Arena de Los Angeles, en una etapa del *Ziggy Stardust Tour*. Luego se lo puso posteriormente para un reportaje fotográfico de Herb Ritts que databa de 1989. El autor de la prenda fue **Kansai Yamamoto**, que había contribuido tanto al éxito de Bowie en el papel de Ziggy. Ya en 1971, el diseñador había creado un traje similar, llevado por una modelo y que había aparecido en una foto de cubierta de *Harper's & Queen*, pero con David Bowie el Tokyo Pop marcaría una época. Yamamoto conocía probablemente el Ballet Triádico, pero también en el vestuario tradicional japonés hay pantalones muy anchos, usados por los samurais, o por otros que practican un cierto tipo de artes marciales.

«No es fácil bailar con estos trajes, es más, creo que requiere un alto grado de disciplina para fundir cuerpo y atuendo en una única entidad» recordaba Schlemmer a propósito del Ballet Triádico. Así, las inspiraciones vanguardistas, la tradición japonesa y muchas influencias más confluyeron en uno de los pocos artistas capaces de transformarse siempre de forma radical, y de potenciar conscientemente cualquiera de sus looks: David Bowie.

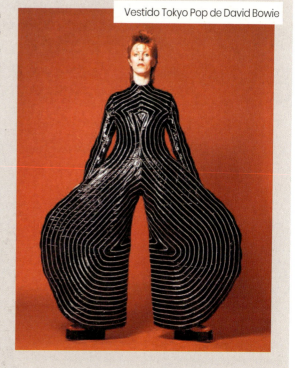

Vestido Tokyo Pop de David Bowie

# Punk, cuando la transgresión es moda

**HAY QUIEN, COMO LOS RAMONES**, experimentó durante meses su look hasta la elección definitiva, y quien, con una boutique *sui generis*, al otro lado del océano, se convirtió en punto de referencia para la moda y para la música: Malcolm McLaren y Vivienne Westwood, después de haber dado vida a la leyenda de los Sex Pistols, inventaron la moda punk, que acabó influyendo en toda una generación de adolescentes.

«Buscábamos una imagen propia, pero antes de encontrarla habíamos cometido muchos errores.» El guitarrista Johnny Ramone se refiere en particular al look glam de sus inicios, que ciertamente no le iba muy bien al grupo y que obligó a los **Ramones** a buscar otro modo de vestir. «Ha sido un proceso lento, que ha durado casi seis meses, pero al final ha llevado a la definición de nuestro uniforme estándar: tejanos, camiseta, cazadora de cuero negro, zapatillas de tenis Converse All Star. Queríamos que todo el mundo nos pudieran reconocer a primera vista.» Según Johnny, fue Tommy Ramone, primer batería del grupo, quien tuvo un papel determinante en esta elección.

En aquel mismo período, **Betsey Johnson** volvió a estar en auge; en 1971, trabajando para

Betsey Johnson con su hija Lulu

## PUNK, CUANDO LA TRANSGRESIÓN ES MODA

Ramones en los años setenta con las cazadoras de cuero

En esta tienda alternativa, pues, se inspiró un comercio destinado a convertirse en la quintaesencia del punk, tanto como la diseñadora que lo abrió junto a su marido. «Cuando Malcolm y yo nos conocimos y yo me enamoré de él, pensé que era guapísimo, y lo sigo pensando», contaba **Vivienne Westwood**.

La diseñadora se enamoró, pues, de un hombre, **Malcolm McLaren**, que a finales de la década de 1960 se le presentó con un look de teddy boy diciendo que era un gran aficionado

la firma de moda rock Alley Cat y luego, en 1978, cuando abrió su primera boutique en Nueva York, que en 1999 se transformó en una pequeña cadena con veintiséis puntos de venta en los Estados Unidos.

Johnson logró obtener este éxito gracias en parte al trabajo de su hija Lulu, al principio jovencísima modelo de las prendas de su madre y posteriormente programadora de MTV (y en cualquier caso, con o sin su hija, la diseñadora trabajaría durante mucho tiempo en la moda vistiendo a estrellas del rock como Lenny Kravitz, Steven Tyler, Rod Stewart, kd lang y Courtney Love).

> «EL GLITTER VA BIEN SI TIENES UNA TALLA ADECUADA A VESTIDOS DE ESTE TIPO. PERO SI PESAS AUNQUE SEA CINCO KILOS DE MÁS, TE HACE PARECER RIDÍCULO»
> **Johnny Ramone**

Imperdibles, cazadoras de cuero y crestas fueron solo algunos de los elementos de la moda y del estilo de vida punk, pero, antes de llegar a ello, es oportuno dar un pequeño salto atrás y volver a una de las fachadas más famosas de Granny Takes A Trip, con el retrato de Jean Harlow creado por Nigel Waymouth y Michael Mayhew. «Todo aquello sucedía diez años antes de que Malcolm McLaren abriera su tienda, que tenía más o menos las mismas vibraciones –precisaba Waymouth–, había quien lo encontraba terrorífico y quien, por el contrario, seguía viniendo a menudo.»

Malcolm McLaren y Vivienne Westwood

## ROCK & ARTE

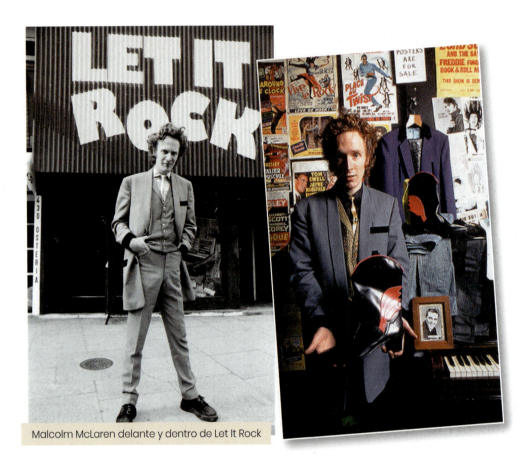

Malcolm McLaren delante y dentro de Let It Rock

al arte, que estudió en Londres, pero sosteniendo que también era un coleccionista de singles de rock'n'roll y, al mismo tiempo, que detestaba a los hippies. Vivienne Westwood tampoco apreciaba particularmente a los hijos de las flores; juntos encontraron una manera de expresarlo, abriendo una tienda en el lugar de Mr. Freedom, donde por otra parte a menudo iban a menudo a comprar.

> «MALCOLM MCLAREN ERA CARISMÁTICO, CON TALENTO, Y DECIDIDAMENTE LOCO. PERO YO SABÍA QUE APRENDERÍA MUCHO CON ÉL»
> **Vivienne Westwood**

Al principio, la tienda se llamó Let It Rock, en honor a una canción de Chuck Berry y a la moda de los rockeros de los años cincuenta. La fachada estaba pintada de negro, el nombre iba escrito con caracteres rosas. Dentro, entre otras cosas, había un papel pintado Odeon que muy pronto atrajo a algunos personajes del rock como Gary Glitter o los MC5. «Let It Rock era un lugar mágico, porque ya Vivienne era mágica,–contaba el diseñador Tommy Roberts–. Ella trabajaba como una loca para que sus vestidos acabaran siendo como ella quería.»

Poco a poco, la indumentaria teddy boy que proponía Let It Rock dejó el lugar a otra, y con el tiempo, también la tienda cambió de nombre y de decoración. A partir de 1973, la boutique pasó a llamarse Too Fast To Live Too Young

# PUNK, CUANDO LA TRANSGRESIÓN ES MODA

To Die, en honor a James Dean, y atrajo al joven **Glen Matlock**, futuro primer bajista de los **Sex Pistols**. Tras llegar por casualidad a la tienda para comprar un par de zapatos *brothel creeper*, Matlock se quedó fascinado con la decoración del local: «Parecía el salón de mi abuela». Al final no compró los zapatos, pero preguntó si podía trabajar como dependiente. Lo contrataron al instante.

## «MALCOLM MCLAREN ERA UNA AUTÉNTICA ESTRELLA DEL ROCK... Y UN VENDEDOR IMBATIBLE»
### Sylvain Sylvain (New York Dolls)

La tienda tuvo éxito, aunque poco a poco los teddy boys dejaron de estar interesados en los artículos que se proponían. Entre los nuevos clientes se encontraban los personajes más dispares, como la estrella de la danza Rudolf Nureyev, el escultor-diseñador Andrew Logan y los miembros de bandas de rock como los **New York Dolls** (el guitarrista Sylvain Sylvain era un cliente habitual de la tienda). Malcolm y Vivienne conocieron a los New York Dolls en la Gran Manzana en 1971, y se quedaron asombrados. En 1975, cuando la banda estaba en plena crisis, McLaren se ofreció para dar una mano sin por ello ocupar oficialmente el papel de mánager. Él fue el responsable de la nueva imagen, que preveía el uso del rojo

Glen Matlock de los Sex Pistols cuando era joven

y de la iconografía comunista. Pero la idea obtuvo escasos resultados: la banda se disolvió al cabo de poco, en parte a causa de los nunca resueltos problemas de dependencias de drogas y alcohol. Pero para McLaren aquella experiencia resultó ser muy útil.

En 1974, la boutique experimentó una importante reestructuración; a consecuencia de las obras permaneció cerrada durante meses, dejando a Glen Matlock desocupado. Finalmente, volvió a abrir en septiembre con una sorpresa: la enseña «Sex», compuesta por gigantescas letras mayúsculas de goma rosa. Las inscripciones en el exterior se hicieron con espray y se las apropió el SCUM, manifiesto de la escritora feminista **Valerie Solanas** (SCUM significaba «Society for Cutting Men», asociación para combatir a los hombres), pero también había eslóganes situacionistas o citas del pornógrafo toxicodependiente Alexander Trocchi.

Too Fast To Live Too Young To Die de Vivienne Westwood y Malcolm McLaren

Los New York Dolls después de «la cura McLaren»

Las prendas a la venta eran sobre todo ropa interior y prendas de cuero. Algunos objetos sadomasoquistas se presentaban en barras para el levantamiento de pesas colocadas a lo largo de las paredes con látigos y similares. En definitiva, Sex resultaba realmente la apoteosis de la provocación.

> «CREO QUE AHORA LOS JÓVENES SE MUEREN DE GANAS DE FORMAR PARTE DE UN MOVIMIENTO DURO, FUERTE Y ABIERTO COMO LAS PRENDAS QUE VENDEMOS AQUÍ»
> **Malcolm McLaren**

Sex de Vivienne Westwood y Malcolm McLaren

Richard Hell

Johnny Rotten y su camiseta «I Hate Pink Floyd»

Glen Matlock ayudó a colocar la enseña, e incluso se divirtió escribiendo algunos eslóganes con espray, pero luego fue reemplazado por una nueva dependienta: **Chrissie Hynde**, posteriormente líder de los Pretenders. Pero el empleo le duró pocas semanas, porque el novio de Chrissie (el crítico musical Nick Kent) era muy celoso, y al sospechar que ella le era infiel, una noche entró en la tienda para tomarla a latigazos. Después de este episodio, McLaren volvió a llamar a Matlock.

En 1975, de regreso de los Estados Unidos, McLaren se trajo consigo los folletos del CBGB's con las fotos de **Richard Hell** con el pelo recto y los tejanos rasgados, heridas simuladas con ketchup y una camiseta que se sostenía con imperdibles. Después de haber trabajado con los New York Dolls, McLaren estaba buscando una nueva banda para lanzarla. Pensó que Hell era el personaje adecuado, pero Bernie Rhodes, un colaborador que le diseñaba camisetas (y que posteriormente se convirtió en mánager de los Clash), en aquellos días vio pasar a un tipo alocado, uno que tenía «el aspecto adecuado». En efecto, había llegado a la tienda **John Lydon**, con una camiseta de los Pink Floyd a la que había añadido la siguiente inscripción con rotulador: «I hate...» (Odio a los Pink Floyd). Lydon se convertiría en Johnny Rotten, y con él nació el mito de los Sex Pistols.

Entretanto, un día Glen Matlock se presentó con retraso al trabajo y por este motivo fue despedido por Vivienne Westwood. Fue reemplazado por Pamela Rooke, alias Jordan, una vendedora a la que le gustaban los disfraces y que era perfecta para aquella situación.

Las camisetas se convirtieron en una prenda importante para Sex, como también las inscripciones que se estam-

## ROCK & ARTE

Una de las camisetas de los Sex Pistols de Vivienne Westwood

Los Sex Pistols supervivieron a los diferentes contratos discográficos firmados y a una invitación en el programa de televisión de Bill Grundy, que los llevó a primera plana. A finales de año, la nueva tienda, más austera y post-apocalíptica, con moquetas gris industrial y sillas Adeptus, se llamaba Seditionaries: Clothes For Heroes. Los vestidos eran sadomasoquista y había camisetas con inscripciones como «Anarchy» mientras que para el verano se creó la camisa en la que se podía leer «Destroy». El éxito de los Sex Pistols prosiguió todavía un poco más, pero la ola punk decayó con la disolución del grupo y con la muerte, en los meses siguientes, primero de Nancy Spungen y luego de Sid Vicious, el bajista que había entrado en el grupo para sustituir a Glen Matlock.

Según los otros miembros de la banda, Matlock pecaba de «amar a los Beatles y de... lavarse los pies», versión varias veces desmentida incluso en época reciente por el interesado, que obviamente bromeaba al respecto.

«El punk lo era todo para mí y para Malcolm –recordaba Vivienne Westwood–, actualmente no hablo de punk, no porque me avergüence o porque ya no esté de moda. Simplemente me interesa más mi presente, aunque lo que hago, es decir, combatir las injusticias y hacer reflexionar a la gente, es más punk que nunca.»

paban en ellas: desde «Sex Pistols», en honor al grupo, a otras más elaboradas, como «You're gonna wake up one morning and know which side of the bed you've been lying on...» (Un día te despertarás y sabrás en qué lado de la cama has dormido...). Otras incluso fueron objeto de secuestro administrativo, como las que mostraban a Mickey y a Minnie en plena relación sexual, o como Blancanieves en una orgía con los siete enanitos. Desaparecía, pues, la imagen comercial de los personajes Disney en todo su candor propuesta por Mr. Freedom.

Una de las últimas transformaciones de la tienda se produjo en 1976, cuando el punk ya se había afirmado.

### «SIEMPRE HE SIDO Y SIEMPRE SERÉ PUNK»
**Vivienne Westwood**

Las camisetas de Vivienne Westwood con los personajes de Walt Disney en versión «desacralizadora»

PUNK, CUANDO LA TRANSGRESIÓN ES MODA

Seditionaries: Clothes For Heroes, de Vivienne Westwood y Malcolm McLaren. A la derecha, la famosa inscripción «Destroy» en una de las camisas creadas por Vivienne Westwood

Sid Vicious y Nancy Spungen

## ACME ATTRACTIONS: LA ALTERNATIVA A SEX

King's Road, Londres, 1972. **Stephane Raynor**, un ex mod que nunca abandonó sus raíces, conoció a **John Krivine**, propietario de un puesto en Brixton, donde vendía radios de época, juke-box y máquinas tragaperras. Unos meses más tarde ambos se trasladaron al interior de Antiquarius, mercadillo de antigüedades de King's Road, para luego instalarse en la parte trasera, donde rebautizaron su punto de venta ACME Attractions. En el interior había un scooter y un juke-box con discos dub y reggae que disparaba la música a todo volumen. Tras las quejas del vecindario, la tienda se trasladó al semisótano. Mientras que Raynor y Krivine se concentraron en las prendas de vestir (además de las camisetas transgresoras también tenían vestidos muy vistosos a precios más accesibles que en Sex), el puesto lo gestionaba **Don Letts**, apasionado Dj ex cliente de la tienda de Krivine en Brixton, amigo de Bob Marley. Con Letts estaba su novia, **Jeanette Lee**. Gracias a ellos, ACME se convirtió en un punto de referencia para la escena alternativa. «Era más que un negocio; era un local, un estilo de vida, una manera de comportarse, un lugar de encuentros y de talentos», decía Letts. Entre los clientes destacaban Chrissie Hynde, los Clash, John Lydon, Sid Vicious, Patti Smith y el mismo Bob Marley. Raynor y Krivine dejaron ACME para fundar la marca Boy London, mientras que Don Letts se convirtió en Dj de The Roxy, el local del Covent Graden en el que se creó el vínculo entre reggae y punk.

Acme Attractions con Don Letts y Jeanette Lee

331

# Reyes, reinas y principios de los años ochenta

**DE LO EFÍMERO A LOS YUPPIES:** la moda de principios de los años ochenta pronto se convirtió en un cliché. Se afirmó el movimiento de los new romantics, el Live Aid fue el evento de la década, MTV fue la gran novedad. Y el pop, también de moda, forjó una auténtica familia real: la formada por Michael Jackson, Madonna y Prince.

Después de la revolución punk, a principios de la década de 1980 nacieron múltiples cosas. Por sorpresa, casi como para volver a dar brillo a los años cincuenta y sesenta, florecieron el neo-rockabilly de los **Stray Cats** y el mod revival de los **Jam**, con sus respectivos líderes, Brian Setzer y Paul Weller, que se convirtieron en iconos de estilo. Pero aquellos años fueron los del reflujo, del triunfo de lo efímero, de los yuppies, de los

Brian Setzer en la época de los Stray Cats

Jam con Paul Weller

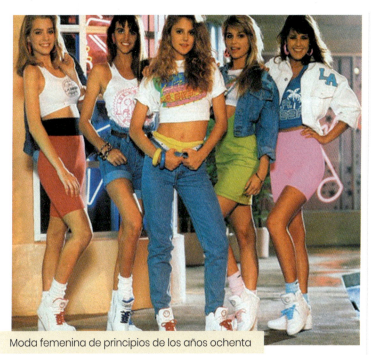

Moda femenina de principios de los años ochenta

«ANTES LOS JÓVENES QUERÍAN GANAR LA LOTERÍA, HOY QUIEREN SER ESTRELLAS DE ROCK. Y LAS CHICAS SUEÑAN CON SER DEBBIE HARRY».
**Antony Price**

En 1983, el italiano **Elio Fiorucci** abrió en King's Road una tienda que se sumaría al histórico y famosísimo punto de venta en la plaza San Babila, en Milán, decorado en su interior por Keith Haring. Entretanto, el panorama musical iba cambiando a velocidad cabellos rigurosamente hinchados, de las gafas de sol Ray-Ban en forma de gota y de muchas otras novedades, especialmente en la moda femenina. A las chicas de los ochenta les encantaban las zapatillas deportivas; tampoco faltaban los accesorios como brazaletes, pendientes y collares; llevaban guantes sin dedos y cintas de colores en el cabello. Nacieron y se afirmaron lo que hoy conocemos como leggins, pero en aquella época se llamaban mallas. También se usaban mucho los tejanos Levi's 501 como alternativa a las faldas largas hasta la rodilla, combinadas siempre con las mallas. Finalmente, las camisetas eran muy anchas, como también las cazadoras o los blazers, de tallas más grandes y con hombreras de refuerzo.

En Londres, entre los diseñadores que anticiparon las modas se encontraba una vez más **Antony Price**, que se labró un porvenir con Stirling Cooper, en Wigmore Street. Sus pantalones con botones, que llevaría Mick Jagger en la gira norteamericana de 1969, crearon época, como también sus trajes de cortes particulares que enriquecieron el look de los Duran Duran y de los Roxy Music (particularmente de Bryan Ferry). «Todavía no tenemos una Mary Quant o una Twiggy –dijo en la época el diseñador–; con **Lloyd Johnson** (Johnson's en King's Road, NdA) y conmigo está comenzando una nueva era. Nuestra fuente de inspiración es el rock, que ha cambiado por completo el mundo de la moda masculina.»

Deborah Harry en los años ochenta

Bryan Ferry y los Roxy Music

supersónica: del punk a la new wave y al post punk, y de aquí al new romantic. Cada vez se hablaba más de moda *do it yourself*, en virtud de la cual los artistas compraban vestidos de segunda mano y tendían a conjuntar varios estilos, mostrando un look entre decadente y futurista. La new wave y el synth pop confluyeron en otra cosa cuyos líderes fueron una vez más David Bowie y Bryan Ferry con los Roxy Music, además de los Japan de David Sylvian.

Entre los grupos de aquel período que lucieron un cierto tipo de moda estaban los Duran Duran, Spandau Ballet, Ultravox, Soft Cell, Eurythmics, Depeche Mode, Culture Club, Wham! o también Adam and the Ants. En definitiva, proseguía de manera más sofisticada y lujosa la transgresión creada por el punk, y se mostraban más facetas, desde el dark hasta los colores vistosos.

El megáfono de esta nueva moda fue MTV, primer canal temático musical, mientras que el gran concierto benéfico que adoptó el nombre de Live Aid fue el evento por excelencia, un auténtico desfile de estrellas del rock y del pop. Los años ochenta representarían también el período en el que el hip-hop vivió su edad de oro; gracias, también, a MTV, el género comenzó a afirmarse a niveles muy altos, como cuando en 1986 salió el vídeo de «Walk This Way» en la versión de los Run DMC en colaboración con los Aerosmith, autores e intérpretes originales del tema.

Desde vestidos que recordaban en cierto modo la moda punk, embellecidos por algunas joyas y por cinturones con la inscripción «Boy toy», a encajes y crucifijos estilo Stevie Nicks, pasando por un vestido de novia, **Madonna** logró, con un único vídeo, el de «Like a Virgin», convertirse en un icono pop. A mediados de los años ochenta, miss Ciccone representó ella sola su emblema, como sucedió en cierto modo al año siguiente en la película *Buscando a Susan desesperadamente*, que ella protagonizó.

Del pop de principios de los ochenta a los últimos períodos más dance, Madonna pasó a través de numerosos

Culture Club

Wham!

Spandau Ballet

Duran Duran

# FASHION AID: MODA, ROCK Y BENEFICENCIA

El irlandés **Bob Geldof**, líder de los Boomtown Rats, ha pasado a la historia, más que por sus canciones, por haber organizado el Live Aid, el doble concierto benéfico del 13 de julio de 1985 en Wembley y en el Kennedy Stadium de Filadelfia: un «charity bridge» sonoro entre Gran Bretaña y los Estados Unidos en favor de las poblaciones africanas que padecían hambre. El 5 de noviembre del mismo año, Geldof dio vida asimismo al Fashion Aid, una especie de Live Aid de la moda, donde estuvieron presentes algunas estrellas del pop y del rock, pero también muchos diseñadores. El evento tuvo lugar en el Royal Albert Hall, en Londres. Entre los diseñadores presentes estaban Calvin Klein, Yves Saint-Laurent, Giorgio Armani y la revolucionaria Zandra Rhodes. También estaba Emanuel, cuyos vestidos los llevaban «supermodelos por una noche», como Barbara Bach y Olivia Harrison, respectivamente mujeres de Ringo Starr y de George Harrison. Entre las otras personalidades presentes destacaban Michael Caine, Mick Jagger, Jerry Hall y Anjelica Huston. Tres horas y media de desfile, con fuegos artificiales. Todo ello prosiguió en el Hyde Park, aunque no sin polémicas, a causa del fasto excesivo y de los costos, que superaron el millón de libras esterlinas recaudado para los niños de África.

Fashion Aid en Londres (1985)

Los Run DMC

looks, gracias a su personalidad desbordante y a amistades prestigiosas como la de **Jean-Paul Gaultier**, el diseñador que creó para ella el célebre sujetador en forma de cono.

En tan solo dos años, de 1998 a 2000, se la vio en versión dark en *Frozen* para luego resplandecer de nuevo en estilo cowgirl en *Don't Tell Me*, de 2000, gracias al arte de su diseñadora preferida, **Arianne Phillips**.

A partir de 1998, Arianne Phillips siguió a Madonna paso a paso, aunque otros colaboradores trabajaran con ella, como Alessandro Michele (Gucci). El vestuario de las giras y de los vídeos los confeccionaba Phillips, pero siempre con la constante presencia de madame Ciccone (que poseía «una ética del trabajo completamente loca», subrayaba Phillips). Entre los vestidos no creados para Madonna,

## ROCK & ARTE

Madonna con el look de «Like a Virgin»; el sujetador en forma de cono de J.P. Gaultier; Madonna y el look de Arianne Phillips (*Frozen*)

Arianne recordaba con admiración la espectacular y clásica falda del diseñador belga **Olivier Theyskens**, que Madonna llevó en el curso de los VH1 Fashion Awards de 1998.

### «TODOS LOS VESTIDOS QUE DISEÑO PARA MADONNA LOS DISCUTO CON ELLA»
**Arianne Phillips**

Madonna se inventa y se reinventa continuamente, no sin inspirarse en el pasado, como sucedió ya en el vídeo de «Material Girl», en el que se dejaba ver con vestidos estilo Marilyn Monroe. La constante siempre fue la provocación, la misma que le permitió que la consideraran la indiscutible Reina del Pop.

El cetro del Rey le corresponde a **Michael Jackson**. Después de la experiencia adolescente de éxito con sus hermanos (los Jackson 5), la carrera solista de Michael se convirtió en algo inalcanzable. Jackson no solo estaba en el top de las clasificaciones de venta, sino que inventó un look

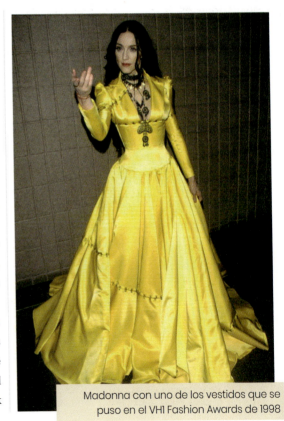

Madonna con uno de los vestidos que se puso en el VH1 Fashion Awards de 1998

Michael Jackson con el look clásico de principios de 1980

original, una moda propia que hizo adeptos.
La cazadora de piel roja del vídeo de «Thriller» marcó una época, como la chaqueta negra con sombrero oscuro y un único guante en la mano, que llevó por primera vez con ocasión del espectáculo de los veinticinco años de la Motown. Los mocasines y los calcetines blancos bien a la vista se hicieron notar ya desde el principio, pero esta vez destacaban todavía más, porque en aquella ocasión el Rey del Pop realizó por primera vez el moonwalk, el paso hacia atrás a cámara lenta, emulación del de los astronautas en la Luna. Fueron muchos los vestidos famosos que llevó Michael Jackson y que confeccionó para él **Michael Bush**, durante casi veinticinco años al lado del Rey del Pop junto a su socio Dennis Tompkins: «Michael Jackson quería que la indumentaria fuera parte integrante del show, debía ser en sí misma un espectáculo.» Y proseguía: «Estudiaba cada prenda, incluso las que iba a usar en la vida privada. Lo que vestía se diseñaba a medida y servía para construir un personaje. Le enloquecía el estilo militar, le encantaba el color rojo y el terciopelo: un tejido confortable y cálido, que le permitía moverse bien. Teníamos que procurar que cada prenda le permitiera bailar sin opresiones».

Bush también creó la dinner jacket del *Dangerous Tour*, el pectoral de oro del vídeo de «Remember The Time», la chaqueta taraceada de perlas que llevó en los Grammy de 1993 y los famosos zapatos del vídeo de «Smooth Criminal»,

A la derecha, de arriba abajo: Michael Jackson con la cazadora roja de piel («Thriller»), con la Dinner Jacket (*Dangerous Tour*) y con la chaqueta taraceada de perlas (Grammy Awards 1993)

## ROCK & ARTE

Michael Jackson con el pectoral de oro en el vídeo de «Remember the Time»

aclamada directora de vestuario de Hollywood, afirmando un estilo que emergió gracias a películas como *Purple Rain* o al videoconcierto *Sign O' The Times*, de 1987. En el mismo período, Prince Roger Nelson visitó Italia para celebrar algunos conciertos en el entonces PalaTrussardi de Milán, pidiendo a sus fans que se vistieran todos de color melocotón o de negro.

Entre look postvictoriano, terciopelo, encajes, monos adherentes, minitops y tacones altos, Prince fue un increíble icono de estilo que de alguna manera retomaba el glam y se lo apropiaba, gracias en parte a accesorios originales y a guitarras diseñadas por él mismo, a menudo a juego con sus vestidos.

### «PRINCE ERA UN ARTISTA ECLÉCTICO TANTO EN LA MÚSICA COMO EN LA IMAGEN. LO ECHO MUCHO DE MENOS»
**Donatella Versace**

«Todavía estoy bajo el shock y quiero encontrar una manera de expresar mi amor y mi admiración por un amigo al que echo de menos», contaba **Donatella Versace** durante el desfile masculino de primavera/verano de 2017, cuando decidió programar música inédita de Prince. El artista de Mineápolis enviaba a menudo, en exclusiva, temas inéditos a la diseñadora. Ambos se conocieron en julio de 1995 durante la Paris Fashion Week, cuando Prince había creado una banda sonora con piezas todavía no publicadas que formaron parte del nuevo álbum *The Gold Experience* y temas de los proyectos con New Power Generation («Exodus»), Madhouse (*24*, álbum nunca publicado) y NPG Orchestra, y finalmente con canciones de *Kamasutra*, que no se distribuiría hasta 1997. A partir de aquel evento nació el audiocassette *The Versace Experience*, que se convirtió en un instrumento promocional para el nuevo e inminente álbum ya citado, *The Gold Experience*. Los cassettes se repartieron entre los espectadores presen-

que permitían al cantante engancharse al pavimento e inclinarse hacia adelante 60 grados. El diseñador también recibió el encargo, por parte de la familia, de vestir a Michael Jackson para su funeral.

Bigote al estilo Little Richard, cabellos crespados y eye-liner: **Prince** fue uno de los príncipes del look de los años ochenta. Artista transversal que supo navegar entre funk, rhythm & blues, pop, rock y mucho más, fue capaz de reflejar su eclecticismo también en su imagen. Varios de sus trajes de escena los realizó para él **Edith Head**,

REYES, REINAS Y PRINCIPIOS DE LOS AÑOS OCHENTA

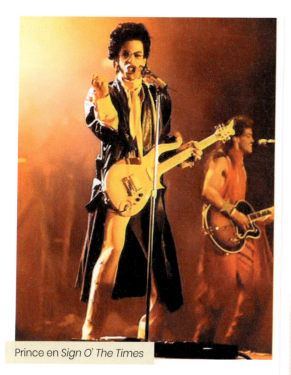

Prince en *Sign O' The Times*

Prince en concierto con una de sus fantasiosas guitarras a juego con su indumentaria

crear el acompañamiento musical de su desfile para la colección primavera/verano 2007. En aquella ocasión, y durante catorce minutos, el duende de Mineápolis con las Twinz, las gemelas bailarinas Maya & Nandy McLean que lo acompañaban en el escenario en aquellos años, reelaboró algunos de sus viejos éxitos para la ocasión, y luego se exhibió en el nuevo Teatro Versace, en la plaza Vetra, en Milán.

«Prince escribía y grababa música continuamente –añadía Donatella Versace», durante años me mandaba sus temas. Era su manera de comunicar. Volver a escuchar su voz me ha hecho sonreír.»

## EL TALISMÁN DE STEVEN TYLER

Steven Tyler poseía una camiseta preferida y una bufanda india que le gustaba llevar en el escenario, pero después de muchos conciertos, ambas prendas acabaron siendo jirones, por lo que el cantante decidió atarlos a la vara del micrófono para usarlos como amuleto, con lo que se convirtieron casi en una extensión de su propia imagen, como se ve en tantos vídeos de la banda. El micrófono del líder de los **Aerosmith** se convirtió en un símbolo indeleble durante más de cuarenta años de carrera: «Los jirones de tejido atados a la vara de mi micrófono representan al gitano que hay en mí –decía Tyler, quien revelaba–: Algunas de las bufandas tenían una pequeña bolsa interior que usaba para esconder el Quaalude (fármaco con efectos similares a los barbitúricos, NdR): de aquella manera nunca me quedaría sin existencias.»

tes en el desfile. Hoy, uno solo de estos vale, en el mercado de los coleccionistas, en torno a los 3.500 euros.
También fue importante el evento de Milán de 2006, donde Prince fue invitado por Donatella Versace para

# Vintage, retorno al pasado

**DE LA DESPREOCUPACIÓN DEL GRUNGE**, con las camisas de franela de segunda mano que llevaban los Nirvana, Mudhoney o Pearl Jam, al vintage que enloqueció gracias a Blur y Oasis, pasando por los acuerdos establecidos entre las estrellas pop con las grandes firmas. Y junto a todo ello, alguien que resiste siempre, orgulloso de ser él mismo una marca viva: Elton John.

A finales de la década de 1980, Seattle se convirtió en la nueva capital de la contracultura musical. Gran parte del mérito le correspondió a la etiqueta Sub Pop Records, que fue la primera en intuir la importancia de aquel universo musical a caballo entre punk y metal, que encarnaba inquietudes y nihilismo de los jóvenes de finales del milenio. Los grupos de Sub Pop tenían que poseer un sonido post-punk tosco y ruidoso, además de una actitud apolítica, de perfil bajo. Fueron imágenes de dicha etiqueta los cabellos largos y lisos sobre cabezas agitadas, *slam dancing* y *stage diving* en los conciertos, cerveza, cinismo, vínculos de solidaridad y camaradería en el interior de la «familia», nada de intelectualismo, cero fashion, ninguna mujer en primer plano. Esta estética conquistó a la poderosa prensa británica, que suele crear tendencia a nivel mundial, y que contribuyó a convertirla en un fenómeno planetario y de moda. Cuando en 1991 los Nirvana treparon hasta el número uno de las clasificaciones con *Nevermind*, su look de leñadores del Noroeste comenzó a difundirse por todo el mundo. Las principales casas de moda se apropiaron del look grunge, vendiéndolo como estilo de vida de los jóvenes cool y transgresores. Botas Doc Martens, camisas de franela a cuadros, cabellos largos y revueltos bajo gorras de lana de pescador, tejanos desgarrados, calzoncillos a la vista bajo montañas de capas y chaquetas desgarradas extragrandes pasaron de las tascas de Seattle –donde la gente «who doesn't care» convertía el look andrajoso en una forma de desafección a las reglas de la apariencia– a las cubiertas de revistas glamour

# VINTAGE, RETORNO AL PASADO

Bandas de Seattle con el típico look grunge de principios de los años noventa. Desde la izquierda, en el sentido de las agujas del reloj: Nirvana, Pearl Jam, Alice in Chains, Soundgarden

*Vogue*, diciembre de 1992

de medio mundo. En el número de diciembre de 1992, *Vogue* dedicó al grunge todo un artículo titulado «Grunge & Glory», con carísimos modelos de **Ralph Lauren** y **Calvin Klein**.

Entretanto, en Inglaterra, hubo quien, después de producir camisetas con la inscripción «No a la violencia» (con ocasión de los mundiales de fútbol de Italia en 1990) abrió una tienda destinada a marcar la época. Era **Olaf Parker** quien, junto a su hermano Tim y a su mujer Sue, abrió Burro, en Floral Street, en pleno Covent Garden. Se convirtieron en clientes de Burro primero **Paul Weller** y luego los miembros de **Blur** y **Oasis**. También estos últimos remitieron al look mod, como el ex líder de Jam y Style Council, y se afirmaron más por estilo que por elegancia, en un contexto en el que muchas cosas habían cambiado. En el aspecto de la música y la moda también había cosas muy diferentes respecto a los tiempos de los fastos del Swinging London.

## ROCK & ARTE

La década de 1990 también fue el período de las boy bands o de su equivalente femenino, las **Spice Girls**, cinco chicas que se vestían cada una de manera distinta en base a su propia personalidad. Tras obtener un gran éxito a nivel mundial, las Spice Girls firmaron contratos millonarios con varios diseñadores para pasar de una simple indumentaria popular a vestidos con firma.

«TAMBIÉN EN CUANTO A MODA, EL GRUNGE HA ACABADO SIENDO UNA VERSIÓN ROMÁNTICAMENTE HIPPIE DEL PUNK»

**Marc Jacobs**

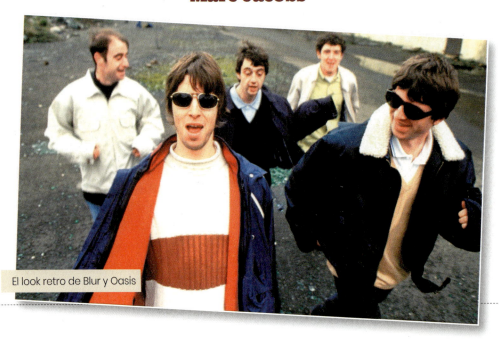

El look retro de Blur y Oasis

## VINTAGE, RETORNO AL PASADO

Spice Girls

En realidad, la moda cada vez resultaba más imprevisible, y varios factores influyeron estos cambios. Con el advenimiento de Internet todo era más pasajero y volátil, en un mundo cada vez más globalizado pero que, al mismo tiempo, vehiculaba también una buena parte de «vintage». Y sin embargo, siempre hay quien se resiste y se resistirá en cualquier época.

> «CUANDO TE SIENTES AFÍN A UN DISEÑADOR O A QUIEN SE OCUPA DE TI, LA IMAGEN DESPRENDE MAGIA»
>
> **Elton John**

«La crítica estaba tan impresionada por mi música que, cuando comencé a ponerme mis vestidos, dijeron que sería mejor que saliera al escenario con tejanos y camiseta.» Así hablaba **Elton John**, una persona que siempre ha sentido una especie de necesidad física a la hora de recurrir a indumentaria poco habitual, original y excéntrica para sus actuaciones o apariciones públicas.

Era como una especie de urgencia creativa: desde los sombreros hasta las gafas, pasando por las lentejuelas de colores chillones o las formas más curiosas de sus prendas y de su extravagante calzado. «Para mí, la palabra clave es "cambio". Siempre he intentado evolucionar, ir más allá, y en estos últimos años ya no notaba la exigencia de vestirme de modo excéntrico», declaró en una reciente entrevista concedida a *Vanity Fair*. Muchos diseñadores han creado para Sir Elton, de **Yves Saint-Laurent** a **Tommy Nutter** y **Gianni Versace**, por citar unos pocos. «Me sentía prisionero del personaje de Reggie

Algunos modelos de calzado de Elton John

ROCK & ARTE

# ELTON JOHN Y LA CANCIÓN PARA VERSACE

«No pasa ningún día sin que piense en **Gianni Versace**, Lady Diana, John Lennon y otros amigos que se fueron de manera injusta», afirmaba **Elton John** en 2006, en la presentación de su nuevo álbum *The Captain and the Kid*. Se trataba de un álbum conceptual, secuela ideal de *Captain Fantastic and the Brown Dirt Cowboy*, de 1975. Destacaba un tema llamado «Blues Never Fade Away», escrito junto a Bernie Taupin, autor habitual de los textos de Sir Elton. En la pieza había varias referencias a personas que por desgracia ya no están, incluido John Lennon (citado hacia el final con nombre y apellido), mientras que la tercera estrofa estaba dedicada claramente a Gianni Versace, el diseñador asesinado delante de su villa de Miami en 1997. En este tema se definía a Versace como una «persona con ganas de vivir», o como «el Rey Sol.»

«Dos de mis mejores amigos fueron asesinados en los Estados Unidos delante de su casa –recordaba Elton–, y no pienso que sea algo que le pasa a mucha gente. Echo en falta la carcajada de John Lennon, y me gustaría que Gianni Versace todavía estuviera vivo.»

Elton John con Gianni Versace

Elton John con varios de sus looks excéntricos

Dwight: era un nerd con gafas gruesas. La transformación en Elton John me dio la fuerza para soltarme, para atreverme. Pensándolo bien, no logro creer lo loco que llegué a ser en la elección de mis looks, pero... nunca he sido el típico que se viste con un traje beige...»

## «CON LA MODA SIEMPRE ME HE SENTIDO COMO UN NIÑO EN UNA TIENDA DE CARAMELOS: NUNCA TENÍA BASTANTE»
### Elton John

No es ningún misterio su relación casi obsesiva con sus vestidos de escena, que forman parte intrínseca y fundamental de sus actuaciones en directo: «Soy incapaz de subir al escenario si no tengo una imagen teatral, pero siempre intento distinguir entre mi vida bajo los focos y la privada. Me resulta útil ponerme un vestido para asumir el papel de artista, lo necesito. Y mis fans lo esperan.»

## «LAS PASIONES DE GIANNI VERSACE ESTABAN IMPRESAS EN LA TELA»
### Elton John

Ahora que está a punto de retirarse con la larga gira de adiós *Farewell Yellow Brick Road*, de septiembre de 2018 hasta 2021, ha pedido al director creativo de Gucci, **Alessandro Michele**, que le cree el look.

¿Pero qué fue de **Bernard Lansky** y de su tienda de Beale Street, en Memphis, donde quizás comenzó todo? A finales de la década de 1950, también a Lansky le llegaban las cartas de amor de las fans de **Elvis** o de gente que quería ponerse las mismas camisas. La tienda amplió el espacio, extendiéndose del 126 al 132 de Beale Street y creando una planta superior con una sastrería para trajes a medida y una sección de alquiler de esmóquines. En cualquier caso, para ponerse a la altura de los tiempos, Bernard Lansky estudió las nuevas modas de Nueva York y de California, y en un cierto momento entendió que el look dominante era el mod, importado directamente de Londres y de Carnaby Street. En la década de 1960, la tienda sirvió a todos los grupos que iban a tocar a Memphis, como los Beach Boys o los Kingsmen. Muchos clientes eran de la Stax, la etiqueta local, y en consecuencia resultaba fácil encontrar en Lansky a artistas como Otis Redding o Booker T and the MG's.

A principios de la década de 1970, la actividad de Beale Street volvió a ser un punto de referencia para la comunidad negra con la línea Superfly, inspirada en la moda de las películas blaxploitation (subgénero del cine negro o del cine de acción que incorporaba a la cultura afroamericana, de gran éxito en los Estados Unidos) y a la nueva música funk-soul de Memphis. Bernard Lansky decidió

Otis Redding con un traje de Lansky

cambiar una vez más, y a mediados de la década de 1970 lanzó Sud Bug & Tall, una cadena de tiendas de moda masculina. Entretanto, Beale Street sufrió el derrumbe económico que Joni Mitchell contaba en «Furry Sings the Blues»: «Las casas de empeño relucen como dientes de oro que arrancan a mordiscos los últimos pocos dólares de la osamenta de Beale Street».

> «SI HOY QUIERO UN VESTIDO QUE ME HAGA REVIVIR LA ÉPOCA DE ORO DEL ROCK VOY A COMPRARLO A LANSKY, EN MEMPHIS»
> **Billy Gibbons (ZZ Top)**

Posteriormente la calle volvió a florecer gracias a la peregrinación de los turistas fans de Elvis y a algunos planes de recuperación urbana, pero Lansky siguió concentrándose

El interior del Hard Rock Cafe en Memphis con la parte dedicada a Lansky; arriba, página web de Lansky hoy

en Sud Big & Tall o en la tienda que abrió a principios de los años ochenta en el interior del Peabody Hotel, también en Memphis, y mantuvo también la propiedad de su actividad histórica en Beale Street, incluso después de su cierre en 1992. Los Lansky han recibido varias ofertas, incluidas una de un consorcio que representaba a **Jerry Lee Lewis**, pero hasta 1996 no se estipuló un contrato de arrendamiento con la viuda de Presley, Priscilla, y la Elvis Presley Enterprises, por una cifra secreta. «Esto es mi póliza de seguros» afirmó Bernard, y en el lugar del histórico Lansky Brothers, entre 1997 y 2003 estuvo operativo el Elvis Memphis Nightclub and Restaurant. Era tal vez lo mínimo que la familia Presley podía hacer por un amigo de Elvis que había estado en casa junto al Rey el día de la muerte de su madre, y que lo había vestido también la última vez, para su funeral.

A finales del milenio, los vestidos de la tienda de Beale Street se consideraban piezas de colección, y por este motivo **Bob Dylan** se dirigió a Memphis Flashback, una tienda de discos de colección, y compró un traje gris de Lansky con bolsillos en fuelle, cosido unos treinta años antes.

En 2012 Lansky murió de Alzheimer, a los 85 años, pero su actividad y su historia prosiguen: en Beale Street ahora hay un Hard Rock Cafe con una parte en su interior dedicada a

Clothes That Rock en el interior del Hotel Peabody

su moda y a la que hizo grande a Elvis. Y en verano de 2000, el histórico Hotel Peabody inauguró Clothes That Rock, donde se venden las prendas de la línea Clothiers To The King, basada en los modelos que hizo célebres Elvis, como el Hi-Boy y la Memphian (la camisa con lazos cruzados por delante y mangas de fuelle que cuesta 125 dólares).

Hoy en día, los vestidos que el Rey hizo célebres se pueden comprar cómodamente desde casa mediante la página web de Lansky. Porque en el fondo, también un par de zapatos puede ser un símbolo de estatus, como cantaba Carl Perkins en la célebre «Blue Suede Shoes».

# NO SOLO MÚSICA

## Las estrellas del rock se dedican al arte

---

El ansia de contaminación del rock, alimentada por las ganas de medirse con algo diferente, sitúa al artista y a su público frente a escenarios insospechados. En este contexto se han revelado de forma sorprendente talentos multiformes capaces de expresarse a través de formas artísticas diversas. Con desenlaces a veces sorprendentes.

# Una nota de color

**SE DICE QUE LA PINTURA ES LA FORMA DE ARTE** más antigua. Antes que aprender a escribir, el ser humano aprendió a dibujar. Quizás por esta especie de primogenitura, el mundo de las artes visuales se ha convertido en un club exclusivo, siempre a punto de fruncir el ceño ante las novedades. Especialmente cuando los recién llegados son las grandes estrellas del rock, a menudo consideradas, equivocadamente o no, como pintores improvisados que intentan aprovechar su popularidad. Pero algunos, gracias a cualidades indiscutibles, han logrado arrancar este velo de sospecha.

Durante mucho tiempo, **Ron Wood** fue el hombre salvaje del rock'n'roll, aparentemente interesado tan solo en el sexo, las drogas y el alcohol. Pero luego, hablando con él, uno terminaba por descubrir que, en el terreno artístico, lo que más lo estimulaba eran los cuadros de Velázquez, Durero o Goya. Y también que Ronnie nunca salía de casa sin su álbum de dibujo en la mochila. «No todo el mundo sabe que pinto –confesó–. Hacer música como parte de un esfuerzo de equipo es maravilloso, pero expresar mi individualidad como artista visual todavía es más gratificante: la pintura es algo potente, es una declaración de personalidad.»

Mick Jagger retratado por Ron Wood

# UNA NOTA DE COLOR

*Devil Keith* de Ron Wood

Escaletas de algunos conciertos de los Rolling Stones personalizadas y pintadas por Ron Wood

Las imágenes sobre tela, sobre papel e incluso sobre sus guitarras mostraban una habilidad innata, y sus esbozos de Rod Stewart chutando una pelota y de Keith Richards representado como un diablo reflejan el sentido del humor de Ronnie, sus paisajes poéticos muestran una delicadeza particular en el estilo y en el tema. Incluso sir Peter Blake considera que Wood merece que se lo tomen en serio como artista: «Mucha gente no le concede ningún crédito porque es una estrella del rock. En realidad, Ronnie es un excelente pintor.» Y por si hubiera dudas, Edward Lucie-Smith, uno de los principales historiadores del arte, afirmaba: «Wood es un músico excelente, pero también un artista preparadísimo.»

## «ME CONSIDERO UN PINTOR PRESTADO A LA MÚSICA»
### Ron Wood

Educado en el Ealing Art College a principios de los años sesenta, Wood comenzó a vender sus pinturas en los ochenta, cuando necesitaba dinero. Fue Damien Hirst, jefe de filas de los Young British Artists, quien le animó a cultivar su pasión, regalándole una gran cantidad de material para pintar, justamente al final del período de rehabilitación de Wood del alcoholismo. Hoy, algunas obras de Ron Wood valen hasta un millón de libras esterlinas.

Quien, aparentemente, nunca tuvo dudas acerca de su identidad artística fue **Joni Mitchell**, aunque pueda parecer difícil darles crédito, visto su estatus en el ámbito musical. Al finalizar el instituto, Joni estudió pintura en el Saskatoon Technical Collegiate y más tarde en el Alberta College of Art de Calgary, pero muy pronto abandonó la escuela para seguir la carrera musical, durante

*Autorretrato de señora*, de Joni Mitchell

351

la cual se ocupó personalmente del grafismo y las carátulas de sus álbumes, utilizando sus propias pinturas o elaboraciones fotográficas de las mismas. En 2000, pocos meses después de la publicación de *Both Sides Now*, Joni Mitchell reveló su intención de abandonar definitivamente la música: «Quiero concentrarme en la pintura: siento que no me queda mucho tiempo, y si mis ambiciones musicales se han visto satisfechas, en el terreno del arte visual todavía tengo mucho que explorar». De hecho, desde su retirada del mundo de la música en 2006, Mitchell se dedica por completo a la pintura, mostrando sus obras muy raramente y ostentando un total desinterés por las

> «UN CUADRO NO ES COMO UNA CANCIÓN: UNA VEZ PINTADO NADIE TE PIDE QUE LO VUELVAS A PINTAR»
> Joni Mitchell

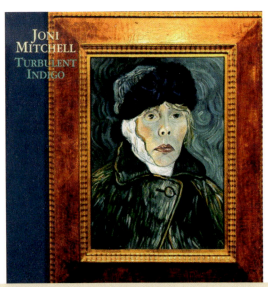 

Joni Mitchell como Van Gogh en la carátula de *Turbulent Indigo*; a la derecha, la carátula de *Mingus*.

> «ANTES QUE NADA SOY PINTORA, LUEGO MÚSICA...»
> Joni Mitchell

opiniones de la crítica: «Una vez estaba preparando el material para una muestra en Londres. Uno de los comisarios se acercó, vio mis trabajos y comenzó a bromear: "Veo al menos cuatro estilos diferentes: los críticos te comerán viva". Yo contesté: "Espera un momento, soy una artista, ¿por qué debería preocuparme? Lo que has dicho no es negativo, más bien es la demostración de una vasta gama de modalidades expresivas", así se lo dije a él, y también a mí misma».

Después de sufrir un aneurisma cerebral en primavera de 2015, Joni se fue recuperando lentamente. Ya no toca ni canta, pero ha vuelto a pintar.

## UNA NOTA DE COLOR

Grace Slick delante de un cuadro suyo; a la derecha, otra pintura de la cantante de los Jefferson Airplane

En cambio, la vocación de **Grace Slick**, legendaria vocalista de los Jefferson Airplane e icono del flower power, fue decididamente más tardía. Cansada de su carrera musical, Grace publicó en primer lugar su autobiografía, *Somebody to Love* (1999) e inmediatamente después decidió dedicarse en cuerpo y alma a su antiguo hobby, la pintura. Por ejemplo, en la carátula de su primer álbum como solista, *Manhole* (1974) es un autorretrato suyo. Aún hoy, a Slick le encanta pintarse a sí misma, pero también a amigos de la época dorada (Jimi Hendrix, Jim Morrison, Jerry Garcia, Janis Joplin), ilustrar escenas imaginativas de *Alicia en el país de las maravillas* (recordando su «White Rabbit») o simplemente practicar ejercicios de arte gráfico.

A los más maliciosos, que sostienen que la firma es lo mejor de sus cuadros, Grace respondía con franco cinismo: «Pinto a mis amigos, mis emociones, y ello me proporciona alegría y me gratifica. Y también gusta al público. Mira aquel cuadro de ahí arriba: he empleado pocas horas en hacerlo. Estaba completamente borracha, y sin embargo hay gente dispuesta a pagar diez mil dólares para disponer de una copia. ¿No es fantástico?»

> «TENGO LA FORTUNA DE HABER HECHO EN LA VIDA LO QUE ME GUSTABA MÁS: PRIMERO LA MÚSICA, HOY LA PINTURA»
> **Grace Slick**

«Siempre pensé que era mejor cantante que pintora», había confesado con elegancia Paul Kantner, ex marido y compañero en los Jefferson. En cambio, el periodista musical Joel Selvin no se anda con chiquitas: «Los cuadros de Slick dan asco, pero a la gente les gusta.»

También gustaban los cuadros de **Syd Barrett** que, una vez abandonó los Pink Floyd, y tras una breve carrera como solista, volvió a su primera pasión, la pintura, aunque entre una obvia pero no totalmente justificada perplejidad. En el fondo, se puede decir que Barrett quiso cambiar simplemente de forma comunicativa. En aquel momento, su urgencia de expresarse buscaba vías alternativas y probablemente las telas y los pinceles eran instrumentos de liberación y que, al mismo tiempo, favorecían el retorno a una intimidad perdida tras el período transcurrido con la banda de Waters y compañía.

El Barrett pintor produjo obras de difícil clasificación, utilizando estilos y técnicas diferentes que iban de lo abstracto a lo figurativo, desde tinta china a pluma sobre papel, hasta el óleo sobre tela, pasando por el mosaico, el collage o las ilustraciones acompañadas por frases escritas que

*Self Portrait*, de Syd Barrett

recordaban a los cómics. Sus telas mostraron en cualquier caso un talento y una sensibilidad fuera de lo común, de los que emergió la relación obsesiva con el color. Es lícito pensar que la pintura no lo sometía a los efectos deletéreos que su frágil psique sufría por la presión mediática, dejando por el contrario al espectador la posibilidad de penetrar el universo abstracto del artista.

> «LA MÚSICA DE SYD ERA PARTICULAR Y ÚNICA, PORQUE ÉL LA IMAGINABA COMO PINTOR»
> **Mick Rock**

Julio de 1970: *Mona Bone Jakon*, tercer álbum de **Cat Stevens**, se acababa de publicar. En la carátula, un dibujo curioso: un cubo de basura metálico abollado de cuya tapa, ligeramente levantada, sobresale una lágrima. El autor de la ilustración era el mismo cantante folk inglés. También fue él quien ilustró las carátulas de los tres discos siguientes: *Tea for the Tillerman*, *Teaser and the Firecat* y *Catch Bull at Four*.

El encuentro del músico con el dibujo se remontaba a los tiempos de la escuela. El por entonces joven Steven Demetre Georgiou (su auténtico nombre) tenía notas muy deficientes en todas las materias excepto en las artísticas. Luego llegaron los Beatles, y Steven empezó a dedicarse a la música dejando de lado las otras pasiones. Como el dibujo, que durante mucho tiempo siguió siendo un interés accesorio aunque importante: véanse los numerosos esbozos, pinturas y viñetas elaboradas desde los primeros años de su carrera.

El dibujo era, pues, una forma alternativa que Steven pudo hacer interactuar con gracia con su música. Se puede decir entonces que su personalidad creativa se caracterizó por la capacidad de transmitir con delicadeza una serie de emociones simples y profundas, con la reiterada convicción de que la vida de un artista se encuentra en sus obras de arte, y que las suyas en particular transmitieron una cosa ante todo: el gozo de comunicar el estupor frente a las maravillas del mundo.

# UNA NOTA DE COLOR

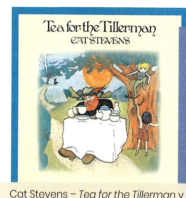
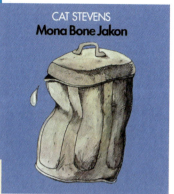

Cat Stevens – *Tea for the Tillerman* y *Mona Bone Jakon*

## MILES, PINCEL JAZZ

El trabajo de **Miles Davis** con los pinceles llegó a la atención pública a finales de la década de 1980, cuando una pintura suya apareció en la carátula de *Star People*. Luego llegaron las primeras exposiciones y finalmente un libro de gran formato, *El arte de Miles Davis*, publicado en 1991 pocos meses antes de su muerte. El volumen recogía esbozos rápidos y reproducciones de una abstracción más o menos figurativa o bien total. Miles explicaba su técnica diciendo que «antes que nada está el color, todo el resto se improvisa: líneas, círculos, imágenes... Es algo que brota del subconsciente, como la música. No podría escribir una pieza musical que no me hiciera marcar el ritmo con los pies o no moviera algo en mi interior. Una vez que he identificado la forma, se convierte en algo como una secuencia de acordes con espacios y oberturas para los solos; es una pura cuestión de equilibrio. No puede haber un exceso de negro, como tampoco puede haber demasiado saxo...»

A quien le pedía que eligiera entre música y pintura, Miles, como siempre, respondía de modo evasivo: «Cuando comienzo a pintar no logro detenerme. Tengo que tomarme una pausa una semana antes de un concierto, o no lograría volver a coger la trompeta. Cuando no pinto me pongo nervioso. Música y pintura me estimulan, ¿por qué debería elegir?».

Una pintura de Miles Davis

> «PINTAR ES COMO UNA TERAPIA: ME MANTIENE LA MENTE OCUPADA CUANDO NO ESTOY TOCANDO»
> **Miles Davis**

**Paul Simonon** no solo era quien estaba a punto de destrozar el bajo en la célebre carátula de *London Calling*. En 1986, el ex componente de los Clash abrazó pinceles y paleta y comenzó a retratar paisajes ingleses: «Capté su belleza por primera vez: las nubes, el frío, los cielos grises. Frente a la homologación de Los Angeles, todo me parecía rico y variado. Así que salí bajo la lluvia y comencé a dibujar las centrales de gas situadas cerca del puerto. Aquello fue el punto de inflexión.»

Más allá de estas declaraciones suyas o de las palabras elogiosas de la crítica, Simonon demostró que no era un aficionado, hasta el punto de que lo seleccionaron para una muestra en la que exponían «los 20 mejores pintores contemporáneos ingleses». Y sus trabajos tienen hoy precios comprendidos entre las 5.000 y las 30.000 libras esterlinas.

## ROCK & ARTE

Vista de Londres en un cuadro de Paul Simonon

**Dee Dee Ramone** siempre será conocido como el bajista de los Ramones, pero, además de la música, durante años estuvo dibujando, y comenzó a pintar en serio en 1996, animado por el músico y artista Paul Kostabi.

«Dee Dee era un artista integral, podía expresarse con cualquier medio», sostenía John Cafiero, quien gestiona las propiedades de Dee Dee y Johnny Ramone, y que conoció a la banda en Nueva York a los dieciséis años.

### «DEE DEE RAMONE SIEMPRE HA ROTO ESQUEMAS, NUNCA HA QUERIDO HACER LO QUE ESTABAN HACIENDO LOS DEMÁS»
#### John Cafiero

La obra del bajista de los Ramones es una mezcla de primitivismo al estilo de Basquiat y una vena retratista decidida. Sus pinturas son animadas y vivas, llenas de colores vistosos. En los autorretratos aparece junto a sus hermanos musicales, Sid Vicious y otros. Se parecen a su música, denotan la total ausencia de una formación y, por el contrario, exhalan energía.

Las pinturas de Dee Dee se han expuesto en Los Angeles y Nueva York. John Cafiero ha pasado los últimos años coleccionando el mayor número posible de cuadros del bajista. «Algunos estaban en posesión de Barbara (la viuda) –señalaba Cafiero–, pero otros se pensaba que se habían perdido para siempre. He empleado mucho tiempo en rastrearlos. Hay otros que siguen por ahí, intentamos reunir el mayor número posible, a fin de darlos a conocer a todo el mundo.»

Tampoco **Marilyn Manson** es un tipo que pasa inadvertido. Tanto cuando agarra un micrófono en el que gritar sus textos, al menos tan macabros como la música, como cuando coge un pincel con el que colorear una tela. Según él mismo, sus primeros dibujos se remontan a 1999, cuando pintaba acuarelas para luego canjearlas por sustancias estupefacientes. Posteriormente, Manson vio sus pinturas como obras en sí mismas, ya no como una mercancía de intercambio, y de este modo dio inicio a una carrera artística paralela.

Dee Dee Ramone – *Goop*

Marilyn Manson – *When I get old I would like a drink* y *Faunadestia* (acuarelas)

«Mientras pinto no experimento emociones –decía–, la pintura es un lugar secreto en el que la mente mantiene a mi subconsciente con firmeza mientras que mi mano mancha el papel de modo consciente. Horrores pasados y bellos recuerdos aparecen pintados y representan lo que se esconde en mi alma.»

Los juicios sobre Manson como pintor son controvertidos. Jonathan Jones, del *Guardian*, afirmaba que «la pintura de Marilyn Manson es divertida de manera errónea. Querría ser chocante, conmovedora o surrealista, pero tan solo es estúpida e incompetente». Según Max Henry, de la revista *Art in America*, sus obras se asemejan a las obras de un «paciente que sufre de trastornos psiquiátricos, al que se le dan materiales para que los utilice como terapia, –y añade que– el trabajo de Manson nunca se tomaría en serio en un contexto diferente». Otros, en cambio, lo llegan a comparar con Egon Schiele, y encuentran en ambos un sentimiento de profunda sinceridad. Pero más allá de todo esto, se le reconoce la excentricidad de su técnica pictórica, con la utilización de colores mezclados con ajenjo. Guste o no, el arte de Marilyn Manson refleja una de las personalidades más discutidas y atormentadas de los últimos veinte años; igual que sus canciones, también los rostros deformados que animan sus obras pueden y quieren turbar.

## «EL ARTE NUNCA ES UNA COSA ÚNICA»
### Marilyn Manson

En las ACA Galleries de Nueva York, del 26 de abril al 2 de junio de 2008, se pudo admirar la exposición de pinturas *Life, Death, Love and Freedom* de **John Mellencamp**. El título de la muestra también era el de su álbum publicado en aquel mismo año, y no por azar: «Pensé que aquel álbum se acercaba a emociones y sentimientos diferentes

John Mellencamp en su taller

### «YA SE TRATE DE CANCIONES O PINTURAS, INTENTO CONTAR UNA HISTORIA E IMPLICAR AL PÚBLICO»

**John Mellencamp**

John Mellencamp – *Retrato de Martin Luther King*

de la condición humana –contaba el artista–, e intenté hacerlo también con estas pinturas.» Los cuadros, como sus canciones, contienen un mensaje político, reflexionan acerca del pasado, miran al presente y al futuro.

Mellencamp, que creció en Indiana, hijo de una pintora, se trasladó a Nueva York en los años setenta para estudiar en la Art Students League, antes de que la música lo arrastrara a otros territorios. Pero después de actuar con su banda durante más de una década, en 1988 Mellencamp decidió tomarse una pausa para volver a la pintura. «He comenzado a soltar mi creatividad», decía en aquella época.

El Mellencamp pintor presenta influencias de expresionistas alemanes como Otto Dix y Max Beckmann, así como de artistas figurativos norteamericanos tipo Walt Kuhn, Marvin Cherney y Jack Levine.

Nunca se le ocurrió exponer en público su arte, hasta que mostró el centenar de pinturas acumuladas en su estudio en Indiana a su amigo Bob Dylan.

John se ha especializado en retratos de personajes públicos, de Arlo Guthrie a Tennessee Williams, pasando por Martin Luther King y James Dean, y de miembros de su familia como su ex mujer Elaine Irwin, sus hijos o su actual compañera Meg

John Mellencamp – Whenever We Wanted

Ryan. «No hay nada más cercano al paraíso que la pintura», admitía, convencido.

Según Kristine Room, antropóloga y experta en arte de la Columbia University, «John Mellencamp ha demostrado a lo largo de los años que puede ser popular y auténtico. Y es condenadamente brillante».

«PINTO DE MANERA INTENCIONADAMENTE DESCARNADA Y RUDA, INTENTO QUE MIS CUADROS SEAN TOSCOS Y PRIMITIVOS. JUSTO COMO MIS CANCIONES»

John Mellencamp

# La palabra desnuda

**¿QUÉ SUCEDE CUANDO EL AUTOR** se mide con la palabra desnuda, separada de la música? ¿Cuándo el artista se despoja de su vestido de músico y se enfrenta a la poesía y la prosa? Lo han probado los mejores: Dylan, Morrison, Lennon, Cohen, Smith, Stipe…

Después de medio siglo, en 2016 la Academia de Suecia confirió a Bob Dylan el premio Nobel de literatura. E inmediatamente se encendió el debate: salieron fans de la música, que vieron reconocida la grandeza de un artista inmenso (aunque inconstante), se indignaron algunos literatos y críticos, sosteniendo que las palabras de Dylan, separadas de su música, no tenían una fuerza autónoma, y que en consecuencia no se podía hablar de poesía.

¿**Bob Dylan** es un poeta? Muchos sostienen que sí, pero otros tanto al menos dicen lo contrario. Lo cual, en realidad, constituye la prueba casi segura de la superioridad del Dylan cantautor sobre el Dylan prosador o poeta. Su primer libro, *Tarantula*, es una recopilación de poesías y prosas experimentales escritas entre 1965 y 1966. Originariamente estaba destinado a publicarse en aquellos mismos años, pero la fecha de edición fue retrasándose hasta 1971, favoreciendo la proliferación de varias copias en el mercado negro. La acogida fue más bien fría: el público lo encontró incomprensible, a causa de su gran riqueza de sinsentidos, y la crítica lo tildó como pretencioso, tendente de manera demasiado descarada a evocar a **Kerouac**, **Burroughs** y **Ginsberg**.

Posteriormente, el mismo Dylan intentó renegar de él, y lo tildaba de obra incompleta. «En aquel período iba un poco perdido, nunca fue mi intención escribir un libro.» Quizás por ello se tuvieron que esperar más de treinta años para que publicara otro. En 2004 apareció *Chronicles, Volume One*, ambientado en el Village de los años sesenta. Dylan contaba el inicio de su carrera, trazando escenas de bares humeantes llenos de iconos culturales y giras a través de

LA PALABRA DESNUDA

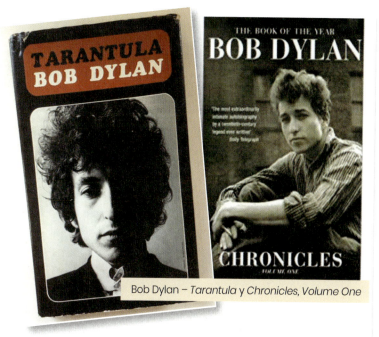

Bob Dylan – *Tarantula* y *Chronicles, Volume One*

## «HE VIVIDO COMO POETA Y MORIRÉ COMO POETA»
### Bob Dylan

Bob Dylan en su taller

Norteamérica junto a músicos revolucionarios.

A tres lustros de distancia, no hay datos oficiales de publicación de los anunciados volúmenes siguientes de este proyecto, pero entretanto nos podemos consolar con el Dylan pintor. Son suyas las carátulas de algunos álbumes como *Self Portrait*, *Planet Waves* o, antes que estos, *Music From Big Pink*, trabajo de debut de The Band.

Su pasión por la pintura no es una novedad. Se remonta, al parecer, a la época del famoso accidente de moto de 1966, a consecuencia del cual se dijo que Dylan pintaba entre un concierto y otro, en el hotel, durante las pausas. Sus pinturas, de las que emerge la predilección por los colores encendidos y los trazos rotundos, tienen como temas el imaginario de la raza, de la política y del blues; en definitiva, también remiten a lo que describe en sus canciones.

Desde mucho antes del encuentro en la playa de Venice con su viejo amigo y compañero de universidad Ray Manzarek, **Jim Morrison** estaba convencido de que era un poeta, y no un cantante de rock. «Pensaba que podría haber sido escritor, sociólogo o quizás escenógrafo de obras teatrales. No había ido nunca a conciertos, uno o dos como máximo. Aquellas primeras cinco o seis canciones que escribí eran apuntes para un concier-

## ROCK & ARTE

# UN WHISKY MARCA DYLAN

Nashville, Tennessee, 1 de mayo de 2018. La **Heaven's Door Whisky Company** anunciaba que, al cabo de un año, la antigua iglesia de Elm Street, en el barrio de SoBro, se convertiría en la destilería de la sociedad. La noticia causó cierto eco porque Heaven's Door era una nueva marca de whisky creada por el empresario **Marc Bushaia** y por Bob Dylan. En efecto, porque antes o después de haber recibido el Nobel de literatura, con las consiguientes discusiones y polémicas, Dylan seguía dando que hablar. Después de haber prestado la música y la imagen para una campaña publicitaria para la conocida marca de lencería **Victoria's Secret** y haber suscitado sensación por haber publicado un tema en un álbum destinado a alegrar las ceremonias de matrimonios gay, Bob Dylan se lanzaba en el negocio de los licores. De hecho, no se trataba de una operación de licencia del nombre o de la «marca» Bob Dylan: a todos los efectos, el cantautor era socio de esta empresa multimillonaria.

«Queríamos crear un whisky que contara una historia. He viajado durante décadas y probado los mejores whiskies del mundo: el nuestro presenta un nivel de excelencia», declaró Bob Dylan.

Los whiskies de Heaven's Door son de tres tipos: rye, bourbon y double barrel. Están contenidos en bellísimas botellas artísticas que, como la etiqueta, se inspiran en las esculturas de hierro forjado que Dylan crea en su taller **Black Buffalo** de Los Angeles.

Bob Dylan con la máscara de soldador mientras funde sus esculturas, y a la derecha las botellas de whisky Heaven's Door

to de rock que se estaba desarrollando en mi cabeza. Y, una vez hube escrito aquellas canciones, tuve que cantarlas.» Jim, estudiante de cine en la UCLA, era un lector ávido, de destacada erudición e inteligencia, y comenzó muy pronto a escribir: «En torno al quinto o sexto curso escribí un poema titulado *The Pony Express*». En realidad, la única obra publicada en su breve vida fue *The Lords. The New Creatures*, de 1970, un texto en apariencia desordenado,

## «UNA CANCIÓN ES PRIMITIVA: TIENE UNA RIMA Y UNA MÉTRICA DE BASE. UNA POESÍA PUEDE IR A TODAS PARTES»
### Jim Morrison

Jim Morrison – *The Lords. The New Creatures*

Así describía **Paul McCartney** su primer encuentro con **John Lennon** en su contribución a la introducción de *In His Own Write*, el libro de poesías, dibujos y discursos surrealistas de Lennon publicado en 1964. El editor fue **Tom Maschler**, quien en 1965 publicó también el sucesivo *A Spaniard in the Works*, y que cincuenta años más tarde recordaba: «**Michael Braun**, un periodista al que había encargado un libro sobre la escena pop contemporánea, me había presentado un puñado de escritos y dibujos cuanto menos extravagantes. Estaban emborronados en papel de carta de hotel, con una caligrafía que me gustaba mucho. Pregunté a Michael quién los había hecho, y me dijo: "John Lennon". Tras lo cual le pregunté: "¿Y cuándo puedo hablar con él?"»

En aquellos años, todo lo que contuviera la palabra «Beatles», desde las guitarras de plástico a las bandejas de hojalata se vendía a la misma velocidad con que se introducía en el mercado, y de hecho *In His Own Write* superó las 50.000 copias ya en el primer día de publicación. De todos modos, ya entonces se reconocía a Lennon una capacidad poco común de jugar con las palabras. Aquí, como en el siguiente *A Spaniard in the Works* (que se vendió un poco menos), Lennon se divertía invirtiendo la lógica del discurso a través del uso de imágenes y diálogos atípicos. Debe decirse que la lectura no siempre es cómoda, hasta el punto de que los críticos quisieron remitir su obra a **Lewis Carroll** o incluso a **James Joyce**.

Quien, como Jim Morrison, siempre pensó que era un poeta y no un cantautor fue **Leonard Cohen**. Cohen se doctoró en literatura inglesa en Montreal en 1955 y al año siguiente publicó su primera recopilación de poesías, *Let Us Compare Mythologies*, que recibió buenas críticas pero se vendió muy poco.

pero que denota una apreciable capacidad rítmica. El estilo poético de Morrison es de corte clásico, procede por saltos creativos, acumulando impresiones, a veces desligadas entre sí, con algunas ideas recurrentes como la del sacrificio necesario y preparatorio para la liberación de la desolación. Después de su trágica muerte en París en 1971, sus amigos reunieron y reordenaron sus extensos escritos en un volumen, *Tormenta eléctrica (poesía y escritos perdidos)*, que comprende centenares y centenares de páginas de poesías, epigramas, ensayos, relatos, incluso argumentos y guiones, puesto que Morrison escribía literalmente de todo. Fue en parte para acercarse a sus mitos que se trasladó a París, buscando un refugio más que simbólico en la poesía, en el período más oscuro de su breve e intensa vida.

John Lennon con una copia de *In His Own Write*

# JOHN LENNON
## ILUSTRADOR ROMÁNTICO

El poliédrico talento de John Lennon se expresó también en las artes figurativas. Su tía Mimi logró apuntarlo en el prestigioso Liverpool College of Art, y aunque la música acabó ocupando un lugar predominante en su vida, su pasión por el dibujo siempre lo acompañó.

Entre las cosas más interesantes y conmovedoras de *Skywriting by Word of Mouth*, recopilación póstuma de relatos y esbozos de los años setenta publicada en 1986, merece una mención la carpeta de catorce litografías titulada *Bag One*, regalo de bodas de John a Yoko para su matrimonio en 1969. Aparece representado el intercambio de anillos, el célebre bed-in para la paz de Amsterdam y Montreal, la luna de miel, momentos de su intimidad. Imágenes caracterizadas por el trazo fresco, ágil e irónico de Lennon.

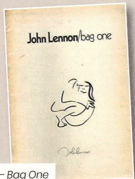

John Lennon – *Bag One*

> «CITABAN A JOYCE PERO YO NO LO CONOCÍA, ASÍ QUE LO PRIMERO QUE HICE FUE COMPRAR *FINNEGANS WAKE* Y LEER UN CAPÍTULO»
>
> **John Lennon**

John Lennon – *A Spaniard in the Works*

En aquel período, Leonard frecuentó brevemente la Columbia University, y luego volvió a Montreal, donde siguió escribiendo poesías, y cuando su siguiente libro, *The Spice-Box of the Earth* se publicó en 1961, comenzó lo que sería uno de los períodos más fructíferos de su vida. Los derechos de autor y una pequeña herencia familiar le permitieron adquirir una casita en la isla griega de Hydra, donde vivió durante siete años que se pasó «escribiendo, nadando y navegando».

La producción de Cohen de este período incluye la recopilación de poesías *Flowers for Hitler* (1964) y *Parasites of Heaven* (1966), así como las novelas *The Favorite Game* (1963) y *Beautiful Losers* (1966).

Tras establecerse en Nueva York para explorar la escena musical de la ciudad, en 1967 Cohen publicó su primer álbum, *Songs of Leonard Cohen*, un disco refinado, que combinaba arreglos simples con una vocalidad fascinante, con su timbre de barítono, musicando textos mágicos y melancólicos sobre la sexualidad, el amor, la espiritualidad y la desesperación. En 1968, Cohen entregó a la imprenta una nueva recopilación de poesías y, dos años más tarde, actuó en el festival de la Isla de Wight, en Inglaterra, junto a grandes estrellas como **Jimi Hendrix**, **Doors** y **Miles Davis**, pero en 1972 volvió a la poesía con *The Energy of Slaves*. Después de la complicada e insatisfactoria colaboración musical con **Phil Spector**, que generó *Death of a Lady's Man*, Cohen encontró refugio de nuevo en la literatura, publicando en 1978 una recopilación de poesía y de prosa del mismo título, y en 1984 *Book of Mercy*, poesías centradas más específicamente en temas de espiritualidad.

 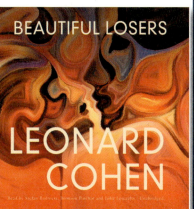 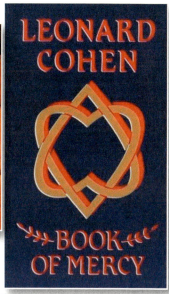

Leonard Cohen – *Let Us Compare Mythologies, Beautiful Losers, Book of Mercy*

## «LA ESCRITURA NO ME DABA PARA VIVIR, Y POR ELLO COMENCÉ A HACER CANCIONES, VEHÍCULO NATURAL PARA MI POESÍA, PERO POTENCIALMENTE MUCHO MÁS RENTABLE»

### Leonard Cohen

En 1994, Cohen sorprendió al mundo retirándose en el Mount Baldy Zen Center, donde estudió con un maestro zen durante los siguientes cinco años, haciendo voto de silencio. En 2006 publicó un nuevo libro de poesías, *Book of Longing*, y en 2008 fue acogido en el Rock and Roll Hall of Fame. En definitiva, no solo por las numerosas publicaciones en este ámbito, Cohen está considerado unánimemente un poeta, inmerso en la disciplina literaria pero también en las canciones francesas y en la liturgia hebraica. Para Dylan, una canción es un pedazo de arcilla bañada para modelarla antes de que se endurezca; para Cohen, es una losa de mármol para esculpirla con cuidado y dedicación. Cohen nunca ha dejado de ser un poeta o de perderse en la veneración por los versos, aunque no se tomara nunca demasiado en serio. A menudo decía que solo estaba aprovechando los talentos limitados que había recibido, esperando que alguna intuición que hubiera recogido pudiera beneficiar al oyente.

Todo el mundo conoce a **Patti Smith** por *Horses*, fenomenal debut discográfico de 1975, por los siguientes diez álbumes en estudio y por los centenares de colaboraciones estelares. Y sin embargo, en cualquier biografía nunca se deja de definirla como cantautora y poetisa, con lo que se hace justicia parcial a su multiforme talento.

En sus primeros veinte años, Smith hizo dibujos que se entrelazaban de manera seductora con el lenguaje. Ella misma contaba: «en cierto momento quise sentir qué había escrito, y comencé a unir las palabras al sonido de la guitarra eléctrica. Lenguaje, imagen y performance, todo tendente a lo mismo: el deseo de comunicar.»

### «QUISIERA DECIR TODO LO QUE SE PUEDE DECIR EN UNA SOLA PALABRA. ODIO LO QUE SUCEDE ENTRE EL PRINCIPIO Y EL FIN DE UNA FRASE»
**Leonard Cohen**

En 1971 hizo una primera lectura, en la iglesia de St. Mark, en el Bowery, acompañada a la guitarra por **Lenny Kaye**, y convirtiéndose en breve en una figura emergente del ambiente artístico neoyorquino. En aquel mismo año, fue coautora y coprotagonista, junto a **Sam Shepard**, en su comedia semiautobiográfica *Cowboy Mouth*.

El compromiso con la escritura continuó, y en 1972 Patti publicó su primer libro de poesías, *Seventh Heaven*, que le valió críticas laudatorias pero del que se vendieron pocas copias. Siguieron dos recopilaciones, *Early Morning Dream* (1972) y *Witt* (1973). Más recientemente, Patti Smith publicó *Just Kids* (2010), un libro de memorias que ofrecía una mirada personal sobre el prototipo de «artista afamado» y su estrecha relación con **Robert Mapplethorpe** en Nueva York entre finales de los años sesenta y principios de los setenta. Aquel mismo año apareció *Mr. Train*, otro libro de memorias, en el que Smith fundía reflexiones filosóficas sobre el arte enlazando con sus viajes alrededor del mundo.

Menos conocida pero no menos prolífica y significativa es su producción fotográfica, algo que, según admitía ella misma, no requiere particulares esfuerzos de concentración. «Es difícil encontrar la soledad que necesito para escribir cuando estoy viajando –confesaba–, pero con mi máquina fotográfica puedo dar un paseo, visitar un cementerio, mirar estatuas o arquitectura, y si hago una bonita foto me siento como si hubiera hecho algo.»

Smith abrazó por primera vez una Polaroid tras la muerte de su marido, el guitarrista de los MC5 **Fred «Sonic» Smith**, en 1995, y hasta 2002, espoleada por el director del Andy Warhol Museum, no quiso hacer una retrospectiva de su trabajo. «No me considero una fotógrafa. Tomo muchas fotos, es una parte de mi vida, pero pienso en mí misma como una aficionada; no veo nada malo en ser una aficionada.»

Patti Smith – *Seventh Heaven* y *Just Kids*

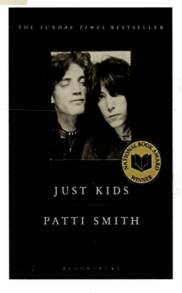

Michael Stipe en su taller y, a la derecha, una copia de su libro *The Haiku Year*

*Moon*), fotógrafo, poeta, en 1998 publicó un libro de fotografías, *Two Times Intro: On the Road with Patti Smith*, documentación fotográfica del período en el que acompañó a la Sacerdotisa del Punk en su regreso a los conciertos.

En 2004, Stipe publicó *The Haiku Year*, recopilación de poesías compuestas según la forma japonesa conocida como haiku. Finalmente, en 2018 llegó *Volume 1*, libro fotográfico, con fotos que inmortalizaban sus encuentros con personajes como **Andy Warhol**, **Allen Ginsberg**, **Kurt Cobain**, **River Phoenix** y, naturalmente, **Patti Smith**. El trabajo se centraba en su interpretación no convencional de la homosexualidad.

## «ME GUSTA MOSTRAR IMÁGENES DE COSAS DIVERSAS: ARQUITECTURA, UNA PLAYA VACÍA O UNA CARRETERA ABANDONADA»
### Patti Smith

Amigo y «alumno» de Patti Smith, **Michael Stipe**, antes de ser miembro de una banda de rock, quiso ser artista. «Comencé la escuela de arte antes de que naciera la banda. Tenía trece años cuando comencé a hacer fotos y quince cuando descubrí el punk a través del CBGB y Patti Smith.»

Stipe no solo fue el líder de los **R.E.M.** (y ciertamente no lo es ahora que la banda se ha disuelto oficialmente): activista, productor cinematográfico (coproductor ejecutivo de *Cómo ser John Malkovich*, *Velvet Goldmine* y *Man on the*

## «ME DESPIERTO POR LA MAÑANA PENSANDO EN LA ESCULTURA, NO EN LOS TEXTOS. LOS TEXTOS SON DEMASIADO DIFÍCILES»
### Michael Stipe

De todos modos, lo que centra más la inspiración de Stipe hoy es la escultura: «Es mi obsesión, hago réplicas en contrachapado de bronce o de abedul.» Una cámara fotográfica Polaroid, un microcassette, un diario... objetos que tienen para él una fascinación particular. «Hace cinco años me senté en la cama y me dije: "Quiero hacer esculturas". Ni siquiera estoy seguro de saber qué es, pero sigo hechizado.»

# Al otro lado (del objetivo)

**DURANTE TODA LA VIDA FUERON TEMA** para fotos, documentales y películas. Pero en cierto momento, algunos de ellos decidieron pasarse al otro lado de la barrera gracias a cámaras fotográficas o de cine, descubriendo que tenían talento también para el nuevo arte.

En treinta años de carrera con los **Rolling Stones**, **Bill Wyman** viajó con una cámara fotográfica al cuello explorando el arte de la fotografía. En total, veinte mil retratos: de los Stones a los Who, pasando por John Lee Hooker, John Lennon, Bob Dylan, Elton John y B.B. King. Por no hablar de artistas como Chagall, Arman o César. En 1993, el bajista dejó la banda y comenzó a exponer sus fotos por todas partes, desde Londres, obviamente, hasta Saint-Paul-de-Vence. «**Charlie (Watts)** siempre se ha mostrado desenvuelto ante el objetivo –recordaba Wyman–, pero si tomabas una foto a **Jagger**, se molestaba, a menos que fuera para una revista de moda o para algo de este tipo.»

Hoy, Wyman es un distinguido octogenario, y si se le pregunta por qué desea que se le recuerde, responde sin vacilar: «Por aquel cinco por

> «DESPUÉS DE LOS STONES ME CONVERTÍ EN UN FOTÓGRAFO DE ROCK»
> **Bill Wyman**

Bill Wyman en una muestra suya

## AL OTRO LADO (DEL OBJETIVO)

### «UNA FOTOGRAFÍA VALE MÁS QUE MIL PALABRAS»
#### Linda McCartney

Linda Eastman McCartney y a la derecha una foto suya de Brian Jones y Mick Jagger en un yate

ciento de Leonardo Da Vinci que llevo dentro; es decir, la parte que me ha permitido cultivar proyectos diferentes como música, arqueología, fotografía, astronomía, restauración o escritura.»

A propósito de Bill Wyman & Co., en 1966 **Linda Eastman**, fotógrafa aficionada que trabajaba para la revista *Town and Country*, obtuvo un pase para un evento promocional de los Rolling Stones que tuvo lugar en un yate que navegaba por las aguas del Hudson. Linda realizó unas cuantas fotos, que gustaron mucho más que las del fotógrafo oficial, hasta el punto de que la eligieron para documentar el evento. Fue el inicio de su éxito profesional.

### «UN DÍA ME DIJE QUE SERÍA BONITO VIVIR TRABAJANDO PROFESIONALMENTE COMO FOTÓGRAFA»
#### Linda McCartney

Posteriormente Linda fue invitada a colaborar con el Fillmore East de Nueva York y, desde aquella posición privilegiada, inmortalizó a todas las estrellas de la escena rock de aquellos años, llegando a embellecer en 1968 la cubierta de *Rolling Stone* con un retrato de **Eric Clapton**; era la primera mujer en lograrlo. Sin embargo, el encuentro que le cambió la vida databa del año anterior: en los días que precedieron a la publicación de *Sgt. Pepper's*, y luego en la fiesta de presentación, conoció a **Paul McCartney**, y se enamoró de él.

En 1968 apareció su libro *Rock and Other Four Letter Words*, y en 1969 se casó con Paul. A partir de aquel momento se dividió entre la música de los **Wings** y la familia, documentando su mundo con una serie infinita de instantáneas íntimas y delicadas. En 1993 publicó la recopilación *Sixties: Portrait of an Era*. Cinco años más tarde fallecía de cáncer de mama.

El crítico de arte **Martin Harrison** la recordaba así en el libro *Life in Photography*: «La fotografía rock vive de convenciones y límites, pero en las fotografías de Linda he visto la humanidad de los sujetos y su informalidad».

## ROCK & ARTE

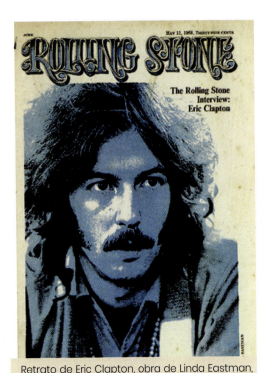

Retrato de Eric Clapton, obra de Linda Eastman, en una cubierta de *Rolling Stone*

**Graham Nash**, amigo de Paul y de Linda, no solo fue el músico que escribió páginas memorables del folk-rock con los **Hollies** y sobre todo con los **CSN&Y**. Ya desde niño había desarrollado una pasión por la fotografía. A partir de la década de 1970 había comenzado una colección de fotografías históricas y pronto comenzó a tomar las suyas propias. «Cuando tenía diez años –contaba–, mi padre compró una cámara fotográfica a un amigo, y nos llevó al Belle Vue Zoo de Manchester para tomar fotos. Una vez en casa, cubría la ventana con una manta, ponía una hoja de papel blanco en un líquido incoloro y, de repente, como por arte de magia, aparecía una imagen de la nada.»

### «SIEMPRE HE DESEADO CAPTURAR LAS MIRADAS DE LA GENTE»
#### Graham Nash

«Hice un retrato de mi madre –proseguía Nash–, y en aquel momento comprendí que la había visto de otra manera: no era solo una instantánea de mamá, en aquel momento capturé a una persona sumergida en sus propios pensamientos.»

Durante su carrera como músico, Nash tomó miles de fotos, procurando siempre mantenerse a distancia. «Cuando encuadro a alguien, sea a quien sea, éste toma inmediatamente la actitud de James Dean.» Entre sus fotos robadas, quizás la mejor fue la que retrataba a **Joni Mitchell**, su compañera en la época. «Joni estaba escuchando su álbum *Clouds*. Hice la foto a través de una de aquellas sillas de cocina que tienen un orificio en la parte superior para levantarlas.»

En 1990, las fotos utilizadas para el espectáculo Sunlight on Silver (1.750 retratos de celebridades) fueron recopiladas en un libro. Posteriormente, sus fotografías se expusieron en San Diego, en el Museum of Photographic Arts. Nash ha publicado otros libros de fotografía: *Eye to Eye*, en la que muestra su maestría, y *Take Aim*, con memorables imágenes de algunos de los músicos más famosos del mundo, como Bob Dylan, Johnny Cash, Elvis Presley, Janis Joplin, Kurt Cobain, Michael Stipe o Sting. En conjunto, el portafolio fotográfico de Nash incluye imágenes de vida callejera, autorretratos de amigos y familiares, generalmente en blanco y negro. Sus influencias son fotógrafos como **Weegee**, **Diane Arbus** y **Sebastião Salgado**.

Foto de Joni Mitchell retratada por Graham Nash

# AL OTRO LADO (DEL OBJETIVO)

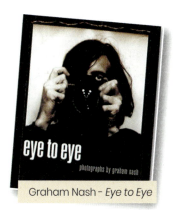

Graham Nash - *Eye to Eye*

## «ME ENCANTA MIRAR A TRAVÉS DEL OBJETIVO, LAS COSAS PARECEN MEJORES»
### Lou Reed

Reed tomó fotografías desde la década de 1960, cuando frecuentaba a **Andy Warhol** y actuaba con los Velvet Underground. Desarrolló su estilo fotográfico y aprendió mirando a quienes lo rodeaban. En el curso de los años, le influyeron algunos de los talentos más creativos del siglo XX, personas a las que conocía y que frecuentaba. Y sin embargo fue preciso esperar hasta 2003 para ver publicado su primer libro de fotografías, *Emotions in Action*, un suntuoso volumen encuadernado de paisajes, objetos y escorzos.

Si, como líder de los **Velvet Underground** primero y como solista más tarde, **Lou Reed** fue la quintaesencia del estilo de vida rock, en sus fotografías desveló el aspecto más tranquilo y reflexivo de su ánimo. Lou Reed, «el inesperado fotógrafo del paisaje», como se le definió felizmente, tenía en efecto un *alter ego* en solitario, un hombre que se retiraba en la naturaleza para observar la luz y tomar fotografías elegantes y románticas, distantes del caos de Nueva York en cuanto a estética y espíritu.

*Lou Reed's New York* (2006) fue su segundo libro, en cuya carátula señoreaba un espléndido autorretrato en blanco y negro. En el interior, imágenes varias de Nueva York visto a través de los ojos de quien quizás fue su mayor cantor. *Romanticismo* (2009), tercer libro de fotografías, acogía una serie de paisajes en blanco y negro, cuyo título se inspiraba en el pintor romántico del siglo XIX **Caspar David Friedrich**. Imágenes de bosques que descienden al borde del mar, una capa de densa niebla que cubre la tierra... Solo hacia el final del libro hay una instantánea que muestra una forma humana: una figura andrógina gris, con el pelo corto, iluminada por la luz, girada hacia la cámara fotográfica: es la música y artista **Laurie Anderson**, mujer de Lou.

*Lou Reed's New York* y un paisaje de *Emotions in Action*

## ROCK & ARTE

Laurie Anderson retratada por Lou Reed

### «SI DIOS EXISTE, SEGURO QUE POSEE UNA LEICA»
### Lou Reed

En noviembre de 2012, Reed presentó en París, en el sugestivo marco del Palais de Tokyo, su último libro, *Rimes/Rhymes*. El volumen acogía 300 fotografías tomadas en 46 años de actividad artística, entre otras cosas. Aunque siempre lo negó, Lou era un fanático de la cámara fotográfica: conocía nombres y modelos de cámaras en detalle, características técnicas e incluso precios.

A principios de la década de 1980, los **Police** se hallaban en el ápice del éxito. Sacaban discos con regularidad y cuando salían de los estudios de grabación realizaban giras a nivel mundial. Durante estas peregrinaciones, un fotógrafo documentó lo que sucedía entre bastidores en una serie de cándidas y sorprendentes fotografías en blanco y negro. La casualidad quiso que este fotógrafo de talento fuera también el guitarrista de la banda, **Andy Summers**.

El prodigioso artífice del acompañamiento de guitarra de «Every Breath You Take» no solo era la espina dorsal de una de las bandas más populares de todos los tiempos. Gracias a una capacidad de observación fuera de lo normal, Summers logró capturar el espíritu del grupo mejor que nadie. Su trabajo de documentación a lo largo de décadas dio un libro como fruto, publicado en 2007, a medio camino entre fotoperiodismo y diario ilustrado, que presentaba no solo la proverbial tríada «sexo, drogas y rock'n'roll», sino también a fans, paisajes, bodegones y viandantes en un estilo de reportaje que recordaba a **Henri Cartier-Bresson** y a **Robert Frank**.

«La banda estaba rodeada de fotógrafos –recordaba Summers–, y yo siempre hablaba con ellos sobre cámaras fotográficas. Al final cogí una y descubrí que me obsesionaba: para mí, era como la música, otra forma de expresión.»

Andy Summers

# AL OTRO LADO (DEL OBJETIVO)

> «PIENSO EN LA MÚSICA EN TÉRMINOS DE ARMONÍA, LÍNEA, FORMA, VOLUMEN, SILENCIO, DINÁMICA... ESTOS MISMOS ELEMENTOS SE PUEDEN TRADUCIR EN LA FOTOGRAFÍA»
> **Andy Summers**

Desde aquellos primeros años, Summers expuso sus obras en más de treinta muestras en todo el mundo y publicó varios libros de fotografías, entre los cuales el biográfico *One train later* (2006), que luego se convirtió en un documental.

«Ya desde adolescente crecí con las películas de arte y ensayo europeas en blanco y negro. **Fellini**, **Truffaut**, **Bergman**... Más tarde, cuando comencé a practicar la fotografía en serio, había en mí una especie de impulso que quería recrear aquella emoción: de ahí el uso del blanco y negro.»

Mick Fleetwood en el jardín de su casa en Maui

Cuando no estaba en gira con los **Fleetwood Mac**, **Mick Fleetwood** pasaba la mayor parte del tiempo en su casa de Maui, en Hawaii, dedicándose a su restaurante-club y a la fotografía.

> «DURANTE MUCHO TIEMPO FUI UN FOTÓGRAFO ON THE ROAD, QUE FASTIDIÓ A MUCHA GENTE, SOBRE TODO A LOS FLEETWOOD MAC... ERA MI MANERA DE CONGELAR UN INSTANTE Y CONTAR UNA HISTORIA»
> **Mick Fleetwood**

Fleetwood siempre se tomó la fotografía muy en serio, hasta el punto de haber emprendido una asociación con la Morrison Hotel Gallery, que llevó a Maui una avanzadilla del showroom de fotografía rock de Nueva York. El nuevo espacio, inaugurado a finales de junio de 2016 con una proyección del maestro **Henry Diltz**, era adyacente al General Store de Fleetwood (donde también era posible adquirir objetos firmados por los Mac).

Gran parte de la historia de los Fleetwood Mac sigue siendo desconocida para sus fans, muchos de los cuales

Foto de grupo en la Morrison Hotel Gallery de Maui, donde están presentes entre otros Mick Fleetwood y Henry Diltz (respectivamente tercero y cuarto desde la izquierda)

## ROCK & ARTE

piensan que la banda comenzó en California a mediados de la década de los setenta con Lindsey Buckingham y Stevie Nicks al timón. Por su parte, el batería se propuso iluminar los años de formación de su banda, cuando estaba Peter Green y los Fleetwood Mac eran uno de los grupos punteros del blues-rock inglés. Esta fue la finalidad del nuevo libro de Mick, *Love That Burns: A Chronicle of Fleetwood Mac, Volume One 1967-1974*.

«Se trata de devolver el mérito a los iniciadores de un viaje fascinante que los Mac llevaron a cabo en el curso de los años», decía Fleetwood. *Love That Burns* es un relato en primera persona, interesante y a veces humorístico, sobre los orígenes de la banda, enriquecido por más de 400 imágenes sorprendentes (en algunos casos nunca publicadas anteriormente), además de material de archivo íntimo y recuerdos raros.

«Al principio éramos un grupo de chavales a los que les encantaba tocar blues y... tuvimos la suerte de poderlo hacer toda la vida. No pienso en ello cada día, pero estábamos allí, **Peter (Green)**, **Jeremy (Spencer)**, **Danny (Kirwan)**, **John (McVie)** y yo, con **Willie Dixon**, **Buddy Guy** y **Shakey Horton**, y un montón de otros grandes personajes.»

> «LOS LUGARES A LOS QUE ESTA PROFESIÓN NOS HA LLEVADO A DEWEY Y A MÍ SON TAN INCREÍBLES QUE FRANCAMENTE HABRÍA SIDO UN DELITO NO INMORTALIZARLOS EN UNA PELÍCULA FOTOGRÁFICA»
> **Gerry Beckley**

Dewey Bunnell y Gerry Beckley: los America

A principios de los años setenta, los recién nacidos **America** dieron una buena sacudida al mundo del rock con su delicioso folk-pop acústico. El 13 de diciembre de 2017, **Gerry Beckley**, fundador de los America, debutó en la Morrison Hotel Gallery de Nueva York con una muestra fotográfica, fruto de sus años de viaje con los America, durante los cuales pasó buena parte de su tiempo documentando sus experiencias. Artista en el escenario y detrás de la cámara fotográfica, Beckley reunió un puñado de espléndidas fotos panorámicas, vistas a través de la mirada fascinante de un músico en gira. *Shots from the Road*, comisariada por los propietarios de la galería **Peter Blachley** y **Henry Diltz**, era una exposición de estampas que iban desde vertiginosas vistas de skylines urbanos hasta retratos de murales de playa. El estilo fotográfico de Beckley fue elogiado por artistas como **John Pawson**, diseñador arquitectónico británico que declaró que «muchas de las fotografías de Gerry transmiten la sensación de lo extraordinario.»

**Bryan Adams** no solo es un músico de rock y un cantautor afamado; también es actor, productor y fotógrafo. En esta última encarnación se ha distinguido por su compromiso como activista gracias al libro fotográfico *Wounded: The Legacy of War*, publicado en noviembre de 2013, que recoge dramáticos retratos de jóvenes soldados británicos heridos en Irak y Afganistán.

## AL OTRO LADO (DEL OBJETIVO)

«Las heridas de guerra son inquietantes –afirmaba Bryan Adams–, pienso que la gente prefiere ignorarlas porque la realidad les incomoda.» A partir de esta amarga consideración nace su misión, felizmente conjugada con su sensibilidad por la imagen.

### «COMENCÉ A FOTOGRAFIAR A LOS AMIGOS Y LUEGO A CREAR LAS CARÁTULAS DE MIS ÁLBUMES»
#### Bryan Adams

«Debemos entender qué nos espera cuando comenzamos una guerra. No podemos esconder siempre la cabeza bajo el ala. Un general vio mis fotos y dijo que la mayor parte de aquellas heridas habrían resultado fatales sin el personal médico de las fuerzas armadas occidentales y las técnicas actuales. Solo puedo imaginar el impacto devastador en los militares "enemigos".»

Antes de *Wounded*, Adams practicó con éxito una fotografía menos cruenta, pero no menos impresionante en cuanto a limpieza y originalidad. Si su primer libro fotográfico, *Made in Canada* (1999), inmortalizaba a varias celebridades canadienses, el segundo, *American Women* (2003) era un homenaje a la belleza y a la fuerza de las mujeres norteamericanas que sobresalen en sus respectivos campos de actividad. Finalmente, en 2016 Adams publicó *Untitled*, fascinante recopilación de fotos que narran y ensalzan la belleza del planeta.

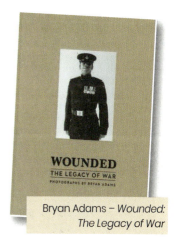

Bryan Adams – *Wounded: The Legacy of War*

## ADAMS Y JAGGER JUNTOS (EN UN SET FOTOGRÁFICO)

Entre uno y otro libro, **Bryan Adams** publicó numerosos retratos de celebridades para revistas como *Interview*, *Vanity Fair*, *Vogue*, *Harper's Bazaar* y *Zoo Magazine*, logrando incluso retratar a la reina Isabel II y recibiendo el Lead Award por esta misma foto en 2006. Y en 2013 llegó a realizar la cubierta de *Lioness: Hidden Treasures*, el álbum de **Amy Winehouse**.

En aquel mismo año (pocos meses antes de *Wounded*), la estrella del rock canadiense entregó a la prensa *Exposed*, libro con algunos retratos de estrellas de la música y del cine. Entre estas también inmortalizó a **Mick Jagger**, «el mayor líder de todos los tiempos», dijo Adams, recordando su sesión fotográfica con el cantante de los Rolling Stones, que se remontaba a 2008. «Nadie puede igualarlo: es un animal escénico, en el mundo de la música todos tendrían que aprender de él.»

Amy Winehouse – *Lioness: Hidden Treasures*

Mick Jagger fotografiado por Bryan Adams

# Hollywood calling

**DESDE EL HOLLYWOOD DEL RAT PACK** hasta las series de televisión pobladas por imprevisibles actores como Henry Rollins o Little Steven, pasando por los musicales *sui generis* de Elvis o los modernos con Madonna y Björk, cada vez son más las estrellas que han pasado del escenario al plató cinematográfico.

Algunos, como David Bowie, dieron muestras de actuación convincentes aun reservando su talento para la música. Otros, menos dotados como músicos, consiguieron en el cielo del séptimo arte un espacio en el que poder brillar.

Se debe a **Lauren Bacall**, inolvidable estrella de Hollywood y esposa de **Humphrey Bogart**, el apodo de **Rat Pack**, con el que se definía al estrecho círculo de amigos de su marido que, entre otros, incluía a **Frank Sinatra** y a **Spencer Tracy**.

En la segunda mitad de los años cincuenta, tras la enfermedad y muerte de Bogart, fue el propio Sinatra quien recogió la extraña herencia, reuniendo en torno a sí a un puñado de artistas poliédricos, entre los que destacaban **Dean Martin**, **Sammy Davis Jr.** y **Shirley MacLaine**. Pronto el clan se hizo muy popular, sobre todo en Las Vegas, donde actuaba más que en otros lugares, suscitando el interés de Hollywood, que produjo varios filmes, entre los cuales *La cuadrilla de los once*, *Tres sargentos* y *Cuatro gángsters de Chicago*. Ello no impidió que cada uno de los componentes del Rat Pack se dedicara a sus respectivas y extraordinarias carreras, durante las cuales pasaron con desenvoltura de estudios de grabación y escenarios a los platós cinematográficos.

Dean Martin, Sammy Davis Jr. y Frank Sinatra

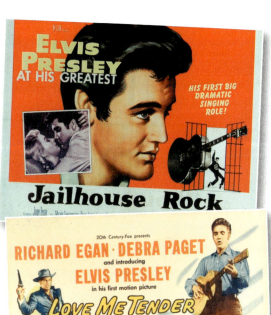

El joven Elvis Presley y los carteles de *Jailhouse Rock* y de *Love Me Tender*

«Elvis left the building»: la lacónica expresión que se pronunciaba para avisar al público que el concierto del rey del rock había concluido, era la misma con la que, el 16 de agosto de 1977, se anunció la muerte de **Elvis Presley**. Aquella vez, Elvis abandonó su casa para siempre. Cuando se trataba de hacer cine, ninguna otra estrella del pop pudo competir con él. Para bien o para mal, Elvis fue un actor prolífico capaz de enriquecerse a sí mismo, a sus productores y a su mánager, el famoso **Coronel Parker**. Y aunque prácticamente todas (o casi) sus 33 películas fueron enormes éxitos comerciales, ninguno llegó siquiera a recibir una nominación para los Oscar.

> «EN HOLLYWOOD MIS CANCIONES SE PRODUCÍAN EN SERIE, COMO EN CINTAS TRANSPORTADORAS, COMO MIS PELÍCULAS»
> **Elvis Presley**

La carrera de actor de Elvis se puede dividir en dos fases diferentes. En sus primeros trabajos (*Love Me Tender*, *Jailhouse Rock*, *King Creole* y *Flaming Star*) intentó honestamente hacer buenas películas. Trabajaba duro, se aprendía las bromas que el público apreciaba, aunque no tanto como a él le hubiera gustado. Después de la poco brillante *Blue Hawaii*, de 1961, Presley comenzó a protagonizar una serie ininterrumpida de películas rodadas rápidamente y a bajo costo, con tramas extravagantes y absurdas: Elvis atrapado en un harén durante una gira promocional para el departamento de estado, Elvis capitán de pesquero, Elvis trapecista cantante que sufre vértigo...

## ROCK & ARTE

David Bowie en *El hombre que vino de las estrellas*

Cada vez tenía que cantar para solventar los problemas, y casi siempre las bandas sonoras eran pésimas.
Elvis no era particularmente dotado como actor, parecía siempre nervioso e incómodo. Según el crítico de rock **Greil Marcus** «nunca fue un artista transversal como Sinatra o Dean Martin; ellos sabían cómo divertir y divertirse en la gran pantalla. Elvis no. Además, en sus primeras películas, a menudo aparecía a la sombra de actores de talento como **Walter Matthau**, **John McIntire** o **Richard Egan**, pero dado que tenía una buena planta, su presencia compensaba su incapacidad a la hora de actuar».
Uno de los comentarios más curiosos sobre Elvis como actor fue el de **Joe Queenan**, crítico cinematográfico del *Guardian*, en un despiadado pero afectuoso artículo de 2002. «Resulta sorprendente pensar que realizara docenas de películas infumables pero que todavía son divertidas de ver. Mis dos hijos están fascinados por estas películas: no acaban de creerse que alguien pudiera tener éxito haciendo lo que hizo Elvis. Cuando veo una película como *Harum Scarum*, donde él se va hacia Oriente Medio, atraviesa las Montañas de la Luna, es raptado por los bandidos, viste pantalones verde lima y turbante y dirige la revolución contra los malvados opresores, solo puedo sacudir la cabeza incrédulo. Elvis Presley era un chaval sin blanca de Misisipi que en pocos años se convirtió en la mayor estrella del mundo. Realizó 26 películas que se encuentran entre las peores de la historia del cine. Y pese a todo lo echo de menos.»
Muy diferente fue la carrera cinematográfica de **David Bowie**, cuyo éxito en el cine no se puede comparar con el que obtuvo en la música; por otra parte, ninguna de sus películas marcó su época.

> «SOY UNA INSTANT STAR; SOLO TIENES QUE AÑADIR AGUA...»
> **David Bowie**

David Bowie en *The Prestige* y en *La última tentación de Cristo*

Pese a ello, los críticos están de acuerdo a la hora de considerar que su presencia terminó por enriquecerlas, gracias a sus apreciables dotes teatrales y de actuación. Por su debut oficial, *El hombre que vino de las estrellas*, Bowie obtuvo un Saturn Award (un premio cinematográfico de ciencia ficción), como mejor actor protagonista.

**Jessica Winter** escribió que, en *Furyo*, Bowie «es un líder natural pero enigmático, un delicado objeto de venganza y atracción. Alguien que recoge flores y actúa como mimo; una variación del tema del personaje David Bowie, en definitiva. Bowie siempre es fantástico cuando interpreta el papel de loco lunático.» Y si su **Andy Warhol** en *Basquiat*, no resultaba convincente, **Christopher Nolan** pensó en él para el papel del científico Nikola Tesla en la fantástica *The Prestige*: «Quería a alguien que no fuera una estrella del cine, pero que tuviera un carisma y una presencia de estrella de naturaleza ligeramente diferente». Y su interpretación se recuerda como una de las mejores de la película.

*La última tentación de Cristo*, de Martin Scorsese, presentaba a Bowie en el papel de un Poncio Pilatos tranquilo y controlado, un líder inteligente y realista que no parecía apreciar el hecho de castigar a Willem Dafoe/Jesucristo. La crítica observó que Bowie resultaba elegante incluso con una toga marrón. En definitiva, tanto en el cine como en el escenario, Bowie parecía divertirse y reinventar su imagen.

«Todos estábamos hechizados por la fascinación de Bowie, por su extraordinaria música, por su arte y por su espíritu único.» Este juicio entusiasta sobre el Duque Blanco era de Gordon Matthew Sumner, más conocido como **Sting**. Personaje poliédrico, Sting actuó en películas de culto como *Dune*, de David Lynch, basada en la novela de Frank Herbert. Su debut en el cine se remonta a 1979 con *Quadrophenia*, inspirada en el álbum homónimo de los Who, en la que encarnaba a Ace Face, icono de estilo para todos los mods de Londres.

Sting es Ace Face en *Quadrophenia*

## ROCK & ARTE

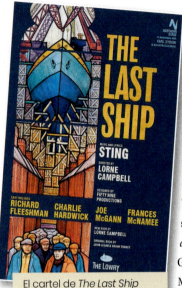

El cartel de *The Last Ship*

En 1985 actuó en el papel del romántico Mick junto a **Meryl Streep** en *Plenty*, mientras que en *The Bride* (*La novia*) interpretaba al Doctor Frankenstein. Posteriormente, en 1987 fue el amante de **Kathleen Turner** en *Julia y Julia* de **Peter del Monte**, y en 1988 actuó en el papel de Finney en *Stormy Monday* (*Lunes tormentoso*), junto a **Melanie Griffith** y **Tommy Lee Jones**. Entre sus numerosos cameos, merece una mención el de *Las aventuras del barón Münchausen*, de Terry Gilliam (1988).

Más recientemente, Sting aceptó un nuevo desafío, escenificando en Broadway el musical *The Last Ship*, inspirado en sus experiencias de infancia, contadas y elaboradas en el homónimo álbum conceptual. «*The Last Ship* cuenta la clausura de los astilleros navales Swan Hunters a finales de los años ochenta en Wallsend, a dos pasos de la calle en la que vivía cuando era un niño.» Por una singular y desafortunada coincidencia, el espectáculo sufrió la misma suerte que los astilleros de los que se habla, y cerró tras tan solo 105 representaciones en el Neil Simon Theatre, frente a excelentes recensiones pero recaudaciones no tan buenas.

Y a propósito de fracasos, quien supo levantarse después de cada decepción fue **Cher**. Como cantante, fue la única intérprete que conquistó los primeros diez hit single durante cuatro décadas consecutivas. Ella y **Barbra Streisand** son las únicas dos vencedoras del Oscar como mejor actriz y en haber tenido una canción en el número uno en las clasificaciones de *Billboard*. Cher debutó en la música a los dieciséis años, junto a **Sonny Bono**, luego trabajó con **Phil Spector** y fue la mejor de **Gregg Allman**, y realizó 18 películas entre 1965 y 2018. *Mask*, *Las brujas de Eastwick*, *Suspect* (*Sospechoso*) y *Moonstruck* (*Hechizo de luna*), por la cual ganó el Oscar como mejor actriz, fueron sus mayores éxitos.

> «LO ÚNICO QUE PUEDES CAMBIAR EN EL MUNDO ES A TI MISMA»
> **Cher**

Cher ha sido, pues, cantante, estrella de televisión, actriz, directora, autora, modelo, portavoz y mujer de

Cher en los años sesenta

Cher en la ceremonia de los Oscar en 1987

# HOLLYWOOD CALLING

Madonna en *Buscando a Susan desesperadamente*

negocios. Y si bien admite hoy que sus días de conciertos han terminado, está lista a volver bajo los focos.

Por su parte, **Madonna** ha obtenido por siete veces el Grammy Award y ha vendido más de 300 millones de discos en todo el mundo, pero su carrera cinematográfica es otra historia. Sus interpretaciones suscitaron constantemente ásperas reseñas por parte de la crítica, y generalmente sus películas recaudaron cifras más bien discretas.

> «SIEMPRE ME HE COMPORTADO COMO UNA ESTRELLA, INCLUSO ANTES DE SERLO»
> Madonna

Madonna apareció por primera vez en la pantalla en 1985 en dos películas de bajo costo dirigidas a un público adolescente: *A Certain Sacrifice* y *Crazy for You*. En aquel mismo año obtuvo un éxito discreto con *Buscando a Susan desesperadamente*, junto a Rosanna Arquette. El siguiente trabajo de Madonna, con su marido de entonces, **Sean Penn**, *Shanghai Surprise*, fue ferozmente lapidada por la crítica, pero la testaruda «material girl» logró mejorar su reputación como actriz con *Who's That Girl*, que obtuvo reseñas contrastantes pero no tan negativas, y la extraña *Bloodhounds of Broadway* (*Noches de Broadway*).

En 1990 encarnó a Breathless Mahoney en la producción hollywoodiense *Dick Tracy*, en la que flirteaba con **Warren Beatty**, pero los resultados fueron muy inferiores a los esperados. Más sobria, o quizás tan solo mejor dirigida, resultó hasta divertida en la agradable *League of Their Own* (*Ellas dan el golpe*), junto a **Tom Hanks** y **Geena Davis**, para luego volver a activar las iras de la crítica con *El cuerpo del delito*, tosco intento de emular el éxito del contemporáneo thriller sexy *Instinto básico*. Después de varios papeles menores, Madonna tuvo la gran suerte de interpretar a Eva Perón en *Evita*, adaptación cinematográfica del musical de éxito de Broadway, por la cual recibió un Golden Globe como mejor actriz.

Después de una pausa, volvió como protagonista en la tibia comedia romántica *The Next Best Thing* (*Algo casi perfecto*), seguida por la infausta *Swept Away* (*Barridos por la marea*), dirigida por otro marido, **Guy Ritchie**. A propósito de esta película, el *New York Post* escribió: «Ni siquiera una balsa de salvamento puede salvar al último barco de Madonna.»

## ROCK & ARTE

Madonna en *Evita* y hoy

Después de poner fin a su carrera como actriz, Madonna comenzó en 2008 a dirigir, con la muy pronto olvidada *Filth and Wisdom* (*Obscenidades y sabiduría*). Al año siguiente, ella y el director de *En la cama con Madonna*, **Alek Keshishian**, desarrollaron el guion de *WE – Edward y Wallis*, que se estrenó en 2011 y que ella misma dirigió y produjo. Tibiamente acogida por la crítica, obtuvo una nominación al Oscar por el vestuario y ganó el Golden Globe como mejor canción original por «Masterpiece».

### «NO HAY NINGÚN INTÉRPRETE EN EL MUNDO QUE NO SEA EXHIBICIONISTA»
#### Madonna

**Chris Isaak** nació en Stockton, en California, el 26 de junio de 1956, tres meses después de que Elvis alcanzara por primera vez el número uno en las clasificaciones con *Heartbreak Hotel*. La madre de Isaak, Dorothy, juraba que cantó *Blue Suede Shoes* en la sala de parto.

Tomando prestada la guitarra de su hermano, el adolescente Chris aprendió a tocar solo y comenzó a escribir canciones inspirándose en estrellas del country como **Hank Williams**, que su padre gustaba de escuchar en la radio. Frecuentando tiendas de segunda mano con su madre, Isaak prosiguió su educación musical adquiriendo discos usados y descubriendo el poder del rock'n'roll en las grabaciones de Elvis para Sun Records. Esta experiencia contribuyó a plasmar el sonido de su música. Su álbum de debut, *Silvertone* (1985) fue apreciado por la crítica y se vendió bien, pero la auténtica notoriedad no llegó hasta su tercer trabajo, *Heart Shaped World* (1989), que por otra parte se convirtió en un éxito dos años más tarde, cuando el director **David Lynch** utilizó la canción «Wicked Game» en la película *Corazón salvaje*.

«Warner Bros había abandonado el álbum –recordaba Isaak– cuando llegó una llamada telefónica de la oficina de David Lynch. David, fan mío desde hacía tiempo, quería algunas canciones para la película que estaba completando. Al final utilizó una versión instrumental de «Wicked Game». Aunque *Corazón salvaje* fue un fracaso en

## BJÖRK: UNA PALMA DE ORO EN CANNES

La brevísima carrera cinematográfica de **Björk** se puede resumir en dos títulos: *Juniper Tree*, historia de brujas basada en un relato de los hermanos Grimm, y *Dancer in the Dark*, de **Lars Von Trier**. El director danés le pidió que compusiera la banda sonora para este musical *sui generis* en 1999, y la convenció posteriormente para que encarnara el papel de Selma, la protagonista. Björk encajó tan bien en el papel que en 2000 ganó la Palma de mejor actriz en al festival de Cannes. «Sentía a Selma como una criatura poética», comentaba en aquellos días. De todos modos, los recuerdos vinculados con la película no son únicamente positivos. Al parecer, la relación con Von Trier fue particularmente complicada, hasta el punto de que posteriormente la cantante islandesa solo ha aparecido en la gran pantalla en algunos cameos o por su gran amor, la música. En 2005 Björk compuso la banda sonora de *Drawing Restraint*, de su compañero y director **Matthew Barney**, usando superposiciones vocales para reconstruir sonoridades y melodías oceánicas, como el aullido de la tormenta o el canto de los cetáceos.

Björk en *Dancer in the Dark*

### «ACTUAR ES UNA EXPERIENCIA DE PROFUNDA CRUELDAD, ES ALGO QUE NO VOLVERÉ A HACER»
**Björk**

---

los Estados Unidos (aunque ganó la Palma de Oro en el Festival de Cannes), la emisora de rock de Atlanta Power 99, curiosa con aquel hipnótico instrumental, recuperó el disco y comenzó a transmitir la canción original. Cuatro meses más tarde, «Wicked Game» estaba en el Top Ten. Así comenzaba la feliz alianza entre la música de Isaak y el cine. Otros grandes directores utilizaron sus canciones, como **Stanley Kubrick** con «Baby Did a Bad Bad Thing» para *Eyes Wide Shut* (1999); otros lo llamaron para actuar. Chris tiene lo que se puede definir como el físico adecuado, y así apareció en *Married to the Mob* (*Casada con todos*), en la multipremiada *El silencio de los corderos*, en *El pequeño Buda*, *Fire Walk with Me* (*Twin Peaks: Fuego camina conmigo*) o en series como *Friends*.

### «LA GENTE SOBREVALORA A LOS ACTORES: YO CREO QUE CUALQUIERA QUE HAYA MIRADO LA TELE PUEDE ACTUAR»
**Chris Isaak**

Cantante, compositor, escritor, actor, doblador, presentador de televisión y de radio: el currículum de **Henry Rollins** es impresionante. Adolescente problemático, muy pronto y por un golpe de suerte (subió al escenario durante un espectáculo de los **Black Flag** y cantó una canción de éstos), en 1981 se unió siendo muy joven a este legendario grupo punk, contribuyendo a redefinir su estilo con su exuberante creatividad hasta la disolución de la banda en 1986.

## ROCK & ARTE

Chris Isaak en *Twin Peaks: Fuego camina conmigo*

Durante los años en que estuvo con el grupo comenzó a actuar en espectáculos verbales que siguió proponiendo con éxito tras la separación, y llegó a ganar un Grammy como mejor álbum hablado en 1994 por la grabación de sus memorias, *Get in the Van*. Luego, a mediados de la década de 1990, sumó la actuación a su currículum, apareciendo en películas como *Johnny Mnemonic*, con **Keaunu Reeves**, y *Heat*, con **Al Pacino**. Entre 2006 y 2007 dirigió un programa propio, *The Henry Rollins Show*, y dos años más tarde tuvo un papel fijo en la exitosa serie de televisión *Sons of Anarchy*.

Rollins ha escrito también de forma regular para *Vanity Fair* y *LA Weekly*, y ha seguido efectuando giras con sus actuaciones de spoken word, a menudo comprometidas con los derechos civiles. No le gusta dormirse en sus laureles, y alterna los esfuerzos creativos con su editorial

Henry Rollins en *Sons of Anarchy*

384

Little Steven en *Los Soprano*

## «*LOS SOPRANO* FUE LA MEJOR ESCUELA DE ACTUACIÓN A LA QUE HAYA PODIDO ASISTIR»
### Little Steven

y la etiqueta discográfica, así como con su trabajo como escritor y actor. Entre películas para el cine y seriales para la televisión, ha actuado en más de 50 producciones. Como Rollins, también **Little Steven** ha encontrado una segunda vida frente a una cámara de televisión. Según una feliz definición del *Guardian*, Steven estuvo en el centro de los dos momentos de gloria del estado de Nueva Jersey. Estaba allí en el nacimiento del rock del Jersey Shore, junto a **Bruce Springsteen**, y estaba presente también en el nacimiento de *Los Soprano*, en el papel de **Silvio Dante**, *consigliere* del jefe de la familia criminal Di Meo, **Tony Soprano**. En el fondo, la carrera como actor de Little Steven se puede condensar en dos series de televisión, por la primera de las cuales se suele aplicar la definición de revolucionaria. «Nadie pensó nunca que sería un éxito tan grande; probablemente llegó en el momento adecuado. Antes, el entretenimiento en la televisión era una cosa para niños. **David Chase**, el guionista, quería romper las reglas, crear algo que no se hubiera hecho nunca. No tuvo miedo de nada y desarrolló aquella idea fantástica de un protagonista que no es ni malo ni bueno; introdujo el gris en la televisión. Nuestra suerte fue la de contar con un intérprete excepcional como **James Gandolfini**, que creó una figura compleja y carismática. Todas las series actuales deben algo a *Los Soprano*.

«Después de *Los Soprano*, David Chase me dijo: "Ahora puedes tener cualquier papel que desees". Le contesté: "Mira, si lo pienso bien, me sabe mal robar el papel a un auténtico actor. Yo soy guitarrista. Estos chavales estudian, van a Broadway, trabajan durante cinco o diez años afinan-

Bruce Springsteen, Little Steven y otros actores en una escena de *Lilyhammer*

do su oficio y al mismo tiempo trabajan como camareros". Y él dijo: "Entendido, te escribiré un papel de modo que no robes el papel a nadie".»

*Los Soprano* terminó en 2007, y en 2012 Steve comenzó un nuevo proyecto, en calidad de actor y productor: la serie de televisión *Lilyhammer*. «Es un proyecto extraño, quizás lo más especial que haya hecho nunca. Estaba trabajando en Noruega en un álbum y un par de guionistas se me acercó y me dijo: "Tenemos una serie de televisión para ti". Tenía que interpretar a un gángster en Escandinavia: al principio no quería hacerlo porque ya había interpretado durante años a Silvio en *Los Soprano*, pero luego me di cuenta de que era diferente –contó Steve–. Tenía que ser una comedia, pero no quería que fuera una farsa, una parodia del género gángster. Entonces se convirtió en una "dramedy". En la serie hablo tanto en inglés como en noruego, pero es una lengua complicadísima, creo que ni siquiera los noruegos se entienden perfectamente entre sí.»

En el episodio final de la serie, Little Steven no solo actuó sino que también escribió, dirigió y se ocupó de la música, junto a su mujer **Maureen**. También estaba Bruce Springsteen, en su debut como actor. «Un antiguo refrán –contaba Steven– dice que no existen malos actores, sino solo malos directores. Pienso que es verdad; cuando dirigí a Bruce quería protegerlo, como director y como guionista tenía el control, él no había actuado nunca y le confié una parte importante; decidí darle el papel de un asesino experto y estoico y encontramos la mejor manera de adaptarlo a él. Trabajamos en la parte física para ayudarlo, cambiando completamente su aspecto. También resultó una ayuda para mí; incluso ahora no logro entender cómo los actores logran interpretar a otra persona manteniendo su aspecto, yo me conozco demasiado bien y necesito cambiar para ser otro.»